许钧翻译论丛

翻译论

（修订本）

许钧　著

译林出版社

图书在版编目（CIP）数据

翻译论 / 许钧著. —修订本. —南京：译林出版社，2023.5
(许钧翻译论丛)
ISBN 978-7-5447-9455-8

Ⅰ.①翻… Ⅱ.①许… Ⅲ.①翻译理论 Ⅳ.①H059

中国版本图书馆 CIP 数据核字（2022）第 191271 号

翻译论（修订本）　许　钧 / 著

责任编辑　王理行
装帧设计　侯海屏
校　　对　戴小娥
责任印制　董　虎

出版发行　译林出版社
地　　址　南京市湖南路 1 号 A 楼
邮　　箱　yilin@yilin.com
网　　址　www.yilin.com
市场热线　025-86633278
排　　版　南京展望文化发展有限公司
印　　刷　徐州绪权印刷有限公司
开　　本　718毫米 ×1000毫米　1/16
印　　张　22.5
插　　页　4
版　　次　2023 年 5 月第 1 版
印　　次　2023 年 5 月第 1 次印刷
书　　号　ISBN 978-7-5447-9455-8
定　　价　88.00 元

翻译的价值是无可估量的
——“许钧翻译论丛”总序

从大学毕业至今，已经近45年了。回想这40多年走过的路所做的事，我自己觉得最有意义的是翻译。我曾不止一次地说过，我做的工作，基本上只与翻译有关。我做翻译，包括口译与笔译，口译做过同声传译，也做过学术翻译、陪同翻译，有机会认识了联合国前秘书长加利、著名哲学家德里达、诺贝尔文学奖得主勒克莱齐奥等先生，有的还成了很好的朋友。笔译主要是文学翻译，也译过一些重要的学术著作。在做翻译的基础上，我对翻译进行思考，进行研究。除了做翻译、研究翻译，我的主要工作是教翻译，培养做翻译、研究翻译的人才。这几十年来，我之所以坚持不懈地做翻译、研究翻译和教翻译，是因为我对翻译重要性的认识在不断深入，因为我们都知道，不同民族的交流离不开翻译，社会的发展离不开翻译，世界的和平也离不开翻译。

我从翻译出发，通过翻译研究，把目光投向了人类悠久的翻译历史，在历史的审视中，对翻译的本质、翻译的作用、翻译主体的活动、翻译研究的发展和翻译学科的建设进行思考。感谢译林出版社的厚爱，系列推出我的翻译研究成果。可以说，这套“许钧翻译论丛”记录的就是我40余年来在翻译与翻译研究的道路上对翻译的思考与探索的印迹。

翻译活动是丰富的，有多种形态。雅各布森将翻译活动分为三种类型：符际翻译、语际翻译和语内翻译。符际翻译和语际翻译，我们译学界有过不少研究，但对语内翻译，似乎关注不多。我在《绕不过去的翻译问题》一文中曾谈到，“一个民族的文化是不断创造、不断积累的结果。而翻译，在某种意义上，则是在不断促进文化的积累与创新。一个民族的文化的发展，不能没有传统，而不同时代对传统的阐释与理解，会赋予传统新的意义与内涵。想一想不同时代对四书五经的不断‘翻译’，不断阐释，我们便可理解，语内翻译是对文化传统的一种丰富，是民族文化得以在时间上不断延续的一种保证”。

翻译的价值是无可估量的。在我看来，翻译的价值是多方面的，有社会价值、文化价值、语言价值、创造价值和历史价值。对于翻译的社会、文化价值，我们现在了解得比较多了。从整个人类社会发展来看，翻译能够克服语言差异造成的阻碍，达成双方的相互理解，为交流和对话打开通道。正是借助翻译，人类社会才从相互阻隔走向了相互交往，从封闭走向了开放，从狭隘走向了开阔。从某个具体国家民族的社会文化发展来看，翻译通过对别国先进科技和文化的介绍，能够引进知识，开启民智，塑造民族精神和国人思维，在特殊时期甚至能对社会重大政治运动和变革实践产生直接的影响，成为一种文化的构建力量。

而翻译的语言价值观，从根本上说，就是如何认识翻译活动对语言产生的作用和影响问题。翻译是一种特殊的写作活动，与通常的写作活动不同，两种语言的交锋很容易创生“第三种语言”，进入译入语后，能够从句法、词汇等方面丰富并拓展后者。梁启超曾讨论过佛经翻译文学对汉语的直接影响。据他介绍，当时日本人编了一部《佛教大辞典》，其中收录“三万五千余语”。暂不论这“三万五千余语”是否完全进入汉语系统，可以肯定的是，创造新词的过程是汉语逐渐丰富的过程。另外很重要的一点是，新词汇也意味着新观念，语言上的变化也会对思想观念、思维方式造成影响。如是观之，我们就会明白为何五四运动前后，几乎所有进步报刊都登载了翻译作品，而鲁迅、刘半农、沈雁冰、郑振铎、瞿秋白等人又为何会如此热衷于翻译了。

关于翻译的创造性，学界关注不够。翻译本身是一种创造性活动，只有凭借译者的创造才能实现。而且当我们讨论翻译的社会、文化和语言价值时，实际上已经涉及了翻译在这些层面所表现出的创造力。而当“本我”意欲打破封闭的自我世界，向“他者”开放，寻求交流，拓展思想疆界时，自我向他者的敞开，本身就孕育着一种求新求异的创造精神。与此同时，翻译中导入的任何"异质"因素，都是激活目的语文化的因子，具有创新作用。

在当今的时代，我特别关注在全球化的语境下，翻译应该承担的使命。在我看来，全球化和世界一体化给翻译提供了更广阔的发展前景，另一方面也赋予了翻译更为重要的使命。2002年，联合国前秘书长布特罗斯-加利曾访问南京大学。当他得知我多年来一直从事翻译实践与研究后，充分肯定了这一工作的重要性，还为我正在撰写的《翻译论》题写了一句话："翻译有助于发展文化多样性，而文化多样性则有助于加强世界和平文化的建设。"我认为这句话很好地定义了翻译在全球化时代的使命。全球化有其积极的一面，但其负面影响也不容小觑。加利访问南京大学时，曾发表了题为"多语化与文化的多样性"的重要演讲。在演讲中他指出，世界化进程会对文化产生直接的影响，甚至有可能危及文化多样性。他的这种担忧并非没有根据。在当今的国际社会，某些国家以强大的经济势力为基础，以经济利益为诱饵，在推动经济一体化的过程中，谋求强势文化的地位，甚至表现出十足的"文化霸权主义"。面对这种现状，不难理解会有越来越多的人呼吁对"文化多样性"的维护，而翻译因其本质属性，能够而且必须在维护"文化多样性"过程中承担重要使命。

那么，翻译要怎么做，才能承担起维护文化多样性、加强世界和平建设的使命呢？通过研究，我认识到，我们应该从跨文化交流的高度去认识翻译。有几点特别重要：一、在理解翻译的本质时，要坚持将翻译视作一种"跨文化的交流活动"。翻译不仅仅是一种语言转换活动，更是一种跨文化的交流活动，它在世界文明进程中扮演着重要而独特的角色。作为不同语言、文化之间的"转渡人"，译者对"文化多样性"及其重要性的体认应该更为深刻，也因此承担了更为重大的责任。只有正确认识翻译，充分看到翻译的跨文化交流本质，译者才有可能在自己的实践活动中对文化因素更为敏感，对保存和传达文化因素更为谨慎。二、在翻译中，要以平等的态度去善待各种不同的语言。加利在南京大学所做的题为"多语化与文化的多样性"的演讲中就曾指出，语言多样性与文化多样性之间存在着千丝万缕的联系，语言多元是维护文化多样性的基本条件，而世界的民主与和平有赖于语言与文化的多元，因为在他看来，"一门语言，它所反映的是一种文化和一种思维方式。说到底，它表达了一种世界观。如果我们听凭语言单一化，那将导致一种新型的特权群体，即'话语'的特权群体的出现！"翻译如要为维护语言多样性做出贡献，就要坚持开放与交流的文化心态。三、要发扬翻译精神，勇敢承担历史赋予翻译的使命。南京大学的程章灿教授在读了我的《翻译论》后，曾写过一篇富有真知灼见的读后感。在文章里，他指出，我们正处于一个翻译的时代，而翻译的时代不可缺少的是翻译精神。他从我对翻译本质的定义出发，将翻译精神总结为“交流、传承、沟通、创造与发展”五个方面。实际上，我们所提倡的对不同文化的尊重，在翻译中努力再现语言、文化差异，都是这翻译精神的体现。发扬这一翻译精神，实际上便是在准确定位翻译的同时，勇敢承担起语言、文学、文化、社会、历史等种种层面的使命，而加利所说的“发展文化多样性，加强世界和平文化建设”的历史使命自然也被包括在了里面。

在对翻译进行思考与研究的同时，30多年来，我和翻译教学与研究界的同行一起，一直致力于翻译学科的建设。在这方面，我们的努力一直没有停止。在中国翻译协会成立30周年之际，我为《中国翻译》撰写了一篇长文，题目为“翻译研究之用及其可能的出路”。过去常有人说“翻译无理论”；现在翻译理论实实在在地存在了，不少人又说“理论无用”。这种对翻译研究的实用主义态度危害不小，它在很大程度上限制了我们对翻译本质的形而上思考、对翻译过程的多层面研究以及对翻译价值的多元化追求。我本人在翻译实践过程中是有明确的理论追求的，而且我认为这非常重要。理论意识在译者选择原作、研究原作、确定翻译策略、解决具体问题等方面都有很大的帮助。而翻译活动的经验总结、理论升华更能对今后自己和他人的翻译实践有所启迪和助益，避免实践的盲目性。本论丛所收入的《文学翻译批评研究》《文学翻译的理论与实践——翻译对话录》《文字·文学·文化——〈红与黑〉汉译研究》等著作，就是在这一方面探索的结晶。

事实上，从最朴素的翻译思考到今天多视角、多方法的科学理论，翻译研究在不断加深人们对翻译本身的理解，深化了人们对翻译复杂性和重要性的认识。如果没有翻译的语言学研究，翻译活动可能还囿于经验主义的层面。如果没有翻译的文化研究，我们可能还无法对制约翻译产生与接受的机制具有如此全面自觉的意识。而对翻译理解的深化也促使人们从社会交流、文化传承、语言沟通、创造精神和历史发展等多元角度来看待翻译的价值，对翻译的重要性有了更加全面的认识，有利于在维护文化多样性、促进世界和平方面进一步凸显翻译的重要性。回顾我的翻译探索之路，可以看到自己的学术视野不断拓展，对翻译的理论思考也不断深入，《翻译论》《翻译学概论》《二十世纪法国文学在中国的译介与接受》《傅雷翻译研究》等著述，集中地展现了我和翻译界的同人在翻译理论、文学译介与翻译家研究等方面所做的重要工作。

翻译研究为我们理解和探索人类交流的历史开辟了一条新路。翻译是人类跨文化交流的一种重要形式，我们甚至可以毫不夸张地说，一部翻译史，就是一部文化交流史。作为一个翻译学者，我清醒地认识到，翻译历史悠久，形态丰富，翻译的许多问题需要我们继续研究与探索。鉴于此，这一论丛是开放性的，我会加倍地努力，不断给读者奉献有关翻译研究的新成果。

许钧
2020年10月22日
于南京黄埔花园

La traduction permet le développement de la diversité culturelle, et celle-ci contribue au renforcement de la culture de la paix

Boutros Boutros-Ghali

Mai 2002

翻译有助于发展文化多样性，而文化多样性则有助于加强世界和平文化的建设。

——联合国前秘书长

布特罗斯·布特罗斯–加利先生题

2002 年 5 月

目 录

绪论

写下“翻译论”这一书名，本书的研究对象与内容便大致上确定了。“翻译论”中的“论”字，既含有对翻译活动的认识和思考，也包含着对翻译活动所涉及的基本问题的分析与探索。无论是认识与思考，还是分析与探索，其中无疑融有笔者个人的思想和观点，但一切都是在国内外翻译研究界为个人的思考与探索所提供的学术平台和理论基础上展开的。学术研究是一个不断积累、不断创新、不断发展的过程。本书正是基于发展的观点，对国内外翻译研究界和相关学科对翻译活动的多方面探索进行一次尝试性的整体思考、系统梳理和学术阐发。

对于翻译的理解，笔者是从实践的经验角度开始切入的。穆雷在《通天塔的建设者——当代中国中青年翻译家研究》中，对笔者的翻译实践与理论探索之路进行了概括性的评价：“理论与实践并重，忠实与创造统一。”[1] 从某种意义上讲，这不能说是对笔者的翻译理论与实践之路的客观评价，但却是笔者多年来的努力方向。我对翻译最直接的认识，始于1970年代中期在法国留学时参与的一些口译活动。那时我只有盲目但积极的实践，对翻译活动本身没有任何理性思考的意识。直到1980年尝试翻译法国作家亨利·古龙日的长篇小说《永别了，疯妈妈》，我遇到了许多难以

1 参见穆雷：《通天塔的建设者——当代中国中青年翻译家研究》，开明出版社，1997年，第20—35页。

想象的障碍和困难，才开始有目的地去阅读当时能见到的一些名翻译家谈翻译的文章，从他们的翻译经验中去领悟翻译，但那大多是他们在技巧层面的某种体会与总结。后来到南京大学攻读翻译研究方向的研究生，我才有机会系统地读一些国内外翻译研究界探讨翻译问题的著述和资料，渐渐地对翻译有了一些新的认识。应该说在学习期间，自己是在困惑中思考，在思考中又不断产生新的困惑，新的困惑又促使自己进一步学习。对翻译的困惑，首先源于翻译活动的复杂性和人们对翻译活动本质的不同认识。就翻译活动的本质而言，有的认为翻译是思维活动，有的认为翻译是语言活动，还有的认为翻译是艺术再创造活动。总之众说纷纭，各持一理，难以形成比较统一的认识。相互矛盾甚至相互对立的认识与观点的存在，使自己感到困惑，于是有了探索的愿望。从严复对"信达雅"三难的论述到法国著名符号学家皮埃尔·吉罗的《符号学》一书中对语言符号的三分法，即将语言符号分为"逻辑符号、语义符号和审美符号"，笔者受到了深刻的启示，提出了翻译的层次观。在《论翻译的层次》一文中，笔者明确地提出了翻译的思维层次、语义层次和美学层次。文章认为，在以往的翻译探讨中，往往忽视一个重要的问题，即两种系统各异的语言为什么可以进行转换。大家知道，任何交换或转换活动都需要一个基础，比如不等价物的交换需要有等价物作衡量，作为实现交换的标准与基础。那么，翻译活动赖以进行的基础是什么呢？从根本上看，具有全人类性的思维是翻译活动的基础，而人类思维的共性构成了翻译的思维层次。但翻译不可能囿于思维这一层次，首先因为思维的实现需要语言，其次从翻译活动的具体表现形式看，任何翻译活动无不是两种不同系统的语言符号的转换，而具有全人类性的思维是语言符号转换的基础。这决定了语言的具体转换必然受到思维规律的限制，但思维的表达需要语言，因此，在语言的表达过程中，也必然受到各种不同语言的具体规律的约束。因此，翻译活动又面临着另一项任务，即如何按照不同语言符号达意、传情的规律，用一种语言符号传达另一种语言符号的意义。这就构成了翻译的又一层次，即语义层次。

思维层次与语义层次的关系是十分密切的。思维层次是语义层次的基础，语义层次是思维层次的体现。以语义层次中的主要语义部分，如词汇意义与思维层次中的概念的关系为例，它们之间存在的就是这种相互依存的辩证关系。概念是词汇意义的基础，词汇意义是概念在语言中的表现形式。概念是人们意识中概括反映现实的思维形式，而词也是客观同类事物的反映。正因为词汇意义和概念的关系非常密切，所以一般就把词所表示的概念作为词的意义方面。

思维层次与语义层次的相互依存关系还可以从语义的微观层次——义素的分析中得到说明。首先，义素有的反映事物的概念特征、状态、行为，有的则体现概念组合关系。其次，义素的组合也要受到事物特性、逻辑规律等的制约。因为语义概括地反映了客观现象，同客观现象相矛盾的语义结构就难以被接受。可见，不同语言之间的意义之所以能够相互传达，正是因为使用不同语言的人的思维对客观事物反映基本一致。概念的基本一致性决定了义素或义位的通用性，且各种不同语言表达同一义素或义位的形式与结构都有许多类似的地方，这些都构成了翻译可行性的基础。

但是，在肯定这一转换基础的同时，也要充分估计到在语义层次转换中的障碍。索绪尔的研究表明，语言符号具有随意性、约定俗成性、民族性和系统排异性等特性，而语言的这些特性造成了语言符号系统之间转换的许多障碍。要克服语言转换的障碍，消除转换中产生的语义上的差异，就应该采取实事求是的态度，充分认识语言特性所构成的翻译障碍。基于这一认识之后，再采取科学的方法，尽量消除差异。

由于翻译的思维层次和语义层次之间存在着相互依存的关系，思维层次是以人类思维的共性为基础的，因此便为翻译在思维层次获得等值提供了较大的可能性；语义层次以思维层次为基础，但它要受到语言符号的特性的约束，因此等值的可能性自然也要受到限制。思维层次是翻译的基础层次，语义层次是翻译的必要层次，任何翻译都离不开这两个层次的活动，并分别要受到思维规律和语言规律及言语规律的约束。一般说来，完成了思维层次和语义层次的转换活动，翻译也就实现了。因为语言的主要职能在于帮助实现思维、传情、达意，比如科技翻译、应用文翻译到了语义这一层次就可以说完成了。但是，语言除了传情、达意之外，还有其美学职能，如文学语言，审美构成了其主要特征之一。因此，文学作品，包括小说、散文、诗歌等翻译，除思维层次和语义层次的活动外，有着更高层次的要求，这就是文学翻译的最高层次，即审美层次。

文学翻译活动的审美层次是客观存在的。就文学而言，文学的功能是以“美感为中心的动力系统”。诚然，文学也有认知和表感等职能，但都是统一在审美的领域，通过情感的中介实现的。换言之，它们都离不开美感作用。一部作品倘若不能给人以美感，那么它的一切社会职能就无法实现。比如诗歌吧，有人曾把诗歌的本质特征归结于一个“美”字。一首诗之所以称得上诗，是因为它有“诗意”，而这种诗意指的正是“诗给人的强烈美感”。这也就是说，凡不能给人以美感的不称为诗歌。这样看来，成功的文学翻译是绝不能忽视传达文学作品的美的。可见，审美层次构成了文学翻译的最高且关键的一个层次。

任何事物都是由一定数量、相互作用的要素所组成的系统，而每一个系统的内在结构又是有层次的。翻译也不例外，它是一项十分复杂、多层次的实践活动。翻译活动在思维、语义、审美等各层次有着各自的活动内容、表现形式与传达目的等要素，而这些要素自身的特征与活动规律及相互联系与相互作用的不同，构成了翻译层次存在的客观性。任何翻译从本质上看都是一致的，但不同类型、不同目的的翻译具有不同层次的要求，并要受到不同层次的活动规律的约束。对翻译层次的研究及对各层次主要问题的分析，目的是十分明确的：在理论上，为翻译活动的本质与其活动规律的认识提供一个新的视角；在实践上，要求译者遵循翻译活动的规律，克服不分层次、顾此失彼的倾向，避免翻译活动的盲目性。如果说翻译有什么标准的话，那就是一个成功的翻译不可能在一个层次完成，而应该是各个必要层次和谐统一的产物。[1]

对翻译层次的思考及其主要问题的研究，是笔者比较系统地探索翻译理论问题的一个起点和尝试。虽然从理论上看，以层次的观点去剖析翻译活动，将翻译活动置放在一个思维与语言相互依存的复杂关系中去进行思考，将语言符号的逻辑、语义和审美特征与语言符号的表思维、表义和表美感三个主要职能联系起来进行分析，对认识翻译活动的主要任务和各种障碍，并探讨翻译的可能性，是有一定价值的。但拿今天的目光去审视，其中存在着明显的理论缺陷。首先，将翻译活动局限于狭义的“语际翻译”，缺乏对翻译活动的本质认识；其次在对思维与语言的关系的认识中，

1　参见许钧：《论翻译的层次》，《中国翻译》，1987 年，第 5 期。

存在着“语言工具论”的影响；再次，分析的重点主要在语言层次，没有从文化的高度去认识、把握翻译活动所涉及的众多因素。此外，对翻译等值的追求也显然在一定程度上反映了笔者当时对翻译的理解和认识。

对翻译层次论所存在问题的自觉意识，促使笔者对翻译继续进行思考。如果说层次论是自翻译的基础由下而上，从思维层次、语义层次和审美层次的明确区分及对各层次主要问题的分析中对翻译活动进行内部的、纵向的思考，那么对翻译活动的三个层面的探索则由内部转向外部，由语言转向文化进行进一步的探讨。《论翻译的三个层面》是笔者对这一问题进行深入思考的见证。该文从翻译活动的实践性出发，对翻译活动的动态过程进行了宏观的考察，指出翻译活动是翻译主体在一定的历史条件下和文化背景中通过具体的语言转换而进行的一种目的十分明确的实践活动，涉及众多的内部和外部的因素。文章从翻译的意愿、现实和道德三个层面，分析了制约、影响翻译活动的多种因素，认为“要怎么译”、“能怎么译”和“该怎么译”是翻译活动中所必然面临的问题。它们分属三个不同层面，但相互关联、相互制约、相互影响。近三十年来的翻译研究，不断加深了人们对翻译活动的认识。法国著名哲学家米歇尔·塞尔在《赫尔墨斯——论翻译》（第三卷）一书中指出：“我们总是通过包含事物的各个整体的变化系统认识事物的。至少，有四种这样的系统。在逻辑数学领域，是演绎；在实验领域，是归纳；在实践领域，是生产；在文本领域，是翻译。”[1] 在塞尔看来，翻译是文本生成与传播的独有方式。这恐怕是就翻译的广义而言的，因为人的思想的文字化过程也可视作翻译的过程。乔治·斯坦纳在《通天塔之后——语言与翻译面面观》一书中表达了类似的观点，认为翻译是文化传播的根本方式之一。德国浪漫派的代表对“翻译”一词的理解也是广义的。如诺瓦利斯就认为所有经思维检验、富有艺术性和创造性的转换活动均可视作翻译[2]。比较文学学者伯恩海默也指出：“翻译完全可以被看作是跨越不同话语传统的理解和阐释这些更大的问题所依赖的范式。”[3] 而语言学派的翻译理论家以语言理论为指导也有类似的认识，如英国

1 Serres, Michel: *Hermes III: La traduction,* Paris: Les Editions de Minuit, 1974, p.9.

2 Berman, Antoine: *L'Epreuve de l'étranger, culture et traduction dans l'Allemagne romantique,* Paris: Gallimard, 1984, pp.193–195.

3 Bernheimer, Charles: *Comparative Literature in the Age of Multiculturalism,* Baltimore and London: The Johns Hopkins University Press. 转引自《中国比较文学通讯》，1997 年，第 1 期，第 2 页。

语言学家、翻译理论家卡特福德就认为：“翻译是一项对语言进行操作的工作，即用一种语言的文本来替代另一种语言的文本的过程。”[1] 可以看到，米歇尔·塞尔对翻译的看法与卡特福德的观点有相似之处，即翻译是文本生成方式。但卡特福德说得更为明确，翻译是一项具有操作性的工作，而所谓操作性，也可以说是实践性。从翻译历史看，翻译是人类的一项文化交流活动，它试图跨越不同话语传统，使各民族的思想与文化得以沟通与交流。从某种角度看，翻译这项实践活动，是应人类思想与文化交流需要而生的。它一开始便有着明确的目的性，为满足某种意愿或需要而存在。

翻译目的是指通过翻译意欲达到的效果、结果或用途。翻译的目的往往通过翻译的委托者、原作者、译者或有关人员的意愿、动机或要求加以明确。若与翻译直接相关的各方的意愿一致，能达成共识，那就可在一定程度上保证翻译活动的正常进行。若意愿不一，便有可能产生冲突，需要有其他力量加以调和。翻译的目的及与其相关的翻译动机、意愿或要求可以是集体的，也可以是个人的。有的翻译，特别是文学翻译，可以纯粹是译者自己的行为，不求出版，不求被别人承认，完全为了自得其乐。但大多数翻译都是为了满足某种特定的需要与要求。这时，译者就必须面对这些目的或要求，做出自己的选择。就实践而言，如目前社会上普遍采用的编译、摘译等形式，无疑是由翻译的具体目的与要求所决定的。考察中西翻译史，可以看到，翻译往往是为一定的目的服务的，与某种政治的、宗教的、经济的或社会的需要紧密相连。而翻译的目的对翻译作品的选择、译者翻译立场的确立及翻译方法的采用无疑有着不可忽视的影响。

然而，翻译的“要怎么译”这一层面，不是一个孤立的层面，它还与“能怎么译”“该怎么译”等层面紧密联系在一起。“要”，在很大程度上仅仅是一种意志。一个理想能否达到，则取决于现实、道德等多方面的因素。这就涉及“能怎么译”这一现实层面。“能”有多重含义。翻译现实层面的“能”，是指在某一特定的历史阶段，在不同的文化背景下，两种不同的语言符号系统的相互转换所提供的客观的“可能性”。事实上，在翻译研究中，许多学者都将“能怎么译”，亦即将翻译的可行性列为研究的重点。法国翻译理论家乔治·穆南在《翻译的理论问题》一书中，就以

1　Catford, J. C.: *A Linguistic Theory of Translation,* London: Oxford University Press, 1965, p.1.

现代语言学理论为指导，对语言、文化、思维与世界的关系进行了深入的探讨，从本质上揭示了翻译的可行性。

翻译作为一种历史悠久的人类文化交流活动，涉及多方面的因素，尽管理论上有着种种障碍，现实中也存在着种种困难，但作为实践，它一直在不断地进行着，并发挥着重要的作用。对于翻译的可行性，也就是“能怎么译”的层面，人们的认识经历了一个相当长时期的发展过程。一开始，人们对翻译的各种见解都基于一种假设，那就是人类面对的世界，人类的经验，特别是人类的思维，具有一致性，人类的认识形式具有普遍性，地球上各个不同民族用以表达自己思想的语言在结构与生成机制方面也有一定的相似性。基于这一切，人们普遍认为翻译是可行的。特别是在古代，人们对自身面对的物质世界认识不足，对各种语言之间的差异，尤其是各种文化之间的差异没有比较深入与科学的研究，因此对翻译所面临的障碍认识不清，造成了种种错误的认识。比如，古代有的学者认为，古希腊语的语言结构和关系所反映的大千世界的各种事物及其结构关系具有普遍性，翻译要再现原著，只能逐字对译，甚至认为只有逐字对译，才可能做到真正意义上的忠实。然而，随着翻译实践形式的不断丰富和发展，各民族之间的接触日益频繁，人们渐渐发现各民族语言和文化之间的差异普遍存在，翻译所面临的障碍是多方面的。特别是现代语言学的研究从科学的意义上揭示了人类的语言、文化之间存在的诸多差异，给翻译研究提供了新视角。美国翻译理论家奈达就深入分析了“生态环境、物质文化、社会习俗、宗教文化”等方面的差异给翻译造成的障碍。乔治·穆南也在此基础上研究了“意识形态的差异”对翻译活动的影响。他们认为，这多方面的差异必然在语言中有着反映：比如，文化的缺项造成语言词汇的缺项；文化背景的差异导致各民族语言对“非语言经验的实际切分不同”；人们对物质世界的不同认识以及对世界映象的不同感受也在语言单位的划分、句法结构的形式等方面有着不同程度的反映，造成了翻译活动中“对应单位”的缺项、结构的错位，从而给翻译造成了实际的困难。基于这些事实，翻译理论界慢慢达成了较为一致的看法：翻译不是万能的，也不是绝对不能的；它是可行的，但有着限度。

对翻译的客观、现实层面的研究，对“能怎么译”的探讨应该本着实事求是的态度。提出翻译要忠实，翻译要准确，翻译要再现原作的真与美这些理想或意愿层面的要求或原则时，不能不考虑到翻译在现实层面所允许的可行性的程度。从理论上来讲，提出对“能怎么译”中的“能”应该从四个方面去认识：一、对翻译活动要持历史的观点；二、对翻译的可行性要持发展的观点；三、对翻译障碍的认识要持辩证的观点；四、对翻译的“能”要持实事求是的认识态度，以客观事实为依据，以科学分析为手段，进行合情合理的评价。翻译意愿层面的“要”，作为理想的追求或意愿的表达，在现实层面不一定“能”完全达到。比如人们所说的“忠实”这一翻译的根本要求几乎成了某种先验的原则，但忠实于什么，“能”忠实到什么程度，如何克服障碍并最大程度地接近原作，都需要进行科学的分析和研究。主观愿望不能与客观实际相违背。在进行翻译批评时，更应注意处理好“要”与“能”的关系，切忌将两者割裂开来。

只有对翻译的可行性有着全面、辩证、客观的认识，对翻译实践中所出现的障碍有着科学的分析，才有可能尽最大努力去寻找克服障碍的方法，或创造交流的机会，提高翻译的能力。此外，“能”，包括总体与个体两个方面。也就是说，翻译的能力可以指某一具体的历史阶段人类总的翻译能力，也可指某一翻译者的个人能力，两者之间也呈辩证的关系。在翻译实践中，个人的能力是有限的，但人类整体的能力却是不断发展的，是无限发展的。对于翻译历史中的某些现象，如复译现象，就可在这一层面加以探讨，深化认识。又如诗歌翻译的可行与不可行的问题，也可通过翻译的哲学思考与艺术分析，寻找到比较容易让人接受的答案。

面对一项具体的翻译任务，当意愿明确，译者也有能力满足这一意愿时，翻译是否就可能进行了呢？法国翻译理论家安托瓦纳·贝尔曼在《翻译批评论》中指出，翻译研究，特别是翻译批评的研究，主要涉及两个方面，那就是翻译的诗学及伦理方面的问题。确实，作为一个译者，一旦接受或从事某一项翻译活动，他就开始承担某种责任和义务。面对服务对象，译者作为一个社会的人，必然要受到某种道德上的约束。译者的“从心所欲”，必然是在一个“矩”的范围内，而这个“矩”，包含翻译活动内部规律所规定的范围，也包含道德上的界限，这就是翻译中的“该”的问题。“该不该译”，应放在“道德”的层面去认识。1979 年版的《辞海》对“道德”一词的解释是：道德，为“社会意识形态之一，是一定社会调整人们之间以及个人和社会之间的关系的行为规范的总和。它以善和恶、正义和非正义、公正和偏私、诚实和虚伪等道德概念来评价人们的各种行为和调整人们之间的关系；通过各种形式的教育和社会舆论的力量，使人们逐渐形成一定的信念、习惯、传统而发生作用。道德由一定社会的经济基础所决定，并为一定的社会经济基础服务。永恒不变的、适用于一切时代、一切阶段的道德是没有的”。以往的翻译研究很少从理论上来讨论“道德范畴”的观念和认识对翻译活动的有关影响和约束。若认真对照一下《辞海》对“道德”一词所作的解释，并将之与翻译活动联系起来进行思考，也许可以发现，翻译作为一项在一定社会里、在某个历史阶段所进行的人的交流活动，人们对它提出的许多原则，在某种程度上，与其说是建立在对翻译客观的认识基础之上的规律总结，不如说是一种道德层次的要求。比如，人们经常谈到的“忠实”问题，很容易将“能”与“该”混为一谈。也正因为如此，现在所流行的翻译批评，在很大程度上，可以说是一种道德批评。

应该看到，基于道德层面的“该”与“不该”，不是永恒不变的标准，在某种意义上取决于人们对翻译这一活动本身的认识。在目前阶段，由于人们对翻译活动本质的认识还有差异，对翻译应该采取何种方法也必然产生不同的看法。比如，有的人认为，翻译的任务不是沟通与交流，而是提高自身，因此，翻译不能停留在原作的基础上，而要超越原作，可这样一来，忠实就毫无作为，只有创造，才是唯一的出路。而有的翻译理论研究者认为，翻译的首要任务是沟通与交流，因此，为了尽可能准确地表现原作者的意图和思想，尽可能惟妙惟肖地再现原作者表达其思想或意图的方式，翻译应该尽可能地贴近原作，忠实原作，以表现原作的神韵、气势、特点为己任。这两种观点的“是”与“非”如何进行判定？哪一种观点是可以接受的？要回答这两个问题，不能不考虑到两个因素：一、翻译活动本身能否做到忠实，能“忠实”到何种程度；二、处于目前的历史阶段，人们对该怎么翻译的认识达到了怎样的水平。事实上，翻译的超越论今天之所以难以被接受，恐怕也是因为它有悖于翻译的一向目的，不符合人们在目前阶段对翻译的认识，不符合人们对翻译与原作者、读者之间应有的关系的认识规范。因此，任何翻译标准的确立，任何翻译方法的采用，无不受到道德层面的约束。

把目光投向目前的译坛，特别是文学翻译的现状时，可以发现，有许多现象，都需要放在道德这一层面加以严肃的审视，如名著复译中的抄袭、剽窃现象，某些畅销书的抢译风，某些译者的粗制滥译行为，等等。对这些问题，自然要从翻译的职业道德和社会道德这两个方面加以衡量。在这里，可以比较清楚地看到翻译本身有着许多难以自主的因素，需要在更大的范围内，在各个层面上加以观察与认识，而“道德”这一层面所涉及的问题和因素是任何一个译者和翻译研究者所不能忽视的。若细心地考察一下翻译活动的全过程，就能看到从翻译对象的选择、翻译方法的采用，包括翻译作品的编撰与加工，无不受到“该怎么译”这一道德层面的约束和影响。翻译活动首先是一项复杂的社会实践活动和人类的思想交流活动。任何译者都处于一个特定的社会、文化和历史环境之中。他在翻译活动的过程中，要受到各个方面的约束和影响，而“要怎么译”、“能怎么译”和“该怎么译”这三个层面所提出的问题是一个有责任感的译者所必须认真考虑和严肃对待的。“要”、“能”与“该”是一个整体的几个方面，三者之间密切相连，相互制约又相互影响，在进行翻译或研究翻译时，要避免顾此失彼，力戒片面性，而应该加以全面的观照与审视，辩证地处理好三个层面的关系，以减少翻译活动与翻译研究的盲目性。[1]

通过对翻译三个层面的研究，无论是对翻译本质的认识，还是对影响翻译的各种因素的了解，都有了进一步的深入。应该说，笔者的这些认识与看法得益于近三十年来国内外翻译研究界不断拓展的研究视野、不断完善的研究方法和不断丰富的研究成果。从对翻译的语言层面的研究，到把翻译置放在社会、文化的大背景下，用历史发展的目光去加以审视，笔者对翻译有了更为深刻的理解。同时，笔者也越来越关注国内外翻译研究界的研究动向和研究成果，对国内外翻译研究的状况及发展趋势进行审视与思考。

在《关于翻译理论研究的几点看法》[2]一文中，笔者曾就中国近期译论研究的状况、目前译论研究值得注意的问题和译论研究的发展方向提出了自己的看法，其中特别谈到，在目前的翻译研究中，存在着三个方面的倾向，十分不利于翻译学科的发展和建设。一、翻译文艺学派对语言学派的

1 许钧：《论翻译活动的三个层面》，《外语教学与研究》，1998 年，第 3 期。
2 许钧：《关于翻译理论研究的几点看法》，《中国翻译》，1997 年，第 3 期。

绝对排斥倾向。从20世纪90年代初一些翻译研究和外语教学的刊物所刊载的探讨翻译的文章中，笔者特别注意到，不少译论研究者明确地阐明自己的译论主张，将自己的观点鲜明地标为文艺学派。在译论研究中，有自己的明确的理论追求和主张，并以此为基础渐渐形成自己的理论体系，建立起自成一体的学派，应该是值得鼓励的事。然而问题是，翻译是一项复杂的活动，涉及多方面的问题，在对翻译的探索中，往往处在种种矛盾之中，如艺术与科学的矛盾，形式与内容的矛盾，创作与模仿的矛盾，原作者与译者的矛盾，等等。这诸多的矛盾使人们的研究也形成了一种二元对立，非此即彼的习惯。翻译的文艺学派和语言学派相互排斥，水火不相容。二、中西译论的相互排斥倾向。在许多场合，笔者曾谈到，近二十多年来的译论研究走过一些弯路，如有的研究者一味推崇西方译论，而否定中国传统译论的价值，认为中国的传统译论没有科学的定义和统一的术语，更没有系统性，总之，是不科学的；而另有一些研究者则排斥西方译论，认为西方译论只能指导西方的翻译实践，对中国的翻译实践没有指导价值。目前，这种中西方译论相互排斥的倾向仍然存在，甚至有越来越明显的趋势。笔者认为，翻译研究应该与翻译实践相结合，诚如罗新璋先生所说："任何一种翻译主张，如果同本国的翻译实践脱节，便成无本之木，无源之水，没有渊源的崭新译论，可以时髦一时，终难遍播久传。"[1] 但是，翻译作为人类的一项普遍性的文化交流活动，自然会遇到许多带有共性的问题，也会在几千年的翻译实践中积累一些可以相互启发、相互借鉴的经验。在这个意义上说，翻译理论研究不能与本国翻译实践相脱节，并不意味着对别国、别的民族的翻译经验或理论研究成果的排斥。实际上，从中国目前的译论研究状况看，我们对国外的翻译研究成果的了解和研究不是太多了，而是太少了，太片面了。三、翻译研究的片面性倾向。翻译研究涉及面很广，涉及的问题很多，对一些具体问题的专门研究不仅是应该的，而且是必然的。翻译学科的建设并不是一些具体问题的专门研究的简单相加，需要有一种整体的意识、宏观的把握和理论的系统化，不然翻译研究就有可能因支离破碎、缺乏系统化而丧失其科学性。如何克服这些问题，深化翻译研究，进一步加强翻译学科建设，是摆在每个译学研究者面

1 罗新璋：《钱锺书的译艺谈》，《中国翻译》，1990年，第6期。

前的重要课题。鉴于中国近年来译论研究的现状、出现的一些值得注意的倾向和存在的问题，笔者就如何深化翻译研究提出了十一条原则性的意见。

1. 翻译是一项实践活动，其范围、形式和内容在不断扩展。自 20 世纪以来，翻译现象比以往任何一个时期都更复杂、多样化了。在这个意义上说，翻译的内涵在不断扩大，对翻译的认识和科学定义要坚持发展观。

2. 翻译是历史的活动，翻译的能力是发展着的。随着社会的发展，随着不同时代对翻译提出新的要求，翻译的目的和功能会有变化，而任何方法都是视目的与功能而定的。研究翻译方法，不能固定其旧形式而一成不变。应该认识到，翻译是一个发展的过程，任何翻译方法都有相对性。

3. 翻译是复杂的文化交流活动，承担着精神交流的中介作用，其中译者的作用不可忽视。作为桥梁，翻译的首要职能是沟通。因此，面对作者和读者，面对出发语文化和目的语文化，译者应采取怎样的态度，应采取怎样的沟通方式，是翻译研究不可忽视的一个方面。

4. 翻译是多层次的活动，要认识翻译活动的本质，应该具有系统和层次的观点。对于翻译，特别是文学翻译的本质的认识，应克服片面性。应该吸取 20 世纪 50 年代西方的“艺术派”和“语言学派”之争的历史经验，应该看到翻译活动的跨学科和综合的性质，应鼓励从不同途径对翻译进行探索。译论研究不应只局限于概念分析，或局限于传统的翻译理论和经验之谈，而要广泛吸取各家各派，借鉴其研究成果中有益的东西。同时，要有翻译学科意识，维护翻译学科的独立性。

5. 翻译研究的科学性首先要求研究方法的科学性。应该重视翻译研究方法的研究。根据目前研究的成果，方法上似应重综合，重对比，重描述，但也鼓励大胆的假设，如翻译机制问题。不过，论证要谨慎，要有其他学科的科学依托。

6. 翻译具有两重意义：一是静态的意义，指翻译的结果；二是动态的意义，指翻译的过程。翻译研究应该加强对翻译过程的动态研究。

7. 翻译不是一个从文本到文本的封闭过程。要跳出以往较为狭隘的视野，从历史、社会、文化等各个方面去认识翻译活动，解释翻译现象，不仅研究“怎么译”，更要注意探讨“为什么这么译”。

8. 翻译人才的培养有赖于翻译教学理论的探索和发展，翻译教学理论是翻译理论研究的一个重要组成部分。在这方面，应借鉴国外的有关成果，特别要注重翻译质量评价系统的科学研究。

9. 译论研究应该走出象牙塔，关注文化、社会现象，争取更多的人士关心翻译事业，思考翻译问题，如哲学家、社会学家、语言学家、作家等。更要注意搜集读者的意见，对读者的审美期待、文化价值取向等进行研究。

10. 要注意解决好理论与实践相脱节的问题。探讨翻译的客观规律，自然应以实践为研究对象，但不能过分机械地理解翻译理论对翻译实践的指导价值。其价值应该是多方面的，不仅仅表现在具体翻译活动的具体转换方法上，还应有助于人们从哲学高度去把握翻译实质，更有意义地发挥翻译在人类交流和物质与精神建设中的作用。

11. 翻译理论体系的构建与翻译学科的建设是一项长期的任务，应进一步加强国内同行之间的联系，对这些重要的课题进行联合攻关，并加强国际同行之间的交流合作，互相借鉴，使译论研究向科学、系统的方向健康发展。

上述的十一条意见，确实是原则性的。之所以说是原则性的，原因有二：一、这些意见是针对近年译论研究的倾向与存在的问题而提出的，要改变翻译研究现状，推进翻译理论研究向系统化和深度发展，应该扩大翻译研究的视野；二、这些意见既包含了个人的思考，也集中了国内外翻译研究界一些有识之士的思想和观点，笔者只是起到了一个归纳和总结的作用。然而，正是这十一条也许失之笼统的原则性意见构成了这部《翻译论》的基本研究思路和方法。

就整个的研究指导思想而言，在近三十年来的翻译研究中，语言转向和文化转向为翻译研究的不断深化起到过特殊作用。在《翻译研究与翻译文化观》[1]一文中，笔者强调指出：应该承认，以语言学为指导进行翻译研究，其贡献是很大的。首先，翻译的语言学研究途径把翻译活动从经验主义中解放出来，为翻译研究打开了科学的大门，赋予翻译研究以科学的性质，将过去近两千年来一直在经验层面讨论或争论不休的问题置于科学的

---

1 许钧：《翻译研究与翻译文化观》，《南京大学学报》（哲学 · 人文科学 · 社会科学版），2002 年，第 3 期。

层面进行探讨。其次，它拓展了翻译研究的领域，特别是布隆菲尔德、沃尔夫、哈里斯、叶姆斯列夫等语言学家的“意义”的理论，深化了人们对翻译限度的认识，对翻译障碍有了科学的了解，继而为人们在翻译活动中寻找克服翻译障碍的途径提供了理论的指导。再次，翻译的语言学理论对在具体翻译活动中的一些转换过程，提供了理论的支撑，特别是语义理论、语境理论以及语言结构的研究成果，对翻译的进行具有不可否认的指导作用。另外，翻译的语言学理论对机器翻译研究也起到了理论的支撑作用。但是，由于翻译活动的复杂性，涉及因素多，范围广，翻译所涉及的许多问题在语言学层面无法进行深入的分析，翻译的众多现象也无法作出辩证的解释。法国文论家、翻译学者亨利·梅肖尼克首先对翻译的语言学理论提出了质疑。他认为“奈达运用语言学的生成转换理论及结构主义语义学所构建的‘翻译科学’，实际上并非建立在真正的科学的意义上，因为它在实质上排除了一切文学翻译，将形式与内涵对立起来，将科学与艺术对立起来”。梅肖尼克试图建立一种“实验性的翻译诗学”，要使原语与译语之间、不同时代之间、不同文化之间的种种矛盾得到历史的客观解释。在他的《诗学——创作认识论与翻译诗学》一书中，在讨论翻译历史性问题时，他明确地提出了翻译的文化意识。基于语言与文化的紧密关系，他将语言与文化置于同一的“历史性”中加以考察，进而在讨论“可译性”时认为，所谓的可译性是由“文化—语言—时间”三维决定的，而翻译，特别是文学翻译的功能，在于“诗学和文化的生成转换”[1]。

如果说梅肖尼克是从翻译的历史性的角度揭示了在翻译活动中文化所占据的重要地位的话，那么美国的安德烈·勒菲弗尔则是明确地提出了翻译研究的文化观。在他主编的翻译论集《翻译、历史与文化：原始资料集》的导论中，他明确地从文化的角度出发，提出了一系列问题，诸如一种文化为什么要通过翻译引进外国的文本？这样做是否意味着自身文化的不足？是谁为自己的文化引进了外国文化的文本？换句话说，是谁翻译的？为什么要翻译？翻译的目的是什么？谁选择需要翻译的文本？有什么因素影响这种选择？[2] 这些问题的提出，在翻译研究界引起了强烈反响，促

1　许钧、袁筱一等编著：《当代法国翻译理论》，湖北教育出版社，2001 年，第 122—149 页。

2　郭建中编著：《当代美国翻译理论》，湖北教育出版社，2000 年，第 161 页。

进了翻译研究中文化意识的普遍觉醒，也大大开阔了翻译研究者的视野，拓展了翻译研究的范围，赋予了翻译研究新的维度，那就是除语言之外的历史与文化维度。在明确提出这些问题之前，勒菲弗尔已经经历了一个艰苦的思考与探索过程。实际上，在他之前，德国、法国、奥地利、以色列等国家的一批翻译理论研究者都充分意识到了在翻译研究中确立文化地位的重要性，特别是对翻译的性质有了更进一步的认识。德国的弗美尔在对翻译活动的历史及内涵进行了认真的分析之后，指出："总之，翻译是一种跨文化的转换。译者应精通两种或多种文化，由于语言是文化内部不可分割的部分，译者也就相应地精通两种或多种语言。其次，翻译从本质上说是一种行为。换句话说，它是一种'跨文化的行为'。"[1] 法国的安托瓦纳·贝尔曼更是在明确的翻译文化观的指导下，撰写了《异的考验——德国浪漫主义时代文化与翻译》，把翻译与文化传播结合起来对翻译进行考察，从"普遍性"的角度探讨了翻译介乎于两种或多种文化之间所起的作用，并以德意志民族文化的发展为主线，对从路德到荷尔德林这一历史阶段的译事、译论的发展与变化作了全面思考，开辟了翻译文化史的研究途径。他在题为"翻译宣言"的序中指出，撰写翻译史，不能与"语言史、文化史和文学史隔裂开来"，要明确翻译"在文化视界中的意义"，进而就翻译理论研究的发展方向问题提出了自己的观点："翻译研究的领域是宽广的，只要它能冲破文本转换过于狭窄的框子，并且能在总体上将语言和文化结合起来。"[2] 奥地利的玛丽·斯内尔-霍恩比和以色列的吉迪恩·图里也为翻译研究文化观的确立做出了贡献。

翻译文化意识的日益觉醒与翻译文化观的逐步建立，将翻译理论研究推向了新的高度和深度，出现了一批重要的成果，形成了翻译理论研究的发展过程中具有深远意义的"文化转向"。根茨勒指出："研究表明，翻译在全世界文化的发展中扮演了重要角色，翻译研究作为一门学科已经形成了自己的研究方法，它表明了文化演变与其他文化体系之间的关系。"[3] 在国内，一批翻译学者在翻译研究"文化转向"中，也以清醒的文化意识，在

1 廖七一等编著：《当代英国翻译理论》，湖北教育出版社，2001 年，第 364 页。

2 Berman, Antoine: *L'épreuve de l'étranger, culture et traduction dans l'Allemagne romantique*, Paris: Gallimard, 1984, p.24.

3 Gentzler, E.: *Contemporary Translation Theories*, London and New York: Routledge, 1993, p.196.

翻译史、翻译基本理论等研究领域进行了卓有成效的探索。王克非的《翻译文化史论》是一部比较有代表性的著述。他认为："文化既是人类创造的价值，又具有民族、地域、时代的特征，因此不同文化需要沟通。这种沟通离不开翻译，因为语言文字是文化的最重要的载体。可见，文化及其交流是翻译发生的本源，翻译是文化交流的产物，翻译活动离不开文化。"[1]基于这一认识，他重点研究"翻译对于文化（尤其是译入语文化）的意义和影响，它在文化史上的作用，以及文化对于翻译的制约，特别是在通过翻译摄取外域文化精华时，翻译起到什么样的作用，达到什么样的目的，发生什么样的变异"。[2]自觉的文化意识和明确的翻译文化观，使他的这一研究以一种新角度对中国的翻译史进行了有相当深度的考察与研究。刘宓庆的《文化翻译论纲》则从翻译学视角中的文化、语言中的文化信息、文化翻译新观念、文化与意义、语义的文化诠释、文本的文化解读、翻译与文化心理、文化翻译的表现原则与手段等各个方面对文化翻译的理论构架及基本范畴、基本问题进行了系统的探索[3]，从某种意义上表明了文化视界中的翻译研究逐步走向了成熟。

既强调翻译研究中对语言问题加以关注的重要性，又注意将翻译活动置于社会与文化的背景中进行思考，为这部《翻译论》的撰写定下了一个基调。在原来的设想中，本书拟写十章，并定下了具体的章节，分别为：一、理解翻译；二、翻译的层面；三、意义理论与翻译；四、翻译的过程；五、影响翻译的诸要素；六、翻译的悖论；七、作者、译者与读者；八、翻译的历史定位；九、翻译的价值观与批评；十、翻译的理论建设。

在实际的研究过程中，笔者对部分章节作了调整，集中地探讨了七个方面的问题，这就是本书中所概括的七论。

"翻译本质论"要着力解决的是翻译观的问题。在这个问题的研究中，特别注意从对翻译活动的本质认识角度入手，考察不同学科对翻译的不同认识与不同理解，同时，具体考察中西方在不同历史发展时期对翻译的不同认识，以探索翻译的本质内涵。

"翻译过程论"不仅仅限于说明制定严密的翻译程序之于翻译质量的

---

1 王克非编著：《翻译文化史论》，上海外语教育出版社，1997 年，第 2 页。
2 王克非编著：《翻译文化史论》，上海外语教育出版社，1997 年，第 4 页。
3 刘宓庆：《文化翻译论纲》，湖北教育出版社，1999 年。

重要性，还在于通过考察整个翻译过程，揭示出在整个翻译过程中涉及的主要因素。在对这个问题的研究中，既注意对个人或群体所采取的具体的翻译程序进行总结，也注意翻译研究界近三十年来对翻译过程的理论探索和科学分析，从理论上探讨可行的翻译之路。

“翻译意义论”一章对翻译的根本任务作了界定，对传统的语言意义观进行了梳理，在此基础上，对索绪尔的语言意义观和价值观进行了重点的讨论，对意义理论中的最难统一的“意义的确定性和客观性”问题提出了自己的看法，继而通过对意义的分类，提出了“在交流中让意义再生”的观点。

“翻译因素论”从三个方面展开研究：一、以“译什么”和“怎么译”这两大问题为主要研究线索，揭示出译者无论选择什么文本去翻译，还是采取何种策略去翻译，都不是孤立的行动。而具体的翻译的过程也不是一个封闭的过程，从一个原文本的选择到它在目的语中的接受与传播，或多或少要受到诸如社会环境、文化价值取向和读者审美期待等因素的影响，且这些因素不是一成不变的，它们随着历史的发展而处在不断变化的开放态势之中。二、在影响翻译诸要素的研究中，既对翻译的全过程有宏观的把握，又对具体的影响翻译策略与方法的因素进行微观的分析。三、从内部和外部两个方面对影响翻译的因素加以区分，以确定翻译活动的内因与外因，对翻译因素加以客观和正确的定位。

在复杂的翻译过程中，由于涉及因素多，由此而构成了一系列矛盾，向翻译主体提出了挑战。如何正确认识构成矛盾的各种因素，从主要方面入手加以解决，是“翻译矛盾论”所要讨论的主要问题。该章通过对“可译”与“不可译”、“异”与“同”、“形”与“神”这三对主要矛盾的分析，为认识与处理翻译过程中出现的其他重要矛盾提供了某种方法论意义上的参照。

“翻译主体论”讨论的是作者、译者与读者三者之间在翻译活动中的关系问题。通过对译者传统身份的辨识，对翻译中的“忠实”与“叛逆”这对看似矛盾的概念作了分析，揭示出翻译活动中翻译主体性所包含的要素，进而对翻译主体性与翻译主体间性的问题进行了探讨，为确立译者在翻译活动中的中心位置提供了理论基础。

“翻译价值与批评论”，本来应该分两章展开论述，考虑到翻译批评活动应以一定的“翻译价值观”为基础，所以合二为一。在探讨中，首先强调以正确的翻译观为指导，探讨翻译的作用，以建立正确的翻译价值观。在此基础上，再对翻译批评的理论问题，翻译批评的标准、原则与方法提出看法。

在以上七个方面的研究中，有着明确的思路和方法，概括起来主要有以下五点：1. 翻译作为人类跨文化交流活动，是一项有多种因素参与的复杂的活动，在研究中，力求克服就翻译论翻译的狭隘的、技术性的倾向，而把翻译置放在一个文化交流的大背景中去考察与研究，以把握翻译的内涵与本质。2. 在研究中，力戒面面俱到，而是紧密结合翻译实践活动，从翻译活动所涉及的一些基本概念的界定入手，以对翻译的一些基本理论问题有更为全面、深刻和系统的了解与把握，特别是在系统性上下功夫，把翻译理论研究推向系统化，以促进译学的建设。3. 研究中注意处理好传统与创新、继承与发展的关系，既注意吸取传统译论的精髓，又要体现自 20 世纪 50 年代以来译论的最新研究成果。4. 在具体研究上，采取宏观与微观、评述与分析、梳理与归纳相结合的方法，在梳理中融入自己的理论思考和价值判断，以保证研究的系统性和深度，并赋予整个研究以一定的学术价值。5. 通过研究，为译界同仁梳理出翻译研究的明晰的理论脉络，提供丰富、可信且前沿的学术资料线索，同时通过对翻译基本问题的讨论，拓展思考空间。

第一章
翻译本质论

把“翻译”当作思考与研究的对象时，首先就会给自己提出这样一个问题：什么是翻译？或者换一种说法：翻译是什么？这一问题的提出，具有双重的含义：首先是形而上的，翻译作为一种人类活动，应该在哲学的意义上，在本体论的意义上，弄清楚它的存在本质。它到底是一种怎样的活动？其次是形而下的，翻译作为一种实践活动，它的具体活动形式到底是什么？人们力图翻译的是什么？研究一下翻译历史，看一看在不同的历史阶段人们是如何思考翻译问题的，就会发现在某种意义上，翻译是什么与翻译什么往往被当作一个问题的两面加以探讨。国内外许多翻译学者对翻译的定义或界定，可以作为佐证。

“翻译”一词，在现代汉语的词汇系统里，具有较为宽泛而含混的意义。特别在大众的日常语言中，它既可指翻译活动的主体，即翻译者，也可指翻译的活动过程，还可以指翻译活动的结果，即译文。“翻译”一词，集三种含义于一身，这自然会给讨论引起许多难以界定的因素。即使仅就“翻译活动”本身这一含义而言，人们也有许多不同的认识。德国翻译理论家沃尔夫拉姆·威尔斯在《翻译学——问题与方法》一书中讨论了这一问题。他指出：

> 过去在翻译工作的领域里有关翻译理论和方法上的论战，可以从用许多词语来指翻译活动的这个现象上反映出来。这些词都在不同

> 的程度上成为翻译这个基本词素的同义词，各自印证翻译过程中的不同侧面和质量上不同的要求。以德语为例，语际的传译（和译文）不仅可以称作翻译（Übersetzung），也可以称作转换（Übertragung）、变换（Umsetzung）、临摹（Abbildung）、复制（Nachbildung）、意译（Nachdichtung）、重述（Umdichtung）、再现（Neuschöpfung）、借用原语中的拼法和读音的音译（Eindeutschung 和 Verdeutschung）以及借用原语中的词素的意译（Wiedergabe）。此外，德语从国际通用的词汇中还汲取了 Paraphrase（释义）、Substitution（替代）、Interpretation（口译）、Translation（笔译）、Reproduktion（复述）以及 Umkodierung（转换）、Neukodierung（重新改写）和 Umschlüsselung（传译），最后三个词是在翻译学导向信息学的影响下而形成的。倘若我们逐个研究这一大串词汇以便弄清各个术语的含义和范畴，我们就会很快发现不同的作者对于同一术语持完全不同的概念。[1]

威尔斯还举了“翻译比较”这一词语，来说明该词在现代翻译学中有着“三种截然不同的方法论上或概念上的解释”，继而引用了索绪尔的话说：“一部翻译理论史实际上相当于对‘翻译’这个词的多义性的一场漫长的论战。”[2] 威尔斯的论述，从某种意义上，可以说是基本上说明了“翻译”的有关概念层次上的模糊性或多义性。这种情况在今天看来，虽然依旧存在，但已经有所改观。

为了能够集中而明确地讨论有关“翻译”的种种问题，不妨先从一些人们已普遍达成共识的方面入手，作一概要性的回顾或说明，对涉及“翻译”的本质问题探讨的一些外延性的方面加以廓清。

第一节　悠久的历史与丰富多样的活动形态

从目前在翻译史研究领域所取得的成果看，无论是在西方，还是在东

1　沃尔夫拉姆·威尔斯：《翻译学——问题与方法》，祝珏、周智谟节译，南木审校，中国对外翻译出版公司，1989 年，第 17—18 页。

2　沃尔夫拉姆·威尔斯：《翻译学——问题与方法》，祝珏、周智谟节译，南木审校，中国对外翻译出版公司，1989 年，第 19 页。

方，翻译史家基本趋于一致，认为翻译是一项历史悠久的活动。

谭载喜在《西方翻译简史》一书中指出：

> 无论在中国还是在西方，翻译都是一项极其古老的活动。事实上，在整个人类历史上，语言的翻译几乎同语言本身一样古老。两个原始部落间的关系，从势不两立到相互友善，无不有赖于语言和思想的交流，有赖于相互理解，有赖于翻译。[1]

翻阅中西方有关翻译历史的著述，可以看到，对翻译活动的悠久历史，基本上从两个方面加以考虑和论证：一是从持不同语言的人的相互交流的需要来推测；二是以有历史见证的翻译事实来确证。一般认为，口译活动的历史比笔译活动要久远得多。

法国翻译理论家米歇尔·巴拉尔在《从西塞罗到本雅明——译家、译事与思考》一书中作了如下的论述：

> 从语言发生学的角度看，语言首先是以口头形式存在，继而出现文字系统，形成书面语言形式。因此从时间上看，翻译也同样如此，首先是以"口译"形式存在。通双语的口译者的作用在于为持不同语言的共同体（或个人）的交流提供方便。这一活动开始是偶尔为之或纯个人需要，但到一定阶段，便发展成一种正式的活动。有关口译活动的最早记载，见于公元前两千多年的上埃及埃利潘蒂尼岛的古王国王子的石墓铭文。[2]

马祖毅是中国翻译史的研究专家，他与西方翻译史研究专家的观点有相通之处，他认为：

> 人类自有语言以来，操不同的语言的人们要交际、交流思想，达到相互了解，必须通过翻译作为中介手段。就中国而言，远在原始社

1　谭载喜：《西方翻译简史》，商务印书馆，1991 年，第 3 页。

2　Ballard, Michel: *De Cicéron à Benjamin: traducteurs, traductions, réflexions*, Lille: Presses Universitaires de Lille, 1995, p.21.

会各氏（部）族之间，就应该有双语人或多语人的翻译活动，然而已无文献可证。即使在夏商两代，现存的史料亦均失之过简，如《册府元龟·外臣部·朝贡》有下列记载：

夏后即位，于夷来宾。

少康即位三年，方夷来宾。

"于夷"、"方夷"，与夏、商王族并非同一语族，语言有殊，遣使"来宾"，自然需要翻译，否则无法进行活动。然而，这样说只是推测，拿不出证据。[1]

根据马祖毅的推测，在夏商时代就应该有翻译活动。按照中国历代纪元表，夏代约为公元前 21 世纪末至公元前 17 世纪初。马祖毅所推测的翻译活动的存在前期，与巴拉尔所提供的有关口译活动的最早记载的时间，基本吻合：至今已有四千多年的历史。

有关笔译的活动，有明确记载的，至少已有两千多年的历史。具有特殊意味的是，在中西翻译史上，早期的重要笔译活动，几乎均为宗教典籍的翻译。林煌天主编的《中国翻译词典》一书中附录的中外翻译大事记对两千多年来在中国和西方主要国家所进行的重要翻译活动有简要的介绍，若将两者细加比较，不难发现人类的翻译活动在很大程度上具有某种共性。

翻译历史悠久，已是不争的事实。而形式多样的翻译活动，则为人们对"翻译"一词的界定造成了多方面的困难。上文中提及的威尔斯的那段论述充分说明了人们对"翻译"的认识远非一致，与"翻译"一词呈同义关系的众多词语都从某个侧面对翻译的特征有所揭示。法国的拉德米拉尔于 1979 年出版了《翻译的理论要素》一书。他在该书的 1994 年再版序言里指出，翻译实践的丰富性是有目共睹的，但是由此而产生的翻译之概念的模糊性或宽泛性的问题对翻译研究提出了挑战。他认为，翻译学的重要任务之一，便是要澄清由翻译实践的特殊历史和多种形式而造成的概念层次的模糊性[2]。他首先从翻译本质入手，对"何为翻译"进行探讨。颇有

1 马祖毅：《中国翻译史》（上卷），湖北教育出版社，1999 年，第 1 页。

2 Ladmiral, Jean-René: *Traduire: théorèmes pour la traduction*, Paris: Gallimard, 1994. 见该书 Préface à la seconde édition，第 10—21 页。

启示意义的是，他没有花过多的笔墨对“翻译”一词进行高度抽象的和纯粹形而上的界定，而是首先从实践的角度或职业的角度，将翻译活动进行某种归类。他对翻译的归类，如“口译”与“笔译”的区分，笔译中“文学翻译”与“技术翻译”的区分，在今天看来，可以说是毫无新意的普遍共识。但是，对目前的研究来说，感兴趣的是他切入问题的角度：从翻译活动所涉及的具体内容入手，来考察翻译所涵盖的实际领域，进而切入翻译活动的形式、方法，再进一步探讨翻译所指涉的内涵及外延。从方法论的角度看，他的这一做法有助于避免一开始就陷入“定义”的纯理论、纯思辨的抽象化怪圈之中。事实上，从实践的角度来对翻译在不同历史阶段所表现的具体形态加以考察时，可以看到“翻译”活动本身不是静止不变的，而是根据不同历史阶段的实际交流需要，在形式上不断丰富、不断发展的。而随着翻译的具体实践的不断丰富，人们对翻译的认识也一定会不断变化。在这个意义上，对“翻译”进行定义，客观地认识翻译活动的方方面面，是非常重要的。在 1980 年代，香港的周兆祥曾发出过惊世骇俗的断言或宣告：“我们从今以后不要再翻译了。”[1] 就其根本而言，周兆祥以极端的口吻所提出的断言，实际上是从实践需要的角度，对“翻译”的传统形态提出质疑。他想要说的，是不能囿于传统认识上的翻译形式，而要根据时代的需要，根据现代化运动的实际，转变翻译观，转变“翻译态度与方法”。在周兆祥看来，根据传统的观点，只有“逐段逐句译出来”的，才算是名正言顺的翻译，但在新的历史阶段中，“视乎当前需要而定”的许多形式，如“改写、编译、节译、译写、改编”等等，也是“堂堂正正的翻译方法”。

对周兆祥的这一观点，刘靖之曾经在《香港的语文与翻译》一文中进行了深入的分析与批评，认为周兆祥的“从今以后不要再翻译了”的基本出发点是源于奈达的“读者至上”论。刘靖之意识到，在“新形势下”，“有些人觉得严复的‘信、达、雅’、直译与意译等翻译原则、观念和方法已过时；有的认为翻译工作者当前的首要任务是引进现代意识，要引进现代意识就要运用新的态度和方法；有的说旧式的逐字、逐句、逐章节翻

1 周兆祥在 1985 年 7 月 6 日香港翻译学会主办的翻译与现代中国研讨会上宣读题为“我们从今以后不要再翻译了——现代化运动里翻译工作的态度和方法”的论文。

译方式已经完成了历史的任务，不再适用于新时代，因为这种方式费时太久，译文和内容亦不一定适合读者的需要。基于这些原因，他们主张用新方法来翻译，如增删、剪裁原文，或甚至根据原文用中文重写，而不应该忠忠实实地去翻译”[1]。在刘靖之看来，以读者需要的名义，以“为谁翻译”为基本标准来任意增删、重写原文，不仅在逻辑上有漏洞，而且在思想上容易造成混乱，在实践上“贻害极大”。他指出：

> 每部著作、每一篇文章都是作者个人的观察、研究所得，个人的经验体会所总结出来的成果，如自然科学的发现和发明、社会科学的创见、哲理上的探讨、艺术上的创作。这些学术和艺术上的成果无不是作者穷毕生之精力和时间所取得的成就，翻译者怎能有资格去编译、节译、改写、选译这些著作？又怎能忍心去冒犯这些献身学术研究和艺术创作的学者、作家和他们的作品？因为一不留神，就有可能造成断章取义、误译、错译、漏译原著的恶果，贻害极大。[2]

刘靖之对周兆祥的观点的分析与批评，在很大程度上反映了翻译界对翻译及翻译的形式、方法甚至原则等方面在认识上存在的分歧。客观地看，虽然“改写、编译、节译、改编”等活动有可能导向“断章取义、误解、错译、漏译”等恶果，但两者并不存在必然的联系。周兆祥的本意，是以读者的名义和现实需要的名义，为“编译、节译、译写”等活动正名，让这些活动堂堂正正地进入“翻译”之殿堂。刘靖之及时指出这些做法有可能造成危害，自然有其积极的意义，但在理论上并没有彻底解决“编译、节译、译写”这些在当代经常发生的活动是否属于翻译的范畴这一根本问题。刘靖之与周兆祥的争论，给翻译研究者提出了一个重要的理论问题：如何界定翻译活动的范畴？如果说在人们传统的意识之中，只有逐字、逐句、逐章节的全译或完整的翻译才叫“翻译”的话，那么与“译”有着本质联系的“摘译、编译、译述、缩译、综述、述评、译评、译写、改译、参译”等活动应该如何界定呢？在目前阶段，回答有可能是

1　刘靖之：《神似与形似——刘靖之论翻译》，书林出版有限公司，1996 年，第 359 页。
2　刘靖之：《神似与形似——刘靖之论翻译》，书林出版有限公司，1996 年，第 363 页。

肯定的，也可能是否定的。肯定的回答，有黄忠廉的《变译理论》一书为代表。他对上述问题的深入思考与系统探索，为进一步认识翻译活动的本质及其丰富性，提供了新的视角。他所提出的“变译”的概念[1]，为全面而客观地界定翻译活动范畴提供了新的理论参照。对他的“变译”说，目前翻译理论界不可能完全认同。但有一点是不可视而不见的，那就是翻译活动在漫长的历史中不断丰富。

第二节　一个被理论研究长期忽视的领域

在上文的简述中，可以看到两个事实：一、中外翻译史家都认为翻译具有悠久的历史；二、翻译界越来越一致地认为翻译活动具有不断丰富的历史。然而，也可以看到，从科学研究或理论研究的角度看，翻译史，特别是早期的口译活动的历史，还缺乏必要的文献加以确证；同时，对于翻译活动本身而言，人们对翻译活动的范畴远未达成一致的认识，至今仍在进行的各种讨论或针锋相对的各种看法，便是证明。这两个事实在一定程度上反映了翻译活动的尴尬境地。一方面，它在人类的文化交流中一直在广泛地进行着，但在历史中却很少得到世人的关注；另一个方面，丰富的翻译活动，一直被实践者认为是充满障碍的工作，但在相当长的历史时期内，却很少有学者对其进行深入而系统的研究。这两个方面的情况长期存在，或者说翻译领域被历史学界、被理论界长期忽视的状况造成的直接影响便是：长期以来，翻译一直被当作一种“雕虫小技”，而“翻译无理论”的说法至今在某些学者的脑中，仍有相当的市场。这种状况不仅在中国存在，在世界其他国家也同样存在。对此，许多翻译研究者有着清醒的认识。法国语言学家乔治·穆南曾对这一状况作了颇有针对性的简析。

首先，他指出，长期以来翻译得不到重视。打开西方主要国家的大百科全书，几乎见不到有关“翻译”的条目。无论是法国的、英国的，还是意大利或德国的百科全书，几乎没有一行文字论及翻译及其历史与问题。

1　黄忠廉：《变译理论》，中国对外翻译出版公司，2002 年。他在该书中对“变译”作了如下定义：“所谓变译，指译者根据特定条件下特定读者的特殊需求，采用增、减、编、述、缩、并、改等变通手段摄取原作有关内容的翻译活动。”详见该书第 96 页。

唯一的例外，是狄德罗编纂的百科全书。[1] 他指出的这一问题值得人们深思。作为人类最悠久的跨文化交流活动之一，翻译在 20 世纪 50 年代以前出版的西方主要国家的百科全书中却几乎没有任何地位。这确实反映了在长期的历史阶段中知识界对翻译的认识几乎是“零”。

如果说知识界对翻译的漠然或无知还有着种种可以解释的历史原因的话，那么鉴于翻译与语言之间存在的直接的、千丝万缕的联系，语言学界对翻译问题的忽视，在乔治·穆南看来，则不仅仅是不可理解的，而且是“语言科学的耻辱”。在 20 世纪 50 年代之前，语言学界对翻译这一特殊的语言现象少有关注，几乎将翻译完全排斥在其研究大门之外。乔治·穆南指出：

> 关于翻译活动的科学研究，更为令人奇怪的是：任何一部完整的哲学论著都得将语言理论包括在内，但是语言理论却从不把翻译作为语言活动加以研究列入自己的范围。翻译是一种特殊的但也是普遍的语言活动，也许对语言和思维的研究都有一定启示。最近问世的有关语言学综合研究的重要著作对这一点也只字不提。翻译作为语言现象和独特的语言问题至今无人过问。在费尔迪南·德·索绪尔、叶斯伯森、萨丕尔、布隆菲尔德的论著中，难以寻找到四五处提及翻译的只言片语。被提及时，翻译事实也往往只起个旁注的作用，用于论证与翻译毫不相关的某个观点，几乎从未就翻译而论及翻译。[2]

语言学家对翻译问题不予重视，历史学家对翻译活动熟视无睹，知识界对翻译的认识几乎是零，这在很大程度上致使翻译活动在两个方面被遮蔽：一、翻译在人类文明发展史上的作用得不到足够的承认；二、对翻译的种种问题得不到科学、系统的研究。陈福康有感于这种状况在中国的长期存在，特别是对翻译理论研究的维艰处境深感困惑。他指出，在中国翻译工作者协会的会刊《中国翻译》的《本刊宗旨》上，第一句话便是“开展译学理论研究”。但是，“‘译学’一词却迄今未被中文词典所收入。（谓

---

1 参见 Mounin, Georges: *Les problèmes théoriques de la traduction*, Paris: Gallimard, 1963, p.11。

2 Mounin, Georges: *Les problèmes théoriques de la traduction*, Paris: Gallimard, 1963, p.11.

予不信，请查大型中文词语工具书——新版《辞海》、《辞源》，乃至台湾版《中文大字典》、日本版《大汉和辞典》等等。）这无疑是一种令人惊异的疏忽和遗漏，因为‘译学’一词通用已久，没有任何理由排除在词典之外。然而，这是否也反映了人们对‘译学’（或称‘翻译学’）的轻视？是否也反映了‘译学’至今尚未真正建立，或者说尚未被正式承认这样一种状况？这是耐人寻味的”。[1] 尤为耐人寻味的是，对翻译的这种轻视态度不仅仅来自翻译界的外部，而且还来自翻译界的内部。特别是一些长期从事翻译实践，甚至在翻译上已经卓有建树的翻译家，经常声称翻译没有什么理论可言，因此也就不需要什么研究，即使有什么研究，也不可能去具体指导翻译活动。乔治·穆南对这一问题有过思考。在 1950 年代，当苏联的费道罗夫、加拿大的维纳和达尔贝勒内等语言学家为翻译大声疾呼，试图以语言学为理论指导，为翻译研究争取科学地位的时候，一些著名的翻译家，如法国的爱德蒙·加里就以翻译是艺术为由，反对“把翻译说成是一种严格地属于科学认识范畴，特别是隶属于语言分析范围的活动”[2]。爱德蒙·加里的这一观点虽然不乏合理的因素，但反对对翻译进行科学研究的种种努力，则明显反映了翻译界内部对翻译研究缺乏深刻与全面的认识。爱德蒙·加里有丰富的文学翻译，尤其是诗歌翻译的经验，同时有在国际重要会议长期担任同声传译的经历。他认为文学翻译首先是一项文学活动，电影译制是一项艺术活动，各有特点，无法将其置于语言学的指导之下加以研究。他的观点是很有代表性的。在中国，持类似加里的观点的翻译家也不乏其人。如卞之琳先生，他在 1928 年在上海读高中二年级时，就以极大的兴趣，译出了长达 1060 行的英国浪漫派诗人柯尔律治的叙事名诗《古舟子咏》，此后半个多世纪里，翻译了法国、英国、爱尔兰、西班牙、奥地利等国的众多小说家、诗人的重要作品，是翻译界公认的一位杰出的翻译家。在《卞之琳译文集》的《译者总序》中，卞之琳这样写道：

我说过自己习作文学翻译，并未遵循任何翻译理论指引，进一

1　陈福康：《中国译学理论史稿》，上海外语教育出版社，1992 年，第 1 页。

2　参见 Mounin, Georges: *Les problèmes théoriques de la traduction*, Paris: Gallimard, 1963, p.14。

> 步，认为根本没有什么翻译理论好讲的，要讲也是讲不尽的。谁要是能掌握两个语种及其文化背景到一定的深度，就可以把文学作品翻译到一定的高度，只是文学翻译，也系文学创作一样，还要靠执笔者自己的能耐与辛勤决定产品的水平。[1]

卞之琳有过六十年的文学翻译经历。他译诗，译小说，译戏剧，各种翻译都取得了很高的成就。对翻译活动所涉及的障碍、困难，他一定有着深切的感受，深谙两种语言的转换所必然包含的两种文化之间的转渡的奥妙。然而，对于翻译活动是否有着一定的规律，对翻译活动是否有理论探讨的必要，他却得出了矛盾的结论。一方面，他认为自己开始涉足翻译，完全没有理论的指导，而且也没有什么理论好讲的；但丰富的实践，不可能不给他留下对翻译思考的空间，于是，从另一方面，他认为若要讲理论，“讲也是讲不尽的”。特别是到了晚年，在1983年《译林》杂志编辑部召开的苏州会议上，他就翻译问题作了发言，题为“文学翻译与语言感觉”[2]；1987年12月在香港举行的当代翻译研讨会上，他宣读了长篇论文《翻译对于现代中国诗的功过》[3]。他对翻译问题的这些思考，在今天看来，本身就是一种理论的探索。但卞之琳先生为什么又口口声声说翻译没有理论可讲，或翻译理论是讲也讲不尽的呢？这种矛盾在一定程度上反映了翻译家的某种困惑：困难重重的翻译活动，涉及太多的问题，从理论上难以讲清，那只有凭译者在实践中各自去摸索和体会。卞之琳的这种困惑，在许多翻译家头脑中是始终存在的。谢天振对这一状况作过深入思考。他从加强翻译理论研究意识的角度对翻译家忽视翻译理论思考的原因作了中肯的分析，指出：“长期以来，我们的翻译家更多地忙于翻译实践，却很少对自己的丰富的翻译经验进行总结，更少把这些经验提炼，然后上升到理论层面。我国翻译界普遍存在的轻视理论甚至否认理论的价值的倾向，在一定程度上与这种情况也有一定的关系。”[4]也正是由于翻译界长期以来忽视或排斥对翻译进行理论的探索，致使在数千年的翻译历史中，渐渐地形

1 卞之琳译：《卞之琳译文集》，安徽教育出版社，2000年，见《译者总序》，第8页。

2 该文后收入江苏人民出版社于1984年出版的《翻译漫谈》一书。

3 该文刊载于《译林》1989年第4期上。

4 参见谢天振等：《〈文学翻译的理论与实践——翻译对话录〉五人谈》，《中国翻译》，2001年，第4期，第66页。

成一种定见，那就是“翻译无理论”。翻译界内部的这种自我定位也在很大程度上影响了其他学科对翻译的看法，渐渐地也在有关的学界形成一种偏见：翻译为雕虫小技，不登大雅之堂。这种恶性的相互影响造成的直接后果就包括：翻译的作用得不到应有的承认，对翻译的理论研究得不到学界的关注和支持。这种状况一直延续到 1950 年代，才逐渐开始有所改变。

第三节　不断深化的认识与不断丰富的内涵

如果说长期以来翻译家本身专注于翻译实践，忽视了对翻译问题的理性思考与系统研究是个事实的话，这不能不说是个历史的误会，但丰富的实践与贫乏的理论之间所产生的这道深深的裂痕，却不能完全掩盖在数千年的翻译历史中翻译活动的特殊性提出的种种问题和困难，而面对这些问题和困难，翻译家们也不可能视而不见，无动于衷，因为它们是无法回避的客观存在。在这个意义上说，翻译家们对翻译理论思考的忽视，并不说明翻译就没有理论研究的必要，也并不意味着翻译的种种问题因为翻译家的忽略便不存在。

有翻译实践，便不可避免地会出现与翻译有关的种种问题，而随着这些问题的反复出现，也必然会引起翻译家们的注意，使他们从各自的角度，针对翻译实践中出现的困难或障碍，采取相应的方法或技巧，加以克服。事实上，在漫长的翻译历史中，翻译家们在不同的历史阶段进行着形式多样的丰富实践，虽然对实践中所出现的问题，还没有以一种清醒的理论意识去加以关注，但他们针对这些问题所采取的种种手法、策略，他们在实践中积累的一些经验、体会，尤其是他们从中悟出的一些道理或原则，是一笔笔非常珍贵的遗产。然而，令人遗憾的是，这些弥足珍贵的译事经验，由于学界长期以来没有予以重视与关注，像一颗颗散落的珍珠，被历史所尘封，无法发出其耀眼的光芒。

从 1950 年代开始，一批具有强烈的探索精神和清醒的理论意识的学者，如苏联的费道罗夫、英国的卡特福德、加拿大的维纳与达尔贝勒内、法国的乔治·穆南等，试图以语言学为指导，打开翻译研究的大门，将数千年来一直处在技艺层面的翻译经验谈纳入理论的思考、系统的分析与科学的探索范围。到了1970年代，更在世界范围内，出现了以美国尤金·A. 奈达为代表的一批翻译理论家，他们不断拓展翻译研究领域，将翻译研究提高到一个新的高度，为翻译学的建立打下了坚实的基础。

特别需要指出的是，在1970年代以后，翻译界的一批有识之士将目光投向被历史尘封的那一笔笔珍贵的翻译遗产，以现代的学理，发掘淘炼。他们一方面追踪历史上的重大翻译事件，将翻译家的实践置于宽阔的历史空间之中加以认识与定位，另一方面对伴随着翻译活动而产生的点滴思考与经验体会加以梳理与探讨。实际上，早在20世纪50年代末，苏联的费道罗夫就已经明确指出了对悠久的翻译历史中所积累的那些宝贵的翻译经验与点滴思考进行考察、梳理与研究的必要性和重要性。他指出："世上存在的任何一门科学，都不可能不重视、汲取历史的经验，不吸收以往学者们对同一问题已有过的探索所取得的成果，首先必须使用翻译历史的资料和历史上众译家的思考，总结、梳理有关翻译问题的各种看法和观点。这就意味着，翻译理论必须包含对翻译问题的历史思考。"[1] 法国翻译家、翻译理论家安托瓦纳·贝尔曼也持有同样的观点。他认为："翻译史的构成是翻译现代理论的头等任务。对自身的反思，就是自身的确立，只有这种反思运动才有着现代性，而不是一种原始的目光。"[2] 费道罗夫与贝尔曼的观点被许多翻译研究专家所认同。在1970年代，T. R. 斯坦纳的《英国翻译理论——从1650年至1800年》[3] 首先问世，对17世纪至19世纪末的英国翻译家对翻译的思考进行了较为系统的梳理。在这之后，安德烈·勒菲弗尔出版了《翻译文学：自路德至罗森维格的德国传统》[4]；L. G. 凯利出版了《真正的翻译——西方翻译理论与实践的历史》[5]。进入1980年代以后，保尔·奥格兰的《翻译方法论集》[6]、F. M. 莱纳的《阐

1 转引自 Ballard, Michel: *De Cicéron à Benjamin: traducteurs, traductions, réflexions*, Lille: Presses Universitaires de Lille, 1995, p.21。

2 Berman, Antoine: *L'épreuve de l'étranger, culture et traduction dans l'Allemagne romantique*, Paris: Gallimard, 1984, p.12.

3 Steiner, T. R.: *English Translation Theory, 1650–1800*, Amsterdam: Van Gorcum, 1975.

4 Lefevere, André: *Translating Literature: The German tradition, from Luther to Rosenzweig*, Assen/Amsterdam: Van Gorcum, 1977.

5 Kelly, L. G.: *The True Interpreter: A History of Translation Theory and Practice in the West*, Oxford: Basil Blackwell, 1979.

6 Horguelin, P. A.: *Anthologie de la manière de traduire: domaine français*, Montréal: Linguatech, 1981.

释：从西塞罗到泰特勒的语言与翻译》[1]、亨利·冯·霍夫的《西方翻译简史》[2]、利埃温·杜勒斯特的《法国翻译理论研究一百年——从巴特到利特雷（1748－1847）》[3]、米歇尔·巴拉尔的《从西塞罗到本雅明——译家、译事与思考》等一批具有代表性的著作相继问世。在中国，罗新璋编的《翻译论集》、陈福康著的《中国译学理论史稿》也分别于1984年和1992年出版。这些著作有着一个共同的特点，那就是以当代学理对历史上所积累的宝贵的翻译经验进行发掘与梳理，以"发幽显微，推陈出新"[4]。通过他们的努力，可以看到，在数千年的翻译历史中，人们对翻译的认识是不断加深的，而在形式多样的翻译实践中，翻译的内涵也在不断得到丰富。

在西方翻译学者的研究著作中，对西方最早论述翻译的文字出现的确切时间的认定几乎是完全一致的。据巴拉尔介绍，在公元前46年，罗马帝国时期的西塞罗撰写了《论最优秀的演说家》（另译为《论演说术》）一文。正是在这篇文章中，他提出了"不要逐字翻译"的那句被后人奉为经典的话。实际上，那篇文章是一部译文集的序言。译文集收录的是埃斯西尼（Aiskhines）与狄摩西尼（Demosthenes）就金冠事件发表的对立性的演说。西塞罗以这些译文为论据，说明何为最优秀的演说家，其中谈到："埃斯西尼和狄摩西尼是两位最雄辩的雅典人，我曾将他们针对对方所作的两次最有名的演说译成拉丁文，我不是作为解说员，而是作为演说家进行翻译的；演说的精神不变，表达与修辞也未变；所有词语都符合我们语言的用法，但我并不认为有必要逐字翻译；我所保存的是整体的气势和表现力。"同时，他又指出："雄辩力存在于词语与思想之中。因此，我们必须求纯洁而准确的表达，也就是说用的拉丁语要好。"[5]被西方翻译理论界称为西方译论之源的这段话，只是从翻译方法的角度对翻译提出的一种见解，在今天看来，根本没有涉及对翻译本质的认识与界定。

在中国，据陈福康的考证与研究，在先秦诸子的著作中，很难找到有

1　Rener, F. M.: *Interpretation: Language and Translation from Cicero to Tytler*, Amsterdam: Rodopi, 1989.

2　Hoof, Henri van: *Petite histoire de la traduction en Occident*, Louvain: Cabay, 1986.

3　Hulst, Lieven D': *Cent ans de théorie française de la traduction, de Batteux à Littré (1748 －1847)*, Lille: Presses Universitaires de Lille, 1990.

4　罗新璋：《我国自成体系的翻译理论》，罗新璋编：《翻译论集》，商务印书馆，1984年，第1页。

5　Ballard, Michel: *De Cicéron à Benjamin: traducteurs, traductions, réflexions,* Lille: Presses Universitaires de Lille, 1995, pp.39－40.

关翻译的论述。他在《大戴礼记・小辨》和《春秋穀梁传》中找到了孔子议论翻译的两处文字。前一处为："传言以象，反舌皆至，可谓简矣。"陈福康还找到了清代孔广森《大戴礼记补注》中的一句话："言四方之言有象译存，非君所辨也；君将学之，则非简易之道。"据此，他认为："孔子关于翻译的这句话，一方面说明他认识到了翻译能够迅速沟通使用不同语言的人们之间的隔阂的作用；另一方面，也反映了他视翻译为'小辨'的轻视态度。"[1]后一处在《春秋穀梁传》中，该书桓公二年有云："孔子曰：'名从主人，物从中国。'"昭公元年又云："号从中国，名从主人。"陈福康认为文中"将'主人'与'中国'对举，显然'主人'除指诸侯小国、少数民族以外，当然也包括绝域异国。因此，孔子这里虽然主要说的是撰写史书时记载事物名称的方法，同时也正是对译名问题的原则指示"[2]。陈福康的考证、推测与阐释是有道理的。孔子的这两处论翻译的文字，一与翻译的作用有涉，二与如何处理译名相关。如果说把孔子的这两处文字当作中国译论的萌芽还多少有些牵强的话，那么三国时支谦写的《法句经序》，则是中国翻译界公认的第一篇谈翻译的文字，其中写道：

> 法句者，犹法言也。近世葛氏，传七百偈。偈义致深，译人出之颇使其浑漫。唯佛难值，其文难闻。又诸佛典皆在天竺。天竺言语，与汉异音。云其书为天书，语为天语。名物不同，传实不易。唯昔蓝调、安侯、世高、都尉、佛调，译胡为汉，审得其体，斯以难继。后之传者，虽不能密，犹尚贵其实，粗得大趣。始者维祇难出自天竺，以黄武三年来适武昌。仆从受此五百偈本，请其同道竺将炎为译。将炎虽善天竺语，未备晓汉。其所传言，或得胡语，或以义出音，近于质直。仆初嫌其辞不雅。维祇难曰："佛言依其义不用饰，取其法不以严。其传经者，当令易晓，勿失厥义，是则为善。"座中咸曰："老氏称：'美言不信，信言不美。'仲尼亦云：'书不尽言，言不尽意。'明圣人意深邃无极。今传胡义，实宜径达。"是以自偈受译人口，因循本旨，不加文饰。译所不解，则阙不传，故有脱失，多不出者。[3]

1 陈福康：《中国译学理论史稿》，上海外语教育出版社，1992 年，第 13 页。
2 陈福康：《中国译学理论史稿》，上海外语教育出版社，1992 年，第 13 页。
3 转引自罗新璋编：《翻译论集》，商务印书馆，1984 年，第 22 页。

据专家考证，该文成于公元 224 年，虽在年代上比古罗马哲人西塞罗要迟两百年，但就支谦对翻译的认识而言，则比西塞罗要前进了一步。不同的语言，“名物不同”，造成了翻译的困难，而对翻译之障碍的审视与研究，则有助于寻找克服这些困难的途径与方法。

细读支谦《法句经序》的这段话，可见支谦对译事已有相当深刻的认识。他所主张的翻译方法“因循本旨，不加文饰”，至今仍被众多的翻译家视为最重要的翻译原则之一。有趣的是，东西方第一篇可以确证的谈及翻译的文字，都为译文的序言，但将西塞罗与支谦所提出的翻译方法作一比较，则发现两者有很大的差异，甚至可以说两者截然不同。西塞罗主张的是意译，而支谦主张的是直译[1]。

西方自西塞罗开始，中国自支谦开始，一代又一代的译家结合自己的翻译实践，留下了一处处有关翻译的文字，虽然有的还比较零碎，且见解也失之肤浅，但经过对这些文字的梳理和淘炼，则可以清楚地看到人们对翻译的认识始终在不断加深。从目前所掌握的资料看，历史上的翻译家多从以下两个角度来认识翻译。

1. 以翻译的得失与困难来论翻译。翻译家身体力行，在翻译过程中，对翻译之难多有深切体会，对翻译的认识也多从译之得失而悟得。东晋、前秦时的高僧、翻译家道安的“五失本”“三不易”之说最具代表性。他在《摩诃钵罗若波罗蜜经钞序》中指出：

> 译胡为秦，有五失本也：一者，胡语尽倒，而使从秦，一失本也。二者，胡经尚质，秦人好文，传可众心，非文不合，斯二失本也。三者，胡经委悉，至于叹咏，叮咛反复，或三或四，不嫌其烦，而今裁斥，三失本也。四者，胡有义说，正似乱辞，寻说向语，文无以异，或千五百，刈而不存，四失本也。五者，事已全成，将更傍及，反腾前辞，已乃后说而悉除，此五失本也。
>
> 然《般若经》，三达之心，覆面所演，圣必因时，时俗有易，而删雅古以适今时，一不易也；愚智天隔，圣人叵阶，乃欲以千岁之上

1　罗新璋认为支谦的“因循本旨，不加文饰”的翻译主张，可视为最初的直译说，但陈福康不同意此观点。分别参见罗新璋编：《翻译论集》第 22 页注和陈福康著《中国译学理论史稿》第 16 页。

> 微言，传使合百王之下末俗，二不易也；阿难出经，去佛未久，尊者大迦叶令五百六通，迭察迭书，今离千年而以近意量裁，彼阿罗汉乃兢兢若此，此生死人而平平若此，岂将不知法者勇乎？斯三不易也。涉兹五失经，三不易，译胡为秦，讵可不慎乎？[1]

译胡为秦，困难重重，稍有不慎，即可能使佛经失去本来面目。从翻译实践中认识翻译之障碍，指出有可能“失本”的五种倾向，道安的“五失本”“三不易”之说对翻译者如何避免背叛原文，具有警示作用。

与道安差不多属于同一个时代的西方神学家、翻译家圣哲罗姆，被当今西方翻译学界称为“译学之父”。他翻译过许多希腊神学著作，以博学著称，而他主译的拉丁文《圣经》，即《通俗拉丁文本圣经》更为他赢得了不朽的名声。他对翻译有过不少论述，其中有的说法与道安的不谋而合，如他说的“偏离原文”，与道安“失本”是一个意思。他在公元380年为优西比乌斯作品翻译集所作的《序》中，有这么一段话：

> 要顺异语的语序翻译，难免会时有偏离；要在翻译中保存异语表达的文采，也是难事。若原文中以一词表达一个意思，我若没有同样的表达，该怎么办？要想方设法完全表达原意，那我只得绕一个大圈，来走完原文本来很短的路程。还有词序倒置之障碍、辞格之差异、比喻之不同，总之，异语之特有的精髓。若以词译词，则韵味难传；若不得已对原文之结构与风格稍加变动，则有违背译者责职之嫌。[2]

细读圣哲罗姆的这段话，再与道安的“五失本”“三不易”作一比较，可以看到两位翻译大师所关注的问题何等相似。对词序、文采、辞格、韵味的处理，存在着客观上的困难，而对待这些困难，必须慎之又慎，不然便有“失本”的危险，也有可能因此而违背译者的天职。

2. 以翻译方法与技巧的探讨来认识译事。根据目前翻译研究界所掌握

---

1 转引自罗新璋编：《翻译论集》，商务印书馆，1984年，第24页。

2 转引自 Ballard, Michel: *De Cicéron à Benjamin: traducteurs, traductions, réflexions*, Lille: Presses Universitaires de Lille, 1995, p.48。

的资料，在 20 世纪之前，翻译家们在留下的讨论翻译的各种文字中，涉及最多的是“怎么译”这个问题。他们囿于各自的翻译实践，将实践中所遇到的问题进行归类，从语言转换的角度，提出种种如何翻译的方法与技巧。怎么译？可以说，这是从古代到近代的各国翻译家苦苦思索的一个永恒的问题。他们结合自己的翻译，从具体的作品的传译中摘取例子，或总结自己的经验，或提出自己的困惑，有的为只言片语，有的则已相当系统。正是他们的探索以及在探索中总结的经验，为后人的翻译提供了种种参照，使翻译事业得以不断前进。也正是通过他们的这些宝贵经验，译界的后人得以梳理出“直译”与“意译”这两条贯穿于整个翻译史的主线。玄奘提出的“五不翻”，赞宁提出的“六例”，已为人们所熟知，这些很有针对性的译事方法与原则，为认识翻译提供了具体的路径。在西方，像文艺复兴时代的法国翻译家艾蒂安·多莱（Etienne Dolet, 1509–1546），他在 1540 年发表了《论佳译之方法》，其中提出了五条翻译原则，都是从怎么译的角度来探讨翻译的。他提出：（1）译者必须完全理解他所译作品的意思和作品的内容。（2）译者必须完全掌握翻译时使用的两种语言。（3）译者不应该屈从到逐字翻译的地步……只有不受原文词序的束缚，译者才能以句子为落脚点，既使作者的意图得到表现，同时也能奇妙地保持原语与译语的特点。（4）译者必须遵守“约定俗成”的用法。（5）译者必须注意表达的和谐，保证措辞的连贯，相互衔接，同时要优美，不仅赏心，而且悦耳……[1] 这五条原则虽然谈的都是译者应该怎么做，但涉及的问题已经远远超出纯语言的层面。多莱对翻译的认识可以说比他的前辈更深刻，更全面。德国宗教改革运动领袖，翻译家马丁·路德（1483–1546）提出过关于翻译的七条细则[2]；以翻译《伊利亚特》与《奥德赛》而驰名译坛的英国翻译家乔治·查普曼（George Chapman, 1559–1634）提出了具体的译诗的原则[3]。在他们之后，像法国的戈多、梅齐利亚克，德国

1　转引自 Ballard, Michel: *De Cicéron à Benjamin: traducteurs, traductions, réflexions*, Lille: Presses Universitaires de Lille, 1995, p.111。

2　路德提出的七条翻译方法与原则非常具体：（1）变换词序；（2）采用情态助动词；（3）采用必要的连接词语；（4）不得搬用德语中无适当对应词的希腊词语和希伯来词语；（5）原文的单词必要时可用短语来译；（6）比喻说法可转译为非比喻说法，非比喻说法亦可转换为比喻译法；（7）注意注释的精确性和正文的文体变化。参见张泽乾：《翻译经纬》，武汉大学出版社，1994 年，第 72—73 页。

3　查普曼提出的译诗原则明确反对“逐字死译”，对原作词序、句子结构、词法、风格等也提出了个人的处理原则。参见谭载喜：《西方翻译简史》，商务印书馆，1991 年，第 99—100 页。

的赫尔德、施莱尔马赫、歌德，英国的德莱顿、坎贝尔、泰特勒，俄国的普希金、别林斯基等，都提出过有关如何翻译的方法、技巧与原则。他们对翻译本身问题的关注，特别是他们针对翻译问题所提出的或具体或原则性的种种对策与方法，对深化人们对翻译的认识起到了不可忽视的作用。

第四节　从边缘走向中心

从翻译的得与失、翻译的技巧与原则为入径，所看到的翻译活动是具体而微的，相对来说，目光也因此而容易限于翻译的操作层面。而由于历史上的众译家对翻译的论述，大都限于各自的经验，限于具体的感受，因此容易给人造成两种印象：一是显得零碎而片面；二是智者见智，仁者见仁，看法多有矛盾。欧阳桢曾参照艾莫斯（Amos）与凯利（Kelly）的观点，就前人有关翻译的见解和经验发表了如下看法：

> 回顾翻译理论史时，我们不得不承认，在现代人对语言的本质和结构有深彻的了解之前，根本就没有理论可言。前人所提出的翻译理论，不外是一些对个别语言特征的见解、对上层社会的语言应否翻成通俗语言的讨论、对某些译本中的用词是来自本土语或外来语的探讨、对应该直译或意译的永无休止的论争……简言之，前人的翻译理论是集中在语用学或翻译的技巧上。[1]

欧阳桢的这番议论是有一定道理的，但是历史上众多译家的翻译之谈和有关翻译技巧的探索，是人们认识翻译不能逾越的一个阶段。同时，通过众译家为后人留下的那些论述翻译的文字，可以看到在历史上翻译越来越受到人们的关注，众译家对翻译的思索也是处在不断的发展之中。因此，对翻译问题进行思考与探索时，不能忽视在不同的历史阶段翻译家为后人留下的那些有关翻译的论述。相反，要对之进行梳理，把翻译家在实践中悟出的宝贵经验加以归纳、总结，进行理论升华。正是在这个意义上，罗新

1　转引自陈德鸿、张南峰编：《西方翻译理论精选》，香港城市大学出版社，2000 年，第 257 页。

璋对传统译事经验加以系统的整理、总结与归纳，写出了长文《我国自成体系的翻译理论》，将长期以来被学界所忽视的翻译家们的只言片语、经验之谈用现代学理加以阐发，理出了中国翻译理论不断深化、发展的历史脉络，使富有浓厚的感性色彩的经验之谈闪现出理性的光辉，使具体零碎的个人见解成为全面认识翻译的系统探索中不可或缺的一环。罗新璋认为，中国传统的翻译理论资源是十分丰富的，但“还需要我们善于总结已有的经验加以发展”，其“论旨是精炼的，但还需要我们适当运用现代学理使之严密”[1]。陈福康也持同样的观点，他认为：“翻译理论的发展，是一个不断深化的无限过程，我国的翻译理论需要更新与提高，但只能在传统的基础上更新，在原有的起点上提高。”[2]

以现代学理对传统的翻译经验加以阐释，为人们开辟了一条深化翻译理论研究的重要途径。罗新璋在《我国自成体系的翻译理论》一文中，以唐朝贾公彦为《周礼·秋官司寇》篇中的“象胥”一词所作的义疏为例，说明了以现代学理阐释传统译论的重要性：

> 我国早期典籍《周礼·秋官司寇》篇里就有“象胥”（谓通言语之官）这一名目，唐朝贾公彦所作的《义疏》里提到“译即易，谓换易言语使相解也”。这条注疏，关于翻译的定义，足以给人不少启发。用现代文艺理论和语言理论，也许可以诠释为：翻译是把一种语言文字换易成另一种语言文字，而并不变更所蕴含的意义，——或用近年流行的术语说，并不变更所传递的信息，——以达到彼此沟通、相互了解的目的。此处仅举一例，借以说明我国古代的翻译理论，已有相当精辟的见解，倘能用现代学理，发掘淘炼，当能发幽显微，推陈出新。[3]

沈苏儒借助的正是这条重要且有效的途径，对中国近代翻译家严复的“信达雅”之说进行了系统的研究，出版了《论信达雅——严复翻译理论研

1　罗新璋：《我国自成体系的翻译理论》，罗新璋编：《翻译论集》，商务印书馆，1984 年，第 2 页。
2　参见陈福康：《中国译学理论史稿》，上海外语教育出版社，1992 年，第 2 页。
3　罗新璋：《我国自成体系的翻译理论》，罗新璋编：《翻译论集》，商务印书馆，1984 年，第 1 页。

究》一书。[1] 他从对“信达雅”之说的历史渊源的追溯，到“信达雅”之说的学术内涵的发掘，从“信达雅”之说与外国译论的相互参照与阐发，到对“信达雅”之说合理内核的探幽与价值体系重建，以开放的学术视野和清醒的理论意识，深刻地阐发了严复的翻译思想，使“信达雅”之说在当代理论的映照下焕发出新的生命。[2]

以现代学理阐释传统翻译理论，在为译学研究奠定了某种基础的同时，客观上也促使被历史遗忘或忽视的翻译活动得到了越来越多的学者的关注。如果说翻译在历史上曾长期受到冷落，处于历史的边缘的话，那么正是借助现代学理，借助哲学、美学、语言学、符号学、文艺学等学科的最新研究成果，人们丰富并加深了对翻译的认识，不断拓展翻译研究的领域，翻译活动才得以在历史的舞台上逐渐占据本应属于自己的位置，从历史的边缘开始走向中心。

在把翻译从边缘推向中心的历史进程中，语言学家充当了先锋的角色。在本章的第三节，已经谈到费道罗夫、卡特福德、维纳与达尔贝勒内、乔治·穆南等从语言学的角度，对翻译进行了系统而深入的研究，其贡献是多方面的。是翻译的语言学研究把翻译从经验主义中解放出来，为翻译研究打开了科学的大门，历史上第一次赋予了翻译研究科学的性质，将在过去近两千年来一直在经验层面讨论或争论不休的问题置于科学的层面进行探讨。但翻译活动十分复杂，涉及的因素多，范围广，有关翻译的许多问题，如翻译者的主观因素、语言转换中的文化移植、影响翻译的社会、政治因素等问题，在语言学层面难以展开系统深入的分析，得不出令人信服的答案，翻译历史上的众多现象也无法作出辩证的解释。翻译的语言学研究途径暴露出的这些局限，不仅使其他学科理论的介入显得非常必要，更为这些学科自身的发展提供了崭新的探索空间。

对自 1950 年代以来翻译研究所走过的路作一回顾性的审视时，不难看到以下几点：一、翻译研究在近半个世纪以来得到了突破性的发展，无论是就广度而言，还是就其深度而言，都是在过去的历史上任何一个时期所未能达到的。二、翻译研究的途径得到不断开拓，各种翻译研究流

1　沈苏儒：《论信达雅——严复翻译理论研究》，商务印书馆，1998 年。

2　参见许钧：《译学探索的百年回顾与展望——评〈论信达雅——严复翻译理论研究〉》，《中国翻译》，1999 年，第 3 期。

派纷呈，出现了一大批具有代表性的研究成果。三、翻译理论研究的不断深入与发展越来越受到其他学界的关注与承认。在国外，从1980年代末起，就有学者开始对1950年代以后的翻译理论研究状况进行分析与总结，像加拿大的罗贝尔·拉罗兹、英国的埃德温·根茨勒，他们分别于1989年和1993年出版了同名著作《当代翻译理论》。前者以翻译所涉及的基本问题为核心，对1950年代至1980年代在翻译理论研究领域比较活跃的代表人物的观点与思想进行评述[1]；后者则根据自第二次世界大战至20世纪90年代初西方翻译理论研究的发展状况，以不同的观点和重要著作为依据，将当代的翻译理论分为“美国翻译培训派”、“翻译科学派”、“早期翻译研究派”、“多元体系派”和“解构主义派”等五大流派[2]。国内的廖七一于2000年出版的《当代西方翻译理论探索》[3]一书辟第二章评述“当代西方翻译理论流派”，采用的就是根茨勒的划分方法。香港的陈德鸿与张南峰编的《西方翻译理论精选》收录了西方二十位重要翻译理论家主要著作的部分章节的译文，这二十位译学理论家中，除德莱顿、泰特勒、施莱尔马赫三位之外，其余十七位均是当代的。根据编者的划分，西方译学研究界的这二十位代表人物被列入六大学派：语文学派、诠释学派、语言学派、目的学派、文化学派、解构学派。除传统的语文学派，其余的五个流派都是近五十年来发展起来的。在《西方翻译理论精选》的《绪论》中，两位编者这样说道：“西方的翻译理论，除了语言学派和传统的语文学派之外，还有近一二十年才兴起或盛行的翻译研究学派，以及解构主义、女性主义、后殖民主义等学派，可谓百花齐放。”[4]如果再把视野继续扩大一些，还可列举出符号学派、交际学派、语言哲学派、文艺学派等翻译研究流派名称。从在历史上长期以来“不入流”的翻译经验之谈到20世纪末令人眼花缭乱的翻译研究流派的形成，可以看到，翻译的理论研究开始或已经进入了一个全面发展的时代。而透过那些被冠以各种名称的翻译思想或观点，不难看到相同的一点，那就是借助其他学科的理论成果，对翻译进行研

---

1 Larose, Robert: *Théories contemporaines de la traduction*, Montréal: Presses de l'Université du Québec, 1989.

2 Gentzler, Edwin: *Contemporary Translation Theories*, London and New York: Routledge, 1993.

3 廖七一编著：《当代西方翻译理论探索》，译林出版社，2000年。

4 陈德鸿、张南峰编：《西方翻译理论精选》，香港城市大学出版社，2000年，《绪论》，第ix页。

究[1]。以语言学的理论指导产生的研究成果被统称为“语言学派”。以女性主义理论为参照的研究，被冠以“女性主义翻译学派”。总之，一种理论的介入，从积极的角度看，都给人们认识与研究翻译打开一条新的通道。谭载喜在《翻译学》一书的第四章中，对“翻译学的研究途径”进行了归类。他指出：

> 翻译学是研究翻译的科学。它通过对翻译的性质、过程、方法等方面进行客观的、科学的描写，提出系统的翻译理论，推动翻译的实践。翻译研究中最基本的途径有：(1) 文艺学途径；(2) 语言学途径；(3) 交际学途径；(4) 社会符号学途径；(5) 翻译学途径。[2]

谭载喜对于翻译学研究途径的分类，最早是于1987年与尤金·A. 奈达合著的一篇文章[3]中提出的。当时，他据以分类的，是1980年代中期的翻译理论研究状况。而在这之后的十余年时间里，翻译理论研究的视野不断拓展，翻译研究的领域逐渐打开。有必要指出的一点是，初看上面这段论述，可发现他与奈达共同分析与归纳的翻译研究的五个途径，前四条与第五条有矛盾之处。无论从哪个角度看，前四条都是翻译学的研究途径，那么，翻译学途径怎么又可以单独称为一条呢？从文字的表达看，其中的矛盾是明显的。但在这纯属文字表述矛盾的背后，似乎可以感觉到翻译研究途径的一种困惑：如果说借助其他学科的理论来对翻译进行研究是一条必由之路的话，那么翻译学途径与其他四条途径又应该呈现一种怎样的关系呢？对“翻译学途径”，谭载喜与奈达是这样定义的：

> 翻译学途径是一个综合性途径。它不仅综合上述各个途径的优

1 在这方面，国内出了一大批研究成果，最有代表性的是刘宓庆。他在多个领域进行了探索，以美学、语言哲学、文化学等学科的理论为指导，分别出版了《翻译美学导论》，书林出版有限公司，1995年；《文化翻译论纲》，湖北教育出版社，1999年；《翻译与语言哲学》，中国对外翻译出版公司，2001年。另外，在阐释学、交际理论、比较文学理论的启发下，也有重要研究成果问世，如蔡新乐、郁东占的《文学翻译的释义学原理》，河南大学出版社，1997年；奚永吉的《文学翻译比较美学》，湖北教育出版社，2000年；谢天振的《比较文学与翻译研究》（业强出版社，1994年）和《译介学》（上海外语教育出版社，1999年）等。

2 谭载喜：《翻译学》，湖北教育出版社，2000年，第40页。

3 见谭载喜、尤金·A. 奈达：《论翻译学的研究途径》，《外语教学与研究》，1987年，第1期。

> 点，同时还综合其他一切翻译研究途径的优点或特点。翻译学途径明确区分翻译和翻译研究，认为翻译本身只能是一种技术、一门艺术，决不是科学；而有关翻译的那门学问却是科学，并且是一门不隶属于任何其他科学（包括语言学）的相对独立的综合性科学。它的研究对象不仅包括语际翻译、语内翻译，而且也包括符际翻译，即不同符号系统之间的翻译。翻译学途径的主要特点，除高度的综合性以外，还有高度的描写性、开放性和灵活性。[1]

按照上文提供的定义，所谓“翻译学途径”，是一种翻译研究的综合途径。差不多在同一时期，长期任教于维也纳大学翻译系的玛丽·斯内尔-霍恩比出版了《翻译学：综合研究》[2]一书，她所说的综合研究途径，在本质上与谭载喜提出的“翻译学途径”是相通的。首先，斯内尔-霍恩比提出翻译的综合研究，是基于对近半个世纪德国译论研究中出现的重微观、重语言等主要倾向的反思。她特别强调翻译不是语际转换，而是一种跨文化交际。她认为，翻译学涉及心理学、哲学、民族学等各方面的知识，但应该以文化为依归[3]。后来，在《翻译学：一门跨学科》[4]中，斯内尔-霍恩比更加明确地指出了翻译学的跨学科性质，而采取综合研究法是使翻译学科向独立性及完整性发展的重要保证。在这里，已经可以清楚地看到翻译研究在新的阶段所面临的新的问题。

借助其他学科的研究成果，客观上确实为翻译研究拓展了巨大的空间，为翻译研究注入了科学的活力，使之渐渐地从边缘开始走向中心。翻译，作为一种复杂的活动，涉及面广，若仅仅局限在一个领域对之进行研究，就无法揭示其性质及活动规律，在这个意义上，翻译研究必定具有综合性。但是，在各种学科的理论介入翻译研究领域之后，在为翻译研究由此进入全面发展时期而欣喜的同时，不能不看到在种种理论指导下取得的研究成果存在着一个致命的弱点，那就是如同“盲人摸象”。每一种理论

1　谭载喜：《翻译学》，湖北教育出版社，2000 年，第 51 页。

2　Snell-Hornby, Mary: *Translation Studies: An Integrated Approach*, Amsterdam: John Benjamins Publishing Company, 1988.

3　参见陈德鸿、张南峰编：《西方翻译理论精选》，香港城市大学出版社，2000 年，第 153 页。

4　Snell-Hornby, Mary et al: *Translation Studies: An Interdiscipline*, Amsterdam and Philadelphia: John Benjamins Publishing Company, 1994.

流派所认识的翻译在很大程度上具有片面性，揭示的只是翻译活动的一个方面，难以深刻地反映翻译活动的全貌。此外，在理论的层面，从目前翻译理论研究的现状看，还出现了“理论＋翻译”的两张皮现象，即有的理论只浮在表面，难以真正起到指导翻译研究的作用。最为值得注意的是，翻译研究在引进各种理论的同时，有一种被其吞食、并吞的趋向，翻译研究的领域看似不断扩大，但在翻译从边缘走向中心的路途中，却潜伏着又一步步失去自己的位置的危险。面对这一危险，不能不清醒地保持独立的翻译学科意识，而谭载喜、斯内尔－霍恩比所提出的“翻译学途径”或“综合研究途径”，是值得认真探索的。

第五节　如何保持自身

上文谈到，借助不同学科的理论，对翻译问题进行深入研究，是翻译研究发展的一条必由之路，这是由翻译学科的性质所决定的。在 1992 年，陈福康明确指出：

> 翻译理论本身是一个综合的、开放的系统，它与许多学科与艺术的门类息息相通，从语言学到文艺学、哲学、心理学、美学、人种学，乃至数学、逻辑学和新起的符号学、信息学等等，都有关系；然而，它又自有其独立性。例如，它与语言学的关系最密切，相互有不少交叉和叠合，它可以借助于语言学的原理来阐发语际转换的规律等，但它并不依附于语言学。它可以运用文艺学、文体学的原理来阐述翻译中的风格、神韵等问题，但它也不归属于文艺学、文体学。反过来说，翻译理论的成果，也可以对语言学、文艺学、心理学、哲学等等的研究起到借鉴和促进的作用。例如，比较文学中的影响研究，就必须求助于翻译理论为其媒介学的基础。[1]

吕俊也差不多持同样的观点，他认为：“翻译研究是一门综合性学科，许多理论，如文化学、人类学、传播学、哲学、方法论知识、学科发展理

1　陈福康：《中国译学理论史稿》，上海外语教育出版社，1992 年，第 2—3 页。

论、思维学等等，都与翻译研究有关，对这些理论的学习都有助于翻译学的建立。”[1] 翻译研究以一种前所未有的开放的姿态，吸取着不同学科的理论精华，在不断地丰富自己，发展自己。近三十年来的历史证明，翻译研究所走的方向基本上是正确的。对此，国内外大多数翻译研究者也差不多都持肯定的看法。

从不同的理论出发，对翻译进行研究，不断深化并扩大了对翻译的认识。这一点，从对翻译的定义的丰富性中，就可得到证明。随着翻译理论研究的不断发展，有关翻译的认识不断加深，记录并反映人类知识水平发展的各类词典中也开始有了“翻译”的一席之地，而这些有关翻译的词条，见证着翻译研究在不断发展着的历史。本章第三节曾援引乔治·穆南的观点，说在20世纪50年代之前，西方主要国家的大百科全书中，几乎没有“翻译”的位置。这种状况，如今已经基本改变。像《大英百科全书》（*Encyclopedia Britannica*）这一类大型百科全书中，“翻译”已有了本应拥有的位置。“翻译”不仅在有关词典中占有一席之地，而且还以其丰富的内涵为基础，以翻译研究为主线，拥有了反映自身历史发展的独立的《译学百科全书》[2]。英国学者莫娜·贝克主编的这部《译学百科全书》于1998年出版，由两大部分组成：第一部分有关翻译和翻译学问题；第二部分有关翻译史。全书654页，由来自三十多个国家的九十多位学者编撰而成，有学者称这部百科全书“在某种意义上称得上译学领域迄今为止内容最为广泛与全面的一部百科知识性全书”[3]。而在这部体现了西方翻译最新研究成果的百科全书问世的前一年，中国学者通力编撰而成的《中国翻译词典》也由湖北教育出版社正式推出。叶君健在为这部词典写的《序》中介绍说：“这部词典也可以说是一个大型的翻译百科全书，因为它的内容包括面广，除对翻译界有成就的人物作译事介绍外，还把翻译理论与技巧、翻译术语与译事知识、翻译史以及中外翻译与文化交流方面的资料都编成各种门类的词条。此外，还收录如百家论翻译、中国和外国翻译大事记、世界文学名著和中国文学名著英译索引，中国当代翻译论文索引、世

1　吕俊：《对翻译学构建中几个问题的思考》，《中国翻译》，2001年，第4期，第9页。

2　Baker, Mona: *Routledge Encyclopedia of Translation Studies*, London and New York: Routledge, 1998.

3　谭载喜：《翻译学》，湖北教育出版社，2000年，第165页。

界著名电影片名英译索引等等有关资料。”[1] 在20世纪末，中外两部大型的翻译百科全书相隔一年问世。这种时间上的“不谋而合”是颇有不寻常的意义的，至少从某种意义上说明翻译研究已经发展到一个需要进行自身总结的历史阶段，而从两部辞书的内容上看，编者的目光也显示出了相当的一致性。据谭载喜介绍，莫娜·贝克主编的《译学百科全书》力图反映出至20世纪90年代中期译学研究中的最新成果和面貌，国际译界一批知名的重要学者撰写了“介绍交际/功能、语言学、心理语言学/认知学、篇章学、解释学、文艺学和符号学的译学研究方法，以及翻译的多元理论，‘游戏’理论（game theory）、译者行为理论等等”[2]。在《中国翻译词典》中，有关翻译理论研究的新观点、新思想也得到了充分的反映。但是，不同的条目出自不同学者的笔下，特别是有关翻译基本概念、翻译术语等理论性很强的条目，能充分地显示出撰写者的理论取向，而这种理论取向有时是相当狭隘的。如《中国翻译词典》中的“翻译”一条是这样定义翻译的：

> 翻译（translation）是语言活动的一个重要组成部分，是指把一种语言或语言变体的内容变为另一种语言或语言变体的过程或结果，或者说把一种语言材料构成的文本用另一种语言准确而完整地再现出来。[3]

不难看出，这一对翻译的定义是语言学理论指导下的产物，其中明显带有卡特福德的观点痕迹。在《翻译的语言学理论》中，卡特福德开宗明义：“翻译是一项对语言进行操作的工作，即用一种语言的文本来替代另一种语言的文本的过程。”[4] 卡特福德对翻译的定义，是从纯语言学的角度出发的。他宣称，“显然，任何翻译理论都必须采用某种关于语言的理论，即普通语言学的理论”[5]。卡特福德还不满足于开篇提出的有关“翻译”的这一定义，在第二章中，对第一个定义又作了部分修正，明确写道：“翻

1 林煌天主编：《中国翻译词典》，湖北教育出版社，1997年，见叶君健《序》，第4页。
2 谭载喜：《翻译学》，湖北教育出版社，2000年，第167页。
3 参见林煌天主编：《中国翻译词典》，湖北教育出版社，1997年，第167页。
4 J. C. 卡特福德：《翻译的语言学理论》，穆雷译，旅游教育出版社，1991年，第1页。
5 J. C. 卡特福德：《翻译的语言学理论》，穆雷译，旅游教育出版社，1991年，第24页。

译（translation）的定义如下：用一种等值的语言（译语）的文本材料（textual material）去替换另一种语言（原语）的文本材料。”[1] 卡特福德的这个定义用了“文本材料”一词，包括了“口头的”与“笔头的”两个方面，“替换”与“等值”两个词之间具有逻辑的联系。翻译既然可以等值，当然只是一种替换行为，就如 A 可以替换 B，B 可以替换 C，而 A、B、C 之间的理想关系，就是等值。“等值”的概念，并不是卡特福德首创的。早在 1953 年，苏联的费道罗夫就明确提出了“等值”论：“翻译的等值，就是表现原文思想内容的完全准确和作用上、修辞上与原文完全一致。”[2] 从现有资料中可以发现，翻译研究的语言学派的主要人物，都或多或少作过努力，尽可能对翻译作出定义，像提出等值论的费道罗夫、主张等效的奈达等等。无论是等值，还是等效，追求的是最大限度的“等”。他们对翻译的定义虽然在表述上有所不同，但本质上都具有相当的一致性。如中国译界比较熟悉的下面几种定义：

(1) 翻译是用一种语言把另一种语言在内容与形式不可分割的统一中业已表达出来了的东西准确而完全地表达出来。——费道罗夫

(2) 翻译是把一种语言的言语产物在保持内容也就是意义不变的情况下改变为另外一种语言的言语产物的过程。——巴尔胡达罗夫

(3) 所谓翻译，是指从语义到文本在译语中用最切近而又最自然的对等语再现原语的信息。——奈达

对在翻译研究中被一引再引的上述三种定义，黄忠廉在《翻译本质论》第一章中作过评介，对三者之间的异同进行了分析。[3] 应该说，这三种定义加上卡特福德的定义，对中国学者产生了广泛的影响，像张培基、王德春等学者提出的定义或多或少都从中得到过启示。不妨将其录于此，供研究比较。

(1) 翻译就是转换承载信息的语言，把一种语言承载的信息用另

---

1 J. C. 卡特福德：《翻译的语言学理论》，穆雷译，旅游教育出版社，1991 年，第 24 页。
2 参见蔡毅、虞杰编译：《文艺翻译与文学交流》，中国对外翻译出版公司，1987 年，第 19 页。
3 参见黄忠廉：《翻译本质论》，华中师范大学出版社，2000 年，第 6—16 页。

一种语言表达出来。——王德春

(2) 翻译是运用一种语言把另一种语言所表达的思维内容准确而整体地重新表达出来的语言活动。——张培基

张培基和王德春对翻译的定义是很有代表性的。他们的定义都是在1980年代提出来的。张培基是《英汉翻译教程》的主要编者之一，这部教程在中国拥有众多的读者。而王德春是国内重要的语言学家，他对翻译也有很深的研究。尽管张培基定义中强调翻译所表达的是原文的思维内容，但就整个表达来看，翻译首先在形式上是语言的转换，对这一点是没有异议的。问题在于，翻译到底是重新“表达”、“再现”还是“替换”？而“重新表达”、“再现”或“替换”的到底是什么？是“文本材料”，“信息”，还是“思维内容”？看来，语言学家们对翻译的根本任务，即“译”什么，看法并不完全一致，而且定义本身的侧重点有所不同。20世纪50年代至80年代语言学家对翻译作出的有关定义，大体上被词典编撰者所接受，如中国的《辞海》、《现代汉语词典》和《中国大百科全书·语言文学卷》等权威辞书，对“翻译”的定义基本上是属于语言学派的：

(1) 翻译：把一种语言文字的意义用另一种语言文字表达出来。——《辞海》(1980)

(2) 翻译：把一种语言文字的意义用另一种语言文字表达出来（也指方言与民族共同语、方言与方言、古代语与现代语之间一种用另一种表达）；把代表语言文学的符号或数码用语言文字表达出来。——《现代汉语词典》(1978、1983、1996)

(3) 翻译：把已说出或写出的话的意思用另一种语言表达出来的活动。——《中国大百科全书·语言文字卷》(1988)

对比上述三种对翻译的定义，可以看出：就本质而言，三种定义基本一致，但《现代汉语词典》的表述显然更完整、更科学。《辞海》的定义太窄，将“口译活动”排斥在“翻译活动”之外。查阅《现代汉语词典》的1978年第1版和1996年修订版，可以发现相隔二十年后，第1版对“翻译”的定义在修订版中没有改变。如果说辞书是忠实记录并反映一个时期

人们的知识水平的话，那么不妨可以这么看：翻译的语言学派对“翻译”作出的定义，至少在20世纪80年代到90年代，已得到较为普遍的认可。辞书的那些“定义”，也恰恰反映了翻译研究在语言学的启迪下所达到的对翻译的一种认识水平。语言学派对“翻译”的定义（虽然它们之间有相当的差异）强调翻译是一种语言活动，这是核心。然而，对这种认识或定义，首先提出质疑的，便是翻译的文艺学派。早在语言学派试图将翻译研究纳入语言学范畴的1950年代，许多翻译家就明确提出，把翻译完全归结为语言活动是错误的，如爱德蒙·加里就认为：“文学翻译不是一种语言活动，而是一项文学活动。”[1]许渊冲也持同样的观点。他是国内外知名的翻译家，在长达半个多世纪的翻译活动中，先后翻译过数十部书，把英国、法国的许多文学名著介绍给中国读者，又把中国文化的精华《诗经》、《楚辞》、唐诗、宋词、元曲还有毛泽东诗词等译成法文、英文。英国最负盛名的出版机构企鹅出版公司还将他翻译的中国古诗词 *Songs of the Immortals*（《中国不朽诗三百首》）收入《企鹅丛书》。许渊冲以其丰富的翻译经验为基础，借助中国文论中的一些理论精华，将翻译定义为“美化之艺术”[2]。在为《译论》一书所作的《序》中，他对费道罗夫提出的“等值翻译论”、奈达提出的“等效论”提出了批评，阐述了中国以“神似、化境”为核心内容的文艺派翻译观，指出语言学派的译论“抹杀了文学翻译的创造性”[3]。就对翻译的认识而言，翻译的语言学派与翻译的文艺学派的观点是针锋相对的。语言学派认为，翻译是语言活动，追求的是等值、等效；而文艺学派认为，翻译是艺术活动，追求的是再创造。由于对翻译的本质认识不同，所以对整个翻译活动的阐释，包括翻译过程、原则、标准的认识，便自然有了差异。

翻译的语言学派与文艺学派在认识上的不同甚至对立，一方面说明在不同的理论指导之下，人们对翻译的认识会有差异，另一方面则从某种程度上说明了翻译活动的复杂性和多面性。本书的有关章节将对此作进一步的探讨。在此所关注并竭力想说明的是，多种理论介入之后，翻译的本质

1　Cary, Edmond: *Comment faut-il traduire?* Lille: Presses Universitaires de Lille, 1986, p.6.

2　参见许渊冲、许钧：《翻译：“美化之艺术”——新旧世纪交谈录》，许钧等著：《文学翻译的理论与实践——翻译对话录》，译林出版社，2001年，第46—59页。

3　参见许渊冲《序》，张经浩：《译论》，湖南教育出版社，1996年，第1—6页。

从多个方面得到了揭示。例如，符号学派把翻译当作一种“符号解释”的活动，对皮尔士来说，“翻译就是符号解释，符号解释就是翻译”[1]。在阐释学的视角下，“理解，就是翻译”[2]。在翻译“目的论”者看来，“翻译就是文化 Z 通过语言 z 表达信息，而这个信息又由文化 A 按照其目的所需，通过语言 a 再表达出来。就是说，翻译并非仅仅是把一个语言的语句转换成另一套语言符号，而是一个更为复杂的过程，是某一方要在某一个新环境当中，把原文转知另一方，在这个传送过程当中，译者一方面要照顾新的文化、语言及语篇目的等等制约，另一方面又必须尽可能依从原文的句子结构”[3]。在权力话语理论的观照下，“翻译并不是一种中性的、远离政治及意识形态斗争和利益冲突的行为；更不是一种纯粹的文字活动，一种文本间话语符号的转换和替代，而是一种文化、思想、意识形态在另一种文化、思想、意识形态环境里的改造、变形或再创作”[4]。至于“翻译是竞赛”“翻译是征服”“翻译是妥协”“翻译是再生”等等说法，都有各自的理论依据。“翻译”活动，在各种理论的观照之下，呈现出一个又一个侧面，幻化出一个又一个形象。有从翻译活动的形式来界定翻译的，也有从翻译活动的目的来定义翻译的，在各种理论所揭示的翻译的形形色色的“是”之外，还有从古到今中外文人所说的翻译的“似”或“像”。钱锺书在《管锥编》（第四册）中有一节释中外文人论翻译，题为“翻译术开宗明义”，里边提到的一些说法很有代表性。如《高僧传》三集卷三云：“翻也者，如翻锦绮，背面俱花，但其花有左右不同耳”；雨果说“翻译如以宽颈瓶中水灌注狭颈瓶中，傍倾而流失者必多”；叔本华谓“翻译如以此种乐器演奏原为他种乐器所谱之曲调”；伏尔泰谓“倘欲从译本中识原作面目，犹欲从板刻复制中睹原画色彩”[5]。傅雷从翻译的效果角度论翻译，说“翻译应当像临画一样，所求的不在形似而在神似”。而钱锺书在论《林纾的翻译》一文中，则以训诂的方法入手，最终提出了翻译“化境”说。他写道：

---

1 参见郭建中编著：《当代美国翻译理论》，湖北教育出版社，2000 年，“第六章符号学与翻译研究”，第 102—134 页。

2 Steiner, George: *Après Babel: une poétique du dire et de la traduction*, traduit par Lucienne Lotringer et Pierre-Emmanuel Dauzat, Paris: Albin Michel, 1998.

3 参见陈德鸿、张南峰编：《西方翻译理论精选》，香港城市大学出版社，2000 年，第 163 页。

4 见吕俊：《翻译研究：从文本理论到权力话语》，《四川外语学院学报》，2002 年，第 1 期，第 109 页。

5 参见钱锺书：《管锥篇》（第四册），中华书局，1979 年，第 1261—1265 页。

> 汉代文字学者许慎有一节关于翻译的训诂，义蕴颇为丰富。《说文解字》卷六《口》部第二十六字："囮，译也。从'口'，'化'声。率鸟者系生鸟以来之，名曰'囮'，读若'讹'。"南唐以来，"小学"家都申说"译"就是"传四夷及鸟兽之语"，好比"鸟媒"对"禽鸟"所施的引"诱"，"讹"、"讹"、"化"和"囮"是同一个字。"译"、"诱"、"媒"、"讹"、"化"这些一脉通连、彼此呼应的意义，组成了研究诗歌语言的人所谓"虚涵数意"(manifold meaning)，把翻译能起的作用、难于避免的毛病、所向往的最高境界，仿佛一一透示出来了。文学翻译的最高标准是"化"。把作品从一国文字转变成另一国文字，既能不因语文习惯的差异而露出生硬牵强的痕迹，又能完全保存原有的风味，那就算得入于"化境"。十七世纪有人赞美这种造诣的翻译，比为原作的"投胎转世"(the transmigration of souls)，躯壳换了一个，而精神姿致依然故我。[1]

从"译"到"诱"，再到"媒""讹""化"，钱锺书通过这几个字，透示出了"翻译能起的作用、难于避免的毛病、所向往的最高境界"。从文人极富感性的比喻——"似""如""像"，到学者竭力想从科学的角度揭示的"是"，目的都是想引导人们认识翻译，理解翻译。翻译活动在"是"与"似"之间呈现出了千张面孔。看似非常简单的翻译活动由此而显示出了它的复杂性。而对于翻译研究者来说，面对如此众多的"是"与"似"，面对常常相互矛盾甚或对立的看法，不可能不产生这样的困惑：翻译活动虽然复杂，但它是否具有属于自己的一些本质特征？到底应该如何理解翻译活动？作为翻译研究者，如何才能保持自身的独立思考，该拥有怎样的翻译观？

第六节 理解翻译

对所研究对象的界定，既见证了研究者认识并接近所研究对象的努力，又反映了人们对研究对象在一个阶段的认识水平。在科学研究中，定

---

1 罗新璋编：《翻译论集》，商务印书馆，1984 年，第 696 页。

义往往是研究的起点，倘若没有对研究对象作出一个定义，就很难在一个划定的范围内进行系统的研究。但是，在人文社会科学领域，要想对所研究的对象作出一个能概括其本质特征、被普遍接受的定义，是非常困难的。如与翻译活动有密切联系的文化，是一种非常复杂的现象，有大文化的概念，也有将文化分成物质文化、精神文化与艺术文化三个层次的说法。总之，对文化很难给出一个统一的定义，但这并不意味着人们便可以心安理得地放弃定义文化的努力。颇为有趣的是，尽管对文化很难定义，但却没有像对翻译那样产生如此矛盾甚至对立的种种说法，而且，在对翻译的认识过程中，还有那么多形象的比喻，如上从钱锺书的文章中所引的中外文人的那些令人几乎绝望的比喻。伏尔泰宣称“倘欲从译本中识原作面目，犹欲从板刻复制中睹原画色彩”，认为翻译几乎不可能，但是，他还是没有放弃翻译的努力。相反，他尽最大的可能通过翻译将英国的莎士比亚介绍给了法国人。雨果更是不管翻译“流失”多少，把他儿子翻译的莎士比亚戏剧称为“定译”。在这个意义上，他们对翻译的种种比喻，并不是在理论上断言翻译不可能，而是在强调翻译之难。一方面，翻译实践本身的障碍、困难及复杂性给翻译的定义造成了很大的困难；另一方面，多种理论的介入，各自又从一个侧面对翻译的本质加以探讨，客观上出现了一些相互矛盾甚至对立的定义或说法。这两个方面的情况的存在，给持“翻译无理论”之观点者提供了某种口实，也给一些翻译研究者带来了困惑，甚至还会使一些研究者产生翻译研究根本就是一条死胡同的悲观情绪。然而，正是因为在目前阶段人们对翻译的认识还远远没有统一，才更有对之加以研究的必要；同时，正是在以往的研究中，通过各种理论的指导或启迪，翻译活动的复杂性在多个方面得到揭示，人们对翻译的认识才得到了不断的丰富与深化。所以，若能对一些具有代表性的看法或观点进行梳理与总结，就有可能比较全面地揭示翻译活动的某些本质特征，形成比较统一的翻译观。

从理论研究的角度看，要进行翻译基本理论的系统探讨或建设，不可能不对“翻译是什么”这个问题作出解答。而根据目前人们对翻译探讨的情况看，首先可能得出的一个结论就是，翻译是一项复杂的活动，它的内涵是十分丰富的。张泽乾曾经根据语言学派、文艺学派以及古今中外一些翻译家及学者对翻译的本质进行思考的成果，试图对翻译作出一个全面的解释。他指出：

> 从科学视角考察也好，从艺术视角考察也好，尽管人们对翻译的看法不一，但这并不妨碍我们对翻译本身进行研讨。翻译不但是一种活动，而且也是一种产品。翻译活动是特殊的、复杂的社会活动，它是一种社会现象，一种社会工具。作为社会现象，作为社会工具，它不但是异语交际的工具，而且是异语思维的工具。作为社会活动，翻译既要传情、达义，是一种科学"生产"和认识活动，还要表感、表美，是一种艺术"生产"和审美活动。而作为言语行为的结果、科学生产与艺术生产的成品，翻译产品也就是用异语形式进行科学和艺术加工的产物。这种产品既是物质产品，又是精神产品和艺术产品，它在具有使用价值的同时，还可以具有教育和欣赏意义即认知价值和审美价值。[1]

张泽乾对翻译的认识应该说是比较深刻而全面的。以此为基点，不妨从几个方面对翻译的一些本质特征加以归纳，作为建立翻译观的基础。

1. 翻译具有社会性。从本章一开始所介绍的翻译的历史及其活动形式来看，翻译活动之所以存在，或者之所以有必要存在，是因为操不同语言的人之间需要交流。而人与人之间的交流所形成的一种关系，必定具有社会性。翻译是在人类社会发展到一定的阶段才出现的活动，而且随着人类社会的不断演变而不断发展、丰富。在历史发展的长河中，翻译活动始终是人类各民族、各文化交流的一种最主要的方式。现代语言学家索绪尔在《普通语言学教程》中强调语言的社会属性。他在概括语言的特征时，明确指出语言"是言语活动的社会部分"，语言是一个关系的系统，社会给予这些关系以意义[2]。萨丕尔认为："语言，像文化一样，是很少自给自足的。交际的需要使说一种语言的人和说邻近语言的或文化上占优势的语言的人发生直接或间接的接触，交际可以是友好的或敌对的。可以在平凡的事务和交易关系的平面上进行，也可以是精神价值——艺术、科学、宗

1　张泽乾：《翻译经纬》，武汉大学出版社，1994 年，第 2—3 页。

2　索绪尔：《普通语言学教程》，高名凯译，岑麒祥、叶蜚声校注，商务印书馆，1982 年，第 35—37 页。

教——的借贷或是交换。”[1]以翻译为手段所进行的这种接触、交换或交流的活动，无不打上社会与文化的烙印。以历史的观点考察翻译活动时，翻译的社会性是不能不考虑的。根据传统的翻译观，翻译往往是一种简单的符码转换，甚至机械性的操作。而实际上，翻译活动时刻受到社会因素的影响、介入、干预和制约。从当代翻译研究的发展趋势来看，翻译的社会性已经引起翻译学者的高度注意。对翻译的社会性加以系统研究的成果将为深刻认识翻译的本质提供有益的帮助[2]。

2. 翻译的文化性。语言与文化之间的紧密关系及相互影响，是当今语言学家与文化专家最为关心的问题之一，而翻译活动的文化本质是近二十年来许多翻译学者着力探讨的重要课题。首先从翻译的功能看，其本质的作用之一便是克服语言的障碍，达到操不同语言的人们之间精神的沟通，而这种精神的沟通，主要是通过文化层面的交流获得的。正是在这个意义上，翻译是人类精神文化中最为重要的活动之一，也是促进一个民族，一个国家的文化发展的最基本的因素之一，而且是最活跃的因素之一。其次从翻译的全过程看，翻译活动的进行时刻受到文化语境的影响。有学者对“五四”时期的翻译进行了研究，分析了译作语言所经历的文言、白话、“欧化”语言几个转变过程，发现这种变化与当时的文化语境密切相关[3]。也有学者“通过对新中国新时期译介西方现代派文学语境的分析，生动地揭示了特定时代的文化语境对文学翻译择取和译介方式的制约和影响”。[4]再次，从翻译的实际操作层面看，由于语言与文化的特殊关系，在具体语言的转换中，任何一个译者都不能不考虑文化的因素。有学者认为“所谓文化，究其本质乃是借助符号来传达意义的人类行为”，而“文化的核心就是意义的创造、交往、理解与解释”。[5]翻译作为以传达意义、沟通理解为基本任务的活动，其文化的本质是可以得到证明的。弗美尔明确指出：

1　参见萨丕尔：《语言论：言语研究导论》(Sapir, Edward: *Language: An Introduction to the Study of Speech*)，陆卓元译，陆志韦校订，商务印书馆（香港），第 120 页。转引自陈原：《社会语言学》，学林出版社，1983 年，第 286 页。

2　吕俊在《对翻译学构建中几个问题的思考》(《中国翻译》，2001 年，第 4 期，第 6—9 页）中特别强调要注重翻译的社会性的研究。另外许钧、袁筱一等编著的《当代法国翻译理论》（湖北教育出版社，2001 年）一书专辟第七章，对翻译的社会语言学观作了评介，参见该书第 220—247 页。

3　见王宏志：《“欧化”：“五四”时期有关翻译活动的讨论》，谢天振主编：《翻译的理论建构与文化透视》，上海外语教育出版社，2000 年，第 119—139 页。

4　见谢天振主编：《翻译的理论建构与文化透视》，上海外语教育出版社，2000 年，《前言》，第 6 页。

5　参见周宪、许钧：《文化与传播译丛 · 总序》，商务印书馆，2000 年。

“总之翻译是一种跨文化的转换。”[1] 对他的这一具有结论性的概括，目前翻译界已达成较为一致的认识。

3. 翻译的符号转换性。上文在讨论翻译的语言学派的一些观点时，已经指出，语言学理论对翻译研究走向科学与系统起到过开拓性的作用。在语言学最新研究成果的指导下，有关翻译活动的本质、过程及其局限可以得到不同程度的揭示。索绪尔在《普通语言学教程》中说：“如果我们能够在各门科学中第一次为语言学指定一个地位，那是因为我们已把它归属于符号学。”[2] 他还说：“依我们看来，语言的问题是符号学的问题，我们的全部论证都从这一重要的事实获得意义。要发现语言的真正本质，首先必须知道它跟其他一切同类的符号系统有什么共同点。”[3] 根据索绪尔的这一观点，可以将语言视为一个特殊的符号系统，它与人类的其他符号系统有着一些共同的本质特征。考察翻译的符号转换性时，对语言的定义是一种符号学的定义，因为这有助于扩大翻译的视野，也有助于理解雅各布森所提出的“语内翻译、语际翻译与符际翻译”的区分依据。巴斯奈特认为，翻译是一种语言行为，但它在本质上属于符号学的范畴，即研究符号系统、结构、符号过程和符号功能的科学[4]。在以往的翻译研究中，特别是语言学派，对翻译在语言层面的转换最为关注，甚至有学者干脆认为翻译活动完全是一种语言活动，“把翻译说成是一种严格地隶属于科学认识范畴，特别是隶属于语言分析范围的活动”。[5] 如今看来，将翻译活动严格地局限于语言活动的认识是片面的，但翻译活动的具体转换，是以符号的转换为手段的。在这个意义上，翻译活动首先体现在符号的转换层面。因此，在符号的转换过程中，有关语言符号或其他符号（如音乐符号、绘画符号、数码符号等等）的理论研究，有助于认识并理解实际转换过程中所遇到的障碍和困难。具体到语言转换的问题，有关语言意义、语言结构、语言应用的一些理论，自然可以起到指导翻译活动的作用。

4. 翻译的创造性。翻译的创造性是人们长期以来忽视的一个本质特征。在人们传统的认识中，翻译是一种简单的语言转换活动，只要精通两

1　参见廖七一等编著：《当代英国翻译理论》，湖北教育出版社，2001 年，第 364 页。

2　索绪尔：《普通语言学教程》，高名凯译，岑麒祥、叶蜚声校注，商务印书馆，1982 年，第 38 页。

3　索绪尔：《普通语言学教程》，高名凯译，岑麒祥、叶蜚声校注，商务印书馆，1982 年，第 39 页。

4　廖七一等编著：《当代英国翻译理论》，湖北教育出版社，2001 年，第 341 页。

5　Mounin, Georges: *Les problèmes théoriques de la traduction*, Paris: Gallimard, 1963, p.13.

门语言，整个转换便可轻易进行，就像把一只瓶里的液体倒入另一只形状不同的容器中。翻译的机械性可从一些传统的比喻中得到显示，类似于翻译是“再现”、是“摹本”，“如翻锦绮，背面俱花”等说法，都从一个侧面说明翻译在一个相当长的历史时期，往往被视作一种机械性的语言转换活动，其创造的性质被完全遮蔽。贝洛克曾经指出：“翻译一直是一种从属的、第二性的艺术。由于这种原因，人们从不把翻译看成是创造性的工作，对翻译的衡量也就造成了负面的影响，使人们低估翻译的价值，降低翻译的标准，从而从根本上毁灭翻译艺术。这还使人们不了解翻译的性质、翻译的重要性以及翻译过程中存在的困难。”[1] 把翻译视作机械的语言转换行为的传统观点客观上遮蔽了翻译的创造性，由此而进一步导致了翻译在实践中出现的许多困难得不到妥当的解决。自 1950 年代以来，翻译学者在有关理论的指导下，从各种不同的途径对翻译进行了深入的研究，取得了许多成果，其中最为重要的一点，便是从翻译的历史作用、语言重构、文化发展等各个方面揭示出翻译具有创造的性质。从翻译的全过程看，无论是理解还是阐释，都是一个参与原文创造的能动的过程，而不是一个消极的感应或复制过程。由于语言的转换，原作的语言结构在目的语中必须重建，原作赖以生存的“文化语境”也必须在另一种语言所沉积的文化土壤中重新构建，而面对新的文化土壤、新的社会和新的读者，原作又进入了一个崭新的接受空间。正如德里达所说的：“翻译在一种新的躯体、新的文化中打开了文本的崭新历史”。[2] 而翻译的创造性充分地体现在一个广义的翻译过程的各个阶段之中。在翻译界流行的“翻译是艺术”之说，所强调的正是翻译的创造性。张泽乾对此有精辟的论述：“作为创造的艺术、审美的艺术的翻译艺术，其最基本的方面仍在于实践性，因此，创造美可以说乃是翻译艺术的本质特征。”[3]

5. 翻译的历史性。翻译的历史性可从多个方面加以认识。首先，翻译活动不能不放到人类历史发展的长河中去加以考察。从这个角度出发，便可以清楚地看到在人类的历史发展中，翻译活动的形式与内涵在不断地丰富，而在不同的历史阶段，翻译所起的作用也大小有别。其次，就翻译活

1 转引自廖七一等编著：《当代英国翻译理论》，湖北教育出版社，2001 年，第 333 页。
2 参见雅克·德里达：《书写与差异》，张宁译，三联书店，2001 年，《访谈代序》，第 25 页。
3 张泽乾：《翻译经纬》，武汉大学出版社，1994 年，第 159 页。

动的可行性而言，大量的翻译实践证明，人类的翻译能力随着历史的发展而不断提高。民族、国家的交往客观上呼唤着翻译，而翻译又以其不可替代的作用促进了交流，而随着交往的增加、交流的扩大，又给翻译增加了新的可行性。过去无法翻译的，今天可以翻译；今天翻译有困难的，也许明天就有解决的可能。再次，就具体作品的翻译而言，翻译的历史性表现在理解、表达与接受的整个过程中，而“翻译无定本”之说，既反映了具体的翻译活动所存在的历史局限，同时又揭示了翻译有着不断超越局限、不断发展的必要性。

翻译是一项极其复杂的活动。上文对翻译的一些本质特征作了简要的归纳。基于以上的理解，可尝试着对翻译作如下的定义：

翻译是以符号转换为手段、意义再生为任务的一项跨文化的交际活动。

对翻译作出上述的定义时，已充分地意识到这一定义还没有在哲学的层面对“翻译是什么”作出回答。在本书的有关章节，将结合“意义”、“过程”及翻译的矛盾等问题，对翻译的本质在形而上的层面进行进一步的思考与探索。

第二章
翻译过程论

如何进行翻译研究？这是对翻译一词的基本含义进行了初步探讨并确立了翻译观之后又面临的一个问题。对此可以有多种答案。奈达在1998年于布鲁塞尔为《新编奈达论翻译》写的《序》中有这样一段颇让人回味的话：

> 我和谭教授之所以合作，主要是因为我们在应用语言学的诸多问题上，彼此观点十分一致。其一，我们深信，翻译理论必须以翻译实践作为基础。即是说，翻译工作如何开展，有关指导原则必须能够反映出令人称道的翻译家们实际上是如何翻译的。其二，我们认为，对语际交流活动进行分析，必须把语境因素考虑进来。就是说，不仅要认真分析原文的一切用词，还要分析原文产生的原因，以及分析人们是怎么去理解原文的。任何一篇原文都必须置于特定的语境之中才有意义可言。其三，我们认为，有必要明确区分翻译的实际工作和对翻译过程中出现的各种语言和文化因素所进行的科学研究工作，亦即区分翻译和翻译研究，不可把这二者混为一谈。[1]

显而易见，奈达对如何进行翻译研究所提出的三点意见，确如他本

1 谭载喜编译：《新编奈达论翻译》，中国对外翻译出版公司，1999年，见《序》，第Ⅷ页。

人所言，是在应用语言学的指导下提出的。应该看到，奈达对翻译研究所提出的意见有着其合理的一面，如强调“翻译理论必须以翻译实践作为基础”，必须重视语境因素，必须区分“翻译和翻译研究”，同时明确提出了对“语言和文化因素”的研究。但是，从目前翻译研究的发展趋势看，奈达所提出的这三点，基本上囿于翻译研究的狭义范围，把对“怎么译”的研究和如何指导“怎么译”置于根本的位置上，暴露了他基于语言学，特别是应用语言学立场进行翻译研究的某种局限。对这一方面的问题，近年来国内外有不少学者提出了比较深刻的批评意见，在此不拟赘述。值得关注的，是奈达在所提的三点原则意见中，反复强调了对“翻译过程”的关注，亦即对翻译的动态过程加以探索的必要性，如在第一点中所提出的“翻译家们实际上是如何翻译的”，第二点提出的“对语际交流活动进行分析”及“怎么去理解原文”的分析，第三点提出的“对翻译过程中出现的各种语言和文化因素所进行的科学研究工作”。无论是对翻译进行狭义的研究，还是将翻译置于文化交流大背景下进行宏观的探索，都涉及对翻译过程的认识。很多问题若不放在动态的翻译过程中去加以考察，便难以作出合理的判断和有效的分析。

根据目前所掌握的资料可以发现，在翻译研究不断深化的大趋势下，人们越来越重视对翻译过程的探索。应该看到，在历史上，对翻译过程的思考一直没有中断过，但这些思考或探讨都是经验性的，也比较零碎。在罗新璋编的《翻译论集》中，虽然可以找到探讨或涉及翻译过程的文字，但大体上都不成系统。即使在杨自俭、刘学云所编的《翻译新论》中，也没有收入有关的系统研究成果。不过，在这两部影响较大的翻译论集中没有见到有关翻译过程的系统文字，并不意味着国内翻译界对这方面的问题没有思考或探讨。实际上，从 20 世纪 80 年代末开始，在国内，人们对翻译过程的研究越来越重视。张泽乾在《外语研究》1988 年第 4 期上发表了《翻译过程的理性探索》一文，明确提出了研究翻译过程的重要性以及有关问题。在他之后，翻译界结合对翻译思维的探讨，对文学翻译过程、翻译过程的语用分析、翻译过程中的审美活动等各个方面展开了研究。在国外，对翻译过程的研究更是不断深入，不断系统化。2002 年 7 月 3 日的《中华读书报》上，有评论说，翻译家彭卓吾以十项翻译理论“建立了一个十分完整的科学的翻译理论体系”，其中第二项为：“翻译的程序：‘搞翻译，既要钻进去，又要跳出来；钻进去以求理解，跳出来以求表达。'在中外大量翻译理论材料中，仅英国著名翻译理论家乔治·斯坦纳曾对翻译的程序作过这样的表述：他认为'翻译过程分步完成：(1) 依赖；(2) 侵入；(3) 吸收；(4) 补偿。'"[1]确实，对翻译过程的研究，是翻译理论研究中的一个重大问题，但就这段论述而言，至少可以提出如下的疑问：首先，国外除了斯坦纳的论述之外，真的没有见到其他有关翻译过程研究的成果吗？显然，评论者要么是没有读过中外大量的翻译理论材料，要么就是故意对国内外有关翻译过程的研究成果视而不见，以假想的"无"来突出所谓的"创建"。其次，所谓的"钻进去"与"跳出来"是国内对翻译过程研究的"独创"吗？"钻进去以求理解，跳出来以求表达"，关键仍在于"理解"与"表达"这两个方面。对翻译过程的这一两分法，应该是国内外翻译家在长期的翻译实践中摸索出来的宝贵经验。对此，下文将作进一步的阐述。实际上，近二十年来，国内外对翻译过程的研究有了长足的发展，从对传统经验的总结逐步转向理性的探索。其鲜明的特点便是借助不同的理论，从一个特定的角度对翻译过程进行描述性的研究。换言之，在各种不同理论的启迪下，翻译过程的方方面面得到了不断深入的考察，为认识并分析翻译的过程提供了新的角度。如法国的释意派，在对口译活动的观察、分析的基础上，提出了翻译过程的三分法。又如罗杰·T. 贝尔以语言学理论为指导，对翻译过程进行了集描述性与分析性为一体的模式化探讨，将翻译过程具体分成了九个步骤。阐释学为翻译过程的研究也提供了理论上的参照，从宏观上拓展了认识翻译过程的疆界，为理解广义的翻译过程打开了思路。在国内，翻译家许渊冲在中国传统的文艺理论的启发下，对翻译的动态过程也有过深入的思考，他在《译诗六论》中提出的"一""依""异""艺""怡""易"的相关影响的关系图有助于揭示翻译过程中的各种因素所起的作用。[2]张泽乾则从语言学、信息论、心理学和美学等四个角度，分别对翻译活动的语言转换过程、信息传递的"编码、换码、解码"过程及信息传输效果与质量的监督、控制与检验过程、翻译主体的心理转换过程与翻译的审美过程进行了探索，其中的

1　齐雨、赵立：《中国译论研究和译学建设真的比西方严重落后吗？》，《中华读书报》，2002 年 7 月 3 日第 19 版。

2　参见许渊冲：《文学翻译谈》，书林出版有限公司，1998 年，第 275—316 页。

一些观点对全面认识翻译的活动过程具有启发性。[1]

研究翻译过程，首先有必要就“过程”与“程序”这两个词作一点说明。在法文的有关研究成果中，一般用 processus 一词指“过程”“进程”等。与之相关的有 procédé 一词，具体的含义为“程序”“方法”。总的来说，前者指抽象意义的整个过程，后者是指比较具体的一个步骤或一种方法、手段。在中文的相关资料中，常可见到“过程”与“程序”两种用法，有时可以相互代用。董史良在为《中国翻译词典》所写的“翻译过程”这一条目中称：“翻译过程系指翻译活动所经过的程序。”就此而言，两者的差别，主要在于“过程”为统称，而“程序”一般指具体步骤。在下文的讨论中，将根据两者的这种差别，视讨论的不同对象而使用“过程”或“程序”一词。

应该说，“过程”一词，是指翻译的动态意义，有广义和狭义之分。狭义的过程，一般理解为翻译者对具体文本的转换活动过程。具体地说，就是在翻译者选择了一个要翻译的文本之后，将该文本由出发语向目的语转换的过程。而广义的过程，则不仅包含狭义的语言转换活动，还包括文本的选择、文本的生成和文本生命的历程等过程。在这个意义上，文本的复译现象，可在翻译的广义过程中加以审视和考察。因此，本章的讨论，将不局限于狭义的翻译过程，对广义过程中出现的一些翻译现象，也将予以关注并加以分析。

第一节　翻译过程的实际体验与总结

就翻译过程而言，既可以从经验的角度对翻译活动的主要步骤进行描述与总结，也可以以某种理论为指导，在对翻译过程的描述与总结的基础上，对有关翻译过程的重要理论问题进行探索。

从经验的角度看问题，一般来说有着具体而实用的特征。旅美翻译家思果有着丰富的翻译实践和翻译教学经验。他从自己的实践出发，总结过不少为翻译界同行所称道的翻译原则与技巧。在《翻译研究》一书的《总论》中，他从如何翻译的角度，结合自己的经验，就翻译的具体步骤即翻

1　参见张泽乾：《翻译经纬》，武汉大学出版社，1994 年，第 236—257 页。

译程序，提出了非常具体而又可资借鉴的做法。他说："理想的译法是这样的：先把原文看懂，照原文译出来，看看念不念得下去，试删掉几个不一定用得着的字，看看是否有损文义和文气。如果有损，再补回来。试把不可少的字加进去，看看是否超出原文范围，增减以后和原文再校对一次。有些地方是否译错，语气的轻重是否恰如其分，原文的弦外之音译文里找不找得到？原文的意思要消化；译文的文字要推敲。"他还告诫译者："先看全句全文——没有看完一句不要动手译；没有看完整段不要动手译；没有看完全文，不要动手译。译文所用的许多字、句法，都和全文、整段、整句有关，而且一句意思要到看完全句才能明了，长句尤其有这种情形。"[1] 在思果对翻译具体步骤的描述和总结中，没有艰深的理论阐述，也没有难解的专业术语，有的是实实在在、具体而微的做法。尤其是开始两句话更显得简单明了："先把原文读懂，照原文译出来。"读懂原文是基础，把原文的"文义"和"文气"译出来是关键。前者涉及"理解"，后者涉及"表达"。理解重在"原文的意思"的"消化"，而要消化原文的意思，必须读完"全文全句"；表达则要注重"译文的文字"的"推敲"，尤其要注意"核对原文"，看看，"是否有损文义和文气"？"是否超出原文范围"？"语气的轻重是否恰如其分"？"原文的弦外之音译文里找不找得到"？对一个初学翻译者来说，思果所指的方法和步骤易于掌握，特别是他所提出的四个问题，对检验译文具有重要的参照价值。

在对翻译过程的研究中，有一个值得注意的普遍性现象，那就是凡对"翻译过程"或"程序"特别关注者，一般都有着丰富的翻译经验。奈达自幼笃信基督，立志做一名传教士。他于 1943 年在密执安大学获得语言学博士学位后，便到美国《圣经》公会供职，并于 1946 年起担任《圣经》翻译部的执行秘书，对《圣经》有很深的研究，特别是通过组织《圣经》的翻译，积累了大量经验。在《〈圣经〉翻译出版的程序》一文中，他对广义的"翻译过程"和狭义的"翻译程序"作了明确的规定。[2]

奈达认为，《圣经》翻译过程中，要采取的程序很多，但就整个过程而言，涉及十个方面的基本程序，这就是他所明确的十个不同而又互为

1 思果：《翻译研究》，中国对外翻译出版公司，2001 年，第 16—17 页。
2 以下有关评述的主要内容引自谭载喜编译：《新编奈达论翻译》，中国对外翻译出版公司，1999 年，第 281—303 页。

联系的部分：(1) 不合适的翻译程序；(2) 译前准备；(3) 翻译小组的结构；(4) 审稿结构；(5) 辅助人员；(6) 翻译程序，即各种翻译队伍中所采取的一般程序和特殊程序；(7) 对译文进行检验；(8) 校对清样；(9) 行政管理工作的程序；(10) 译本出版以后的工作。奈达指出，这十个方面并非适用于每一个《圣经》的翻译者，但却涵盖了翻译各阶段的工作。的确，上述的十个方面不仅涵盖了狭义的翻译，而且还包含了有关翻译的出版及文本流传的广义过程。就第一个方面而言，看标题似乎与翻译过程无关，但实际上，若细细领会奈达在文中所提出的观点，即他指出“天真幼稚的”翻译方法、拘泥于规划的翻译方法和任意改编的三种典型的翻译方法是“不合适的翻译程序”，便不难看到其良苦用心：要翻译，须先行确立一种正确的翻译观念和翻译方法。如果说第一条涉及翻译观和翻译方法，那么奈达所提出的第十条则将文本流传和读者的接受纳入了翻译过程的考察视野，这是极有见地的。尤其是读者的反应与译文的不断修订、文本的新生命过程与翻译没有“定本”的观点，都是需要认真思考的。显而易见，有关《圣经》翻译工作的程序并不完全适用于其他类型的翻译工作，但是，不可否认的是，其中提出的一些工作程序，如翻译小组的结构、审稿人员和辅助人员的结构、清样的校对、行政管理工作等方面，对翻译、审稿、辅助、校对和管理人员的条件、职责与工作方法都有严格的界定，且与具体的翻译过程环环相扣，为翻译工作的严密进行与翻译质量的提高提供了保障。而“译前准备”更是从理论和实践两个方面提出了译者所要考虑的问题和必须解决的具体问题，如“读者需要什么？”“读者能够接受什么？”从读者的需要和接受来考虑制定翻译的方案，是一项关涉到译本生命流传的重要工作。至于具体的准备工作，奈达认为最为基本的一条是，“制定或修订翻译工作所必须遵循的基本原则”，大到选择何种文本，小到怎么处理修辞疑问句，或怎么处理标点与分段等，都要做到心中有数，有章可循。

关于狭义的“翻译程序”，奈达又区分了翻译的一般程序和翻译的特别程序。前者包括研究有关背景、确定初译所需的时间与条件，对原文进行分析、传译和重组，确定翻译单位，采取种种手段形成译文，多次改稿，排列不同书卷的翻译或修订顺序，提供补充材料等步骤；后者则包括审校、校勘、修订等步骤。

从以上的简单介绍已经可以看到，奈达对《圣经》翻译工作程序的总结不仅仅是具体工作步骤的实践规范，更是一种有关如何翻译的理论参照。从奈达所谈《圣经》的翻译程序，很自然会联想到译经大师玄奘所主持的“译场”的严密分工与翻译步骤。根据《续高僧传》记载，玄奘对译经的过程及分工非常严格与明确，包括译主、证义、证文、度语、笔受、缀文、参译、刊定、润文、梵呗和监护大使等十一项。陈福康认为，玄奘“能从不同的层面，缀文、参译、刊定、润文，从而保证文字的纯正与流畅。而且，又把证义、证文放在纯粹的文字功夫之前，首先保证了翻译的准确性。所以，这是非常值得我们研究和借鉴的”。[1] 对比奈达的《圣经》翻译程序和玄奘的“译场”分工，可以发现两者之间有着许多共同点。而这些共同点的存在并非偶然，它们在一定意义上反映了翻译的具体工作程序存在的必要性和合理性。针对具体的翻译对象，制定严密的翻译程序，再加上明确的分工，是保证翻译质量的基础。虽然玄奘和奈达都是针对宗教典籍的翻译工作制定的程序，但其中一些原则，则具有普遍的指导意义。

在20世纪80年代中期，笔者参加了法国著名作家普鲁斯特的《追忆似水年华》的翻译工作。《追忆似水年华》是一部“超时代，超流派”的杰作，它“空前大胆地运用了客观第一人称的叙事手法；它强调了知觉过程的相对性；它离经叛道，摆脱了线性时序的束缚；它通过形象、关联和巧合安排了宏丽的布局”。[2] 该作品长达三百余万言，以追忆为手段，借助超时空概念的潜在意识，凭借现时的感觉与昔日的记忆，通过嗅觉、味觉、听觉和触觉，立体、交叉地重现似水年华，追寻生命之春。为了表达的需要，普鲁斯特采取了独特新奇的艺术手段，笔触细腻至极，往往采用或连绵，或并列、交错的立体句法结构，句子长，容量大，结构巧，以创造意在言外的微妙意境或起伏跌宕的意识流。该作品从翻译的角度看，存在着许多难以克服的障碍。正因为困难，所以这部被法国文学界誉为20世纪最伟大的杰作的辉煌巨著，在其问世后半个多世纪，一直没有汉译。直到20世纪80年代中期，译林出版社才开始组织国内的法国文

1 陈福康：《中国译学理论史稿》，上海外语教育出版社，1992年，第43—44页。
2 参见贾斯廷·温特尔编：《现代世界文化词典》，祁阿红等译，江苏人民出版社，1988年，第532页。

学翻译界的力量，合作翻译七卷本的《追忆似水年华》。这部作品的翻译过程是复杂而严密的。从翻译程序看，从出版社征求专家意见、决定组织力量翻译全书起，至少经历了如下的环节或步骤：责任编辑根据国内法国文学翻译界的实际状况，征询有关专家意见，确定翻译人选；组织高水平的专家研读全书，编写各卷内容提要、人名地名译名表、作品人物关系表和有关重要注释；制定“校译工作的几点要求”，开译后多次组织译者交流经验，相互传阅和评点部分译文；就书名的翻译、风格的再现问题专门在北京大学组织了中国法语语言文学界的著名学者和全书的翻译人员进行专题讨论；交稿后编辑认真校译，并邀请有关专家抽校译文，有问题的译文重新修改。全书出版后，又在北京组织了普鲁斯特国际学术研讨会，邀请法国著名的普鲁斯特研究专家和翻译者共同研讨普鲁斯特的作品价值，总结翻译经验。在这期间，参加《追忆似水年华》翻译的个别成员还应邀赴法国阿尔国际文学翻译中心与美国、德国、意大利等国的普鲁斯特作品的翻译者交流经验。从整个过程看，即从译前的准备一直到译后的交流，与奈达所提出的《圣经》的翻译程序在很大程度上是相吻合的。应该说，从一部书的翻译到翻译文本跟读者见面，开始其新的生命历程，绝不仅仅是一个简单的语言转换过程，它涉及文本的选择、文本的研究、文本的理解与阐释、文本的生成、文本的接受等紧密相连、环环相扣的过程。

在承担“文学翻译基本问题研究”这一研究课题时，笔者曾就翻译过程问题向国内一些成就卓著的翻译家询问他们的经验。虽然他们的翻译经历不一，有做诗歌翻译的，也有做小说翻译的，而且语种也有别，但他们对翻译过程的认识却有相当的一致性，在具体的做法上也基本一致。俄罗斯文学翻译家草婴先生翻译一部作品，要经过三个步骤。他的经验很有值得借鉴的地方。他介绍说：“我翻译一部作品一般要经过三个步骤：第一步是熟悉原作，也就是反复阅读原作，读懂原作，考虑怎样较好地表达原意，通过几次阅读，使人物形象在头脑里逐渐清晰起来。第二步是动笔翻译，也就是忠实地逐字逐句把原著译成中文。第三步是先仔细读译文，看有没有脱漏、误解的地方，逐一加以更正；然后再从中文角度来审阅译稿，务使中文流畅易读，有时也请演员朋友帮我朗读译稿，改正拗口的地方；在交编辑审读后，再根据编辑所提的意见，认真考虑，作必要的修改。”[1]江枫先生是诗歌翻译家，他认为：“翻译作为一个过程，第一步当然是对原作的理解，而且必须力求甚解。但不是每首诗都能一读便解和甚解的，即便是读中国诗也有一个逐步理解和由浅入深的过程，因此译者译诗首先应该尽可能全面地了解诗人，了解他的思想，了解他的审美价值观。译雪莱就必须了解雪莱的思想、生活和他那个时代。雪莱学识渊博而爱作玄思冥想，译他的诗还常有必要到诗外下大功夫补课。”[2]

在谈到对原著的理解时，许多翻译家都提到了对原作进行深入研究的必要性。意大利文学翻译家吕同六先生特别谈到了翻译与研究的关系：“我的体会是，文学翻译离不开文学研究，研究也需要翻译。两者之间的关系是你中有我，我中有你，互相促进，相辅相成。文学翻译不是对原作依样画葫芦的简单劳动，不是‘传真’（fax）。它是科学的、创造性的劳动。翻译一部文学作品，需要对作家，对另一种语言、另一种文明，有较为深入的理解与研究。在这个意义上，研究是翻译的前提，是翻译的指导，并贯穿翻译的全过程。不妨说，译者应当是学者。一位学者型的译者，比较容易寻得两种文明的契合点，缩小出发语言与归宿语言之间的距离，比较容易找到自己的翻译风格，使自己的翻译靠近‘化’的最高境界。”“在某种意义上说，翻译的过程，实际上也是研究的过程。在翻译中，你整个身心和全部情感都融合到作家笔下的艺术世界里，融合到人物的内心世界里去了，体验着主人公们最隐秘的、最微妙的思想、情感的脉动，你就能真切地、深层次地领悟到一般阅读难以领悟到的东西，就能充实与深化你对作家、作品的认识与研究。举例来说，70年代末，我写过有关皮兰德娄的一些文字，后来，陆续翻译了他的剧本《亨利第四》《给她穿上漂亮的衣服》《寻找自我》，在这基础上撰写的论文，就同以前的研究文字不可同日而语。前几年，我又译了皮氏生前的最后一部剧作《高山巨人》，我由此写出一篇论述他晚年戏剧创作的论文，充实了我以前的研究成果。”[3]李芒先生也持同样的观点，他在谈到日本作家松尾芭蕉的俳句的翻译时说：“我从实践中深深地感到，在实际下笔从事翻译之前，必须对所译作品进行多方面的深入研究。比如，上举松尾芭蕉的俳句译例中暴露

1　草婴、许钧：《“老老实实做人，认认真真翻译”》，《译林》，1999年，第5期，第213页。
2　江枫、许钧：《形神兼备：诗歌翻译的一种追求》，《译林》，1998年，第6期，第210页。
3　吕同六、许钧：《“尽可能多地保持原作的艺术风貌”》，《译林》，1999年，第6期，第207页。

出种种问题，都生动地说明译者对松尾芭蕉以及俳句并未进行过比较深入的研究，因而并不真正了解松尾芭蕉和俳句的艺术特点，因而翻译起来必然会出现各种各样的纰缪。”“话又说回来，即便进行过深入研究，也难说就对原作理解得万无一失了。因此，在实践中出现差错，是在所难免的现象。只是经过仔细的研究以后，这种现象相对会避免一些罢了。正是出于这种实际情况，必须不时地对自己的翻译方法和译文进行必要的检查和反思，一经发现不妥之处就尽快加以改正。”[1]

从上文中可以看到，从实践的角度，翻译过程可视作一个文本的语言转换所经历的具体而微的一系列程序或步骤，而这些程序或步骤的制定，则又需要以一定的翻译观为基础。不可否认，上文所简述的几个比较有典型意义的翻译程序，大都涉及集体性的翻译，翻译对象要么是宗教典籍，要么是重要的文学著作。集体性的翻译在协调、组织、沟通上需要作出周密的计划，严格的翻译程序便显得特别重要。就单个译者独立进行的翻译而言，实际上在整个翻译过程中也同样要经历诸如译前准备、研读、理解、阐释等重要阶段。虽然具体的方法对每一个译者来说也许并不雷同，但其中所要面对的基本问题则是同样的，对这些基本问题的探讨，一方面拓展了翻译理论研究的范围，另一方面，对翻译实践本身也具有明显的指导价值。

研究翻译过程，目的也不仅仅限于说明制定严密的翻译程序之于翻译质量的重要性，还在于通过考察整个翻译过程，揭示出在整个翻译过程中涉及的主要因素所起的作用，以及在翻译过程中将会遭遇何种基本矛盾。在这个意义上，有必要以上文所评述的具体的翻译程序为基础深入一步，从理论的角度对翻译过程及翻译过程所涉及的主要问题作一考察。

第二节　翻译过程的理论探索

从理论角度对翻译过程的研究有别于一般的经验总结，其中对译者个人或群体所采取的具体的翻译程序自然不能忽视，但其目的不在于去规定必要的程序，而是要通过对翻译过程的多角度的研究，对翻译过程中所涉

1　李芒、许钧：《翻译，再现原作的再创作》，《译林》，2000 年，第 1 期，第 205 页。

及的各种要素之间的矛盾有进一步的认识，进而为处理这些矛盾提供理论依据，同时，对整个翻译过程的步骤进行科学的分析，从理论上探索可行的翻译之路。近几十年来，在对翻译过程的各种研究中，可以发现主要有如下几种倾向。

一、选取某一角度，对翻译过程的某种特征进行研究。如余光中从翻译和创作的关系的角度，来探讨翻译的心智活动过程与创作的心智活动过程之间的相似性，得出了如下的结论："严格地说，翻译的心智活动过程之中，无法完全免于创作。"[1] 翻译家叶君健则从翻译过程中译者的主体性发挥的角度，来探讨理解与"再解释"过程中一个译者的活动空间与原则，继而提出"做翻译，要了解原作者的感觉，只能从他的作品的字面上去推测，去领悟字里行间所蕴涵的精神和意义。这说明翻译是不能不以原作为依据的"。但同时，他认为翻译的过程，是一个"再解释"的过程："一部作品，在岁月演变过程中，在不同译者的笔下，可以被染上不同的颜色，呈现不同的面貌，这一点也不奇怪。因为翻译不是'复制'，它确实有'再创作'的一面。"[2] 余光中和叶君健都是通过对译者在翻译过程中的活动的考察，对译者的再创作的性质加以界定。

二、对翻译过程进行全面的考察，并以某种理论为基础，进行模式化的探索。这方面的研究近年来方兴未艾。将翻译过程研究与模式的创建结合起来，既可从理论上更全面地把握翻译活动过程中起主要作用的各种要素，也可在实践上探索一套可资借鉴的翻译程序。有关翻译过程与翻译模式的研究很多，如口译程序与模式的研究[3]、文学翻译程序与模式研究等等。有必要说明一点，有的程序与模式的制定主要基于对翻译实践过程的考察与描述，而有的程序与模式的制定则以一种理论假设为基础。在廖七一等编著的《当代英国翻译理论》中，罗杰·T. 贝尔特别为构建翻译过程模式作出了努力："贝尔试图用一个系统的语言模式来描述翻译过程。这一模式被置于人类交际行为这一更大的领域，因此它不可避免地要借助于心

---

1 参见余光中：《余光中谈翻译》，中国对外翻译出版公司，2002 年，第 30—43 页。

2 叶君健、许钧：《翻译也要出精品》，《译林》，1998 年，第 5 期，第 203 页。

3 这方面可参见广东外语外贸大学蔡小红的博士论文《交替传译、思维过程与能力发展——中国法语译员与学生交替传译活动的实证研究》。在该论文中，蔡小红曾引用了多种口译过程模式。刘和平在《口译技巧——思维科学与口译推理教学法》（中国对外翻译出版公司，2001 年）中专辟一章，讨论"思维科学与口译程序"。关于口译程序的分析，主要以法国释意派理论为依据。

理学及语言学。这就一方面需要熟悉心理学及心理语言学中关于记忆及信息处理的模式，另一方面需要了解最广义的‘意义’的语言学模式，包括‘超越句子’的意义。正是因为这个原因，贝尔将‘模式’、‘意义’及‘记忆’作为自己论述的重点。”[1] 罗杰·T. 贝尔的立场非常明确，他将翻译作为人类的交际行为，要以语言学为指导，并借助心理学和认知科学的研究成果，构建翻译过程模式。他的《翻译与翻译行为：理论与实践》[2] 一书，集中地反映了他在这一领域所作的可贵贡献。从该书的书名和有关章节的安排，可以大致看出罗杰·T. 贝尔的研究主旨：澄清翻译概念，从理论上回答有关“翻译”、“译者”和“翻译理论”是什么的根本问题，继而以翻译行为为主要研究对象，以翻译过程模式的构建为研究的重点。他在该书的第二与第三部分的研究，如意义和记忆问题，也是以翻译过程模式中所涉及的主要因素为对象展开的。从全书来看，罗杰·T. 贝尔重理论探索，但又紧扣具体的翻译行为所涉及的方方面面，所以，他在书名中所标明的“理论与实践”结合的主张在他的研究中得到了全面的贯彻。在对翻译过程模式进行描述与构建之前，他对“翻译”的概念作了界定，并以此为基点，对单语交际所涉及的步骤与双语交际的步骤作了对比，揭示出两者的共同点和差异，以界定翻译这一交际行为的特征。在对翻译过程模式的研究中，罗杰·T. 贝尔始终将译者置于中心的位置，因此，他在书中以不少的篇幅来回答“译者是什么”这个问题。在对译者及译者能力的研究的基础上，罗杰·T. 贝尔就翻译过程提出了六点设想[3]，据此将翻译过程分为“分析”和“综合”两大阶段，每个阶段又包含“句法、语义和语用”三个层面。廖七一等编著的《当代英国翻译理论》中对罗杰·T. 贝尔创建的翻译过程模式的理论依据、主要内容和图式有详尽的介绍，并与纽马克曾设计过的简单的“翻译过程模式”作了比较，在此仅转引其中的翻译过程模式图[4]，以展示罗杰·T. 贝尔对翻译过程模式的研究所涉及的主要内容。从该图看，翻译过程是十分复杂的，要描述这样复杂的过程，特别要对并非完全呈线性运动的整个相互作用的综合过程进行文字分析，有时显

1　廖七一等编著：《当代英国翻译理论》，湖北教育出版社，2001 年，第 208 页。

2　Bell, Roger T.: *Translation and Translating: Theory and Practice*, London and New York: Longman, 1991.

3　参见 Bell, Roger T.: *Translation and Translating: Theory and Practice*, London and New York: Longman, 1991, pp.44–45。

4　转引自廖七一等编著《当代英国翻译理论》，湖北教育出版社，2001 年，第 228 页。

翻译过程模式图（罗杰·T. 贝尔）

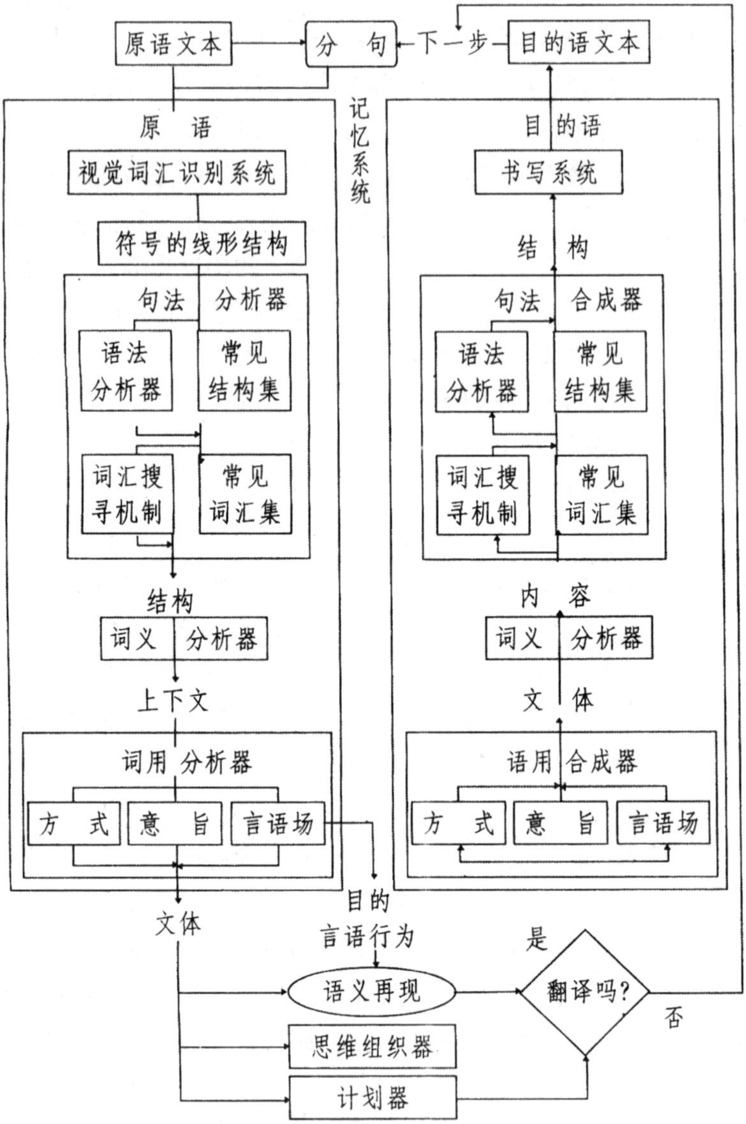

得非常困难，而罗杰·T. 贝尔充分运用了图式的长处，对翻译过程中所涉及的因素、主要活动及活动走向等作了较为直观的展示。在罗杰·T. 贝尔《翻译与翻译行为：理论与实践》这一著作中，理论的阐述与图式的展示有机结合。书中的近五十个图式对翻译过程、翻译活动因素、翻译具体步骤（包括分析程序、综合程序、文本再现与合成程序）、意义与意义关系、意义的生成、文本信息处理、文本处理技巧等等作了直观的展示，充分显示了罗杰·T. 贝尔试图将翻译研究导向系统性和科学性的努力。就在罗杰·T. 贝尔出版他在这方面的研究成果的当年，即 1991 年，法国科学研究中心与巴黎第七大学发布了“欧洲翻译计划”的 1 号技术报告，执笔者为 L. 邓洛斯与 O. 罗朗斯。该报告分两个部分：第一部分涉及自动翻译系统的语言学基础问题，设计了语言的中介转换程序；第二部分涉及形式处理与翻译的层次与步骤问题。这份报告问世后，在法国翻译界一度引起轰动，尤其在翻译模式、翻译程序与具体转换手段等方面给人们以理论的启迪。若将罗杰·T. 贝尔的翻译过程模式图与“欧洲翻译计划”1 号报告中描述的有关图式作一比较，可以从中找到许多共同点，由此可以推定，对翻译过程模式的研究必将有助于机器翻译的理论探索与翻译机器的研制。有必要指出的是，随着对翻译过程所涉及问题的研究不断深入，将遇到翻译学本身难以解决的困难，如对翻译思维活动过程和翻译机制的研究，还有赖于别的学科，如神经语言学、心理语言学的发展和突破。

三、翻译过程的理论概括与理性剖析。从实践的角度看，翻译的每一个步骤都是具体而实在的，环环相扣而又相互作用，呈现出异常复杂的态势。如何从复杂的现象中抓住最本质的方面，概括其本质的特征，无疑是值得探讨的一个课题。法国的释意学派在这一方面作了成功的探讨，其主要理论研究便是围绕着翻译过程展开的。法国释意派的主要代表勒代雷在其所著的《今日翻译——释意模式》[1]一书的《前言》中开门见山，明确指出：“翻译活动日益频繁，翻译理论著作随之日见丰富，每天都有新作问世。本书只不过是为这一大系列的出版物多添一种而已，但是，翻译实践、翻译教学和翻译研究使我坚信就翻译过程及其性质进行研究，在众多

1　Lederer, Marianne: *La traduction aujourd'hui: le modèle interprétatif*, Paris: Hachette Livre S. A., 1994. 刘和平已将该书译成中文，见玛丽雅娜·勒代雷：《释意学派口笔译理论》，中国对外翻译出版公司，2001 年。笔者所引该书的文字出自刘和平的译笔，但有个别改动，特此说明。

的论著中再增添这样一部书是很有必要的，不管翻译所涉及的是何语种，也不管翻译的是哪位作家的哪一部书，翻译过程的性质是普遍的。本书旨在说明无论是哪种语言，也无论是何种文本，优秀译者所采用的翻译程序就其根本而言是相同的。所有翻译的共同点是：辨析意义和重新表达。”勒代雷在此强调了对翻译过程进行研究的重要性，但她在研究中并不囿于对翻译过程的剖析，而是“从译者的翻译过程出发研究翻译”，以翻译过程的研究为基础，对翻译的基本问题进行了深入的探索。在该书的上编“翻译理论阐述”的提要中，勒代雷对翻译过程作了高度的概括：“释意派翻译理论建立的翻译过程是：理解原文、脱离原语语言形式、用另一种语言表达理解了的内容和领悟到的情感。”对此过程，勒代雷在第一章“释意翻译”中又作了进一步的说明：“简而论之，翻译行为的第一步为‘理解’一个‘文本’，第二步为用另一种语言‘重新表达’这一‘文本’。这两个词所指的活动极其复杂，需要逐一加以研究。‘理解’涉及语言及语言外知识。‘重新表达’的质量有赖于译者的目的语水平和执笔的才能，同时也取决于他对主题的了解水平。然而，首先应当研究在上述的简单定义中所提及的第三个词语：‘文本’。先对该词下一定义确有必要，因为理解与重新表达活动与赋予‘文本’一词的含义紧密相连。”[1] 勒代雷认为，在大学的语言教学中，文本常与组成文本的语言相混淆，也就是说，文本常被等同于“文”，即语言。翻译一个文本，在很多人的观念上，便是“翻译语言”。勒代雷之所以强调要明确界定“文本”之含义，首先在于要破除将“文本”等同于“语言”的普遍观念，进而揭示出无论是理解，还是重新表达，都不能仅仅在“语言”层面的简单转换中进行，因为在勒代雷看来，对译者而言，文本是语言知识与语言外知识结合的产物。文本既是翻译的对象也是翻译的存在理由。探讨翻译活动过程，首先必须区分语言、组句和文本，其原因在于虽然无论在语言层次，还是在句子层次或文本层次，译都可以进行，但是译语言、译句子或译文本的活动本质是有区别的。为了明确这一点，勒代雷和塞莱丝柯维奇在“理解”和“重新表达”这两个基本步骤中，又突出了两者之间的另一步，那就是“脱离原语语言形式”，或翻译界通常所说的“脱离原语语言外壳”。于是，“理解”、

1 Lederer, Marianne: *La traduction aujourd'hui: le modèle interprétatif*, Paris: Hachette Livre S. A., 1994, p.13.

"脱离原语语言形式"和"重新表达"成了释意派理论所建立的翻译过程的三个基本程序。而围绕着这三个基本程序所展开的研究已取得一系列重要成果[1]。下文将结合有关问题的阐述对其中的主要观点展开讨论。

法国释意派理论源于对口译或国际会议翻译的研究，但它对翻译过程的认识同样适用于书面翻译。乔治·斯坦纳是西方对翻译过程进行过深入研究的著名学者之一。他的"理解即翻译"的论断以及对文学翻译阐释过程的研究表明：翻译是人类最基本的交流活动之一，而"理解"与"再表达"是这一活动最为基本的两个方面。斯坦纳有关翻译的论述的主要代表作，是他在 1975 年出版的《通天塔之后——语言与翻译面面观》[2]。该书问世后，受到国际翻译界和文学理论界的广泛赞誉，反响热烈，一版再版，并被译成多种语言。该书的法语版于 1978 年问世，后又根据 1998 年在牛津大学出版社出版的增订版，于当年出了第二个法语版。法语版的译名为《通天塔之后——言与译之诗学》[3]。乔治·斯坦纳在 1991 年 7 月于日内瓦和剑桥为该书第二版写的《序》中明确指出，无论就其形式还是就其实际程序而言，在任何的交流行为中，都隐含着翻译活动。这也就是说，翻译是人类交际行为的一种存在方式。就广义而言，"理解，便是阐释。领悟一种意义，便是翻译"。[4] 细读乔治·斯坦纳的这部巨著，可以真切地感受到作者对人与人之间的交流的障碍所表达的深深忧虑，同时，也可以更好地理解他对翻译问题如此关注的真正原因：促进人类灵魂的沟通。就翻译过程而言，乔治·斯坦纳在该书专辟一章，题为"阐释的运作"，对翻译的过程进行了独到的探索。从全书看，乔治·斯坦纳讨论的文学翻译问题，是以阐释学为理论基础的，因为在他看来，阅读是一种阐释，翻译也是一种阐释。所以，他讨论的翻译过程便是阐释的过程。他没有用 process（过程）一词，而是用 motion 一词（法文译者将之翻译为 mouvement，该词有多种含义，有译者译为"运作"，其实还可译作"活动"），目的在于强调这一过程中的复杂性和主体性。无论是"活动"还是"过程"，其复

1 有关介绍，可参见许钧、袁筱一等编著：《当代法国翻译理论》，湖北教育出版社，2001 年，第三章、第五章和第六章。

2 Steiner, George: *After Babel: Aspects of Language and Translation*, Oxford: Oxford University Press, 1975.

3 Steiner, George: *Après Babel: une poétique du dire et de la traduction*, Paris: Albin Michel, 1998.

4 Steiner, George: *Après Babel: une poétique du dire et de la traduction*, Paris: Albin Michel, 1998. 见第二版《序》，第 17 页。

杂性在于多种因素的渗入，而主体因素是首位的。乔治·斯坦纳认为“阐释的运作”包括四步，这就是翻译界已经非常熟悉的“信任”、“侵入”、“吸收”和“补偿”[1]。从字面看,乔治·斯坦纳所说的这四步与上文所讨论的“翻译过程”似乎毫无瓜葛，不像通常意义上所谈的翻译的文本由出发语向目的语转变的实施过程。与罗杰·T. 贝尔的翻译过程图式相比，乔治·斯坦纳的“四步骤”给人的第一个感觉，便是字面上所凸现的某种“伦理性”。无论是“信任”“侵入”，还是“吸收”“补偿”，都不可避免地会涉及社会与文化层面的碰撞、冲突，也给沟通和交流提供了某种基础。在这个意义上，乔治·斯坦纳又将翻译的语言转换过程置于社会与文化的层面加以考察。从该书的章节安排和内容看，乔治·斯坦纳在探讨翻译问题时，充分考虑到了文化、社会和伦理的因素。他在第六章中就文化的拓扑结构及翻译文本的生成与流传过程作了深入的研究。

就他提出的翻译活动的四步而言，他将“信任”作为阐释活动的第一步是非常有见地的。在这一步，他要强调的是翻译活动的根本任务在于意义的再生。任何译者在从事阐释活动中，都有一种先验的“信任”，相信文本中“存在意义”。阐释活动由“信任”始，这在实践上有人类的理解经验为基础，在理论上也为翻译的“可行性”打开了一条通道。因为人类都有理解的需要，而对“理解”，对“存在意义”这一原始的信任为人与人之间的交流提供了社会的基础。当然，如乔治·斯坦纳所言，这一原始的信任往往遭遇文本的抵抗和考验，以语言符号特点为基础的种种创造常常给译者造成巨大的障碍，使译者难以轻而易举地接近原文的意义。正因为这种强烈的抵抗和重大的考验，以“信任”开始的阐释活动必须以一种

---

1 国内翻译界对乔治·斯坦纳的这四步评介不多。在陈德鸿和张南峰所编的《西方翻译理论精选》中，陈德鸿选译了乔治·斯坦纳一书第五章的开始几段，只占该章的二十分之一的篇幅。廖七一等编著的《当代英国翻译理论》专辟一章，评介乔治·斯坦纳的翻译思想，其中第五节对“阐译过程”作了简洁的介绍。北京外国语大学的庄绎传选译过斯坦纳一书的主要内容，于 1987 年由中国对外出版公司出版，是国内对乔治·斯坦纳最早的译介。但不知庄绎传出于何种考虑，将原著富有象征意义而带有深刻思想性的“巴别塔之后”这一书名，改译为“通天塔”。翻译家屠岸对斯坦纳的翻译步骤有独特的体会，认为他提出的四步充满了辩证法：“这四个步骤有先后之分，却又可能同时进行，同时完成，只要译者能够熟练到具有悟性。我还感到这四个步骤的进程类似正、反、合三阶段，充满了辩证法。我自己译诗的经验与之有某种吻合。我动手翻译之前必须将原作细读多遍，有的甚至能谙熟于心，用心灵去理解原作的精神实质，然后开译，要求自己把两种语言仔细掂量，权衡得失，在下笔之前就在心中不断修改，下笔之后仍不断修改，以补偿走失的原意，尤其是流失的诗味。这样的脑力劳动，有时有先后次序，有时次序颠倒或在同一时间内完成。”（参见屠岸：《倾听人类灵魂的声音》，湖北教育出版社，2002 年，第 491—492 页。）

积极的姿态向前走，这便有了带有积极的进取性的第二步。

第二步被乔治·斯坦纳命名为aggression，这个词带有过分的“进攻”性，有人译为“攻占”，也有人译为“侵入”，从乔治·斯坦纳的原意看，确有“占”与“入”两种含义，且这种“占”与“入”是强行的，是某种“暴力性”的行为。斯坦纳为这一看似过于粗暴的理解或捕捉意义的行为寻找根据。一是从理论上寻找。那便是海德格尔所提供的理论的依据。所有让“本质”转为“此在”的行为，让存在的意义转为理解的意义，势必要经过“侵入”这一关，而“侵入”自然也就意味着某种“暴力”。黑格尔则假定人类的所有认识行为，都有着某种侵略性。斯坦纳认为，海德格尔的研究证明了理解—辨析—阐释是个必然的、不可避免的攻占与侵入的过程。在这个意义上，理解不是一个普通的方式问题，而是人的根本存在方式。二是从词源学上寻找。斯坦纳认为，从词源学上讲，“‘理解’不单涉及认知，而且还有包围、侵吞的意思。在语际翻译中，理解的运作显然是彻底而又富侵略性的。圣哲罗姆有一个巧喻：译者把意义像囚犯般抓回来。在翻译时，我们破解代码，理解就如解剖——割开外壳，让内核显露”。[1] 理解是一种非常复杂的行为，然而斯坦纳却将“侵入”作为一个特殊的步骤提出来，并从黑格尔、海德格尔处寻找理论依据，从词源学上寻找支撑，是颇值得思考的。这使笔者联想到两点：首先，在1993年6月11日，法国社会科学院欧洲文化研究中心组织过一次研讨会，讨论的主题便是“翻译——自由与侵犯”。这“侵犯”一词，便是斯坦纳在文中多次提及的violence。此概念的提出，看来不是偶然的。笔者有幸参加了这个研讨会，从探讨的内容看，觉得这一概念的提出，对认识翻译活动要素所起的作用是有相当意义的。翻译，是一个各种关系（如斯坦纳所揭示的语言、文化、社会、伦理因素）交织与碰撞的中心。从积极意义上说，翻译是不同思维体系、不同语言形式、不同文化背景以及不同审美价值与观念相互交汇、相互影响的中心，在人类交往中起着基本的作用；但从另一角度看，围绕着翻译活动，则存在着各方面、多因素的冲突，比如译文与原文的冲突、译语文化与原语文化的冲突、译者与原作作者的冲突、读者

---

1 Steiner, George: *Après Babel: une poétique du dire et de la traduction*, Paris: Albin Michel, 1998, p.405. 该段文字为陈德鸿所译，略有改动。

与译者的冲突。冲突中，必然产生相互的侵犯。以侵犯为对象，探讨其社会、文化、伦理因素，将凸现出翻译过程的一些值得深层次思考的问题，如“译者粗暴地处理原文”、侵犯原文与原语文化、在译文中掺入浓重的主观色彩等。应该看到，在承认理解活动中不可避免地会存在侵犯的同时，要时刻意识到这种侵犯有可能会带来的其他后果，如理解的偏向、阐释的过度等，这些问题，将在本章第三节展开讨论。另外，关于理解如解剖说，可以联想到法国释意派理论所提出的“脱离语言外壳”，该词法文为 déverbaliser。dé 这一前缀表示“去除”“解除”“分离”等意，像西方的解构主义，即由该词缀 dé+construction 组合而成。据此，理解如解剖，剖开语言外壳，显其意义，与“脱离语言外壳”的意思应该是一致的。对这一过程，从经验的角度可以接受，像中文所说的“得意忘言”，实际上说的也是同一意思。理解原文，解读原文，在中文里都有一个“解”字，“解剖”的目的是要去蔽，剖开遮住意义之光的一切迷惑的外形，使意义变得澄明。不止于表面，而要通过解析与剖析，透过语言的表面，透过文本的表面，直指文本的深处，在字里行间去把握文本的意义。这样一个过程，不可避免地要带有阅读者或理解者个人的印记，在遭遇理解障碍时不能退却，在文本表层所构成的屏障中不能迷失自我，而是要知难而进，甚至强行而入，入于内而悟其意，虽然有时会造成某些偏差，但却是主动经受考验的一种积极主动性。因此，在看似富有侵略性的捕捉原文意义的理解行为之后，是一种基于“信任”的原动力在起作用，是一种与文字遭遇时不能不采取的积极行为，不然，将会永远在文字的表面徘徊，或为其字面意义所迷惑，或采取简单主义的转换方式，在字词的层面进行译解，总之，止于表面，难得其内真谛。

如果说“侵入”是透过字面的一种积极的理解步骤的话，那么“吸收”作为阐释活动的第三步，则已经在“表达”的层面运作了。“吸收”的过程已经从出发语向目的语拓展。这个拓展的空间是一个充满危险的空间，是一个“自我”与“他者”遭遇并时刻会造成冲突的空间。斯坦纳认为“意义”及其载物，即形式，亦即通常所说的“神”与“形”，[1] 不是在

1 罗兰·巴特对“字与灵”的分析相当透彻，可参见罗兰·巴特：《文之悦》，屠友祥译，上海人民出版社，2002 年，第 128—130 页。

真空中展现其重要性的。在阐释的“吸收”过程中，外来因素的输入，对目的语是一种考验，“在输入外来因素的过程中，没有一种语言、传统象征组合、文化体系，能不被改造”。“吸收”于是可能有两种结果，那就是斯坦纳所比喻的“领受圣体”和“病菌散播”。外来因素是一把双刃剑，它既有丰富目的语的功能，给目的语和目的语文化带来福音，但同时也有破坏和扼杀“目的语”和目的语文化的可能性。在这里，斯坦纳再次把阐释活动置于广阔的社会与文化空间去加以考察。在翻译史上，把外来文化当作圣体般去领受，以丰富自身的例子有之，对外来文化加以排斥和抵抗，以免与在其冲突中丧失自我的例子也有之。这两种情形如今在不同的社会文化空间中仍在上演。斯坦纳特别指出：“有些社会拥有历史悠久却日渐式微的礼法、象征制度，却因为过早吸收，或消化不了外来文化而受到猛烈的冲击，结果重心顿失，甚至失去自信。新几内亚土著里面有崇拜外货的人，他们都膜拜空运的舶来品。这个怪异的现象，正好是翻译风险的一种写照。”[1] 如果阐释活动止于充满危险的吸收这一步，那是不完整的，而这种不完整，更可能造成危险。先验的“信任”往往被文本的障碍所挫败，在“他者”的考验中失去平衡，但出于对“文本的意义”的迷恋，不能不以富有侵略性的姿态去接近，去“击中目标”。

斯坦纳认为，当我们以我们的智性去包围、攻占目标，解剖外壳，将内核据为己有的时候，往往会在“吸收”的过程中把握不好自己，再次失去平衡，因此，阐释活动必须给予“补偿”，这就是不可缺少的第四步。在斯坦纳看来，真正意义上的“补偿”需以“交流”和“平衡”为前提。与前三步相比之下，这第四步显得格外重要：既要让受挫的“信任”得到恢复，又要让掠夺性的“侵入”不至于成为对意义的扼杀，还要让“吸收”在“自我”与“他者”的矛盾中达到既丰富自身又不迷失自我的目的，这一切都离不开“补偿”。补偿以“交流”为前提，而交流是“双向”的，这一切都应该以“平衡”为基础。这种追求“平衡”与“交流”的双向补偿，无论在语言层面，还是在文化层面，都是不可缺少的。正因为如此，斯坦纳认为“以补偿来恢复平衡，是翻译工作和翻译道

1 Steiner, George: *Après Babel: une poétique du dire et de la traduction*, Paris: Albin Michel, 1998, p.407. 所引文字曾参考陈德鸿的译文。

德的关键”。失衡的阐释活动，往往造成与翻译目的的背离。对原言语失衡的掠夺与侵入，会对原文意义造成损失和破坏。“翻译的过程”一如理解活动过程，虽然本质上具有扩张性，说明“真相深藏不露”，需要去解析、剖析，需要去捕捉，去领悟。它不是文本自身所显现的，而是需要理解主体的具有积极意义的逼近与捕捉。在这个过程中，人们会深刻地意识或认识到内容与表达形式之间配合得比原先的更严谨。从双向的角度看，翻译主体的“掠夺”与“侵入”，只是让原作意义彰显，以便在目的语中得到再生的一种手段。翻译赋予原作以新的生命，翻译使原作的生命在新的时间与空间中得到延续与拓展，本雅明的这一观点也深刻地体现在斯坦纳所强调的“双向补偿”中。虽然阐释的过程不可避免地会出现失衡，但真正的翻译应该在“双向补偿”的过程中达到一种有意追求的平衡。斯坦纳坚信：“纵使过程漫长而曲折，真正的翻译仍会力求平衡的。即使比不上原文，真正的翻译也会清晰地显露原文本身的优点。”而“意义的箭，传送文化和心理意义的箭，都是双向的。最理想的，是没有亏损的交流”，而译者无论在形式上还是在道德上，都应该负起这个责任来。[1]

以上的简要评介，虽然还难以凸现复杂的阐释过程中的种种矛盾，对诸多矛盾所生发的理论难题也无法加以深刻的剖析，但至少已经对斯坦纳提出的阐释过程的主要步骤、论点有所了解。他提出的，不是语言转换层面的具体过程，而是涉及人类理解行为的基本倾向和伦理原则，而其过程所展开的广阔空间，包括社会与文化的空间，可使人们更深刻地认识到翻译活动的复杂性和重要性。

第三节　阐释的空间与限度

就翻译活动而言，无论是文本的选择，前期的准备，还是下笔移译和译毕后核对原文，都离不开对原文的阅读。翻译活动的理解始于阅读，而译者就其本质而言，首先是一个读者。罗新璋曾就翻译问题请教傅雷，傅雷告之：“事先熟读原著，不厌求详，尤为要著。任何作品，不精读四五

1 Steiner, George: *Après Babel: une poétique du dire et de la traduction,* Paris: Albin Michel, 1998, pp.410–411.

遍决不动笔，是为译事基本法门。”[1] 傅雷将熟读原著视为“译事基本法门”，是极富见地的。在主持“文学翻译基本问题”这一研究课题期间，我有机会与国内的一些成就卓著、经验丰富的老一辈翻译家就文学翻译的实践与理论问题进行探讨，他们对“理解”的重要性的认识十分一致。但是，从理论上讲，围绕着翻译中的阅读和理解活动，存在着不同的认识与观点，所以，有必要在对翻译过程的有关研究的评介的基础上，以阐释学的基本理论为参照，对涉及阐释活动的有关问题作一探索。

1. 理解行为是主体性投入的创造性行为。选择了一个文本之后，译者作为一个特殊的读者，其阐释活动始于对文本的阅读。关于文本的阅读，在上文中提到了傅雷所强调的“译事基本法门”。他认为，要阅读文本，理解文本，需要译者的全身心投入。“……译事虽近舌人，要以艺术修养为根本：无敏感之心灵，无热烈之同情，无适当之鉴赏能力，无相当之社会经验，无充分之常识（即所谓杂学），势难彻底理解原作，即或理解，亦未必能深切领悟。”[2] 勒代雷在《今日翻译——释意模式》一书中提出，“理解”活动是整体活动，很难将其分解成不同的阶段。但针对理解活动所涉及的对象，她从“理解语言成分”“理解暗喻内容”“认知补充”等三个方面进行了阐述。无论是哪个方面，都离不开译者的投入。勒代雷认为：“从理论上研究翻译程序，重要的是抛开语言水平方面的问题，应以译者完全掌握两种工作语言为讨论的前提条件。”[3] 傅雷正是在此前提条件下提出了理解与领悟原作的条件，那就是译者的敏感之心灵、热烈之同情、适当之鉴赏能力、相当之社会经验、充分之常识，而这些都是语言层面之外的东西，与译者的语言能力虽有联系，但两者不能混淆。除不言而喻的语言能力之外，译者若要理解、领悟原文，必须有多方面的投入，或如斯坦纳所说，必须积极“侵入”。而这种投入或者“侵入”，正是让原作者所创造的文本复活的首要条件。萨特认为：“精神产品这个既是具体的又是想象出来的客体只有在作者和读者的联合努力之下才能出现。”[4] 译者作为一个特殊的读者，在阅读、理解过程中，与原文（在原文之后的作

---

1 参见罗新璋编：《翻译论集》，商务印书馆，1984 年，第 695 页。
2 参见罗新璋编：《翻译论集》，商务印书馆，1984 年，第 695 页。
3 Lederer, Marianne: *La traduction aujourd'hui: le modèle interprétatif*, Paris: Hachette Livre S. A., 1994, p.32.
4 让-保尔·萨特：《萨特文学论文集》，施康强等译，安徽文艺出版社，1998 年，第 98 页。

者）又构成怎样的关系？又是如何发挥自己的主体作用的呢？

按照萨特的观点，译者阅读、理解原文的过程，是一个参与创造的过程。对这一过程，萨特强调指出：一方面，作家写作，是对读者的一种召唤。作家“只有通过读者的意识才能体会到他对自己的作品而言是最主要的，因此任何文学作品都是一项召唤。写作，这是为了召唤读者以便读者把我借助语言着手进行的揭示转化为客观存在”。[1] 在这个意义上，萨特认为读者参与原文本的创造，是一种必然，因为文本的生命之花只有在读者的阅读中才能开放。如果说读者的阅读是参与文本的一个创造过程，那么读者的创造，首先在于“揭示”，而所谓揭示，与斯坦纳所说的解剖外壳，让内核显露有相似的意思，与释意派理论的“去除语言外壳”，让意义变得澄明，也有本质上的联系。

应该说，在翻译的理解过程中，作为特殊读者的译者，他时刻都如萨特所指出的那样，“意识到自己既在揭示又在创造，在创造过程中进行揭示，在揭示过程中进行创造。确实不应该认为阅读是一项机械性的行为，认为它像照相底版感光那样受符号的感应”。[2] 阅读原文的重要性，对每一个译者来说都是不言而喻的。关键是在理论上要明确，阅读不是一项机械性的行为。文本的意义不是随便就能“自显”的，不能像照相底版那样自动感应，让译者轻而易举地在文本符号的感应下获得意义。相反，如斯坦纳所强调的那样，要有基于“信任”基础上的“侵入”，去积极捕捉意义。在阅读时，译者有任何一点“分心、疲乏愚笨、漫不经心”，文本的符号就会远离而去，符号所表达的各种意义就会深藏不露。唯有全身心地投入，像傅雷所说的那样投入自己的心灵和热情，调动自己的所知和社会经验，充满期待地去体会、去捕捉、去领悟，才有可能从文本的字句入手，而又透过字句，在字里行间获得萨特所说的“一个综合形式：‘主题’、‘题材’或者‘意义’”，才能像傅雷所要求的那样，“将原作（连同思想，感情，气氛，情调等等）化为我有”。这里的“化为我有”，也正是将原文本在目的语中揭示、转化为“客观存在”的意思。

2. 阐释的“客观性”。阅读不是一种机械性的行为，不是一种文本符

1 让-保尔·萨特：《萨特文学论文集》，施康强等译，安徽文艺出版社，1998 年，第 101 页。
2 让-保尔·萨特：《萨特文学论文集》，施康强等译，安徽文艺出版社，1998 年，第 98 页。

号的感应，相反，它需要读者的积极投入。这种投入，傅雷以译者的实际体验作了充分的表述。若按照现代阐释学的观点，文本的意义是解释者和理解者“筹划”的结果。文本出现一种意义，首先是因为理解者“信任”（斯坦纳语）它的存在，“期待”它的出现。萨特虽然不是持阐释学的观点，但他也同样认为，阅读和理解过程，是读者期待的过程：“阅读过程是一个预测和期待的过程。人们预测他们正在读的那句话的结尾，预测下一句话和下一页；人们期待它们证实或推翻自己的预测，组成阅读过程的是一系列假设、一系列梦想和紧跟在梦想之后的觉醒，以及一系列希望和失望；读者总是走在他正在读的那句话的前头，他们面临一个仅仅是可能产生的未来，随着他们的阅读逐步深入，这个未来部分得到确立，部分则沦为虚妄，正是这个逐页后退的未来形成文学对象的变幻的地平线。没有期待，没有未来，没有无知状态，就不会有客观性。”[1] 充满期待和不断的预测，再经过一系列的假设、梦想和觉醒，失望与希望，这样步步深入的阅读，无疑是一个筹划的过程。伽达默尔认为：“谁想理解某个文本，谁总是在完成一种筹划。一旦某个最初的意义在文本中出现了，那么解释者就为整个文本筹划了某种意义。一种这样的最初意义之所以出现，只是因为我们带着对某种特殊意义的期待去读本文。”[2] 伽达默尔强调理解者的期待，而萨特则强调期待及与之相伴的预测、假设、梦想和觉醒。期待与未来，预测假设与文本变幻的地平线之间，必然会有距离，会有希望的破灭，也就“造成了”未来部分得到确立，部分则沦为虚妄。这确立的便是读者与作者视野的“融合”，而“虚妄”的便是理解者的局限，也就是对阐释的客观性的某种偏离。

谈到理解或阐释的客观性，马上会想到阐释学所争论不休的先有（Vorhabe）、先见（Vorsicht）和先把握（Vorgriff)。方法论解释学认为，这些“先有”、“先见”和“先把握”，是正确理解和阐释的障碍，是与“客观性”相悖的“主观性”之物。当一个人在“权威、传统、习俗、惯例和常识”的影响下形成自己的“先见”之后，在理解和阐释活动中势必将先入为主，以一己偏见去把握文本意义，这样就无法保证理解和阐释的

1　让-保尔·萨特：《萨特文学论文集》，施康强等译，安徽文艺出版社，1998 年，第 96—97 页。

2　伽达默尔：《真理与方法——哲学解释学的基本特征》，洪汉鼎译，上海译文出版社，1999 年，第 341 页。

客观性。哲学阐释学则相反，认为“把某某东西作为某某东西加以解释，这在本质上是通过先行具有、先行见到和先行掌握来起作用的。解释从来不是对先行给定的东西所作的无前提的把握。准确的经典注疏可以拿来当作解释的一种特殊的具体化，它固然喜欢援引‘有典可稽’的东西，然而最先的‘有典可稽’的东西，原不过是解释者的不言自明、无可争议的先入之见。任何解释工作之初都必然有这种先入之见，它作为随着解释就已经‘设定了的’东西是先行给定了的，这就是说，是在先行具有、先行见到和先行掌握中先行给定了的”[1]。海德格尔的观点十分明确，先有、先见和先掌握（亦即先行具有、先行见到和先行掌握）是阐释得以发生的条件。伽达默尔受到了海德格尔的影响，在他看来，“先见”是理解者的“视域”，是“立脚点”，先有、先见和先把握作为立脚点，并不构成“理解”的具体存在。他认为“权威”、“传统”、“效果历史”和“历史性”等是理解过程中起作用的具体性的存在的因素。在承认它们所起的作用的同时，阐释者要做到对他人和本人的见解保持一种“开放的态度”，在不断的筹划中不断地修正自己的认识。在这一点上，萨特的“预测、期待、假设、梦想和觉醒”的阅读过程恰好与伽达默尔所强调的“开放性”相一致，在这一过程中的每一次希望和期待，是揭示原文意义的动力和基础，而每一次觉醒和失望是修正自己认识、向意义逼近的再筹划。由此，伽达默尔将“先见”与“客观性”统一起来，萨特也将读者的创造性与阐释的客观性有机地结合在了一起。

3. 阐释的自由空间与限度。在文本的阅读中，往往会遇到意在言外或不言之意等情况。作者在文本中留下想象的空间，或在字里行间暗示着某种意图，虽然没有字句的空间，但其中却隐藏着没有明言的东西，深藏着某种欲言而不言的东西，这就给理解者造成了一种两难的境地。沉默、空白、没有明言或模棱两可，既给理解者提供了阐释的自由，但同时也给理解者造成了误解的危险。正如萨特所言，“作者设置的路标之间都是虚空，读者必须自己抵达这些路标，他必须超过它们”。当读者充满期待，带着先有、先见、先把握，总之，带着自己的才与情、带着自己的世界观和社会经验与常识去解读那些字句符号时，它们便会突然间变得实在起来，变

1 海德格尔：《存在与时间》，陈嘉映、王庆节译，熊伟校，三联书店，1987 年，第 184 页。

成有血有肉有灵的生命体，发出召唤。萨特指出，“作家向读者的自由发出召唤，让它来协同产生作品”。这里，萨特强调了读者的“自由”存在的必要性。对于创造了原文本的作者而言，他之所以要将文本诉诸自由，是因为唯有读者的“自由”才能引发读者调动自己的思想参与创造。然而，“自由”并非目的，作者不可能给读者无限制或单方面的自由：“他还要求读者们把他给予他们的信任再归还给他，要求他们承认他的创造自由，要求他们通过一项对称的、方向相反的召唤来吁请他的自由。这里确实出现了阅读过程中的另一个辩证矛盾：我们越是感到我们自己的自由，我们就越承认别人的自由；别人要求于我们越多，我们要求于他们的就越多。”[1]这里，涉及了理解与阐释的一个重要问题，那就是阐释的自由并不是阐释者单方面的自由。强调作者信任读者、赋予读者阐释的自由时，也就隐含了另一面，即阐释者在参与文本创造的同时，也就与作者形成了一种关系，缔结了一份协定，以相互信任为基础，在尊重对方的自由的前提下行使自己的自由：“每一方都信任另一方，每一方都把自己托付给另一方，在同等程度上要求对方和要求自己。”[2]这是一种辩证的自由观。只有以文本为依据，在文本所提供的整体之中去凸现其语境所明示或暗喻的意义，才有可能避免使自由失控，在失度的阐释中失去作者的信任，从而也就丧失了“自由”的权利。在翻译活动中，人们常常强调“从心所欲”。这种“从心所欲”，若从积极的意义上去理解，那就是发挥译者的想象力和创造性，但“从心所欲”只是单方的“自由”；若译者尊重原作者，把作者赋予译者的信任还给作者，就要“不逾矩”。对这个“矩”，可以有多种理解，其中包括“不倍原文”，不背叛作者的欲言，不歪曲文本的意义，不违背原文的精神。安贝多·艾柯对这两者之间的辩证关系曾说过一段意味深长的话：“一九六二年，我写了《开放的作品》（*Opera aperta*）一书。在书中，我肯定了诠释者在解读文学本文时所起的积极作用。我发现读者们在阅读这本书时，注意力主要集中在作品所具有的开放性这一方面，而忽视了下面这个事实：我所提倡的开放性阅读必须从作品本文出发（其目的是对作品进行诠释），因此它会受到本文的制约。换言之，我所研究的

1　让-保尔·萨特：《萨特文学论文集》，施康强等译，安徽文艺出版社，1998年，第105页。
2　让-保尔·萨特：《萨特文学论文集》，施康强等译，安徽文艺出版社，1998年，第108页。

实际上是本文的权利与诠释者的权利之间的辩证关系。”[1]“本文”的权利和诠释者的权利，在另一个角度看，也就是作者所创造的文本提供的阐释空间和参与文本创造的诠释者的阐释自由。谈及权利，意味着责任，而强调自由，也同样意味着限制。为真正实现阐释活动中权利与责任、自由与限制之间的辩证关系，让“本文的权利与诠释者的权利之间的辩证关系”得到落实，艾柯针对“阐释的潜在无限论”与“意义蔓延”说，指出诠释（衍义的基本特征）的潜在无限并不意味着诠释没有一个客观的对象，更不意味着可以像流水一样毫无约束地任意“蔓延”。

为进一步在阐释的自由与限制中寻找一条通向正确与和谐的阐释路径，他提出在“作者意图”与“诠释者意图”之间，“还存在着第三种可能性：‘本文的意图’”。在《诠释与历史》中，他以西方的诠释史中的一些典型的例证，对世界与文本的诠释方法及其依据作了深入的考察，承认在“神圣文本”和“世俗文本”的诠释中，确实存在着“过度”诠释的现象。虽然诠释的过度在很大程度上可以归结于翻译的历史局限和语境作用，但这并不意味着这一“过度”行为本身的合理性和合法化。而强调“作者意图”、“文本意图”和“诠释意图”之间的相互作用和限制，正是克服诠释者无限制的自由而转向三者之间的和谐，从阐释的无限转向阐释的相对客观性和正确的基本原则。他深切地认识到，在原作者的欲言和文本的意义之间，诠释者面临着一个两难的境地：“要么旨在在本文中发现作者意欲说出的东西，要么旨在发现本文独立表达出来的与读者意图无关的东西。”艾柯试图将诠释者从这一两难的境地中摆脱出来。他的这一努力有着深刻的理论背景，他既要面对“意义的无限与神秘论”，又要面对“读者中心论”。为此，他强调指出：“当本文不是面对某一特定的接受者而是面对一个读者群时，作者会明白，其本文诠释的标准将不是他或她本人的意图，而是相互作用的许多标准的复杂综合体，包括读者以及读者掌握（作为社会宝库的）语言的能力。我所说的作为社会宝库的语言不仅指具有一套完整的语法规则的约定俗成的语言本身，同时还包括这种语言所生发、所产生的整个话语系统，即这种语言所产生的‘文化成规’

---

1 艾柯等著：《诠释与过度诠释》，柯里尼编，王宇根译，三联书店，1997年，第27—28页。引文中的“本文”作“文本”解。

（cultural conventions）以及从读者的角度出发对本文进行诠释的全部历史。”[1] 在这里，艾柯又提出了“读者群”与“特定接受者”即“特定读者”的区别，同时提出了一个人的阅读与阐释行为要受到“多种因素”的限制，包括语言本身、语言生发的“文化成规”及“诠释”的历史等因素。这些因素的存在，表明了阐释活动的自由空间是在种种限制中展现其活力的。阐释的自由为文本多种解读的可能性打开了空间，而客观存在的种种限制因素又为解读的可能性提供了“度”的保证。艾柯的这一辩证的思想对具体阐释活动具有明显的启发意义。在《作者、译者和读者的共鸣与视界融合》一文中，笔者曾以法国著名作家罗曼·罗兰的《约翰·克利斯朵夫》开篇一句话的阐释为例，通过比较傅雷、许渊冲、韩沪麟三个具有代表性的翻译家的不同翻译以及法文本与汉译本之间的差异，在艾柯的阐释辩证观的指导下，在对上下文、文化语境、作者意图、文本意图和译者追求等各个相关方面的分析的基础上，揭示了“在阐释过程中，作者意图与读者意图之间存在着辩证的关系，同时，‘文本意图’也在为读者提供阐释空间和自由的同时，以上下文为读者的阐释作出限定”。[2] 这在一定程度上，展示了作者、译者和读者的共鸣与视界融合的可能性。意义阐释和阐释的主体因素等理论问题，将在第三章和第六章中展开讨论。

第四节　翻译的历史性

在对翻译过程进行研究中，有一个不可忽视的现象，那就是无论是从狭义的过程出发，把研究的重点放在传统过程论所强调的理解与表达的两个方面，还是从广义的过程出发，对文本的选择、翻译的准备、话语阐释和文本的生成以及文本的接受与新的生命历程等进行综合的考察和全面的探索，都不可避免地会遇到一个理解上的难题：翻译的历史性。

何为翻译的历史性？这一问题的提出，首先来自翻译实践的困惑或局限。就一个具体的译者而言，当他翻译一个文本时，他的视域和各种能力时刻受到种种限制。一个翻译文本的完成，在其文字凝固的一瞬间，也同

1　艾柯等著：《诠释与过度诠释》，柯里尼编，王宇根译，三联书店，1997 年，第 82 页。
2　许钧：《作者、译者和读者的共鸣与视界融合》，《中国翻译》，2002 年，第 3 期，第 25 页。

时铸下了种种遗憾。在众多译者留下的一些副文本中，即翻译文本的序、后记、译后记等文字中，常常会读到类似于这样的文字："译《哈姆莱特》、《麦克贝斯》等杰作，一些名言佳句，拿不出让人（也让自己）满意的理解译文，感到内疚、惭愧，甚至绝望。"[1]翻译家方平的这番近乎绝望的感慨，深刻地反映了译者在翻译活动中所意识到的局限。作家韩少功与人合作翻译过昆德拉的小说，该小说的汉译名为"生命中不能承受之轻"。在为汉译本写的《前言》中，韩少功有过这样的交代："在翻译过程中，最大的信息损耗恐怕在于语言，在于语言的色彩、气韵、节奏、语序结构。我和韩刚同志在翻译合作中，尽管反复研究，竭力保留作者明朗、缜密、凝重有力的语言风格，但我们中西文水平都有限，失误恐怕难免；加上表音文字与表意文字之间的天然鸿沟，在语言方面仍有种种遗珠之憾。尤其西文中丰富灵活的虚词系统，有时很难找到相应的中文表达方式。"[2]方平面对莎士比亚，感觉到的是"内疚、惭愧，甚至绝望"；韩少功面对昆德拉，为语言之间的天然鸿沟以及作者的独特风格所造成的"失"（包括不可避免的"失"和无意中的"失误"）而有种种遗珠之憾。实际上，韩少功在这里所谈的"失"仅仅限于语言和言语两个层次。对于《生命中不能承受之轻》这一文本的选择，选择中的困惑和两难，翻译中除语言障碍外所遭遇的"意识形态"之禁区，文学观念的冲突，等等，都将译者的理解与阐释置于了一个特定的历史空间之中。他对文本的理解，已经绝不仅仅限于"语言"的理解。对此，韩少功说了一段意味深长的话："我们并不能理解昆德拉，只能理解我们理解中的昆德拉，这对于译者和读者来说都是一样。我们的理解欲求，应该基于对社会主义文化事业的责任感，基于对人类心灵种种奥秘的坦诚和严肃，基于对文学研究和文学创作的探索精进。"[3]由语言转换扩展到文字、文化、伦理和人类灵魂的层面，这种理解深刻地打上了理解者个人的烙印，而在这字里行间，既可以感觉到理解者对当时所处的社会、政治和文化语境的一种没有明言的困惑，也可感觉到他在翻译活动中所投入的一份勇气和一种精神。然而，无论他与原作者

1　方平：《他不知道自己是一个诗人》，湖北教育出版社，2002年，第284页。
2　米兰·昆德拉：《生命中不能承受之轻》，韩少功、韩刚译，作家出版社，1991年，见译者《前言》，第12页。
3　米兰·昆德拉：《生命中不能承受之轻》，韩少功、韩刚译，作家出版社，1991年，见译者《前言》，第13页。

在心灵上有多么契合，也无论他的理解与表达基于值得称道的“责任感”、“坦诚”、“严肃”与“探索精进”，他还是像小说的主人公托马斯那样，在忠诚中“叛逆”，对原文进行了不得已的“删节”甚或“改动”。也许对原文的这种粗暴的“侵犯”，是译者自身的“责任感”在起作用；但人们更愿意相信，那些“删改”是历史造成的“遗憾”，是语言外因素给翻译活动造成的限制。有关“删节”问题，在讨论涉及影响翻译的重要因素一章，将作深度的探讨。这里只是想借以说明，翻译活动所遭遇的不可避免的历史局限性。

谈翻译的历史性，更基于对阐释活动本质规律的深层认识。萨特在论及理解活动的历史性时指出，就读者而言，“他不像善良的野蛮人那样蒙昧无知，以致需要从原则出发解释一切，他不是才智之士，也不是一片空白。他也不像天使或者上帝那样全知全能，我向他揭示宇宙的某些面貌，我利用他知道的事情试图把他还不知道的事情告诉他。读者位于完全无知与无所不知之间，他有一定的知识，这些知识随时都在变化，足以向他显示他的历史性。这确实不是一个瞬间意识，一个超越时间的对自由的纯粹肯定，而且读者也不是在历史的上空翱翔：他置身其间，作者们同样也有历史性；惟其如此，他们中有些人就希望逃脱历史，跃入永恒。在这些投入同一段历史并且同样致力于创造这一历史的人中间，通过书籍的媒介建立起一种历史接触”[1]。初读这段话，似乎难以抓住萨特所言的真实含义。但是，如果对萨特写作《什么是文学》的时代有所了解，对他的基本哲学观、文学观有所了解，特别是对他的“介入文学”的立场有所了解，便有可能抓住他在这一段文字中所强调的问题：读者并非全知也并非无知，他生活在一定历史阶段之中，且他的思想、他的知识都时刻在变化之中。因此，哪怕就一个特定的读者而言，他的阅读行为也时刻受到变化中的历史的影响。他的阅读、他的理解不可能超越时间，不可能超越他所处的历史语境。与此相对应，作者也同样如此，也就是萨特所说的“作者们同样也有历史性”。任何“逃脱历史、跃入永恒”的希望都会在不切实际的“自由幻想”中破灭。为此，萨特要求作家要关注所处的时代，关注当下的问题，通过书籍的媒介去建立起一种历史接触，去创造历史。

1　让-保尔·萨特：《萨特文学论文集》，施康强等译，安徽文艺出版社，1998 年，第 118—119 页。

就翻译而言，在阅读、理解一个文本时，总是抱着一个希望，希望其理解是正确的、全面的，更希望其翻译是完善的，能引起作者和读者之间的共鸣。但翻译的历史性表明，译者的理解只是在那一瞬间的历史；与作者对话，对文本的领悟，都是历史的一种相遇。译者的理解是以译者当时所熟悉的那个世界为出发点的，更何况像上文所强调的，任何阐释者，都是带着自己的"先见""先有""先把握"去进入文本的。正是在这个意义上，对同一个文本，二十岁时的阅读与五十岁时的阅读，会何等不同！而这一不同正是"历史性"的表现。几年前，笔者曾经就《红与黑》的多个汉译本为对象，以专论、书信、对谈、调查等多种形式，对文学翻译的一些基本问题进行了深入的探讨与研究。其中，《红与黑》在中国的翻译与传播就是一个明证，证明了阐释活动是一个动态的、历史的过程，也是一个不断发展的过程。半个多世纪之前，青年诗人赵瑞蕻在嘉陵江畔吟咏着"炉火峥嵘岂自暖，香灯寂寞亦多情"的诗句，开笔首译《红与黑》。几年后，亦即在 1944 年，他所执译的《红与黑》第一分册由重庆作家书屋出版，薄薄的一册，只有十五章。就《红与黑》这部世界名著在中国的命运而言，赵瑞蕻的这部译著，虽然很不完整，却有着非凡的意义。但就翻译，就对这部原著的理解本身而言，赵瑞蕻于 1982 年在《译书漫忆——关于〈红与黑〉翻译及其他》一文中，针对年轻时在《时与潮文艺》上发表的一篇《斯丹达尔及其〈红与黑〉》写道："那时候，我还年轻，只是由于难得的机缘，接触到这本名著，根本说不上对它有什么深刻的研究；所谈的不过是对《红与黑》一点儿粗浅的个人的理解。全国解放后，偶尔翻阅这篇东西，越看越觉不安，欠妥和错误的地方实在不少，如同我那个《红与黑》旧译本里有许多谬误一样。如今往事重提，只是想说明一下作为《红与黑》最早的一个中文本译者在学习和介绍外国文学作品过程中的一些情形，提供一点翻译工作中个人的经验和教训；特别是对于那些我后来发现的错误，深感内疚。如今我那个本来就残缺的旧译本早就被抛进故纸堆中去了。"[1] 从翻译的过程和文本的生命历程来看，《红与黑》这个旧译本，哪怕再残缺，也有其不可替代的位置。作为先行者、开拓者，赵瑞蕻

1　参见许钧主编：《文字·文学·文化——〈红与黑〉汉译研究》，南京大学出版社，1996 年，第 252—253 页。

的初译本永远不可能被“抛进故纸堆中去”，因为这是斯丹达尔的《红与黑》在中国传播的始点，是其在中国生命历程的第一站。正因为是起点，是第一站，一个有着深刻生命的文本会在这个基础之上继续往前走。而也正因为是起点，译本中所存在的缺陷、误译、错译，便等待着后来人在新的历史语境中加以改进。赵瑞蕻深知文本生命的真谛，为此，他热情地呼唤并拥抱新译本的问世，为同行的成就而唱赞歌。另一方面，他自己仍在苦苦地求索，在初译本问世半个世纪之后，在已“接近生命旅程终点”的最后岁月里，在对《红与黑》有了更为深刻的理解和领悟之后，为了“更忠实于原作，又更接近或者符合于原作的文笔风格，在译本的语言运用上，更流利，更适宜于我们的语言的规范化的要求”，年已八旬的老人与“老天爷”抢时间，决定重译《红与黑》，“学习、研究、翻译”相结合，细读原文，参考、比较包括汉译本、英译本、德译本、俄译本、意大利语译本和日译本在内的十余种版本，呕心沥血，再经历一番心灵的探索，完成这部“未完成的交响乐”。[1]然而，赵先生过早地离开了人世，带着永远的遗憾留下了这项只完成了四分之三的未竟的“巨大工程”。半个多世纪的追求，它见证了翻译事业的神圣与伟大，也见证了阐释活动的局限与无限：其局限在于阐释者总是在一定的历史空间中进行；而其无限，在于历史永远在发展，一个个阐释者有限的追求将在历史的长河中构成连续不断的无限生命历程。在讨论翻译的历史性及其局限时，却在一代代译者的追求中，发现了一个看似相悖的真理：个人有限的阐释只不过是理解循环的一站，不是萨特所说的凝固的瞬间，也不是凝固的终点。

如果说赵瑞蕻翻译《红与黑》的世纪历程最终是在永远的遗憾中显示其意义的，那么萧乾夫妇的《尤利西斯》的翻译之路却是从梦想通向了现实。笔者有机会与萧乾、文洁若夫妇探讨《尤利西斯》的翻译问题，萧乾谈到了翻译的限度与理解的关系：“关于翻译的限度，我想就《尤利西斯》的翻译而言，是非常明显的。早在 1929 年，我就听说了乔伊斯的名字。1939 年我刚到剑桥不久就买下了两卷本的《尤利西斯》，在剑桥王家学院

1　赵瑞蕻在 1995 年写过一首诗，题为《重译〈红与黑〉》，照录在此：“重译《红与黑》，这书多深沉！再经历一番心灵的探寻。玉连是孤独的，像只鹞鹰飞出悬崖，在寂寥中思考自己的命运；玉连又是执拗的，从卢梭《忏悔录》接受启蒙：拼死也得与众不同！整个朝代倒映在一本书的镜面上，挑战者的头啊，在钢刀下轰然血喷！”

一间14世纪的书房里，吃力地啃这部开意识流小说之先河的‘天书’。我当时称《尤利西斯》为天书，包含着两种意思：一是我对乔伊斯非常崇拜，可以说是顶礼膜拜！二是这部书对我来说实在是太深奥了。近半个世纪之后与文洁若一起合译这部书时，我充分意识到它的难度。对我们来说，难度就是翻译障碍，就是翻译难以超越的困难。困难是多方面的。首先是理解方面，乔伊斯自己就对弗兰克·勃真说：‘我在这本书里设置了那么多迷津，它将迫使几个世纪的教授学者们来争论我的原意。’这部书文字生僻古奥，内容艰深晦涩，扑朔迷离，理解是第一关。我们要感谢国外的学者们，帮助我们克服了理解方面的许多障碍。这几十年间，国外学者出了不少详尽的《尤利西斯》注释本，有的着重解释生僻的单词，有的逐段诠释原意。正是借鉴了乔伊斯专家的研究成果，再加上我们自己的努力才基本过了理解这一关。”[1] 萧乾在这里涉及了一个有关阐释的重要问题，那就是阐释活动是一个不断发展、不断深入的过程，同时，阐释活动不是个人孤立的活动，他虽然带着自己的“先有”“先见”“先掌握”，但这一切都有其社会性作基础，也处在不断的发展进程中。正因为如此，翻译的“历史性”，在揭示个人阐释活动有限的同时，却为认识“不可译”论提供了一把钥匙，或者为解构“不可译”论提供了一个辩证的视角。年轻时的萧乾视《尤利西斯》为天书，该书“文字生僻古奥，内容艰深晦涩，扑朔迷离”，难以理解，要翻译它“是不可能的”。然而，随着历史的发展，人们对《尤利西斯》的研究的不断深入，理解的不断深刻，给萧乾个人的理解活动提供了帮助。而萧乾和文洁若夫妇正是依靠半个多世纪以来对《尤利西斯》的不断发展、不断积累的研究成果，再加上自身的努力，把“不可能”一步步变成了可能，把梦想变成了现实。这条不断发展不断探索的理解之路在另一角度辩证地说明了所谓的“不可译”，也是“历史性”的。如果说，翻译是一种历史的奇遇，其本质在于翻译活动是翻译主体与原文本的相遇与结合，那么，在很大程度上，所谓的“不可译”，只是在某一个历史时期内的不可译，只是两者相遇的历史环境还没有具备，只是两者结合的奇缘还没有来临，正如法国文论家亨利·梅肖尼克所言：“对于一

---

1 萧乾、文洁若、许钧：《“翻译这门学问或艺术创造是没有止境的”》，许钧等著：《文学翻译的理论与实践——翻译对话录》，译林出版社，2001年，第83—84页。

个既定的文本，在其既定的跨语际-跨文化关系中，其诗学及其历史性重述的相互作用也许尚未产生，或得不到产生。文本的不可译正是这些历史原因所引起的某一文化结果。它是历史性的，社会的，而不是形而上的。”[1]

安帕罗·于塔多·阿尔比在探讨翻译的“忠实性”这一基本概念时，针对围绕着这一概念而生发的种种矛盾，对“历史性”的概念进行过较为深入的研究。在《当代法国翻译理论》一书中，我们曾对阿尔比的有关观点作过梳理。阿尔比所探讨的“历史性”这一概念，对认识阐释活动过程具有启迪意义，在此不妨择其要点，再作一评介。

在上文中已经多次强调，在翻译活动过程中，在不断发展的历史进程中，译者作为阐释主体，首先是历史的。阿尔比认为，不同的译者因为认知能力、语言能力的不同而不同程度地主宰了翻译过程。这些不同除却某种纯个人的因素（所谓纯个人的因素，在某种程度上也是历史造成的）外，显然是不同的历史时代规定的。

历史性首先反映在语言上：语言是以公共有效性为前提的，也就是说，语言相比较个人的言语，具有暂时稳定的特性。尽管如此，语言还是以一种缓慢的、不易为人所察觉的速度演进着。语言所跨越的时间越长，这种演进所造成的差异也就越大，并且差异显示在书写、词汇以及文体等各个方面。严格地说，这种历史性并不单单是译者面对的，它不从属于翻译的本质属性，而用文字固定下来的文本，或多或少地都要经过时间的距离才能得到阅读与理解。翻译只是加长了这种时间的距离而已：因为从译者的阅读、理解到译本的产生与译本的被理解又经历了相当的一段时间！

除此之外，时空造成的非语言的差异也造就了不同的译本。正如阿尔比所指出的：“译者不仅要受到他所属的那个时代的语言的限制，更是为一系列的非语言理念、政治观点、审美趣味等因素所制约，使他趋向于采用这样或那样的翻译方法。”[2] 在19世纪末20世纪初的中国，或者在被称为“不忠的美人”的“黄金时期”的17世纪的法国，大量原文本遭到过这样或那样的改写，都是合乎历史解释的。因为在目的语的国度里，时代不允许原文本所隐含的道德观念、表达方式或审美趣味及政治观点存在。

1　Meschonnic, Henri: *Pour la poétique II, Epistémologie de l'écriture, Poétique de la traduction*, Paris: Gallimard, 1982, p.357.

2　Albir, Amparo Hurtado: *La notion de fidélité en traduction*, Paris: Didier Erudition, 1990, p.155.

这样，历史性自然就影响到了“忠实”的两个层面：一是理解；二是表达。

就理解而言，由于时代的差异，原文本中的语言或非语言的因素与译者的认知结构与语言能力之间形成了一定的距离，这就造成了理解的困难。当然这些困难可以经过译者的努力而减少，但是永远都不可能完全消失。

在表达层面上，译者同样面临着语言与非语言因素的制约。因此，无论什么样的译本，都有一个语言与观念上的“现时化”问题。它与大多数创作一样，为了迎合时代的需要以及读者的口味，必然要产生这样或那样的变形。

当然，用阿尔比所提出的“历史的忠实”的三个参照因素来看，这一类的变形并不意味着不忠实。因为译者在重新表达原作的意义时，也必须忠实于他的时代，具体而言就是他所处时代的语言与读者；但是这种变形又必须在一定的范围之内，因为在“忠实”的三维结构中，“忠实”于原作者的“欲言”也对其他两点忠实因素起着牵制的作用。因此，所谓“历史的忠实”，就是忠实于译者所处的时代的目的语与译者所处的时代的译文读者，在此基础上无限接近原作者的“欲言”。

“历史的忠实”这一概念至少可以用来回答翻译上的两大现象：复译与不可译。

通过阿尔比对多个不同时期的《拉封丹寓言》的法语文本和西班牙语文本的比照，可以发现，复译是不可避免的。因为“原文本本身也经历着语言或者非语言的变化”。为了帮助现代的读者进行理解，法语《拉封丹寓言》的各个版本都增加了注释，因此译文作为保存名著、使之为更多读者所了解的手段，其“现时化”不仅是合理的，而且是必要的。加之时间的距离加深了理解的难度，作者的“欲言”在某种程度上只能是被无限接近，只要是恪守作者所提出的三维的忠实标准，那么不同的译者就可以从不同的途径去接近原作者。

复译是历史的，那么不可译更是历史的。在《翻译诗学》中，亨利·梅肖尼克指出，不可译是历史主体的尚未相遇或已经错过造成的。具体用阿尔比的“历史的忠实”来解释，可以说，因为在一定的历史时期，目的语国度的语言结构、道德观念、风俗习惯、政治体系以及审美趣味等一系列的因素暂时不允许某出发语文本的可译性存在。这一系列因素就可能成为该文本的不可译因素。应当看到，经过时间的推移以及翻译主体的努力，这些因素是可以减弱乃至化解的。[1]

在上文的简要介绍中可以看到，“历史性”这一概念，不仅对理解翻译过程和个人阐释的局限性有理论上的启迪意义，而且对解释翻译活动中的一些经常出现的现象也有着重要的参照意义。在对翻译的“历史性”作一番探寻之后，有必要结合翻译的复译现象，对翻译过程、对文本的生命历程作更进一步的研究。

第五节 文本生命的拓展与延伸

“复译”是一个普遍存在的历史现象。这一现象的存在至少印证了上文所着力说明的一个看似相悖实则辩证的阐释的本质特征：阐释的无限与有限。“复译”问题，是近十年来国内翻译界最关注的问题之一。围绕复译问题，折射出了翻译活动的复杂性，也充分地反映了翻译活动所涉及的问题不仅仅处于语言的层面，而且存在于文化、社会、政治、伦理，包括经济等各个层面。如在经济利益的驱动之下，将“复译”异化为“抄译”，其中既有道德层面的原因，也有经济层面的原因。对这方面所涉及的种种问题，将在“翻译因素论”一章展开讨论。在这里，还是把讨论局限在翻译的过程这一主题范围内，从理解与表达这两个大的方面，来考察复译现象，把对翻译的阐释活动的认识推进一步。

讨论“复译”问题时，自然会首先把目光聚焦于语际翻译中存在的这一世界性的普遍现象。但是，从阐释活动所揭示的基本问题来看，当斯坦纳把任何理解活动都视为翻译，宣称“理解，即翻译”时，有必要首先从“语内翻译”出发，来看一看阐释活动中的“复”的深层原因和意义所在。

从文本的生成、传播的生命历程来看，首先遇到的便是“时间”与“空间”。一个文本的生命，既有时间意义上的延续，也有空间意义上的拓展。而无论是时间上的延续，还是空间的拓展，“语言”的问题便不可避免地凸现出来。斯坦纳在对翻译的区分上，采用的是雅各布森的三分法，

1 许钧、袁筱一等编著：《当代法国翻译理论》，湖北教育出版社，2001 年，参见第三章第三节。

即把翻译分为“语内翻译、语际翻译和符际翻译”。在斯坦纳看来，语际翻译的许多问题同样存在于语内翻译之中，最为突出的问题之一，便是“时间性”。他指出：“有一点是无可置疑的：任何语言行为都有其时间的限定性。任何一种语义形式都不可能处于时间之外。一旦使用一个词，便唤起了这个词的整个历史中的回声。一个文本总是处于一个特定的历史阶段的厚度之中。”[1]就翻译而言，无论是语内翻译，还是语际翻译，或是符际翻译，要跨越的是语言或符号的障碍，要打开的是文化的疆界，在新的文化空间中，在不断延续的历史中拓展文本的生命。相比较而言，语内翻译所涉及的原语与译入语之间主要是时间上的差距，而语际翻译，除了时间上的差距之外，还要面对不同空间或文化语境中所使用的不同的语言。而要克服语言的差异，为文本拓展生命的空间，延续其生命，就不能不求助于翻译。正因为如此，斯坦纳在论及文学的生命时强调指出，任何文学作品，都渴望其生命能得到不断延续，但要实现这一点，“只能通过不断的翻译”，“文学艺术的存在，一个群体所经历的历史都要受到语内翻译不断延续的过程的限制，尽管这一过程往往不被人们所意识到”。[2]正是这种不断延续的翻译，构成了“复译”现象。

复译现象存在于语内翻译、语际翻译和符际翻译之中。正是不断的翻译，具体的翻译活动的历史局限被不断克服，其传播的空间才得以不断拓展。在这个意义上可以说，翻译是文明的延续和扩展；任何文化想要延续，都要不断地被翻译。比如中国的古代典籍，正是凭借广义和狭义的翻译而使其生命不断延绵。就翻译而言，“复译”的意义从中可以得到部分印证。

从文化交流和文本生成与传播的意义上去认识复译的意义，同时认为复译的不可避免在于个体理解活动的局限性，也在于语言行为的时间性，就有必要对翻译界时有回响的“翻译定本”说作出回应。从翻译的角度看，翻译者如同创造者，都希望自己创造的作品能够超越时间，获得不朽。然而，如果说创造的文本是通过不断的翻译而通向不朽之路的话，那么作为阐释循环中的一站的翻译，便注定不可能永远不朽，也就是说，就

1　Steiner, George: *Après Babel: une poétique du dire et de la traduction*, Paris: Albin Michel, 1998, p.59.
2　Steiner, George: *Après Babel: une poétique du dire et de la traduction*, Paris: Albin Michel, 1998, p.67.

一个翻译文本而言，它永远也不可能成为“定本”。“翻译定本”说，就其本质而言，在理解上是根植于“意义的绝对客观论”。在讨论翻译的意义问题一章中，将对此问题进行深入的探讨。所谓的“定本”，至少含有以下三种意思。首先，一个定本，尤其翻译的定本，无论就理解而言，还是就表达而言，都达到了尽善尽美的境地，不存在理解的错误，不存在阐释的空白，表达上不仅在内容上与原作等值，在形式上也可与原作媲美，就是译界通常所说的“形神俱似之境”，而且这种形神俱似已经到了不可超越的地步，止于此，不再有复译的可能，也无复译的必要，此为“定”的第一含义。其次，“定本”还有不朽的意思，可以超越时间，无论哪一个时代，只以此译为定译，不必随着时代的变化、语言的变化、读者审美情趣的变化而对译本有所修改，定而“不变”，一劳永逸，此为“定”的第二层含义。再次，所谓“定本”，还可能包含有“理想的范本”的意思。一部原著，可以有不同的理解，不同的传达，也就是说可以出现不同的翻译，不同的译本。任何译作，在一定意义上说都以接近原作的主旨、意蕴、气势为目标，以完美地再现原作的艺术价值为己任。越能再现原作的神韵（形神兼备当然更理想），译作的价值便越高。而“定本”是一种理想的范本，以此为“准”，定而为“本”，原作的“本”被译本的“本”取而代之，一切译作皆要以此本为本，此为“定本”的第三层含义。

那么，这样的定本，在理论上是否可以产生呢？

翻译家方平对此有着深刻的认识，在《不存在“理想的范本”》的文章中从理论上阐述了“理想的范本”不可能存在的多方面原因。他认为，文学翻译是一种创造性的艺术劳动，只能接近原作，不可能完全复制原作，且文学艺术作品只有着潜在的审美价值，不同读者在自己的“阅读、感受、体会、理解的过程中”赋予其实际的审美价值。任何译本都不可能一劳永逸地还原作者的原始意图，尽善尽美地再现原作的全部价值。因此，所谓的“范本”，只能是一种理想，实际上是不存在的。方平的这篇文章对认识“定本”之所以不可能存在，有着重要的启迪意义。[1] 笔者在《中国翻译》1994 年第 3 期的《重复 · 超越》一文中，就文学名著的翻译与复译问题，也表达了类似的观点。

1　参见方平：《他不知道自己是一个诗人》，湖北教育出版社，2002 年，第 23—33 页。

功能结构主义美学理论家，捷克的费·沃季奇卡在他的《文学发展的结构》一书中指出："我们必须尊重这样一个事实：文学翻译作品作为广大读者审美感知的对象，始终被他们阐释着，评论着。一部作品只有被阅读才能得到审美的现实化，也只有通过阅读，它才会在人们的意识中转化为审美对象。但是，审美感知是与评价紧密联系在一起的，而评价又必须以评价的尺度为前提。这种尺度是不稳定的，因此，从历史发展的观点看，文学作品的价值并非某一固定不变的量。"[1] 一部文学作品问世之后，它具有相对的独立性，利科所说"文本的独立存在"就是这个意思。但是，从接受美学的观点看，一部文学作品的价值并不是固定不变的，它的意义和审美价值的阐释和发掘有赖于读者的参与。在这个意义上说，文学作品是个相对开放的符号系统，它本身就需要人们去解读。当代接受美学的主要代表人物姚斯（Hans Robert Jauss）在《作为文学科学挑战的文学史》一文中明确指出："对每一个时代的每一个观察者来说，文学作品并不是都以同一面貌出现的自在的客体，并不是一座自言自语地宣告其超时代性质的纪念碑，而是一部乐谱，时刻等待着在阅读活动中产生的、不断变化的反响。"[2] 译者，首先是个读者、阐释者，其首要任务是理解、发掘原作的潜在意义，尽可能接近原作的精神。然而，不同的读者在阅读一部文学作品时，都有着自己的审美习惯和价值取向。他可以从自己的角度去理解作品，去探掘作品的潜在意义，赋予其"现实的生命"。但是，处于不同时代的读者所处的历史背景和文化背景不同，加之个人的文化修养、生活经历、艺术欣赏习惯、审美情趣实际上也存在差异，所以他们所挖掘的原著的"潜在意义"也必然有着某种差异。要更客观地接近原著的底蕴，需要一代一代人无穷无尽地去认识，去发掘。正因为如此，王蒙在他的《红楼启示录》的《前言》中说："《红楼梦》对于我这个读者，是唯一的一部永远读不完，永远可以读，从哪里翻开书页读都可以的书。同样，当然是一部读后想不完回味不完评不完的书。"也正是因为如此，宗璞在《红楼启示录·代序》中说："《红楼梦》是一部挖掘不尽的书，随着时代的变迁，读者的更换，会产生新的内容，新的活力。它本身是无价之宝，又起

1　费·沃季奇卡：《文学发展的结构》，慕尼黑，威廉·芬克出版社，1975 年，转引自《布拉格学派及其他》，中国社会科学院外国文学研究所《世界文论》编辑委员会编，社会科学文献出版社，1995 年，第 57 页。
2　转引自王蒙：《红楼启示录》，三联书店，1995 年，见《前言》。

着聚宝盆的作用，把种种睿思，色色深情都聚在周围，发出耀目的光辉。”任何一部具有个性的文学作品，在这个意义上说，都像《红楼梦》一样，都是超越时间和空间的一部挖掘不尽的书。法国普鲁斯特的《追忆似水年华》如此，爱尔兰作家詹姆斯·乔伊斯的《尤利西斯》也如此。如果一部作品，如乔伊斯的《尤利西斯》一样，其价值不是一成不变的，如果一部作品的潜在意义不可能被某个读者（译者）一劳永逸地全部挖尽，如果一个译者所阐述、所理解的原作的意义不是唯一正确的，那么，“定本”怎么可能存在呢？

一部译作，只能是对原作的一种理解、一种阐释。翻译，作为原作生命在时间和空间上的延伸和扩展，其本身却又不可能是超越时间和空间的“不朽”。任何一个阐释者，不管其修养、学识如何，不管其意愿如何，都不可能穷尽对原作的生命和价值的认识。他只能给读者提供一个尽可能接近原著的本子，不可能提供一个与原作亦步亦趋、完全对等的“定本”。奈达认为，由于时代的变化、文化的变化和语言的变化，任何译作都不可能拥有永久的生命力。说到底，翻译作品是为一定的读者群服务的。从历史发展的角度看，不同时代的读者的接受意识是有所不同的，且随着地点、时间乃至文化、经济、政治环境的变化而变化，特别是对翻译作品的语言更有着时代的要求。翻译作品的可接受性，在一定程度上表现在语言层面。一部翻译作品，如果语言陈旧，没有时代气息，不符合读者的审美习惯，就势必会被淘汰，就必然要呼唤新的译本的诞生。所以，奈达认为，一个译本，不管它多么接近原作，多么成功，其寿命一般只有“五十年”。翁显良先生在《意态由来画不成》一书中也认为：“翻译的目的是向读者介绍原作，是要人家懂而不是要人家不懂，所以不能不现代化，而且要不断地现代化，过了一定时期又得把译过的作品重新再译。这种情况是人所共知的。”[1] 从中西方翻译史看，尽管有过不少杰出的翻译家作过非凡的努力，试图以准确的理解、准确的翻译使自己的译本成为“定本”，甚至有人想超越原作，使自己的译本与原作共存，成为不朽，但终因不可违抗的历史发展规律，终因上文所指出的种种因素，一次一次地被后人淘汰，出现一个又一个的复译本。且不谈文学作品，就连神圣的《圣经》也

1　翁显良：《意态由来画不成》，中国对外翻译出版公司，1983 年，第 2 页。

同样如此。《七十子希腊文本》尽管有人认为“译得好而虔诚，又十分准确，因此必须保持其原状，不得更改”[1]，后来还是由于译文受时间和空间的局限（非希腊语的语言环境以及祖先的语言给予了译者很大的影响和束缚，译文词语逐渐显得陈旧，充斥着闪语结构），被后来的译本所取代。《圣经》的“钦定本”，也没有因为“钦定”而定于一尊。就文学翻译作品而言，恐怕迄今为止，中西翻译史上还不曾存在过一个“不朽的译本”或定本。中国翻译外国文学作品的历史不算太长，只有一个世纪的时间，可就在这一个世纪里，一些重要的外国文学名著已经不是一次两次地被重译了。如林纾首先介绍给中国读者的《巴黎茶花女遗事》，至少已有十五个以上的译本。至于中国翻译界较为关注的《红与黑》，如今已有二十几个译本。诚然，这些复译本的出现，有一些非文学方面的因素在起作用，特别是受经济利益的驱动。但是，不可否认的是，不断的翻译或广义的“复译”现象，是由人类的理解和阐释活动的本质所决定的。正是在这个意义上，“复译必然是个继承、借鉴、突破或另辟蹊径的过程”[2]。

至此，再回过头去看一看翻译过程所展示的方方面面以及翻译过程中所涉及的种种问题，也许可以得出这样一个结论：对翻译过程的研究取决于对翻译过程的认识。若突破翻译的技的层面，从人类理解和交流行为的深层去加以把握，从文化积累与文本生命历程的角度去考察翻译过程，便有可能在理论上深化对翻译活动的本质认识，在实践中更好地处理翻译过程中所可能面对的各种矛盾。

---

1 谭载喜：《西方翻译简史》，商务印书馆，1991 年，第 17 页。

2 许钧主编：《文字 · 文学 · 文化——〈红与黑〉汉译研究》，南京大学出版社，1996 年，参见《代前言》，第 6 页。

第三章 翻译意义论

“意义”，是进行任何有目的的活动时都必然关注的。无论是在日常生活中，还是在作形而上的思考时，都不可避免地会追问某种存在的意义。“这有什么意义吗？”“这是什么意思？”从哲学家对生存层面上的拷问，到还不懂事的孩子对母亲的话语的追问，人类仿佛生来就在与“意义”打交道。于是，哲学、社会学、心理学、符号学、语言学，一个个学科的学者都把目光投向“意义”，从各自的角度，为着各自的目的去探索“意义”问题。在整个20世纪，有关“意义”的研究仿佛成了人文学界的一项共同的任务，并为各学科之间打通了一条有效的路径。以“意义”的探讨为基础，形成了某种相互沟通的局面，并为某些新学科的发展起到了促进的作用。语言哲学便是得益于对“意义”的探索而加速发展起来的一门学科。1985年，牛津大学出版社出版了由美国哲学家A. P. 马蒂尼奇主编的《语言哲学》一书。在这部著作中，可以清楚地看到哲学家是如何从语言入手来探寻真理与意义、词语与世界等等有关“意义”的重大问题的。《语言哲学》的第一部分为“真理与意义”，编者在《引言》中提出了如下的问题：

意义是什么？依据什么来分析意义？这些作为意义之依据的东西的本体论地位如何？最基本地意谓某物或具有意义的究竟是语词，还是语句，或是人？[1]

哲学家的这些问题，无疑也在翻译学者的脑中萦绕，或者可以说，这些问题，是任何一个翻译学者都不能回避的。“意义”与“符号”之间存在着不可分割的联系，“意义”不能独立存在，它必须由一些符号负载，“而负载意义的记号中，最主要和最普遍的，莫过于语言”[2]。翻译就其具体形式而言，是语言或符号的转换，而语言或者符号转换的根本目的，便是“意义”的再生成。于是，可以这么说：“意义”是翻译的根本。

第一节　翻译的根本任务

在《文化和传播译丛》的《总序》中，我们曾从文化与传播的角度提出：

> 文化总是体现为各种各样的符号，举凡人类的器具用品、行为方式，甚至思想观念，皆为文化之符号或文本。文化的创造在某种程度上说就是符号的创造。从符号的角度看，它的基本功能在于表征（representation）。符号之所以被创造出来，就是为了向人们传达某种意义。因此，从根本上说，表征一方面涉及符号自身与意图和被表征物之间的复杂关系，另一方面又和特定语境中的交流、传播、理解和解释密切相关。这么来看，所谓文化，究其本质乃是借助符号来传达意义的人类行为。所以一些文化学家坚持文化的核心就是意义的创造、交往、理解和解释。[3]

显然，我们在此提出的“意义”，是广义的意义。然而，以此意义观为观照，翻译可从某种角度被定义为意义的理解、阐释与再生的活动。美国语言学家雅各布森从符号学的观点出发，曾明确地指出符号与意义之间

1　马蒂尼奇编：《语言哲学》（*The Philosophy of Language* by A. P. Martinich），牟博、杨音莱、韩林合等译，商务印书馆，1998 年，第 13 页。

2　关子尹：《洪堡特〈人类语言结构〉中的意义理论——语音与意义建构》，《分析哲学与语言哲学论文集》，香港中文大学哲学系编辑委员会主编，1993 年，第 45 页。

3　见周宪、许钧：《文化与传播译丛 · 总序》，商务印书馆，2000 年。

的关系，他的那句名言“没有符号就没有意义”已被普遍接受。他对翻译活动有着深刻的认识，并基于他的符号学观，将翻译活动分为语内翻译、语际翻译和符际翻译。所谓语内翻译是指在同一语言中用一些语言符号解释另一些语言符号。语际翻译是指两种语言之间的翻译，即用另一种语言的语符来解释一种语言的语符。符际翻译，是指通过非语言的符号系统解释语言符号，或用语言符号解释非语言符号，比如把语言符号用图画、手势、数学或音乐来表达。[1] 关于语内翻译，乔治·斯坦纳在《通天塔之后——语言与翻译面面观》中进行过独到的分析。语际翻译，是一般的翻译研究者最关注的领域。而符际翻译，则把翻译的领域扩展到了人类交流的方方面面。按照罗兰·巴特在《符号学要素》中提出的观点，翻译所面对的，便是一个开放的符号世界。在葛赛尔的《罗丹艺术论》中，可以看到许多符际翻译的例子：从语言符号向雕塑符号的转换。如德拉克洛瓦，“曾借助于拜伦的一诗，作唐璜的覆舟”。[2] 最有说服力的符际翻译的例子是罗丹作的《丑之美》塑像。这尊《丑之美》翻译的是法国诗人维庸的《美丽的老宫女》一诗。罗丹以富有表现力的雕塑符号，将维庸的诗意整个儿凸现了出来。维庸笔下的宫女曾经“绮年玉貌、倾倒一世”，可转眼到了暮年，“色衰貌减，不堪回首”：

> 啊，残酷的衰老，
> 你为何把我凋零得这般地早？
> 教我怎不悲哀！
> 现在啊，教我怎能苟延残喘！
>
> 想当年，唉，往日荣华，
> 看我轻盈玉体，
> 一变至此！
> 衰弱了，瘠瘦了，干枯了，
> 我真欲发狂：

1　参见郭建中编著：《当代美国翻译理论》，湖北教育出版社，2000年，第86页。
2　葛赛尔：《罗丹艺术论》，傅雷译，傅敏编，中国社会科学出版社，1999年，第185页。

罗丹 《丑之美》/《美丽的老宫女》 铜 1885 年

何处去了，我的蛾眉蜡颈？
何处去了，我的红颜金发？

这柔脂般的双肩，
这丰满的乳头，
这肥润的小腹，
当年啊，曾经是百战情场。

现在是人世的美姿离我远去，
手臂短了，手指僵了，
双肩也驼起，
乳房，唉，早已瘪了，
腰肢，唉，棉般的腰肢，
只剩下一段腐折的枯根！[1]

葛赛尔评论说，雕塑家罗丹“步步紧跟着诗人”。在他的雕塑刀下，是一个“比木乃伊还要皱缩的老宫女，对着自己衰颓的体格叹息。她俯身望视着胸口，可怜的干枯的乳房，皱纹满布的腹部，比葡萄根还要干枯的四肢”，“在皮肤紧附的瘦骨嶙峋的躯壳上，似乎全体的枯骨在震撼、战栗、枯索下去”。葛赛尔透过罗丹雕塑的这“粗犷而黯淡的”外表，看见的是映现其中的“深切的悲痛”。他说：“梦想着永久的青春和美貌，醉心于无穷的幸福与爱情，眼见着这副枯骨衰败零落下去，骸骨无存，雄心犹在，真是刻骨铭心之痛啊！”[2] 葛赛尔知道，在维庸的诗歌中，在罗丹的塑像里，两者所要着力表现的，正是这残酷而惨痛的衰老。在葛赛尔看来，虽然前者为诗歌，后者是雕塑，表现符号不一，但传达的精神却是沟通的。罗丹曾这样对他说过：“我以为，绝没有什么规则可以阻止一个雕塑家依了他自己的意志去创造一件美的作品。而且只要使群众懂得其中的意义，领略到精神的愉悦便是，又何必去问它是文学还是雕塑？绘画、雕

1　参见葛赛尔：《罗丹艺术论》，傅雷译，傅敏编，中国社会科学出版社，1999 年，第 43—45 页。
2　参见葛赛尔：《罗丹艺术论》，傅雷译，傅敏编，中国社会科学出版社，1999 年，第 45—46 页。

刻、文学、音乐，它们中间的关系，有为一般人所想不到的密切。它们都是对着自然唱出人类各种情绪的诗歌；所不同者，只是表白的方法而已。”[1] 罗丹以雕塑为手段，准确而传神地表达了维庸诗歌中所蕴涵的意义，这一符际翻译的成功范例展示了“意义”的存在，也展示了意义的阐释及再创造的可能性。

如果雅各布森的“没有符号就没有意义”这句名言说的是“符号”与“意义”之间相互依存的关系，那么还可以把它理解为：“凡符号必有意义”，这也就是符号的意义创造性。把目光从符际翻译再收回到翻译学者最为关注的语际翻译时，直接面对的便是语言符号了。一个作家在用语言符号创造了一部作品的同时，也赋予了这部作品以意义。而翻译的首要任务，便是要透过语言符号，去捕捉、理解隐藏在字里行间的意义，再用另一种语言将它表现出来。加拿大的维纳和达尔贝勒内在《法英比较修辞》一书中明确指出：“译者总是从意义出发，在语义的范围内进行所有的转换活动。”[2] 在这个意义上，可以说“意义”既是翻译的出发点，也是翻译的归宿。

对于翻译中的“意义”问题，无论是翻译家，还是翻译研究者，都是十分关注的。从人们所熟悉的一些具有代表性的翻译定义看，如费道罗夫、巴尔胡达罗夫、奈达对翻译的定义，他们都把原文的意义（或信息）的传达，当作翻译的根本任务。本书的第一章中谈到，罗新璋以现代文艺理论和语言理论，将唐朝贾公彦所作《义疏》里提到的“译即易，谓换易言语使相解也”诠释为：“翻译是把一种语言文字换易成另一种语言文字，而不变更所蕴含的意义，——或用近年流行的术语说，并不变更所传递的信息，——以达到彼此沟通、相互了解的目的。”[3] 变易语言文字是手段，而传递原文本“所蕴含的意义”或信息是目的。这一目的能否达到，是衡量翻译成功或不成功的首要标准。早在支谦的《法句经序》中，“意义”就已经被置放于中心的位置。其中有维祇难说的这样一段话：“佛言依其义不用饰，取其法不以严。其传经者，当令易晓，勿失厥义，是则为善。”可见，译佛言，“依其义不用饰”为第一要义，而“勿失厥义”是善译的

1 参见葛赛尔：《罗丹艺术论》，傅雷译，傅敏编，中国社会科学出版社，1999 年，第 182 页。
2 Vinay, J. -P. et Darbelnet, J.: *Stylistique comparée du français et de l'anglais*, Paris: Didier, 1973, p.37.
3 参见本书第 37 页。

标志之一。清代魏象乾在《繙清说》的开篇说：

> 窃惟翻译之道，至显而寓至微，至约而寓至博，信乎千变万化、神妙莫测也。惟其变化无穷，遂有出入失正之弊，学者不可不审焉。
>
> 夫所谓“正”者，了其意，完其辞，顺其气，传其神，不增不减，不颠不倒，不恃取意，而清文精练，适当其可也。[1]

魏象乾在文中提出了“翻译之道”。在他看来，翻译之正道的首要一条，是“了其意，完其辞，顺其气，传其神”，拿今天的目光来审视，“意、辞、气、神”这四个方面，都基本可归入“意义”的范畴，原文的含义、风格、气势、神采，是每一个译者应该尽可能传达的。清末的马建忠曾投书《拟设翻译书院议》，在书中提出了善译的理论与标准：

> 夫译之为事难矣！译之将奈何？其平日冥心钩考，必先将所译者与所以译者两国之文字，深嗜笃好，字栉句比，以考彼此文字孳生之源，同异之故。所有相当之实义，委曲推究，务审其音声之高下，析其字句之繁简，尽其文体之变态，及其义理精深奥折之所由然。夫如是，则一书到手，经营反复，确知其意旨之所在，而又摹写其神情，仿佛其语气，然后心悟神解，振笔而书，译成之文，适如其所译而止，而曾无毫发出入于其间。夫而后，能使阅者所得之益，与观原文无异。是则为善译也已。[2]

细读马建忠的这段话，可以看到他对“善译”提出的标准是相当全面且切中要害。译者要担当翻译之重任，必须精通两国之文字，对其字源与异同应该详加考察。对原文之实义以及精深奥折之义理，要通过对原文的音调、文句、文体等各个层次的反复揣摩与斟酌去细加领悟，总之，要“确知其意旨之所在，而又摹写其神情，仿佛其语气”，在心悟神解之后，用另一种文字表现出来。若将马建忠的“善译”与魏象乾的“翻译之正

1　转引自陈福康：《中国译学理论史稿》，上海外语教育出版社，1992 年，第 76 页。
2　转引自陈福康：《中国译学理论史稿》，上海外语教育出版社，1992 年，第 102 页。

道”作一比较，不难看出马建忠的“意旨”“神情”“语气”等说法与魏象乾的“意、辞、气、神”之说是相通的。

在中国翻译史上具有重大影响的严复，在为《天演论》写的《译例言》里，提出“信、达、雅”三原则，并明确将之作为“译事楷模”。罗新璋认为，严复“首标‘信’义，要求译文意义‘不倍原文’”[1]。看来，就“信”而言，首先强调的是对“义”的忠实。法国释意派理论的重要人物安帕罗·于塔多·阿尔比对“忠实”这一概念进行过深入而系统的研究，在他的博士论文《翻译的“忠实”概念》[2]中也明确提出过翻译的不变内核为意义，而要在翻译中真正做到忠实，全面地理解与科学地界定“意义”的范围，是十分重要的。

对意义在翻译中的重要性，中外翻译家、翻译研究学者的看法是基本一致的。德莱顿曾将翻译归为三类：一为“直译”；二为“意译”；三为“拟作”。他推崇的是“意译”，认为“采取这种方法的译者会时刻让人见到作者的真面目，但他并不亦步亦趋地紧随原作的字辞，只略守其意义，有时意义容或有所引申，但不会更改原意”。[3]在德莱顿看来，要让读者见到作者的真面目，必须守住原文的意义，即使有所引申，但原意不更改。泰特勒写过《论翻译原则》一书。他提出的翻译三原则已为世人熟知，其中的第一条便是“译文应该把原文的思想完全传达过来”。他在这里所说的“原文的思想”，实际上就是“原文的意义”。在当代翻译研究中，“意义”问题更是人们关注的重点。从古到今，对于“意义”之于翻译的重要性，有众多论说，不拟在此详加梳理。说得最为明确，最富于概括力的，莫过于尤金·A. 奈达所说的“Translation means translating meaning”。“翻译，即译意”，这句名言将翻译的根本任务明确地摆在了人们的面前。

第二节　传统语言意义观与翻译

奈达的“翻译，即译意”说，从根本上明确了翻译的任务或使命所

1　罗新璋：《我国自成体系的翻译理论》，罗新璋编：《翻译论集》，商务印书馆，1984 年，第 5 页。
2　Albir, Amparo Hurtado: *La notion de fidélité en traduction*, Paris: Didier Erudition, 1990.
3　陈德鸿、张南峰编：《西方翻译理论精选》，香港城市大学出版社，2000 年，第 3 页。

在。上文简要地介绍了中外翻译史上对意义之于翻译的关系的一些具有一定代表性的说法或观点，从中可以明确一点，那就是：意义问题，可以说是翻译的核心问题。如果从方便讨论的角度，可把“意义”当作一个宽泛的概念，将有关翻译家或翻译研究者所说的“意思”“内容”“思想”，以及“意”“辞”“气”“神”等说法都纳入其中，还不至于引起过多的质疑的话，那么从科学研究的角度来加以审视，如何科学而系统地对“意义”一词作一界定，至今还是一个问题，而对“意义”一词的认识如何，又直接地影响着具体的翻译活动。

对翻译研究而言，探讨“意义”的问题的重要性至少表现在两个方面。首先，翻译作为一项跨文化的交流活动，在对符号进行转换的同时，试图传达的是某种与符号紧密结合在一起且又想从中解放出来的东西。对这种东西，在历史上人们赋予了不少名称，如上文中所列举的“意思”“思想”“内容”“意图”“精神”“气势”“神韵”等等“东西”，然而若细细思考，上述的任何一个词，似乎都难以概括那个至今还没有统一说法的“东西”。所谓的这个“东西”，就是翻译活动旨在传达的一切。在这个意义上，若要能对“翻译什么”作出一个解答，“意义”问题是不能回避的。其次，如果说符号的基本功能是表征，而任何符号的存在，都是为了向人们传达某种意义的话，那么这种意义能否脱离某种符号而又以另一种符号表达出来？在符号转换的过程中，意义是否会丢失？或者说意义的价值是否会改变？这些问题的提出，既针对了翻译的实践层面，又涉及翻译的理论层面。

在翻译实践中，不少翻译家都充分意识到了翻译的根本任务，是要尽可能准确、全面地传达原文的意义，这是求真的需要。然而，在理论层面，“意义是什么”，至今还是一个有待探索的问题。数千年来，翻译活动一直在进行着，翻译家虽然遭遇了重重的困难，不断地哀叹翻译之难，却像西西弗一样，永不放弃，始终不懈地在进行着各种形式的翻译工作，同时还坚持着某种信念，那就是通过他们的活动，操不同语言的人可以进行交流。这种信念是可贵的，也是不能放弃的，但在今天看来，其中有着某种盲目的成分，因为以语言为媒介的人类能否真正地得以沟通，尚需在理论上进行论证。

对“意义”问题的特别关注，缘起于人们对传统语言观的质疑。海德格尔说："无论如何，语言是最切近于人的本质的。触处可见语言。所以，用不着奇怪，一旦人有所运思地寻视于存在之物，他便立即遇到语言。"[1] 海德格尔认为，传统的语言观可以归结为三点：

> 首先并且最主要的一点：说是一种表达。认为语言是一种表达，这是最为流行的观念。这种观念以这样一种想法为前提：一个内在的东西表达自己。如果把语言看作表达，那么就是从外部来表象语言，而这恰恰是由于人们通过回溯到某个内在之物来解释表达。
>
> 其次，说是人的一种活动。据此我们必得认为：人说，并且人向来说一种语言。我们因此不能认为：语言说；因为后者乃意味着：语言才产生人，才给出（er-gibt）人。倘这样来看，则人就是语言的一个保证了。
>
> 最后，人的表达总是一种对现实和非现实的东西的表象和再现。[2]

但是，海德格尔认为，上述三点还不足以界定语言之本质。作为人类的活动，语言与人类的整个经济结构有关；与此相反，有人认为"语言之词语有其神性的本源"。于是，"与那种把概念当作词语意义的唯一特性的观点相反，人们把语言的形象和符号特征推到突出的地位上。于是乎，人们致力于生物学和哲学人类学，社会学和精神病理学，神学和诗学，以期望更为广泛地描述和解释语言现象"。[3]

语言之于人的重要性是不言而喻的。加之语言现象极为复杂，人们试图从各个方面对其进行描述、解释与研究，而语言中最神秘、最难以解释清楚的问题之一，便是"意义"的问题。由于"意义"与语言符号之间的密不可分的关系，在语言学研究中，意义在其宽泛的含义上，便成了"语言的意义"的代名词，而"语言的意义"，又缩略为"语义"，有学者这样定义"语义"：

> 所谓语义，就是语言的意义。更准确地说，是言语的意义，因为

1 海德格尔：《在通向语言的途中》，孙周兴译，商务印书馆，1999 年，第 1 页。
2 海德格尔：《在通向语言的途中》，孙周兴译，商务印书馆，1999 年，第 4 页。
3 海德格尔：《在通向语言的途中》，孙周兴译，商务印书馆，1999 年，第 4 页。

语言只有在实际运用中才有意义可言。[1]

从功能的角度看，语言若不产生意义，便无存在的必要。而意义是如何产生、理解和传播的，对于语言学家来说，是一个不能回避的问题。法国语言学家海然热对语言的意义，即人们常说的“语义”问题进行过多方面的思考。在《语言人——论语言学对人文科学的贡献》一书中，他把语义问题视作语言学的中心问题：

呵，语义！无论承认与否，这是让所有的语言理论都始终感到头痛的问题，也是对以研究语言为职业者发出的永远的挑战。语义一方面是学术著作不断问津的疑难课题，另一方面，人们已经习以为常的语义现实却仅需日常经验便足以看到。语言学恰恰就在这个门槛上进退两难，不知如何才能跨越从日常直觉到理性知识之间的咫尺之遥。[2]

自 20 世纪 40 年代以来，不少语言学家曾竭力以形式研究为手段，试图对意义作出一个客观的解释，尤其是美国的结构主义学派。他们认为，要解释语义或意义，首先必须将其先逐出“语言”之门。海然热援引邦维尼斯特的话说：“为了逃避，不理睬和排挤掉语义问题，还有什么办法没有试过呢？可是白费劲，因为这位女妖美杜莎仍然占据着语言的中心位置，让凡是看到她的人都不由得为之怦然心动。”[3] 对翻译研究者来说，“意义”这个女妖更具有特殊的位置，因为就翻译而言，意义的理解、阐释与再生产，贯穿翻译的整个过程，若不能对“意义”有个科学的解释，就无法科学地描述和解释翻译活动。因此，种种“意义理论”，都有可能为翻译研究提供一个思考或探索的入径。正因为如此，美国的尤金·A. 奈达、法国的乔治·穆南、英国的罗杰·T. 贝尔等翻译学者都曾借鉴有关的意义理论对翻译中的意义问题进行过有益的探讨。刘宓庆在专著《翻译与语言

1　谭载喜：《翻译学》，湖北教育出版社，2000 年，第 55 页。
2　海然热（Claude Hagège）：《语言人——论语言学对人文科学的贡献》，张祖建译，三联书店，1999 年，第 353 页。
3　海然热（Claude Hagège）：《语言人——论语言学对人文科学的贡献》，张祖建译，三联书店，1999 年，第 353—354 页。

哲学》中更以两章的篇幅，以“翻译学的意义理论”为题，分上下两部分对现代语言哲学中的各种意义观进行了介绍与分析，同时就“中国翻译学意义理论架构”提出了自己的观点。[1]

刘宓庆是从翻译学的视角中来审视语言哲学的意义理论的。他认为，自20世纪30年代以来，西方出现了有关意义的各种理论，观点不一，但“总的看来都是从‘语义—语用—语形’这三个维度、在‘人的因素—语言的结构与形式—实在论’这三层关系中”提出来的。[2]根据在上述三个维度和三个层次中所取的立场，刘宓庆对西方语言哲学中最有代表性的意义观作了梳理、分析与评价，特别是对“指称论意义观”、“观念论意义观”、“语用论意义观”和“指号论意义观”的历史渊源、主要人物和主要观点作了系统的介绍，为研究翻译中的意义问题提供了理论的背景和参照。在马蒂尼奇编的《语言哲学》中，收录有刘宓庆梳理与归纳的四种意义观的代表人物的一些重要著述，从中可以得到有益的启示。

上文谈到，意义问题是一个极其复杂的问题。鉴于翻译与语言之间的特殊关系，不同的语言观会导致不同的意义观，而不同的意义观又对翻译的理论与实践有着直接的影响。正因为如此，乔治·穆南在《翻译的理论问题》中花了很大的篇幅，对传统的语言观和索绪尔及后来的一些语言学家关于意义的理论对翻译理论的影响，作了透彻的分析。下面不妨以他的分析为参照，首先对传统语言意义观与翻译观的关系作一简要梳理。

在《普通语言学教程》中，索绪尔在“语言符号的性质”一章中对传统的语言观作了这样的表述：

> 在有些人看来，语言，归结到它的基本原则，不外是一种分类命名集，即一份跟同样多的事物相当的名词术语表。[3]

这样一来，语言像是一份名录，一份术语表，用一个符号来指称一件事物。索绪尔认为，这种语言观念“假定有现成的、先于词而存在的概念，它没有说明名称按本质来说是声音的还是心理的，因为arbor‘树’可以

---

1 参见刘宓庆：《翻译与语言哲学》，中国对外翻译出版公司，2001年，第五、六章。

2 参见刘宓庆：《翻译与语言哲学》，中国对外翻译出版公司，2001年，第195页。

3 索绪尔：《普通语言学教程》，高名凯译，岑麒祥、叶蜚声校注，商务印书馆，1982年，第100页。

从这一方面考虑，也可以从那一方面考虑”。在他看来，根据这种观念，名称和事物的联系是非常简单的，可事实上并非如此。法国语言学家马丁内对这种简单化的观念也作过类似索绪尔的表述：“根据一种极为幼稚但也相当普遍的看法，一门语言不外是一份词汇表，即一份声音（或书写）产品的目录，每一件产品都与某一个事物相对应；如某一种动物，马，以法语命名而著称的特殊目录便相应地制造出一种特定的声音产品，以cheval这一书面形式加以表示；各种语言之间的差异最终则归结到命名的差异；如法语cheval，英语则说horse，德语则为Pferd；再学习一门语言只不过在于记住一份在各个方面都与原来的分类命名集相平行的新的分类命名集。”[1]“语言为分类命名集”的这一观点是相当普遍的。无论在东方，还是西方，这种语言观都有着悠久的历史。乔治·穆南认为，在西方，这一传统观念可以追溯到《圣经》，如《创世记》第1段第5、8、10行中就写道：上帝称光明为昼，称黑夜为夜，称空间为天，称硬的部分为地，称积水的地方为海。如此看来，在《圣经》中，事物的命名成了一种专有名称的分配。乔治·穆南还指出，古希腊哲学家柏拉图也持这种把语言当作“分类命名集”的古老观念。在《对话录》中，柏拉图提出了对一般事物的命名的理论，把名称与事物的结合，亦即意义与词的联接，看作一种命名、一种清点。[2]这一语言观，可以说是一种指称论。如果说在西方，这一传统的语言观可以追溯到《圣经》和古希腊哲学的话，那么在中国，历史上人们对语言的看法与西方有着惊人的相似。刘宓庆在《翻译与语言哲学》中指出：“指称论在古代中国称为‘名实论’，与古代西方之‘唯名论’和‘唯实论’不谋而合。”[3]在名（指谓,指称）与实（物）之间的关系的问题上，历史上曾有过不同的看法，甚至有过各种争论，产生了各种不同的理论。但最为普遍的，是索绪尔所质疑的那种把名看成事物本身，将名与物之间画等号的幼稚、简单的语言观。根据这种语言观，语言符号连结的，便是事物与名称，而字面上的指称，就是词的意义或含义，而且假定有现成的、先于词而存在的概念。这样一来，不同语言的不同，便只是语言符号的差异。只是命名的差异，如果把翻译当作一种简单的符号转换

1　Martinet, André: *Eléments de la linguistique générale*, Paris: Colin, 1960, p.14.
2　参见许钧、袁筱一等编著：《当代法国翻译理论》，湖北教育出版社，2001年，第30页。
3　刘宓庆：《翻译与语言哲学》，中国对外翻译出版公司，2001年，第200页。

活动的话，那么，只要将 A 语言的符号转换成 B 语言的符号，便可完成任务，而且由于语言符号连结的是事物与名称，名称虽变，但事物不变，因此，含义也就不变。由此看来，翻译不仅是完全可行的，而且是非常容易的。正是在这种语言观和语言意义观的影响下，在相当长的一个历史时期内，字对字、词对词的翻译方法被许多翻译家当作最可信、最可靠也最可行的翻译方法，当作对原文忠实的根本保证。乔治·穆南曾经指出："既然世界被视作一个物质的或精神的、区别明确的大仓库，那么每种语言便以一种独有的标签、一种独特的编号给事物编目造册；这样一来，既然原则上每个事物大致只有一个标签，且每个编号只代表预先交给所有编目者的同一仓库的一件物品，那么人们就可以毫无差错地从一种目录过渡到另一种目录。"[1] 在这儿，乔治·穆南一针见血地指出了传统语言意义观对翻译观的直接影响："毫无差错地从一种目录过渡到另一种目录"，即意味着将一种语言转换成另一种语言，不仅是可能的，而且可以做到"毫无差错"。

第三节　索绪尔的语言意义观与价值观

若对西方的翻译历史作一考察，可以看到这样一个事实，那就是在相当长的一个历史时期，人们对翻译有一种近乎天真且简单的看法，即把翻译看成一种简单的语言转换。而上文谈到，若把语言看作一种"分类命名集"，且简单地把字面上的指称等同于词的全部意义的话，那么翻译中的语言转换就可以在词这一层次完成，而且这种转换再自然不过。然而，索绪尔对传统的语言观提出了强烈的批评。他认为，把语言当作"名词术语表"，且把名称和事物之间的联系当作简单的单向联系，是一种天真的想法。事实上，"语言符号连结的不是事物和名称，而是概念和音响形象。后者不是物质的声音，纯粹物理的东西，而是这声音的心理印迹，我们的感觉给我们证明的声音表象。它是属于感觉的，我们有时把它叫做'物质品'，那只是在这个意义上说的，而且是跟联想的另一个要素，一般更抽

1 Mounin, Georges: *Les problèmes théoriques de la traduction*, Paris: Gallimard, 1963, p.22.

象的概念相对立而言的。”[1] 在这儿，索绪尔旨在说明的是，语言符号连接的不是名称和事物，而是概念和音响形象。他进而指出，“语言符号是一种两面的心理实体”，而概念和音响形象的结合通常叫作符号，但他认为：“在日常使用上，这个术语一般只指音响形象，例如指词（arbor 等等）。人们容易忘记，arbor 之所以被称为符号，只是因为它带有‘树’的概念，结果让感觉部分的观念包含了整体的观念。”[2] 为了消除人们对“语言符号”所涉及的多重关系所产生的歧义，他首次提出“用符号这个词表示整体，用所指和能指分别代替概念和音响形象”。

对于翻译理论而言，索绪尔所提出的能指和所指的概念是非常重要的。在索绪尔看来，词语不是象征符号，而是一种抽象符号，由“能指”与“所指”所构成。“能指”是符号中表达形音的部分，而“所指”即是该符号表达的意义。索绪尔认为，能指和所指的联系是任意的，是约定俗成的。若再细加推断，既然能指和所指的联系是任意的，约定俗成的，那就意味着被表达的概念和表达概念的语言链之间并不存在着内在的必然联系。这样一来，字面上的指称便不能完全等同于词的全部含义，而能指的变化就有可能带来所指的含义发生变化，因此，翻译在语言的转换中，就无法做到“毫无差错”。相反，在语言符号的转换中，与语言符号有着紧密联系的某些含义有可能失去。

为了比较全面而又简要地理解索绪尔的语言观和意义观对翻译理论的直接指导意义，不妨从以下三个方面作一说明。

(1)“差别构成意义”。索绪尔在《普通语言学教程》中，除了区分了能指与所指两个重要概念之外，还对语言与言语作了明确的定义，对语言中的共时与历时问题进行了系统的分析。应该看到，在研究中，索绪尔有着明显的侧重，那就是他重词而轻句、轻篇章，重语言而轻言语，重共时而轻历时。比如，就“意义”而言，他就是从词这一层次入手加以分析的。他说：“在词里，重要的不是声音本身，而是使这个词区别于其他一切词的声音上的差别，因为带有意义的正是这些差别。”[3] 索绪尔在此明确地阐明了这样一个道理，要区别一个词与另一个词，应该关注的不是它们的

1　索绪尔：《普通语言学教程》，高名凯译，岑麒祥、叶蜚声校注，商务印书馆，1982 年，第 101 页。
2　索绪尔：《普通语言学教程》，高名凯译，岑麒祥、叶蜚声校注，商务印书馆，1982 年，第 102 页。
3　索绪尔：《普通语言学教程》，高名凯译，岑麒祥、叶蜚声校注，商务印书馆，1982 年，第 164 页。

声音本身，而是它们在发音上的差别，因为“带有意义的正是这些差别”。推而广之，可以把索绪尔的这句话理解为“意义在于差别”，或者“差别构成意义”。

（2）在系统中区分差别，确定价值或意义。如果说词与词的区分在于差别（首先是发音上）的话，那么又如何来区分其差别呢？索绪尔对此有深刻的思考，那就是差别只能在系统中才能显示。他把语言看成一个系统，而词与词之间的差别，无论在发音上，还是在意义上，都取决于它们之间在系统中所处的现实关系。索绪尔明确指出：“语言既是一个系统，它的各项要素都有连带关系，而且其中每项要素的价值都只是因为有其他各项要素同时存在的结果……”[1]语言自然不是词语的简单堆砌，但词作为语言中的一个基本层次，弄清词的意义的确定关系是十分重要的。在索绪尔看来，语言中每项要素的价值取决于其他要素的存在及两者之间存在的差别，那么，一个词的意义自然就要取决于与该词有联系的其他词的存在，以及该词在相关的词所组成的小系统中所处的位置。一个词的意义，就像一个语义的小网眼，只有在整个语义大系统中才能确定。

（3）意义依存于价值，又跟价值有所不同。索绪尔认为语言与语言之外的任何价值一样，由以下两个方面构成：1. 一种能与价值有待确定的物交换的不同的物；2. 一些能与价值有待确定的物相比的类似的物。他还是以词为例，说：“一个词可以跟某种不同的东西即观念交换，也可以跟某种同性质的东西即另一个词相比。因此，我们只看到词能跟某个概念‘交换’，即看到它具有某种意义，还不能确定它的价值；我们还必须把它跟类似的价值，跟其他可能与它相对立的词比较。我们要借助于在它之外的东西才能真正确定它的内容。词既是系统的一部分，就不仅具有一个意义，而且特别是具有一个价值……”[2]他的这段论述初读有些抽象，但意思是可以理解的，那就是一个词跟另一个词可能会有相同的意义，但却有可能没有相同的价值。为了说得更为明确，索绪尔以法语和英语中表达“羊”的概念的词为例，说法语中有 mouton 一词，跟英语中的 sheep

1　索绪尔：《普通语言学教程》，高名凯译，岑麒祥、叶蜚声校注，商务印书馆，1982 年，第 160 页。
2　索绪尔：《普通语言学教程》，高名凯译，岑麒祥、叶蜚声校注，商务印书馆，1982 年，第 161 页。

一词有相同的意义，即指“羊”。但是，当英国人和法国人面对一块烧好并端在桌子上的羊肉的时候，法国人仍可说它是 mouton，而英国人则不能说它是 sheep，而会说 mutton。从中，可清楚地看到英语的 sheep 与法语的 mouton 的价值是不同的，因为法语的 mouton 这一个词可以表达的，英语需要 sheep 与 mutton 两个词，这也就是说“英语除 sheep 之外还有另一个要素，而法语的词却不是这样”。这个例子是发生在两种不同的语言中，其揭示的道理对翻译理论与实践来说具有重要意义，下文将要展开论述。此外，索绪尔还指出，即使“在同一种语言内部，所有表达相邻近的观念的词都是互相限制着的”。[1] 这一观点值得认真思考。在任何一门语言中，都有同义词与反义词现象。以同义词为例，它们之间存在着一定的相同的因素，但也存在不同的因素，而这种不同的因素或微小的差异是由它们之间所构成的对立关系来显示的。如索绪尔所举的 redouter 一词，在法语中与之构成一定同义关系的还有 craindre，avoir peur 等词或词组，它们都有“害怕”的意思，但所表示的“害怕”的程度不一，redouter 程度最高，craindre 和 avoir peur 次之。这种细微的差别是有价值的，而这种价值只有在它们所构成的关系中才能体现。

索绪尔就语言中词这一级所提出的价值与意义说，“可以应用于语言的任何要素”。比如就语法实体，索绪尔举了法语中的复数与梵语中的复数为例，认为两者虽然意义大致相同，但价值不一，并进而指出“复数的价值决定于在它之外和周围的一切”。[2]

指出价值与意义的区别，并揭示价值取决于系统这一深刻道理，索绪尔的目的旨在摧毁“词的任务是在表现预先规定的概念”这一传统的、根深蒂固的意义观。为了帮助人们全面地理解语言的价值，索绪尔还明确地提出了要“从概念方面考虑语言的价值”和“从物质方面考虑语言的价值”，并强调了要“从整体来考虑符号”。在他看来，“语言系统是一系列声音差别和一系列观念差别的结合，但是把一定数目的音响符号和同样多的思想片段相配合就会产生一个价值系统，在每个符号里构成声音要素和心理要素间的有效联系的正是这个系统”。[3]

---

1 索绪尔：《普通语言学教程》，高名凯译，岑麒祥、叶蜚声校注，商务印书馆，1982 年，第 161—162 页。
2 索绪尔：《普通语言学教程》，高名凯译，岑麒祥、叶蜚声校注，商务印书馆，1982 年，第 162 页。
3 索绪尔：《普通语言学教程》，高名凯译，岑麒祥、叶蜚声校注，商务印书馆，1982 年，第 167 页。

近一个世纪以来，对索绪尔的语言思想，国内外有许多研究，在此不可能进行深入的讨论。仅就以上简要介绍的三点而言，其中所蕴涵的深刻道理，对于翻译研究，特别是对意义的认识和传达，具有多方面的启示。

首先，索绪尔的语言意义和价值观，有助于克服传统翻译观的局限，不再把翻译当成简单的语言符号转换，而是充分注意到这样一个事实：那就是词的任务并不是在于表现预先规定的概念。认识到这一点非常重要，因为如果把词的任务看成是在表现预先规定的概念的话，就会认定，不管在哪种语言里，每个词都会有完全对等的意义。索绪尔通过他对语言符号的分析，从能指与所指的区分中揭示出事实并非如此，这也就在理论上指明了翻译中逐字对译的方法的不科学性。在实践中，尽管逐字翻译的方法有时也可以达到一定的效果，但将逐字翻译当作忠实于原文的保证，在根本上是行不通的。

其次，要在系统中去识别差别并确定词或语言其他要素的意义与价值的观点，有助于在翻译实践中树立语境和整体的观念，将语义的传达当作一个动态的行为，要在具体的上下文中，在具体的语境中去识别语义。此外，一门语言就是一个相对独立的系统，在一门语言系统中所构成的语义关系，如同义、反义关系，在另一门语言中并不完全对应。因此，在识别出发语系统中所产生的语义的基础上，翻译时要充分考虑到目的语系统所构成的各种关系与差别。这在理论上，也就给翻译中机械的对应论和等值观提出了质疑。

再次，索绪尔将意义与价值作了区别。从他的分析中，可以看到一个现象，即在举具体例子的时候，索绪尔往往都举两种不同的语言中的例子来进行比较，加以说明。通过他的对比与分析，可以更加深刻地意识到在不同的语言中，不仅存在着为数不小的缺项情况，而且表示同一个概念的词可能会有不同的意义和价值，有时这种差异会给翻译造成很大的障碍。在理论上讲，索绪尔对意义与价值的区分，可以说是对语言意义理论的一大贡献。实际上，20 世纪的许多哲学家、语言学家、文艺理论家所提出的有关意义的理论或多或少都受到过索绪尔的影响，而他们所提出的种种语言意义理论，也在不断地影响着翻译理论研究，并通过翻译理论，影响着具体的翻译活动。

第四节　重新审视意义的确定性与客观性

在索绪尔之后，对“意义”的研究成为人文、哲学学科学者一个重要的探索领域，并取得了令人瞩目的成果。特别在语言哲学界，哲学家们从三个方面全面介入了语言研究领域。他们在句法学、语义学和语用学三个方面对语言进行了深入而系统的研究。而与本章所讨论的问题密切相关的语义学与语用学的研究，为认识“意义”提供了多方面的参照。本章第二节曾提到刘宓庆对语言哲学的多种意义观的梳理与分析。刘宓庆以图表形式，列举了四种具有代表性的语言意义理论的主要代表人物的观点与主张，并指出了这些观点与主张对译学的参照意见。在“指称论”、“观念论”、“语用论”与“指号论”这四种语言意义论内部，充满着相互联系但常常又不同乃至对立的观点，仿佛构成了一个有关“意义”的理论迷宫，往往使人们在试图从中找到它们对于翻译学意义观的重要参照价值的同时，忘却了翻译活动自身，迷失在有关意义的重重争论之中。为了不至于陷入有关“意义”的定义可能构成的陷阱中，不妨换一个角度，从翻译实践的角度提出有关“意义”的两个必须澄清的问题，看看语言哲学理论、文学批评理论或语言学理论中有关意义的探索能给人们提供哪些理论的参照。

1. 意义是确定或唯一的吗？对翻译者来说，这一问题是带有根本性的一种追问。上文谈到，在索绪尔对语言进行科学的研究之前，人们普遍有这么一个观念，那就是认为“有现成的、先于词而存在的概念”，任何语言文字表述的背后，都有意义在场，而译者作为翻译的主体，希望蕴涵在原文中的意义是一种客观的存在，这样就容易理解、认识与把握。有研究者指出，严复翻译理论的核心，即“信、达、雅”之说的“基础就是对意义永恒在场的先期设定”。在“信、达、雅”这三个字中，“信”的最基本要求是做到“意义不倍原文”；同样，“达”也是为了“至原文词理本深，难于共喻，则当前后引衬，以显其意，凡达经营，皆以为达”。这位研究者接着分析说，严复所依据的“这个意义在场论在翻译中所导致的后果就是相当于西方传统形而上学意义上的主客关系二分法。当译者把原文蕴涵的意义当作客观对象来认识把握时，这种切入方式的条件和依据就是原文的意义是永恒在场的。只要把握了永恒在场的意义，并且把这个意义用译入语转述出来，就完成了翻译的任务，当然翻译的结果要达到和符合严复所谓的'信、达、雅'这一目的和标准。于是原文的文字表述是对蕴涵其中的、永恒在场的意义的反映与符合，那么译文也同样做到了这一点，让意义也如其所地在译文中出场，从而成为永恒在场的存在，就自然而然地完成了翻译的要求"。[1] 上述的分析并不是没有道理的。对于翻译理论来说，如果假设意义是永恒在场并且确定的，那么翻译在理论上就不仅是可行的，而且还是容易的。塞尔登在《文学批评理论》第三章"含混与多义性"的编语中曾经这样指出："柏拉图以来的西方哲学把权威意义置于言语（而非文字）之中：意义在词中呈现（词被当成肉体）。文本被视作具有神性表达的权威，因此只能有一个真正的意义；上帝的词语中不存在任何歧义或不确定性。"[2] 正是基于这种观念，认为意义在词中，而且只有一个真正的意义，于是只要译了词，意义就在译文中得到了呈现，词对词的翻译也就成了忠实于原文的一种最可靠的保证了。在翻译历史上，逐字翻译的方法曾经占据着重要的位置，究其原因，恐怕不能不说恒定而唯一的意义观在其中起着相当大的作用。

然而，在 20 世纪，随着种种意义理论的出现，这种恒定而唯一的意义观受到了普遍的质疑，继而被彻底动摇。美国哲学家格赖斯提出了意向论，认为词句的意义既包含词语的意义又包含言者的意向；意义分为"自然意义"（不含人的意向）与"非自然意义"（含有人的意向）。[3] 英国哲学家斯特劳森明确提出应扬弃"意义等于所指"的传统的意义理论，认为词义不等于该词的指称。无论是词、词组，还是句子，它们的意义取决于使用它们并受到制约的约定性，因此，意义寓于功能，功能使意义得以发挥。[4] 尤其是法国哲学家德里达，他对索绪尔的"差别是语言价值的源泉"的理论进行了分析，对索绪尔的能指表达所指的静止的符号理论进行了批判，继而提出了一种动态的意义观和动态的文本理论，其基本观点在他的

---

1 刘华文：《翻译：寻找另一处精神家园》，《南京大学学报》（哲学·人文学科·社会科学版），2001 年，第 4 期，第 96 页。

2 拉曼·塞尔登编：《文学批评理论——从柏拉图到现在》，刘象愚、陈永国等译，北京大学出版社，2000 年，第 306 页。

3 参见刘宓庆：《翻译与语言哲学》，中国对外翻译出版公司，2001 年，第 234 页。

4 参见刘宓庆：《翻译与语言哲学》，中国对外翻译出版公司，2001 年，第 235 页。

《论文字学》《书写与差异》《撒播》等著作中一再重申。在他看来，在欧洲的历史上，存在着一种严重的“逻各斯中心主义”和“语音中心主义”。在对待一些相互对立而依存的观念上，明显偏向一方面而忽视另一方面，如重理性而轻非理性，重意义而轻非意义，等等。在关于意义的问题上，针对所指与能指的二元对立结构与关系，他提出“延异”、“踪迹”与“擦抹”等概念。他认为，能指与所指是符号对立结构的两元。在它们之间，存在着空间概念上的差异，也存在着时间概念上的延异。这种时空概念上的“延异”的不断发生，使表示“意义”的所指处于一个始终不断的不稳定状态。于是在他看来，意义的确定性便被消解了。而由于在文字中，由于写者的不在场，意义不能被马上确定，要靠词与词之间、词与句之间、句段与句段之间、篇章与其他篇章之间的交涉，意义才能衍生。在这个衍生过程中，便又出现了两大特征：一、意义不断被“延异”；二、意义在不断“播撒”。就一个具体文本而言，按照德里达的思想，文本的生命力或文本意义的生成取决于各个文本之间的交互作用及相互渗透。一个文本要参照其他文本，意义才能被认识，而且是动态的、不断发展的。意义在不断出现，不断被“擦抹”而又不断留下踪迹，始终处在发展的动态过程。

从假定有“现成的、先于词而存在的概念”，认为意义具有始终在场的确定性的传统意义观，到意义始终处于延异、播撒状态而呈不确定性的解构主义意义观，在理论上，翻译活动仿佛从天堂走向了地狱。如果说一个文本的意义是确定而唯一的，那么翻译便不仅仅是可能的，而且是“万能的”；但如果说意义是不确定的，是播撒的，那翻译的可能性便被大大打了折扣，或者说在理论上就根本不可能了。德里达在《巴别塔》一文中，对“翻译”活动进行了深刻的哲学思考，并进行了令翻译实践者绝望的解构。在他看来，当上帝驱散人类，变乱其语言时，“一瞬间把翻译这项工作强加于人类，同时又禁止人类翻译”。所谓“禁止人类翻译”，就是从德里达的意义理论中得出的“翻译在理论上不可能”的断论。本章第二、三节已经指出，索绪尔的语言意义观与价值论对传统的意义观进行了科学的批判，有助于摆脱天真、机械的翻译转换观，从差异、系统和整体各个方面去认识意义，把握意义。如果说从索绪尔的语言意义观中虽然看到了翻译存在着重重障碍但仍可以进行的话，那么面对德里达的意义不确定和播撒论，翻译的可能性便显得十分渺茫了。有学者明确感到了或清楚地意识到了解构主义的意义观可能对翻译理论构成的巨大影响，认为它"对于翻译来说也是有利有弊的，其利在于它帮助我们打破结构主义留给我们惟科学主义思想桎梏，从而使翻译研究出现多元丰富的局面。其弊是它可以导致人们对翻译的错误认识，认为一切翻译均是不可能的，从而导致虚无主义；或者产生无政府主义的'怎么都行'，使翻译研究变得毫无意义而走向消解，使翻译实践也无规律可循而变成一片混乱"。[1] 上述的担心无疑是有一定道理的，然而，换一个角度去理解德里达，把德里达对意义的解构视作是针对"意义确定论"的一种批判，把意义从"确定而唯一"的桎梏中解救出来，以便更好地去认识意义的不断消解、延异、播撒的动态生成过程，便不能否认这种批判是具有积极意义的。而对于翻译理论而言，德里达的"意义不确定性"看似宣判了翻译的不可能，但实际上却又在理论上为翻译开启了一扇"意义再生"之门，正如他在与《书写与差异》一书的译者张宁的谈话中所说："正是那种抗拒翻译的东西在召唤翻译。也就是说译者正是在他发现了某种限制的地方，在他发现了翻译之困难的地方，才会产生翻译的欲望，就如像是'文本''欲求'被翻译一样，同时他还必须为了翻译而对他自己的语言进行转化。"在他看来，"要去翻译，但翻译不等于去确保某种透明的交流。翻译应当是去写具有另一种命运的其他文本"。[2] 看来，德里达的"意义不确定论"，有点置传统的翻译观于死地而"后生"的意思。翻译的不可能，是复制原文意义的不可能；而翻译的新生，在于"在一种新的躯体、新的文化中打开了文本的崭新历史"。[3]

2. 意义是客观的吗？在很长的一个历史时期内，人们普遍认为，语言的结构与宇宙的结构和人类思维的普遍结构有一种或多或少的同源关系，将语言、现实与思维置于同一的关系之中，将所指等同于意义。对不少人来说，意义就像是一个容器里的内容，语言就是容器，翻译的任务无非就是换一种容器来装里面的内容。而且这种内容是一种客观的存在，译者在翻译中要力戒注入自己的主观因素，以忠实于原文的意义，保证原文意义的客观性。这种观念具有一定的理想色彩，将意义视为纯客观的存在，仿佛翻译者在翻译过程中，唯一的任务就是抓住那客观存在于文本中的意

1 吕俊：《跨越文化障碍——巴别塔的重建》，东南大学出版社，2001 年，第 97 页。
2 雅克·德里达：《书写与差异》，张宁译，三联书店，2001 年，见《访谈代序》，第 24 页。
3 雅克·德里达：《书写与差异》，张宁译，三联书店，2001 年，见《访谈代序》，第 25 页。

义，再用另一种语言传达出来。正是基于这种观念，认为文本的意义是客观存在，所以它在很大程度上是静止不变的。就像一部经典的著作，其意义无论是在过去，还是在现在，应该都是同一的。这种观念的产生，究其原因，主要有二：一、上文中所谈的语言观，即把语言、现实与思维视为同一的结构，而这一结构的同一性，在理论上赋予了意义的纯客观存在基础。二、在语言学习的过程中，特别是外语学习的过程中，词典是谁也离不开的。刘宓庆曾分析说："几乎所有的辞典、字典都只能记载每个词明确、限定的一面。这样就显示了一种假象，似乎意义都是明确的、限定的。"[1] 在学习语言过程中，谁都不可避免地会不断遇到新词，因此，学习者也就会不断地查阅词典以弄明白生词生字的意思，也就是词语的意义。这样一来，久而久之，人们便形成了一种观念，仿佛任何一个词的意义都是明确的，都是客观的存在。而在外语学习中，为了帮助学生掌握词汇，一般在课文后都列有词汇表，而这种词汇表最常用的做法，就是除了标明词性外，用母语的相应词语进行标解，在外语词与母语词之间画了一个无形的等号。可以说，学外语者从一开始就被引向了一条"等值"的机械翻译道路，且在这条道路上，又慢慢加强了这种意义完全客观的观念。

不能否认，意义具有实体性，但意义的实体性并不能被理解为意义的纯客观存在，两者不是一个概念。问意义是否客观，实际上隐含了一个重要的问题，那就是文本作为一个客观存在，它的意义是否也是客观的。如果是，那么不论翻译者是谁，译出的文本的意义也应该是同样的；如果不是，那么不同译者所译出的文本就有可能存在意义上的差异，哪怕这种差异是极其微弱的。对这一问题，可以从两个方面去进行思考与回答。一是从实践角度。事实上，同一部著作，在不同译者的笔下，译文会出现差异。在翻译批评中，人们往往把这种差异进行对比，并进而以原文为依据，判定译文的对与错。但在深入的研究中，批评者有可能遭遇到两难的尴尬，发现不同译者笔下的译文虽然存在着差异，但又不能完全以原文为依据，判定哪一种译文是否有错。这一现象存在的本身，在一定程度上便对意义的纯客观性提出了质疑。二是在理论上。借助近一个世纪以来意义理论研究的成果，至少可以澄清以下几点：（1）语言具有社会人文性和社会约定

1 刘宓庆：《翻译与语言哲学》，中国对外翻译出版公司，2001 年，第 353 页。

性，语词和语句的意义是在一定的文化背景下获得的。语词的意义不是凝固不变的，而是在历史、文化的发展中不断变化的。相比于这一观点，"把意义看作语词语句无赖于任何背景而独立具有甚至是自然固有"[1]的观点便显示出其片面性和机械性。(2) 根据斯特劳森的观点，考察语言或词语的意义，不能忽视其实际运用中可能产生的变异，更不能忽视言者与听者之间包括意向、人际关系和语词语境等在内的各种因素。在这个意义上，语句的意义虽然由比较稳定的概念规定和支撑着，但言者的参与会赋予语句以新意义因素。(3) 德国哲学家、数学家弗莱格认为意义与指称有联系，但两者并不等同。在他看来，意义与所指的范畴是不同的，意义一般指语言表达式中所说的东西，而所指则为该表达式谈及的对象；意义是观念性的，而所指则还要把握现实。这一区别对理解意义与所指的全面关系，在翻译中领会内涵意义，是十分重要的。(4) 美国学者赫施认为，在文学作品中，存在着某种客观的意义，这种客观的意义，源于作家写作时体现在文本之中的"意图"，但同时，他强调读者在阅读作品时会掺入自己的因素去解读作品的意义，这样解读出的意义，他称为"意味"。"意义"与"意味"的这一区分对翻译中处理意义问题的启迪是明显的，在保证意义解释的客观性和有效性的同时，又给解释者的主观性打开了一个合理的空间。(5) 根据接受美学的文本意义观，文本的意义不是一个包装盒中存放的物品，也不是通常所说的装在一个容器里的内容，其意义在于读者的阅读反应，是在读者阅读过程中能动地生成的。这一观点对意义的纯客观论的冲击最大。它告诉人们，意义有赖于主体的发现。这一点无疑是正确的，但人们需要认识到另外一个方面，那就是主体的发现必须与作家的意图和文本的结构结合在一起，以免导向意义的纯主观论。通过以上五点，可以比较清醒地认识到，并不真正存在一种纯客观的作为意义构成物的实体。对翻译来说，力图照搬原文的所谓纯客观意义，在理论上也就站不住脚了。

第五节　意义的分类

在翻译实践中，特别是在文学翻译中，整个的翻译过程都与意义在

1　转引自刘宓庆：《翻译与语言哲学》，中国对外翻译出版公司，2001 年，第 228 页。

打交道。任何一个有相当经验的译者，或多或少都有过这样的体会，那就是在原文的理解和译文的生成过程中，意义像一张错综复杂的网，显得无处不在。意义这张网，有时是无形的，显得很隐秘，难以捕捉，有时是有形的，实实在在地凸现在你的眼前，却难以在另一种语言中表现出来，令人束手无策；有时，数种意义同时在召唤，等待着解读，挣脱原文本的桎梏，在新的文本中显示出其生命。这千头万绪，有形无形，或隐秘或凸现，或强烈或微弱，或单纯或复杂的文本生命如何把握？如何在翻译中让它重现生命之风采？要回答这个问题，不能不从最基础的地方着眼，再回过头来看看能否给意义大致分类，以便在翻译实践中遇到难以克服的障碍、无法完全赋原文本的意义以新生时，能够分清轻重、主次，尽可能减少损失。

在上文中曾经指出，在20世纪，人们对“意义”予以特别的关注。许多学科，诸如哲学、美学、心理学、语言学等等，都从各自的角度对“意义”进行探索，而随着对“意义”的研究的不断深入，有关“意义”的说法越来越多，对意义的分类也越来越细。关于“意义”的诠释或定义，据安帕罗·于塔多·阿尔比，有据可查的至少已有五千种。[1]在《意义之意义》一书中，奥格登与理查兹列举了较有代表性的二十二种定义。[2]刘宓庆在《翻译与语言哲学》一书中，以大量的篇幅，在对指称论、观念论、语用论和指号论等四种具有代表性的意义观的主要论点进行分析的基础上，归纳出意义的六个特征，即意义的实体性、疏略性、不确定性、游移性、伴随性和逻辑性，进而据此将翻译学意义观中的“意义”作了如下的定义：

> 意义是意指（signifying）过程的产物或结果，意指过程是在语言的实际运用中对指称（包括物质指称、关系指称和抽象指称）的观念化；由此可见，意义是在语言的实际运用中观念化了的指称。[3]

根据这一定义，刘宓庆强调了意义的两个重要方面：一是语用方面，与维

1　参见许钧、袁筱一等编著：《当代法国翻译理论》，湖北教育出版社，2001年，第104页。
2　参见廖七一等编著：《当代英国翻译理论》，湖北教育出版社，2001年，第231页。
3　参见刘宓庆：《翻译与语言哲学》，中国对外翻译出版公司，2001年，第299页。

特根斯坦的“意义即运用”的观点十分接近；二是强调意义高于指称，也就是说意义不完全等于指称。刘宓庆所强调的这两点，为理解意义的分类提供了某种参照。

关于意义的分类或区分，首先必须指出的是，从古至今，人类在这方面一直没有停止过努力，特别是释义学者，数千年来从来没有放弃过对意义的探究。至于语言学、符号学等学科的学者，在20世纪更是对意义问题表现出了从未有过的热情与兴趣。在这里不是要对有关意义的种种理论或学派的起源与发展作一系统的梳理，而是要结合翻译学和翻译者所关心的意义传达问题，对较有代表性或与翻译结合比较紧的意义分类，作一向导式的介绍，以期将迷宫般的意义梳理出一个大概的头绪来，使翻译者不至于在意义的迷宫中顾此失彼，四处碰壁。

不同的学科，基于对“意义”的独特理解，对“意义”的分类自然会有区别。即使在同一个学科内，对意义的理解也是多元的，其中不乏不同甚至对立的观点。因此，对意义的分类或粗或细，或面面俱到，或突出重点，都体现了各自的一份努力，表明了自己的一种意义观。对中国翻译界而言，自20世纪70年代以来，奈达的翻译思想一直起着重要的影响作用。在20世纪70年代，奈达本人最关心且着力最多的就是翻译中的意义问题。在他看来，翻译如果是一种跨语言跨文化的交际活动，那么主要涉及的便是语义问题。若语义问题得以解决，跨语言交际即翻译的基本任务便可完成。据谭载喜介绍，在1975年，奈达就出版了两部有关语义的探索性著作，一部是《语义的成分分析》，另一部是《语义结构探索》。在这之后，他还出版了《符号、意义和翻译》《译意》等专著，及与别人合作出版了《跨文化的意义传递》《从一种语言到另一种语言》等著作。从这些著作中可以看到奈达对意义问题的特别关注与深刻理解。奈达在长达半个多世纪的翻译探索过程中，随着对翻译问题的研究不断深入，他的思想也在不断发展。谭载喜将奈达的翻译思想归纳为描写语言学阶段、交际理论阶段和社会符号学阶段。就意义问题而言，他的探索是持续不断及不断发展的。在他的前期，他对意义的认识主要依据描写语言学的观点，而到后来，采取的则是社会符号学的意义观。在奈达看来，按照社会符号学观，“意义不仅仅寓于词汇之中和语法结构之中。符号不论在词汇层次、语法层次或修辞层次，也不论在副语层次或超语层次，都是具有意义的。同时，社会符号学还涉及语音象征意义（如象声词语的意义），'华丽文章'的联想意义，强调修辞结构的意义，甚至'活泼风格'的意义"。[1] 基于不同的理论，奈达对意义的区分也发生了变化。在前期，他把意义区分为"语法意义、所指意义和联想意义"。到了后期，他则将意义区分为"修辞意义、语法意义和词汇意义"，这三大类意义又各分为"所指意义和联想意义"两个层次。在谭载喜编译的《新编奈达论翻译》中，有专章对"修辞意义"、"语法意义"和"词汇意义"进行系统的阐述与分析，对翻译实践具有直接的理论指导意义，且有很强的可操作性。

除奈达的意义区分法外，对中国翻译理论教学界也有着普遍影响的，还有莫里斯提出的意义三分法，即指称意义、言内意义和语用意义。柯平在编著《英汉与汉英翻译教程》时，依据的就是莫里斯的意义区分法。在该书的第二章"翻译的语义学"中，柯平对"三类符号学意义"作了简要但清晰的介绍，不仅脉络清楚，而且定义明确，有时佐以例证，易于理解与掌握。所谓指称意义，是"指语言符号和它所描绘或叙述的主观世界或客观世界的实体和事件之间的关系"。在大部分情况下，指称意义是语言符号的基本内容和它所传递的主要信息，所以也被称为"概念意义"或"认知意义"。就指称意义与人们常说的字面意义的关系问题，柯平特别指出："指称意义和字面意义（literal meaning）虽然在大部分情况下是重合的，却是从两个不同角度去看的两个不同概念。指称意义是词语同它之外的某个实体之间的关系，而字面意义则是单个词语最先在语言使用者脑中唤起的概念或形象。当译者从指称意义的角度考虑问题时，是把原语信息中具有相对独立的交际能力的一个词语同它所指称的实体联系起来，然后再在译语中找出同样一个实体的对等说法。而从字面意义的角度考虑问题时，则是把原语中单个的词最常见的意义换用译语中具有这种意义的符号表示，完全不顾发讯人的交际用意和语言符号的外在所指。"[2] 柯平还举例说明，如 Indian meal 和 Indian summer 两个词组，从指称意义的角度去译和从字面意义的角度去译，译法是不同的。他认为，若按前者的角度去译，意为"玉米粥"和"小阳春"，而字面意义则分别为"印第安饭"和"印

1 参见谭载喜编译：《新编奈达论翻译》，中国对外翻译出版公司，1999 年，第 90 页。
2 柯平编著：《英汉与汉英翻译教程》，北京大学出版社，1993 年，第 23 页。

第安夏天”。区别指称意义和字面意义是非常重要的。尤其是对翻译实践而言，如何借助语境，把握发讯者的真实意图，继而在译文中表现出来，需要译者正确区分不同的语义，有选择地进行传译。关于这一点，下一节还要论及。所谓言内意义，“是语言符号之间的关系”。柯平认为，言内意义包括传统语义学的系统意义，体现在语言符号的音韵、语法、词汇、句子和话语等各个层面。语用意义则是发讯人与收讯人在语言使用中与语言符号所发生的关系，“包括表征意义、表达意义（主要同发讯人有关）、社交意义（主要与沟通发讯人和收讯人的渠道有关）、祈使意义（主要与收讯人有关）和联想意义（同时与发讯人和收讯人有关）”。[1] 在上述三类意义的区分中，第三类意义所依据的，实际上是在交际过程中，即在语言的使用过程中，发讯人、收讯人与语言符号之间构成的不同关系，而强调关系，则必须强调系统。

法国的乔治·穆南与拉德米拉尔对莫里斯所区分的第三类意义也作过系统深入的分析与研究。在《翻译的理论问题》中，乔治·穆南把语义探讨的重点，放在内涵意义上。他所说的“内涵意义”与莫里斯的“语用意义”范围基本一致。实际上，乔治·穆南所依据的，也是交际学和符号学的理论。他指出，内涵意义是指跟语符相联系的主观的补充价值，牵涉到三类实际关系：一、表述者（也就是上文所说的收讯人）与语符之间的关系，亦即发话者倾注在语符上的情感态度，是一种心理的表达性价值；二、接受者与语符之间的关系，亦即接受者对语符的态度；三、表述者与接受者和语符之间的关系，此时内涵表现为一种极其社会化的情感因素，且是发话者与听话者所共有的。[2] 从上述的三类关系看，内涵意义蕴涵在所指意义之内，又区别于所指意义，这就不可避免地会给翻译的传达带来两个方面的困难：一、主观性、表感性强，难以捕捉，且有可能会造成不同的理解；二、内涵意义有时与所指意义交织在一起，在符号转换过程中，原文中依据符号特点所构成的并与符号本身紧密结合在一起的多重含义，很有可能在目的语的符号重组中变得单一化，由多义变成单义，由含蓄变为直露，由含混变为明确。在乔治·穆南看来，通过对意义的区分，了解

1 柯平编著：《英汉与汉英翻译教程》，北京大学出版社，1993 年，第 27 页。
2 参见 Mounin, Georges: *Les problèmes théoriques de la traduction*, Paris: Gallimard, 1963，第 13、14 章。

翻译困难之所在，是解决这些困难或障碍的认识基础，是不能忽视的。

英国的罗杰·T. 贝尔是明确要以系统的语言模式来描述翻译过程的翻译学者。他着重于翻译的人类交际性质，对翻译中的意义问题进行深入研究与探索。他没有直接借用 G. 里奇建立在交际理论基础上的意义分类法，而是顺着词、句、篇的层次，有针对性地结合具体翻译实践，对意义逐一进行归类。关于词汇意义，他认为要关注的不是单个词汇的意义，而是词与词之间的关系。为了更好地明确或识别词汇意义，他认为所指理论和成分分析法可提供重要的理论参照，但都存在一定的缺陷。在他看来，卡纳普于 1956 年提出的“词项的意义可用蕴含关系来加以确定”的词义公式，即表达词汇系统意义的公式，有助于人们系统地把握蕴含关系中的下义、用义和反义关系。关于句子意义，他认为句与句的关系和词与词的关系一样，其中也存在着蕴含与相斥关系，同样也可使用蕴含、相斥、下义、反义等概念及它们在具体文本中的关系再把握句子的意义。为此，他又对句子的意义所依赖的语境作了进一步的细分，那就是“语句的直接情景（immediate situation of utterance）、语句的语境（context of utterance）和话语的空间（universe of discourse）”[1]。在篇章文本层面，罗杰·T. 贝尔又区分了认知意义、相互作用意义、话语意义。贝尔认为，“一个文本的意义可以从三个层面进行研究，一是其内容，二是其目的，三是其组织结构”[2]，而所谓认知意义，就是上述三个层面中的内容。相互作用意义指的是言语的功能意义，而话语意义是构成话语的若干语句的意义之和。贝尔还对文本与话语作了区分：文本是对语法主位系统选择的形式产物，是通过衔接起来的句子来传达命题与语义的一个单位，话语是通过语言（或其他交际系统）的意义潜势连贯起来的语句来传达交际价值。[3] 罗杰·T. 贝尔对意义的分析与归类有个明显的特点，那就是摆脱以往的纯理论分类，从词汇层次入手，进而对句子、句段、篇章的意义进行系统的分析，既有宏观的把握，又有微观的佐证，具有系统性，而且与翻译实践结合得相当紧密。廖七一等编著的《当代英国翻译理论》一书中，第五章以罗杰·T. 贝尔于

1 参见廖七一等编著：《当代英国翻译理论》，湖北教育出版社，2001 年，第 238—239 页。

2 参见廖七一等编著：《当代英国翻译理论》，湖北教育出版社，2001 年，第 239 页。

3 参见廖七一等编著：《当代英国翻译理论》，湖北教育出版社，2001 年，第 247 页。

1991年出版的《翻译与翻译行为——理论与实践》[1]为基础，从模式、意义与记忆三个方面对罗杰·T. 贝尔的翻译思想作了全面介绍，其中关于“意义”的一节对贝尔的翻译意义观作了详细评介。

从翻译的实践出发，对意义问题进行过深入研究的，还有法国的翻译释意派。翻译的释意理论是由塞莱丝柯维奇首先创立，并与勒代雷合作逐步完善、发展起来的。该学派对意义的阐述非常明确，其最大的贡献便是区分了潜在的意义和现实化的意义，前者可称为含义。释意派的弟子安帕罗·于塔多·阿尔比在《翻译的“忠实”概念》一书中，发展了释意派理论中对意义的认识，澄清了七个与翻译有着密切关系的概念，并就翻译中经常遇到的这七个概念与意义的异同作了剖析。我们在《当代法国翻译理论》一书中曾对此作过梳理，这里再简述如下：

(1) 含义 (signification)、现实化含义 (signification actualisée) 与意义。在语言学上，含义指的是语音与语义之间的关系，而所谓“现实化含义”即指在上下文语境中得到的具体化了的含义。脱离语境，每个词都对照着一个或一系列的概念，这就是它的含义或者说潜在的含义。此时它具有开放性。但它一旦进入具体的语境，含义便立即“现实化”，并且这个现实化了的含义被使用者用来构筑意义。意义，在此基础上，是以含义的现实化为出发点，而现实化的含义也确实是意义的一部分。然而意义，在阿尔比的分析中，除去含义之外，还包含其他非语言的因素，所以我们无法将之等同起来。

(2) 信息 (information) 与意义。现代信息论常常有无所不包的倾向，因而也有很多的人将信息与意义混同。其实信息与意义的区别放在文学作品的情况下往往看得最为清楚：不同的文学体裁，如诗和散文可以用来表达相同的信息，但是它们所牵连进的意义绝不相同。

(3) 效果 (effet) 与意义。阿尔比并不反对成功的译作要在译作读者之中激起原作在原作读者中所激起的相同的效果，但是效果依然不能够等同于意义。被理解的意义是效果引发的因素，而效果已经成为某种结果。并且效果很难确定，因为在不同的接受者身上，话语或文本所激起的效果往往是不同的。译者作为接受者，恰恰是要注意在重新表述的过程中带有

---

1 Bell, Roger T.: *Translation and Translating: Theory and Practice*, London and New York: Longman, 1991.

极端个人化的、与原作者意图不符的“效果”。

(4) 意图（intention）与意义。一般来说，谈及忠实时，总是认为必须忠实原作、忠实原作者的意图。阿尔比承认原作者的意图是衡量意义的重要尺度，但是指出二者也不尽相同，因为意图是翻译的出发点，而意义则已经是意图经过理解之后的产物。

(5) 风格（style）与意义。与前四对关系不同的是，风格与意义通常不会被混同，却作为形式 / 内容这一对矛盾的另一种代名词。阿尔比也是反对二元对立的。他指出，“在内容与形式之间有着一种不可侵害的联系”，话语或文本的接受者从来不会是先接受内容再接受形式，反之亦然。在重新表达阶段，译者当然也不会先表达内容，再表达形式。内容与形式总是作为一个整体被接受，被理解，被表达。阿尔比在此特意指出的是，这并不与他所采纳的“去除语言形式”的观点矛盾，因为在翻译“去除语言形式”这个阶段，形式（风格）与内容一道作为整体，也被去除了语言的外壳。

(6) 内涵（connotation）与意义。在专门阐述翻译理论的著述中，乔治・穆南与拉德米拉尔都有专章论述内涵，并且将之视作翻译理论无法跳过的一个概念。阿尔比在此采纳的是鲍提埃（Pottier）关于内涵的定义，指出内涵不稳定的特性恰与外延作为语言符号稳定及社会化那一面的性质相对立。尽管如此，在阿尔比看来，翻译仍然不是要翻译“内涵”。和前四组概念一样，内涵也是意义的重要组成部分之一。

(7) 不言之意（implicite）与意义。作为语言的一个特性，语言使用中有言明之意与不言之意。而作为译者，在翻译中往往更要注意所谓的不言之意，因为这关系到理解的准确性以及将在译文读者中产生的效果。译者更要注意用新的语言外壳去包含这层不言之意。[1]

通过梳理上述七个与意义有关的概念，阿尔比认为意义“是诸如风格、内涵、信息等因素共同作用之下的一种综合”，而根据“所译文本类型的不同，某些因素所起的作用亦有可能不同，比如说在诗歌中风格与内涵的因素会占上风，而在科技文章中则是信息因素起重要作用”。[2] 在这里，

1　上述七点参见许钧、袁筱一等编著：《当代法国翻译理论》，湖北教育出版社，2001 年，第 104—106 页。
2　参见 Albir, Amparo Hurtado: *La notion de fidélité en traduction*, Paris: Didier Erudition, 1990, pp.71－85。

阿尔比所说的意义，与我们在翻译实践中所理解的意义范围基本一致。意义是一个综合的概念，根据不同的理论，可以再细加区分，而澄清与翻译有关的一些基本概念，对翻译中处理意义具有直接的指导意义。

在中国，近三十年来，随着翻译研究的不断深入，对翻译中的意义问题的探索也逐步向纵深发展，并有一个显著的特点，那就是借助国外的意义理论，对翻译中的语义传达问题进行有针对性的研究。应该说，成果是十分明显的。对这方面的情况，杨自俭和刘学云在他们编的《翻译新论》中作了介绍，这里不拟赘述。

早在1946年，朱光潜在开明出版社出版了《谈文学》一书，其中收录了他在1944年发表于《华声》第一卷第四期的一篇谈翻译的文章。该书从翻译之难谈到严复的“信、达、雅”说，其中特别指出：“所谓‘信’是对原文忠实，恰如其分地把它的意思用中文表达出来。有文学价值的作品必是完整的有机体，情感思想和语文风格必融为一体，声音与意义也必欣合无间。所以对原文忠实，不仅是对浮面的字义忠实，对情感、思想、风格、声音节奏等必同时忠实。”[1] 他进而说明，“信”之难，原因甚多，头一层便是字义难彻底了解。他认为字有种种不同方式的意义：一是“叫做直指的或字典的意义”；二是依邻伴不同和位置不同而得的“上下文决定的意义”；三是“联想的意义”；四是“声音节奏”所传达的意义，有点像莫里斯所说的“音系意义”。除了上述四种重要意义，朱光潜还区分了两种次要的意义：一是“历史沿革的意义”；二是“习惯语的意义”。[2] 在朱光潜的文章中，我们没有看到介绍这些意义区分的理论或资料来源的标准，但从他对意义的理解和基本区分来看，持的基本上还是语言学的观点。

上文谈到不同的学科或流派基于对意义的不同认识与理解。对意义的分类很多，也有不同，在此不可能一一梳理与列举。有必要指出一点，那就是近五十年来不断发展的各种翻译研究理论或流派，如语言学派，包括社会语言学派、交际语言学派，还有符号学派（包括社会符号学派）、诠释学派、解构学派、文体学派等等，对意义的研究重点与方法不一。就意义分类而言，比较有影响的是社会符号学派和交际语言学派。上文根据对

1 转引自罗新璋编：《翻译论集》，商务印书馆，1984年，第448页。
2 参见罗新璋编：《翻译论集》，商务印书馆，1984年，第447—455页。

翻译研究的影响程度，对奈达、莫里斯、乔治·穆南、罗杰·T. 贝尔等几种较有代表性的意义分类作了简要介绍与分析，从中可以看到他们对意义的分类虽然有相当大的区别，但是相互之间却有着一定的联系，或者可以说不同的分类却有着一些共同点，主要有以下几个方面：

1. 明确注意区分语言和言语。索绪尔对语言和言语的区分深刻地影响了 20 世纪的语言学理论。语言的意义是相对稳定的，而言语的意义则处于动态之中，相对来说比较活跃。

2. 重视上下文和语境因素。语义是一个大的系统，像一张巨大的网，每一个网眼都是一个意义点，牵一发而动全身。在这个意义上，语义具有系统性和整体性，但就每一个网眼来说，其意义是由它与其他网眼之间的差别来确定的。特别在语言的使用之中，无论是词、句、句段，还是篇章，其意义都离不开词与词、句与句、句段与句段、篇章与篇章之间的关系。所以在对意义进行分类时，都离不开上下文和语境这两个因素。

3. 重视发讯人、收讯人和语符之间呈现的各种关系。根据这三者之间所呈现的关系来确定意义和种类，可以说是动态意义分类法的重要理论基础。

第六节　在交流中让意义再生

对意义进行区分，对翻译者来说是非常重要的，其重要作用之一便是加深对意义的认识，从理论上去把握意义的种种特征，继而区分处于不同层次的意义。从上文对意义的区分法的介绍中可以发现，对意义的区分越细，对意义进行传达的困难越多。朱光潜在《谈翻译》一文中，在对意义进行区分的同时，借助一些非常典型的例子来说明理解与传译意义的困难。就词汇层面而言，朱光潜认为字典的意义比较粗浅，比如指“火”的实物的那一个名谓字，在中西各国文学虽名不相同，而所指的都是同一实物，是字典里所规定的，构成了该词的最基本的意义，但这种意义是没有生命的，只有在使用它时，才可以赋予其生命。而在使用时，一个字所结的邻家不同，意义也就不同。他举例说：“比如‘步出城东门，遥望江南路，前日风雪中，故人从此去’和‘骏马秋风冀北，杏花春雨江南’，两诗中同有‘江南’，而前诗的‘江南’含有惜别的凄凉意味，后诗的‘江南’却含有风光清丽的意味。”[1]要区别这种意味，朱光潜说“必须玩索上下文才能明了”。对于翻译者来说，要做到明了，困难已经很大，要把明了的意味再用另一种语言传达出来，其困难就更大了。杨绛在《失败的经验——试谈翻译》中明确地表达了这样的看法：

> 译者一方面得彻底了解原著；不仅了解字句的意义，还须领会字句之间的含蕴，字句之外的语气声调。另一方面，译文的读者要求从译文里领略原文。译者得用读者的语言，把原作的内容按原样表达；内容不可有所增删，语气声调也不可走样。原文的弦外之音，只从弦上传出；含蕴未吐的意思，也只附着在字句上。译者只能在译文的字句上用功夫表达，不能插入自己的解释或擅用自己的说法。译者须对原著彻底了解，方才能够贴合着原文，照模照样地向读者表达。可是尽管了解彻底，未必就能照样表达。彻底了解不易，贴合着原著照模照样地表达更难。[2]

杨绛的这段话看似在谈了解原文意义与表达原文意义的困难，但实际上所涉及的内容极为丰富，其中有几点涉及了我们在本章所讨论的基本问题。首先，杨绛区分了“意”与“味”。奈达以“翻译，即译意”一语对翻译的根本任务作了概括。许渊冲则进一步，在《红与黑》的《译者前言》中明确提出：“文学翻译不单是译词，还要译意；不但要译意，还要译味。只译词而没有译意，那只是‘形似’：1+1<2；如果译了意，那可以说是‘意似’：1+1=2；如果不但是译出了言内之意，还译出了言外之味，那就是‘神似’：1+1>2。”[3]如果对奈达的翻译思想缺乏了解，据此很可能得出结论，认为奈达的观点与许渊冲的观点是矛盾的：前者说翻译即译意，后者则认为翻译不仅要译意，而且要译味。但如果对奈达的意义分类有所了解的话，就不难明白奈达此处所说的意，即 meaning，是一个大的概念，在它之下，奈达还区分了处于所指与联想两个层次的三种意义，

1　转引自罗新璋编：《翻译论集》，商务印书馆，1984 年，第 449 页。
2　参见金圣华、黄国彬主编：《因难见巧——名家翻译经验谈》，三联书店（香港）有限公司，1996 年，第 93—94 页。
3　参见司汤达：《红与黑》，许渊冲译，湖南文艺出版社，1993 年，《译者前言》，第 10 页。

可以说奈达所指的meaning包括了“所指”的“意”和“联想”的“味”。杨绛的区分更为明确。实际上，她所说的“字句的意义”与“原文的内容”相当于许渊冲所说的“意”，而“字句之间的含蕴”“字句之外的语气声调”“原文的弦外之音”“含蕴未吐的意思”等等，与许渊冲所说的“言外之味”可以说是基本相同。分清“意”与“味”，对翻译者来说是翻译的基础，是第一步。

其次，杨绛提出了翻译“意”与“味”的原则。她提出的是理想化的原则：一是内容不可有所增删，语气语调也不可走样。更重要更困难的是，原文的弦外之音，不能取代弦上的声音，而又必须从弦上传出。这就是说，言外之意不能取代字面意义，而必须通过字面意义让人联想到言外之意。

再次，杨绛提出了翻译的方法，那就是要“贴合着原著”，“照模照样”地表达，不能插入自己的解释或擅用自己的说法。杨绛提出的上述原则与方法，带有理想化的色彩。她也意识到要彻底明了原文的“意”与“味”，是非常不易的，而要“贴合着原著照模照样地表达更难”。对杨绛的这段话，特别是最后一句话，即要“贴合着原著照模照样地表达更难”这一句话，可以有两种理解：一是强调这样做的困难；二是强调这样做根本不可能。至于贴合着原著，是贴合着原著的形式还是内容？“照模照样”，是否可以理解为“原汁原味”？尝试着这样去理解杨绛所说的这番话的真实含义的时候，实际上已经触及翻译中有关意义问题的某些难以解决的困难：如何确定原文的意义？当原文呈多种意义，且比较含混时，是否有必要在翻译中让意义明确化？当原文除字面意义之外还有明显或隐秘的言外之意时，如何处理？对这些问题，可以从理论与实践两个层面去进行探索，而基于不同的理论和对意义的认识，回答可以是多种多样的。特别是在理论层面，在意义到底能否捕捉，操不同语言的人对世界的认识是否一致，他们之间是否可以真正达到交际等问题上，就存在着不同的观点。

如果根据传统的意义理论，认为词语是表达意义的，意义就像一种实体包孕在词语里，不管哪个读者（译者在某种程度上就是个读者），只要面对一个文本，读到文本中的词语，都可领悟或捕捉到其意义，而且所领悟到的意义是相同的，那么在翻译中，只不过是将所领悟到的相同意义在另一种语言中表现出来，应该说是不太困难的。对建立在这种传统意义理论之上的翻译观，在本章的前几节中结合意义问题探讨的不同层面，已多次提出质疑。与这种意义观持截然相反的观点的，是继承了洪堡的语言意义思想并加以发展的新洪堡学派。洪堡对人际交流问题有过深入的思考，他认为话语与观念的交流，“并非一个人表达的思想向另一个人的传达，无论在接受者还是在讲话者的脑中，一切仅仅在于使其处于这种或那种状况的和谐的刺激”。在他看来，“哪怕最具体、最明确的话，都远远不能激起话语发出者认定能激起的思想、情感和记忆”。[1] 细细领会洪堡的这两句话所说的意思，可以明确以下几点：一、话语与观念的交流，并不是一种简单的思想传达的过程；二、思想交流取决于一个特定的状况或环境；三、需要有一种“和谐的刺激”来激活思想，以达到交流的目的；四、哪怕说话人说得再具体，再明确，都不可能使接受者完全理解说话人的思想、情感和记忆。若对这四点作一概括，那就是一个陈述或一句具有完整意义的话语能否传达，取决于讲话者能否在一特定的场合激起接受者脑中“和谐的刺激”，而所谓“和谐”，立足的还是人类经验的普遍性或相似性。

如果说依据洪堡的观点，人类的交流虽然十分困难，虽然不可能完全达到，但总是可以进行的话，那么在洪堡之后的一些语言学家，则完全否认借助语言进行直接交流的可能性，而这在理论上，也就否认了翻译的可能性。尼古拉·鲁巴金认为，一部书只不过是读者思维的外部投射。他说：“无论如何有必要抛弃一个十分普遍的观念，那就是每一部书都具有它自身的内容，且这一内容可以在阅读的时候传达给任何一位读者。”他进而断言：“任何借助于语言进行的直接交流都是不可能的。”[2] 乔治·穆南在《翻译的理论问题》一书中，对鲁巴金的这一观点作了分析。他认为，鲁巴金提出的这个问题，实际上是个悖论，涉及人类交流的一个本质问题。在对人类交流的可能性进行深入的研究之前，人们总是简单地坚持这么一个无需加以论证的观点：人只要想说什么，就可以表达什么，接受者也就可以接收到什么，而能接收到的，也就能明确地传达。鲁巴金的交流不可能论深刻地动摇了这一传统的观点，有利于人们对自古以来流行的看法重新加以审视与思考，这无疑是有好处的。就像德里达的解构主义，它

---

1 转引自 Mounin, Georges: *Les problèmes théoriques de la traduction*, Paris: Gallimard, 1963, p.170。

2 Roubakine, Nicolas: *Introduction à la psychologie biologique*, Paris: Povoloski et cie, 1921, p.86.

对逻各斯中心主义和语音中心主义加以彻底的质疑，其本身具有积极的意义。

在鲁巴金之后，布隆菲尔德、梅耶、切利等西方语言学家对人类借助语言进行交流所涉及的问题进行了不断的探索。他们与传统的意义观彻底决裂，揭示了人类交流中存在的种种障碍。如布隆菲尔德，他认为，一个语言陈述的意义就是“讲话者发出这一陈述的环境以及这一陈述从听话者身上引起的行为——反应”。[1] 布隆菲尔德的意思是相当明确的。按照他的推论，若要赋予一门语言的每一个陈述的意义以科学准确的定义，那就必须对讲话者的世界中的任何事物都有一种科学、准确的了解。这种观点的理想性和绝对性，并不能排斥人们对世界的认识是在不断加深的过程中，也就是人们对意义的理解也处在不断发展的过程中这一事实。布隆菲尔德充分意识到，人类借助语言进行交流要得以实现，首要的前提便是每一个语言形式应该有一种特定的、恒定的意义。但是由于在科学上，还“没有办法去确定大部分意义，也没有办法展示意义的恒定”，所以他提出：“我们应该把每一个语言形式的特殊性和恒定性作为任何语言研究的一个假设，完完全全像我们与其他人的日常关系中假设的那样。我们可以提出这一假设，作为语言学的基本假设，此假说可以这样提出：在某些共同体（语言共同体）内，有一些语言陈述，就其形式与意义而言，是同一的。”[2] 布隆菲尔德的这一假说，有着深刻的理论意义。实际上，人类借助语言进行交流是一项无法否认的行为，而在实践层面，这种交流的可能性在很大程度上也正是建立在交流的社会性之上的，所以布隆菲尔德在提出他的假设时，也就隐含地表示了他的一种取向和观点：交流的社会性或社会的实践以各种方式保证每一个语言形式所特有的、也是相对而言的恒定性和特殊性，同时承认了这种种手段的合法性，无论是事物指称，还是词语定义，甚或我们在这里所讨论的翻译的意义传达。这样一来，布隆菲尔德在批判了有关人类交流的幼稚的万能观的同时，通过引入交流的社会性观点，在理论上又为交流的进行提供了可能性，其积极的意义在于通过揭示人类交流中所存在的障碍，在理论上使人们重视它们的存在，并通过研

1 Bloomfield, L.: *On Language*, London: George Allen & Uniwin Ltd., 1995, p.13.
2 Bloomfield, L.: *On Language*, London: George Allen & Uniwin Ltd., 1995, p.144.

究，找出这些障碍存在的根本原因和问题所在，为人们在实践中克服这些困难提供依据。如在20世纪，语言学的一些理论与分析方法为语言的功能和语义分类的描述与分析提供了理论支撑，在理论上加深了人们对语义的认识，并为人们区分语言的不同功能，在翻译中重视语境作用，更加精确地分析话语中得以交流的意义因素，提供了有效的帮助。

对翻译而言，最有效、最直接的帮助，就是在理论上明确了意义不是给定的，词语的意义不是孤立的，文本的意义不是词语意义的简单相加。要产生意义，需要交流者双方的参与，需要交流者双方所处的特定环境，需要激活意义所不可缺的交流的社会性。在这个意义上说，要使话语产生意义，并让意义流通，需要一个真实的交流行为，也离不开一个具体的交流环境。就此而言，维特根斯坦的"意义即用法"的理论，可为翻译中让原文本的意义在译语中获得再生提供重要的参照。

维特根斯坦对意义问题进行过长期而深入的探索，他的思想也经历过一个根本的变化。在早期，他对语言的逻辑与意义的关系有过思考，认为语言的精确性在于其逻辑性，比较重视语言的形式化研究。后来，他对语言的使用赖以生存的自下而上的社会环境和种种复杂的因素进行了全面的思考，思想发生了彻底的变化，把目光投向了日常语言，对日常语言的应用环境和意义生存条件等格外关注，形成了比较系统的思想和理论，而最能代表他的语言思想和意义观的，是他的那句在语言学界和哲学界无人不晓的名言：意义即用法。在《哲学研究》中，他是这样对他的思想进行表述的：

> 在大多数使用了"意义"一词的情况下——尽管不是全部——我们可以这样解释：一个词的意义是它在语言中的用法。[1]

把词的意义定义为它在语言中的用法，这一思想显然与语言的意义确定论是针锋相对的。在他看来，"每个符号身躯似乎是死的。是什么给了它生命？——它在使用中才是活的"。[2] 每个词语都有一种意义，但这种意义不

1 维特根斯坦：《哲学研究》，汤潮、范光棣译，三联书店，1992年版，第7页。
2 维特根斯坦：《哲学研究》，汤潮、范光棣译，三联书店，1992年版，第7页。

是给定的，也不是恒定不变的。如果意义恒定不变地被固定在每一个词语中，那这些词语无疑就会慢慢失去生命力，其表达力会渐渐丧失，只有不同的人在不同的场合下对它们的使用，才能激活它们，赋予其生命。正是在这个意义上，一方面在历史的发展中，词语的生命也在不断发生着变化；另一方面，在同一个历史时期，人们在不同环境中使用着它们，赋予了它们鲜活的生命。词语意义就这样与使用的环境和使用者紧紧地结合在一起。而词语一旦不被使用，就不可能产生其意义，因为它的生命之源已经被切断。如果说在一门语言中，词语的意义在于使用，在于复杂的使用情景，那么，人们对意义的理解，也同样要依赖于其使用的环境和各种因素。而在理解与把握了原文意义的基础上，要让它在另一种语言中重新获得生命，自然也就离不开在新的文化、新的语言中所使用的环境与条件。正是基于这一深刻的道理，人们在翻译中越来越重视上下文与语境的因素。在一个具体的文本中，理解词句的意义不能离开其上下文与语境，而要把握整个文本的意义，则又不能机械地将词句的意义进行简单的相加。萨特对语言、词句与意义的关系作过精辟的论述：

> 排列在一本书里的十万个词尽可以逐个被人读过去，而作品的意义却没有从中涌现出来；意义不是字句的总和，它是后者的有机整体。[1]

若从翻译的角度去理解维特根斯坦的“意义即用法”和萨特“意义不是字句的总和，它是后者的有机整体”的意义观，至少可以明白如下两点：一、原文的词句的意义不是死的，要在语境中去加以理解；二、要特别重视作品意义的整体性，即萨特所说的“有机整体”，在理论上则要求翻译者不能机械地进行词句的转换，而应着力于其有机的结合。

现在再回过头去看看杨绛所说的翻译的两大困难，即如何明了原文的“意”与“味”，又如何“照模照样地”在翻译中将它们传达出来。基于对维特根斯坦的语言意义论的理解，再参考萨特对意义问题的分析，可从理论上确立一个观念，那就是在翻译中要注意重建原文意义生成的环境，重

1 萨特：《萨特文学论文集》，施康强等译，安徽文艺出版社，1998 年，第 99 页。

建交流的空间。

从翻译的角度看，如果按照传统的翻译观，仅仅从语言的层次去进行转换，把翻译的重点放在词和句的形式及其对等上，那就有可能在新的语言土壤和文化环境中扼杀原文的生命。因为语言系统一转换，词与句中所存在的“意”与“味”就脱离了原文的环境，脱离了原有的文化空间和意义所依赖的上下文关系，原来所构成的复杂关系就被打破，所以，在翻译中，首先要考虑的，便是要重建这一空间。伽达默尔说过：“一个翻译者面对的是一种语言的文本，亦即一种用词语或文字表达的内容，翻译者必须把它们翻成自己的语言。他受到文本所写东西的束缚。他只有先使自己成为这些内容的讲述者，然后才能把文本的内容从外语转换成他的本国语言。但这就意味着他必须获得与外语中所说内容相应的说法的无尽的空间。”[1] 伽达默尔认为要做到这一点是非常困难的，而许多翻译家都感叹的翻译之难，主要也就在这一方面。作为译者，首先要明了原文到底想说什么，在说什么，这就不能忽视原文是怎么说的，也就是说不能忽视其言说的方式与环境。在明了的基础上，译者需用目的语来陈述原文词句中所真实存在的东西，在转述的过程中，构成新的语言与理解空间。问题是，任何一个翻译者，都本能地害怕打破原文与译文的平衡或对等关系，以为离原文形式越近就越有可能接近原文意思，于是尽可能地贴合原文形式，使译文的词的意义与句的形式都能遵从原文。在翻译中，译者不仅致力于传达原文所明言的意义，而且还唯恐读者不明白原作的蕴涵意义，往往将原文蕴含在未说出的话中的意味也明白直露地传达出来，因此，原文的立体空间变成了平面空间，原文所构成的复杂、隐秘的语义空间变成了透明的单义的空间，原文意义的丰富性被大大减少，理解的空间也因此而缩小。应该看到，由于原文的语言系统中音形义的结合关系在具体词字中所造成的特殊含义与目的语不尽相同，无法完全模仿原文的语言形式，要创造原文本的特殊含义的存在条件也有一定困难。这种意义贫乏化或意义丢失的局限性是客观存在的，但是翻译者能否尽量克服这种局限呢？唯一的出路，就是不去照搬原文、不机械地去模仿原文，而是在理解原文的各种背景和关系的前提下，让自身置入原文所创造的环境与空间中，抓住原文的

1　伽达默尔：《哲学解释学》，夏镇平、宋建平译，上海译文出版社，1994 年，第 68 页。

意旨，在翻译中重新创造一种和谐的语言空间，陈述原文的意义，让原文所表达的内容和字句之后的含蕴在新的表达空间中获得自身的生命。

在理论上指出重建文本的生命空间的必要性，这是非常重要的。但是无论在理论上，还是在实践中，特别是在文学翻译中，面对一词多义、意义含混、意在言外等复杂的情况，译者如何处理？该采取怎样的方法？对这些问题，人们的认识和做法远远没有达到统一。

首先从译者这一方面看。米兰·昆德拉曾选取了卡夫卡的《城堡》一书的几个法文译本，对各种译本中第三章的一段进行过认真的比较。他发现，译者在翻译中往往表现出某种倾向，其中一点就与翻译中的“意”与“味”的处理有关。他说，面对原文一个“最明显、最简单、最中性的词”，译者有一种反应，总想用一个同义词来取代它，他称这种倾向为“同义词化的反应”。就《城堡》法文本的几位译者来说，如果原文在同一段落中两次出现“难过”一词，译者往往会因为在原文中的“重复”而不快，有意在第二次把“难过”一词“同义词化”为“忧郁”。他指出：“更有甚者，这种同义词化的需要在译者的心里嵌入得如此之深，以致他立即选择一个同义词：如果原文中有‘难过’，他会翻成‘忧郁’；如果原文中有‘忧郁’，他会翻成‘难过’。”[1]昆德拉在这里剖析的翻译的“同义化倾向”看似与上文中论及的问题风马牛不相及。实际上，他所分析的这一倾向从另一方面提出了翻译者在实践中常常遇到的一个误区，那就是原文作者从作品整体的表达需要，有意用“最简单”、“最中性”和“最明显”的词汇来达到某种表达效果，如海明威，他在作品中为追求一种独特的审美价值，使用的词汇就很简洁、明了。而对这种情况，有的译者仅仅从词汇层面考虑，认为原文词汇太中性，也太简单，直接译过来没有味，于是便用自以为比较有味的词来取代它。相反，如果遇到一词多义或意义含混的情况，译者则又担心原文含蕴太深，即使能译过去，读者会看不懂，领会不了，于是采取一种所谓“浅化”的方式，使原文蕴涵的意义明朗化，单义化。对这两种倾向，在研究中应该予以重视。

法国作家纪德是诺贝尔文学奖得主。他翻译过莎士比亚的戏剧，是公认的出色的翻译家。他在翻译中经常遭遇多义性或意义的含混性问题。在

---

1 米兰·昆德拉：《被背叛的遗嘱》，孟湄译，上海人民出版社，1995 年，第 99 页。

一篇谈莎士比亚作品翻译的文章中，他对词汇层面和作品字句中的多义问题所造成的翻译障碍深有感触。他说："几乎总发生这种情况：即使当一个词指的是精确物体，而且在另一种语言中也有精确的对应词，但它有一种联想与模糊回忆的光环，一种谐波，它在另一种语言中是不一样的，译文中是无法保留的。"[1]纪德感受到了同时传达原文中某些词的指称意义与联想意义的困难，且困难往往如此之大，以致在译文中难以同时保留。他在这儿谈及的，是文学翻译中一个十分微妙又棘手的难题。从指称意义上看，甲乙两种语言中的词可以是相对应的，但问题是该词在不同语言中却有可能给译者提出一个问题：在理论上，若能在译文中同时创造一个空间，使原文中的两种意义都能获得再生，那当然是最理想的。但若两者不能兼得，那在翻译中是寻求指称意义上的对应，还是追求联想意义的融合？从英语到法语，特别善于运用词语制造丰富的联想意义的莎士比亚，给纪德所造成的，是一个难以解决的两难选择题。对于原文中的多义性或意义含混不清的情况，纪德更是面临选择的痛苦。他说："莎士比亚有无数段落几乎无法理解，或者具有二、三、四种可能的解释，有时明显地相互矛盾，对此评论家们议论纷纷。有时甚至存在着好几种文本，出版商在取舍时犹豫不定，人们有权怀疑最通常接受的文本也许是错误的。"[2]面对这种情况，纪德认为译者无疑要对如下的问题作出选择性的回答：在原文多种的含义中，"该选择哪一种？最合理的？最有诗意的？还是最富联想的？抑或，在译文中保持含糊性，甚至无法理解性？"[3]纪德给自己或给译者提出的问题，一方面对实践中出现的障碍作了某种归纳，另一方面为翻译理论研究者提供了思考的实际问题。

凡是以认知意义传达为目的的科学文本，在表达上追求的首先是单义性和准确性，意义传达越准确越好。而文学作品则不一样，因为它要作用于人的感觉，追求的是丰富的联想，所以文学作品中多比喻，多暗示，多义与含混便成了某种作者的有意追求，因为多义使读者产生丰富的联想，而意义的含混则有可能给读者开启广阔的想象空间。认真思考纪德提出的选择性的问题时，首先要弄清原文的含混甚或无法理解，是作者的有意追

---

1 纪德：《纪德文集》（文论卷），桂裕芳等译，花城出版社，2001年，第206页。
2 纪德：《纪德文集》（文论卷），桂裕芳等译，花城出版社，2001年，第207页。
3 纪德：《纪德文集》（文论卷），桂裕芳等译，花城出版社，2001年，第207页。

求，还是无意失误。若属于前者，译者则要认真对待，不能以让读者明了为借口，将原文的多义缩小为单义，将原文的含蓄变为直露。若属于后者，则可以注解的形式，向读者表示自己的理解。实际上，在解读或翻译一些重要的经典作品或文学名著时，会遇到两种情况，如张汝伦在讨论西方释义学的时候曾经提出的，“意义的缺乏”或“意义的过剩”。他认为：“这两种情况中都存在着意义形式与意义内容之间的不一致。前一种情况需要一种‘补充解释’，如中国古代文献有的文字过于简略，以致后人无法把握其意义，就需要有注疏家添加一些字进而解释其意思。后一种情况则可以采取一种‘寓言的解释’。这里，表达形式是引喻性的，包含了一种意义的过剩，即所谓‘意在言外’。除了字面意义外，还有一层隐藏或蕴含的意义。‘寓言的解释’就是要寻找在字面的现行的意义之外或后面的意义。”[1]

对于张汝伦所说的解决“意义的缺乏”的问题，上文中提出的以注解的形式加以解决，是译者所常用的。对于意义的过剩，即我们所说的“意在言外”，或杨绛所说的“字句之间的含蕴”和“字句之外的语气语调”等，传统的阐释学往往采用“寓言的解释”方式。拉曼·塞尔登曾经指出：“古典主义和基督教传统都为了保留古代文本的地位而发展了寓言的解读形式。发现超越‘字面意义’以外的意义层面就等于赋予文本以新生。荷马史诗和奥维德的艳情诗中的异教之神在寓言家手里都可以戴上面具，具有新的更加崇高的意义。注重寓言的翻译家试图用一种意义代替另一种。”[2]张汝伦所说的“寓言的解释”与上面引文中的“寓言的解读”是一个意思。对这种方法的有效性和合法性，当代的一些文艺批评理论家提出过质疑，如威廉·燕卜逊“通过关注读者如何理解意义而非文本中所发生的事，开拓性地提出了含混的问题（众多的意义）。他比任何其他新批评派都更理解语言总是‘丰富和杂乱的’性质”[3]。他对文学作品，特别是诗歌中的意义含混性，作了研究，写成了《含混的七种形式》一书。对于含混和多义性问题，在对现当代文学的研究中，特别是对现代派文学的解

1　张汝伦：《意义的探究——当代西方释义学》，辽宁人民出版社，1986 年，第 93—94 页。

2　拉曼·塞尔登编：《文学批评理论——从柏拉图到现在》，刘象愚、陈永国等译，北京大学出版社，2000 年，第 306 页。

3　拉曼·塞尔登编：《文学批评理论——从柏拉图到现在》，刘象愚、陈永国等译，北京大学出版社，2000 年，第 307 页。

读中，不少学者都予以极大的关注。周宪在《超越文学——文学的文化哲学思考》一书中指出，在现代文学中，有两种情况值得特别注意：一、现代文学中普遍地使用了“反讽”；二、“大量使用‘含混’手法，使文本的意蕴变得不确定，这就是现代作家和批评家十分着迷的多义性或歧义问题”。[1] 周宪认为，这一手段有积极和消极的两面。就积极的意义而言，它有助于调动读者阅读的主动性，驱动读者作出自己的探索和发现；就消极方面而言，它有时会导致读者的“误读”。上文一直强调文本多义或含混性的积极的一面，而对另一面，即它可能导致“误读”的一面，是翻译中关注不够的。从理论上讲，对翻译中的“误读”问题的认识研究有一个不断深入的过程。就目前讨论的问题而言，如果在翻译中，多义或歧义造成“误读”，在很大程度上是因为译者对上下文把握不准，对作者的意图领悟不够造成的，但也有可能是因为译者面对多种意义，无法同时传达，主观地选了其中一种而失误的。

上文对文本的多义性或歧义性，对原文中的言外之意或言外之味的传达之难作了简要分析，归纳起来有两点：原文的多义、韵味、情调创造了一个宽阔的阅读空间，它给译者提供了多重的阅读与阐释的可能性，这种多重的可能性的存在，正是文学作品的价值之一。译者的任务是要调遣译入语或目的语所提供的语言手段，着力去建立一个相应的阅读空间，但从实践的角度看，这种阅读空间的重建有着许多难以克服的障碍，这样的障碍在语言的各个层面，都有可能存在，另外在文化和心理方面，也同样存在。在翻译过程中，昆德拉所指出的同义词化倾向和纪德提出的选择困难，使译者往往有着一种或求语言美丽或求表达准确的极端倾向，特别是后一种表现更为明显。面对原文可能提供的众多意义，译者出于表达的需要或由于多种原因的局限，往往选择其中的一种意义，即他自以为准确的意义加以传达。这样一来，在理论上便缩小了原文本的阅读空间。在事实上存在的这些困难面前，到底如何像杨绛所说的那样，既传达原文字句的意义，又传达原文含蕴未吐的意味呢？应该说，作者有意识地创造原文本丰富多义的想象空间，本身是一种创造。每一个多义的词句的聚合，每一个给人以丰富想象的情景的创造，也是非常困难或具有挑战性的，且这种

1　周宪：《超越文学——文学的文化哲学思考》，上海三联书店，1997 年，第 314 页。

创造是因人而异、千姿百态、变幻无穷的。在此不可能为传达原文所创造的“义”和“味”提供一个万能的方法，但并不妨探讨有关的创造原则和积极有效的途径。

奈达对于多义问题的处理提出了多项原则，其中两条尤为重要。一是上下文一致优先于词语一致的原则。他认为：“单词的含义涉及不同的‘语义域’而不是‘语义点’。就是说，一个词，不会只有一层意思，而有多层意思。在不同的语言中，相应词的语义域从不完全相同，因此要在译语中选用正确的词语来译原文，主要必须考虑上下文的一致，而不应拘泥于词语上的一致，即不应该总是要求译文和原文字字对等。”[1]二是动态即功能对等优先于形式对应的原则。在他看来“要是从读者的角度，而不是从译文的形式看翻译，就意味着引进另一个观点：要看译文能否为读者所理解。衡量的标准不在于译文中所用词语能否被理解，句子是否合乎语法规范，而在于整个译文使读者产生什么样的反应”。[2]奈达提出的这两条原则总的来说是可行的。中国大陆、香港和台湾的一些著名翻译家在实践中也悟出了相应的道理，像杨绛、思果、余光中等翻译家，就提出过类似的原则和有效途径。如果说在理论的探索基础上得出的原则与翻译家们在丰富的翻译实践中悟到或总结出的方法能得到相互印证，并被证明是有效的话，那么，这些原则与方法至少可以说是有价值的，对后人的实践也定会起到重要的启迪与指导作用。在此，不可能针对意义的理解、阐释与再生可能存在的种种困难提出各种解决的办法，但基于对意义的理解，再借助一些卓有成就的翻译家在处理有关意义问题的实践中所总结的经验，试提出以下几点原则。

1. 去字梏。如果在理论上明白了意义不是确定与唯一的，并认同维特根斯坦“意义即用法”的观点，就会进一步领会到萨特所说的文本的意义不是每个词的意义的简单相加的深刻道理。在翻译中，要正确把握每个词的意义，必须细心地揣摩作者的意图，全面地把握上下文的关系。总之，要在动态的语境中正确领悟字词的意义。对于翻译者而言，要在译入语中让原文本的字词的意义获得再生，不能不从原文字的桎梏中解放出来，让

1　谭载喜编译：《新编奈达论翻译》，中国对外翻译出版公司，1999 年，第 15 页。
2　谭载喜编译：《新编奈达论翻译》，中国对外翻译出版公司，1999 年，第 20 页。

原文的字在译文中重新建立的上下文关系中存活。翻译家思果积半个多世纪的翻译经验，认为翻译的首要原则就是要打破原文对译者的字的桎梏。而原文的字对译者的桎梏，对初学翻译者来说往往很难摆脱。首先是在思想上，免不了受流行观念的影响。余光中在《翻译和创作》一文中指出："流行的观念，总以为所谓翻译也者，不过是逐字逐词的换成另一种文字，就像解电文的密码一般；不然就像演算代数习题，用文字去代表数字就行了。如果翻译真像那么科学化，则一部详尽的外文字典就可以取代一位翻译家了。"在他看来，在这种翻译观念下逐字对译，必定造成死译，其结果是扼杀了原文的意义之生命，"充其量只能成为剥制的标本：一根羽毛也不少，可惜是一只死鸟，徒有形貌，没有飞翔"。[1] 其次，学外语者依赖惯了字典，从开始学习外语起就习惯于从课文的词汇表所列的母语解释中去理解外语字词的意义，而习惯成自然，往往误以为词的意义是固定的，因此在翻译中，无法摆脱这种习惯的思维，自觉不自觉地认为"甲文字中的某字或某词，在乙文字中恒有天造地设恰巧等在那里的一个'全等语'"。[2] 在这个意义上，要破除字的桎梏，译者首先必须破除某些错误却流行的翻译观念，继而树立正确的意义观，在其指导之下自觉地改除习惯性的逐字对译的习惯。应该指出的是，破字梏，并不是去破除字的存在。相反，字词的意义是一部作品意义的基础，留在一部文学作品中，每一个字每一个词不是一个个孤立的存在。同样的字和词，在不同的作家笔下，通过不同的组合和上下文，会赋予它们不同的色彩和不同的生命。对原文活生生的字与词，若我们全然不考虑目的语的规律，不考虑新的文化土壤，机械地照搬，机械地跟着走，那必然会如罗新璋所说的，"搬过来的往往是一堆文字瓦砾"，全没了生命，而没了生命，也就没有了存在的意义。

2. 重组句。去了原文的字梏，就必然涉及原文的句子。杨绛认为："翻译包括三件事：（一）选字；（二）造句；（三）成章。选字需经过不断的改换，得造成了句子，才能确定选用的文字。成章当然得先有句子，才能连缀成章。所以造句是关键，牵涉到选字和成章。"[3] 这不仅仅是经验之

1 余光中：《翻译和创作》，罗新璋编：《翻译论集》，商务印书馆，1984 年，第 742 页。

2 余光中：《翻译和创作》，罗新璋编：《翻译论集》，商务印书馆，1984 年，第 748 页。

3 杨绛：《失败的经验——试谈翻译》，金圣华、黄国彬主编：《因难见巧——名家翻译经验谈》，三联书店（香港）有限公司，1996 年，第 95 页。

谈，而是基于丰富的翻译经验之上的理性总结。从目前的研究情况看，将句子作为翻译的一个基本单位，已差不多成为共识。傅雷特别重视翻译中“重组句”这一环节。在《致林以亮论翻译书》中，傅雷就明确谈到了短句与长句的翻译问题。他认为短句的翻译难在传达原文的语气、情调与气氛，而长句的翻译难在“重心的安排”。要解决这两难，就应该依靠句法，多加句法的变化。他谈到：“我们在翻译的时候，通常是胆子太小，迁就原文字面，原文句法的时候太多。要避免这些，第一要精读熟读原文，把原文的意义、神韵全部抓握住了，才能放大胆子。”[1] 而放大胆子，就是要根据不同语言的规律，破除语言的束缚，重新组句。杨绛对翻译中如何重新组句有过失败的经验，也有过成功的喜悦。她在《失败的经验——试谈翻译》一文中对组句的理论依据、困难及方法作了系列的分析与介绍，尤其是她根据实例将组句的机理、步骤和效果作了透彻的揭示，具有很强的指导性。通过重新组句，使原文的字词意义得以复活，使字与字之间的意义得以构成一个基本的整体，凸现出其精神。

3. 建空间。所谓建空间，是针对文本的整体意义而言的。去了字梏，在重组的句子中焕发出字词的生命，这只是使意义获得再生的一个基本阶段。杨绛认为，在重组句的过程中，原文句内各部分的次序多有颠倒，“译者连缀成章的不是原文的一句句，而是原文句子里或前或后或中间的部分。因此连缀成章不仅要注意重新组合的短句是否连贯，还需注意上一段和下一段是否连贯，每一主句的意义是否明显。”[2] 她在此强调的，是翻译的成章的必要性。而成章，正是我们在建立译文空间时所不能忽视的。从理论上讲，建空间，是要在去字梏重组句的基础上，为目的语读者建立一个新的文本。在阅读这个新的文本时，原文的阅读与想象空间要尽可能不缩小。如原文的含蕴之义和弦外之音，是作者通过调遣语言的音形义结合的关系，再借助于上下文和语境为读者建立的一个空间，在这个空间中，给读者以理解与想象的余地。在原文中，字面意义与言外之意是不矛盾的，它们的和谐存在正是由作者创造的空间所确保的。要如杨绛所说，在字面上透出字句之后的含义，在弦上发出弦外之音，译者就不能不依据

1　傅雷：《致林以亮论翻译书》，罗新璋编：《翻译论集》，商务印书馆，1984 年，第 548 页。
2　杨绛：《失败的经验——试谈翻译》，金圣华、黄国彬主编：《因难见巧——名家翻译经验谈》，三联书店（香港）有限公司，1996 年，第 100 页。

原作者的创造原理和创作意图，在译文中重建空间，创造出相似的关系，利用目的语中的音形义结合关系和重组句后的上下文，在译文中同样创造出既有字面意义又有字面之后的含义的境界。余光中有过创作与翻译的双重经验。他认为“真有灵感的译文，像投胎重生的灵魂一般，令人觉得是一种‘再创造’”。这里所说的建空间，就是“再创造”的一种体现。余光中曾以英文译中文为例，指出“两种文字在形、音、文法、修辞、思考习惯、美感经验、文化背景上既如此相异，字、词、句之间就很少现成的对译法则可循”。[1] 这在客观上也就需要译者根据原文本中所遇到的不同情况，透过作者的匠心，通过“接受选择，修正，重组，甚或蜕变的过程”，在译文中重建一个开放的空间，让目的语读者得以通过译文与作者建立起对话的关系，在阅读与交流中领悟到“意”，品尝到“味”。

1　余光中：《翻译和创作》，罗新璋编：《翻译论集》，商务印书馆，1984 年，第 747—748 页。

第四章
翻译因素论

无论是口译还是笔译，非文学翻译还是文学翻译，译者在翻译中都不可避免地要处在一个动态的活动场中。他所走的每一步，他所采取的每一个步骤，都不是完全孤立的。在整个翻译活动中，译者作为翻译主体，无疑是最为活跃的因素，对翻译起着举足轻重的作用。在以往的翻译研究中，作为翻译主体的译者往往是隐而不见的，在场的是静态中的翻译结果，即口译中被传达给接受者的信息，或笔译中已经现实化了的译文。就笔译而言，由于把研究的目光主要投向译文，那么将译文与原文进行比较，就成了一个重要的研究方式或手段。在这类对照性的研究中，由于着眼于结果，无论是对原文本而言，还是对译文本而言，研究者较为关注的，往往是语言层面的得与失、正与误。若再深入一步，通过译文与原文的比照，探讨得与失、正与误的原因所在，则研究者往往又把重点放在技巧的层面上。而在技巧这一层面上，诸如词性转换、句型转换等问题的分析与探讨，往往成为许多翻译教科书的主要内容。这样一来，翻译问题在许多学习翻译或初涉翻译者的头脑中，在很大程度上被局限在一个相当狭隘的空间：翻译是一项技术性的工作。具体到文学翻译而言，译者所面对的只是原文本，他需要考虑的，只是如何充分发挥自己的语言能力，将原文本转换成译文本。在这个转换过程中，译者除了要对原文本负责外，其他的因素似乎都起不到什么作用。总之，在这种翻译观的支配下，翻译活动看上去仿佛只是译者个人的活动，相对来说是一个封闭的空间：从原文到译文。

然而，倘若把翻译看成一种“以语言符号转换为形式，以意义再生为任务的跨文化交流活动”，对整个翻译的过程所涉及的因素作一研究，便可发现，翻译活动呈现的是一个开放的活动场，涉及的因素很多。本书的绪论和第二章曾对翻译活动的主要层面作了一番探索和透视，将翻译活动的整个过程中所涉及的“想怎么译”、“能怎么译”和“该怎么译”三个基本问题作为出发点，揭示出任何翻译活动都不可能不具备的三个层面，并对这三个层面所提出的一些带有普遍性的问题作了梳理和分析。应该说，在对“想怎么译”、“能怎么译”和“该怎么译”所构成的意愿、现实和道德三个层面的主要问题进行分析时，已经涉及影响翻译活动的一些具有决定性的重要因素，如翻译动机、翻译能力和意识形态等。应该指出的是，这些问题大多都是从“怎么译”这个角度提出来并加以审视的。实际上，翻译活动一开始，首先提出的是“译什么”这个重要问题。而要回答这一问题，便不可避免地会涉及译者的立场、目的等因素，它们直接影响了“译什么”的选择。

法国翻译理论家让-马克·古昂维奇曾借助社会学家布尔迪厄的理论，对 20 世纪 50 年代美国科幻小说在法国的文化空间中的翻译与接受问题作了深刻的研究。第二次世界大战刚刚结束不久，如作者所说，战火的硝烟还未散尽，美国的科幻小说便被大量译介到法国，形成了一股热潮。美国科幻小说为何能被广泛地引入到法国并受到法国科幻小说界的青睐？对这一特殊的文学译介现象，古昂维奇在社会学理论的启发下，对外来文化在目的语文化的空间中的生存状态及由此引发的有关接受的问题进行了探讨，指出美国科幻小说“进口”到法国，绝不是一个文学体裁的移植，也不是纯粹的译者个人行为，而是由许多因素造成的。比如在美国科幻小说被译介到法国的同时，美国的出版机制，诸如创办专门的科幻杂志、成立读书俱乐部、设立各种奖项等做法也被移植到法国。从翻译者的翻译活动，到杂志、书店，再到读者俱乐部，迅速形成了一张有效的翻译小说交流网，它反过来又有力地推动了美国科幻小说在法国的译介与接受。[1] 若从

1　Gouanvic, Jean-Marc: *Sociologie de la traduction: la science-fiction américaine dans l'espace culturel français des années 1950*, Arras: Artois Presses Université, 1990.

对翻译的选择到美国的出版机制的移植，再到法国读者对美国科幻小说的接受情况作一全面考察，不难发现对翻译这一看似孤立的译者个人行为起着影响作用的，有多方面的因素。

下面将以"译什么"和"怎么译"这两条主线为探索路径，从宏观和微观的角度对影响翻译活动的外部与内部因素作有针对性的研究与分析。在开始对具体的因素进行剖析之前，有必要作三点说明。

一、提出"译什么"和"怎么译"这两大问题，并将之当作本章研究的探索主线，是因为无论选择译什么，还是采取何种策略去翻译，都不是译者孤立的行动。通过对这两个问题的思考，可以进入到翻译研究者所关心的另一个层面，对"为什么这么译"作出某种解答，由此将翻译过程中直接影响着翻译选择、翻译方法等方面的主要因素揭示出来。通过对这些问题的探寻与思考，还可以发现翻译的过程不是一个相对封闭的过程。从一个原文本的选择到它在目的语中的接受与传播，都或多或少地要受到诸如社会环境、文化价值取向和读者审美期待等因素的影响，而这些因素也都不是一成不变的，而是随着历史的发展而处在不断变化的开放态势之中。

二、宏观与微观的研究角度兼顾。在对影响翻译的诸要素的研究中，既要对翻译的全过程有宏观的把握，也要对具体的翻译策略与方法有微观的分析。在《翻译研究与翻译文化观》一文中，笔者曾经对国内近三十年来翻译研究中值得反思的几个倾向作了分析，指出目前的翻译研究仍存在着重微观轻宏观的倾向。"在对译本的研究中，关注的只是文本意义的传达，采用的是具体而微的文字比照方法；在对翻译方法的评价中，关注的是对翻译家在文字转换过程中采取的具体方法的分析而忽视对翻译家采取这些翻译方法的动机及文化语境的考察；在对翻译质量的总体评价中，语言层面的正误性评判几乎成了唯一的尺度，缺乏对产生误译与误读原因的深层分析与总体思考"[1]。要对翻译过程中起着决定作用的重要因素进行考察与分析，宏观与微观角度兼顾具有明显的益处，主要表现在两个方面：一、可以站在一定的高度，对影响翻译的一些因素有宏观的整体认识，以

1　许钧：《翻译研究与翻译文化观》，《南京大学学报》（哲学·人文科学·社会科学版），2002 年，总 39 卷，第 3 期，第 221 页。

免迷失在对一些细小的技术性因素的纠缠之中；二、对一些有关翻译策略与方法的具体因素进行考察与分析时，可借助中外翻译史上某些具有代表意义的例子，对涉及的问题进行深入细致的剖析，以免过分注重宏观的把握，走上另一个极端，忽视了对翻译家们在翻译中常常遇到而又深感困惑的难题的具体分析。

三、提出要从外部和内部两个方面对影响翻译的因素进行分析，主要是基于这样的认识：影响翻译的因素很多。对译者来说，由于众多因素的存在，他们选择什么文本来译，采取什么方法来译，都有可能遇到难以决断的矛盾，往往觉得身不由己，处在一种难以适从的困惑状态之中。因此，一个译者面对影响翻译的众多因素时，应该对它们有个正确的定位与认识，从矛盾的主要方面入手，对各种因素所起的作用进行客观的分析，从而采取一种积极的应对方式，解决有关的矛盾。鉴于此，有必要把影响翻译的各种因素区分为外部因素与内部因素。更确切地说，虽然这些因素都对翻译的过程或对意义的再生过程起着某种作用，但它们所作用的方式或能量是有区别的：有的是从外部起作用，可以说是影响翻译的外因；有的则跟翻译主体直接相关，在翻译主体的身上直接起着重要的作用，可以说是影响翻译的内因。对相关因素作内外区分，有助于进一步把握翻译过程中有可能遇到的矛盾，从主要方面入手，更有效且更有针对性地加以解决。

第一节　文化语境与社会因素

本书第一章的结束部分从五个方面对翻译活动的一些本质特征进行了归纳，其中特别强调了翻译的社会性和文化特质。对影响翻译的重要因素进行考察时，无论从宏观的角度还是从微观的角度，都必须也必然会注意到文化与社会因素在翻译活动中所起的各种作用。

首先来看社会因素。上文已经明确指出过，翻译活动是在人类社会发展到一定的阶段才出现的交流活动，而且随着人类社会的不断演变而不断发展、不断丰富。社会因素对翻译的选择、翻译的接受和传播起着直接的影响作用，从大的方面来看，主要体现在以下几点：

1. 社会的发展呼唤翻译。人类社会始终处于不断发展的状态之中，而人类社会越发展，越体现出一种开放与交流的精神。人类社会想要走出封闭的天地，首先必须与外界进行接触，以建立起交流的关系，向着相互理解、共同发展的目标前进。而在这样一个发展过程中，翻译始终起着重要的作用。无论是东方还是西方，一部翻译史，就是一部生动的人类社会的交流与发展史。社会发展到今天，随着全球经济一体化步伐的不断加快，世界各国间的科技、经济、文化等领域的交流日渐频繁，对翻译的需要越来越多，翻译的重要性也日渐凸现。

2. 在不同的社会发展阶段，有着对翻译的不同选择和需要。且以欧洲文艺复兴为例，无论是发生在 12 世纪的原始文化复兴，还是发生在 15、16 世纪的文艺复兴，无不伴随着翻译的高潮。翻译在欧洲古代文明的复兴中起着开路先锋的作用。在文艺复兴期间，一些著名的人文主义者以古希腊人培植的自由艺术为榜样，悉心研究他们所感兴趣的一些人文科学，如哲学、历史、音乐，还有拉丁文、希腊文、语法、修辞、诗歌等等。在当时的社会里，为重新发现古希腊和古罗马文化，尤其是对古希腊古罗马的哲学、艺术和文学的强烈兴趣，促使一批批人文学者把目光投向了包括欧里庇得斯、西塞罗、贺拉斯、琉善等古典作家的重要作品，在翻译的选择上，表现出了对整个社会的需要及风气的趋同。

社会的风尚对译者选择原文本及处理原文本也起着不可忽视的重要作用。比如在 17 世纪初期至中叶的法国，无论是衣饰、举止，还是语言、艺术，一切都务求高雅，在文学、艺术方面，纤巧的情诗和艳丽的小说风行。法国喜剧家莫里哀曾经在《可笑的女才子》一剧中对那个时代的所谓“典雅”风气进行过有力的抨击，例如，剧中嘲笑以朗布绮府邸为代表的贵族沙龙制造的矫揉造作的“典型”语言，把镜子说成“丰韵的顾问”，把椅子说成“谈话的舒适”，等等。[1] 当时的这股贵族沙龙的“典雅”风尚影响了一些正处在上升趋势的资产者，他们附庸风雅，形成了一种轻浮、艳丽的风气。这种风气对当时的翻译造成了很大的影响，像德·阿布朗古尔，为迎合这种社会风尚，在翻译中追求华美、俏丽的文字，他的翻译被梅纳日称为“不忠的美人”；又如沃日拉，他“花了三十年时间修改他所译的库尔提乌的作品，为的是使其语言风格高雅绝伦。有一位名叫佩兰的天主教教士在 1648 年译了维吉尔的《伊尼特》，对译本的风格感到洋洋

1　参见柳鸣九、郑克鲁、张英伦：《法国文学史》（上册），人民文学出版社，1979 年，第 200 页。

自得，在《序言》中竟自称第一个给《伊尼特》‘穿上了法国骑士的衣裳，配上了华丽的羽毛和金银箔’”。[1] 类似的例子很多，可以说法国当时的译坛，是“不忠的美人”的天下，且这股华美的翻译风气还刮到了英国和德国等国家。毋庸置疑，这股“不忠的美人”之译风在很大程度上与当时的社会风尚有关。

3. 社会的开放和封闭程度对翻译的影响。1949 年以来，中国的翻译事业与社会的发展几乎是同步的。社会的开放与否直接影响着翻译事业的开展。在中国基本封闭了对外的大门，在自己的家里总动员，革“文化”之命的那个年代，翻译活动基本上得不到开展，“一切外国文学译本，包括‘内部发行’的，都停止出版，内部参考的刊物也一律取消”。而随着“四人帮”的倒台，“特别是党的十一届三中全会决定实行改革开放政策以后，对外国文学译本出版的种种禁锢才被一一打破，迎来了文学翻译的春天”。[2] 改革开放以来，一方面，翻译为中国的改革开放起着桥梁的作用，而另一方面，改革开放的社会又为翻译的发展提供宽松而自由的空间，中国由此迎来了历史上又一个新的翻译高潮。

4. 社会的价值观对翻译的影响。在不同的社会发展阶段，会有不同的价值观，而不同的价值观有可能给翻译带来或积极或消极的作用。为了说明这个问题，不妨拿当今译坛的问题为例。近五六年来，中国翻译界和出版界的一些有识之士对中国译坛的现状一直深表担忧，指出繁荣背后所潜伏的危机。确实，这几年来中国译坛非常热闹，形成了名著复译热，外国文学名家文集、选集热，外国人文哲学社会科学著作翻译热，一个热潮紧接一个热潮。但在这看上去十分兴旺的翻译高潮背后，出现了许多问题，如复译之风十分猛烈，一部《红与黑》竟有二十多个版本；翻译的责任心下降，不少译者对翻译事业的严肃性认识不足，对原文一知半解或不求甚解，率而操刀，急功近利，译文品质低劣；量的繁荣背后，隐藏着质的危机。另外，在翻译市场上，剽窃、抄译、假冒之作纷纷出笼，毫无顾忌地亮相。同时，外国的版权引进工作，特别是一些外国畅销书的版权引进工作，出现无序与恶性竞争的态势，一批批没有借鉴价值的书被引入中国，

1　参见谭载喜：《西方翻译简史》，商务印书馆，1991 年，第 111 页。
2　屠岸、许钧：《“信达雅”与“真善美”》，许钧等著：《文学翻译的理论与实践——翻译对话录》，译林出版社，2001 年，第 77 页。

造成了多方面的危害。在这些问题存在的同时，中国翻译界也出现了一些奇怪的现象：一、出现了不通外文的名著“翻译”专业户，一个根本不通外文的人，竟能同时译法文、俄文和英文的名著，在同一家出版社出版《红与黑》《简爱》等译作。二、优质低价，低质高价。一些二渠道书商介入翻译市场，以赢利为目的，以高价引诱一些不负责任的译者，在短时间内高速拼凑译本，抢占市场。数年磨一剑的高质量的译著按正规出版的规定，只能得到非常微薄的稿酬，而在短时间内抢译拼凑或干脆抄袭的译作却能得到高报酬。三、以精美的装饰、美丽的词语作包装，推出删节、改译、错译现象严重的翻译作品。这些问题的存在，固然是多种因素造成的，但其中最主要的一条，就是在当今社会，价值观发生了严重的倾斜，有人甚至以“金钱”为衡量一切的标准。有经济界人士说，面对“金钱”与“名利”的诱惑，道德力量往往是脆弱的。而具体到翻译，不能不看到这样一个事实：不负责任、不重视翻译质量、单纯追求经济效益之风不断滋长，渐渐造成了译风不正。没有了译德的约束，具体的译品质量下降便成了必然。鉴于此，有人指出，中国译坛要纯洁译风，提高翻译质量，必须提高对翻译事业的认识，从端正价值观入手。更确切地说，以追名逐利为特征的倾斜的价值观，是造成当今译坛译风不正、译德沦丧的主要原因之一。

社会因素对翻译的影响是多方面的，在此仅举几例加以说明。应该指出，社会因素并不是单一的，往往和其他因素结合在一起，对翻译起着综合的作用。

与社会因素结合较为紧密的，首先是文化语境。对于文化语境这一概念，人们有不同的认识和解释。有从宏观的角度去看的，常指一个国家、一个民族所处的文化空间以及与世界其他国家、民族构成的文化关系。如在全球范围内看，目前的世界处在一个多元的文化语境之中。对这一问题，下文还要加以讨论。也有从文学与文化的关系角度进行讨论的。严绍璗对“文化语境”有过深入的思考。他从文学发生学的角度，对“文化语境”作了这样的解释：“‘文化语境’指的是在特定的时空中由特定的文化积累与文化现状构成的‘文化场’(the Field of Culture)。这一范畴应当具有两个层面的内容。其第一层的意义，指的是与文学文本相关联的特定的文化形态，包括生存状态、生活习俗、心理形态、伦理价值等组合成的特定的‘文化氛围’；其第二层面的意义，指的是文学文本的创作者（有意识或无意识的创作者，个体或群体的创作者）在这一特定的‘文化场’中的生存方式、生存取向、认知能力、认知途径与认识心理，以及由此而达到的认知程度，此即是文学的创作者们的‘认知形态’。”[1] 严绍璗认为，除了上述两个层面之外，实际上还存在着另外三个不可忽视的方面：一是“显现本民族文化沉积与文化特征的文化语境”；二是“显现与异民族文化相抗衡与相融合的文化语境”；三是“显现人类思维与认知的共性的文化语境”，而这一个层面的“文化语境”都有多元的组合。[2] 严绍璗的上述分析是基于文学文本的发生学的立场进行的。就翻译而言，他所指出的“文化语境”所涉及的各个层面，与翻译的关系是极为紧密的，因为就本质而言，翻译文本本身就是原文本在新的文化语境中的生命的延续与拓展。

文化语境与翻译的关系是息息相关的。翻译作为一种跨文化的交流活动，无论是广义的翻译，还是狭义的翻译，无不在一定的文化语境中进行。而文化语境中所涉及的各个层面的因素，对从翻译的选择到翻译的接受这整个过程的各个阶段都起着重要的作用。英国的西奥·赫尔曼曾从理论的高度，对文化语境与翻译的关系进行过研究。他认为，任何一种文化，都会“觉得有必要或者看到能从其他语言引进文本的机会，并借助翻译达到目的，在这种情况下，我们只要仔细观察以下这些方面就能够从中了解到有关这种文化的很多东西：从可能得到的文本中选择哪些文本进行翻译，是谁作的决定；谁创造了译本，在什么情况下，对象是谁，产生什么效果或影响；译本采取何种形式，比如对现有的期待和实践作了哪些选择；谁对翻译发表了意见，怎么说的以及有什么根据、理由”。[3] 在他看来，一种文化或文化的某个侧面会以“自我”和“他者”这些词来标明自己的身份，在这种语境下，“翻译明显地提供了获得外来信息的手段，以便进行文化自我界定。从这一点来说，翻译的各个方面都与文化自我界定

---

1 严绍璗：《“文化语境”与“变异体”以及文学的发生学》，北京大学比较文学与比较文化研究所编：《多边文化研究》，新世界出版社，2001 年，第 84 页。

2 严绍璗：《“文化语境”与“变异体”以及文学的发生学》，北京大学比较文学与比较文化研究所编：《多边文化研究》，新世界出版社，2001 年，第 85 页。

3 西奥·赫尔曼：《翻译的再现》，谢天振主编：《翻译的理论建构与文化透视》，上海外语教育出版社，2000 年，第 13 页。

有关”。[1]限于篇幅，在此不可能对赫尔曼所说的受到文化语境影响的翻译各个方面进行微观的剖析，但仍有必要根据国内外有关学者对此问题的研究所取得的成果，对文化语境与翻译的有关重大问题作一概要性的探讨。

1. 一个国家所处的文化空间或一个时代的文化环境对翻译的影响。近二十年来，随着翻译研究的不断深入，翻译的文化意识日益觉醒，翻译的文化观逐步形成，出现了一批重要的研究成果，形成了翻译理论研究的发展过程中具有深刻意义的“文化转向”。根茨勒指出：“研究表明，翻译在全世界文化的发展中扮演了重要角色，翻译研究作为一门学科已经形成了自己的研究方法，它表明了文化演变与其他文化体系之间的关系。”[2]在国内，一批翻译学者在翻译研究的“文化转向”中，也以清醒的文化意识，在翻译史、翻译基本理论等研究领域进行了卓有成效的探索。如王克非编著的《翻译文化史论》，一方面考察了翻译对于文化（尤其是译入语文化）的意义和影响，另一方面又对文化对于翻译的制约进行了研究。对于后者，他以中国近代翻译文化与日本翻译文化的密切关系作为案例，就中国和日本所处的不同文化语境对两国在翻译的选择与接受的影响因素作了探索，指出“面对西方近代文化，有这样一个差异，即中国选择性较强（如先取科技方面，后取社会制度方面，而后才全面摄取），而日本接受性较强（从早期就表现出多学者多方位的摄取）。这其中有自身的历史的因素（如文化的沉积和差异），也有外部条件的制约。选择与接受，都表现出接受者特别的关注，这种带倾向性的关注，使外来思想的摄取发生意义上以及语汇上的‘变容’。这些变容反映出选择目的，也反映出文化传统的影响和时代要求的影响”。[3]法国的安托瓦纳·贝尔曼将翻译问题的研究带进了一个更为广阔的历史与文化空间。他把翻译与文化的传播、翻译与文化语境的关系等结合起来，对德国浪漫主义时代的翻译与文化问题进行了深入的研究。贝尔曼对德国浪漫主义时代的文化语境和社会因素作了分析，揭示了在这个特定的文化空间和语境中，浪漫派及其他学者是如何选择文本进行翻译，又是采取怎样的策略进行翻译的。他指出：“浪漫派及其学

1　西奥·赫尔曼：《翻译的再现》，谢天振主编：《翻译的理论建构与文化透视》，上海外语教育出版社，2000 年，第 13 页。

2　Gentzler, E.: *Contemporary Translation Theories*, London and New York: Routledge, 1993, p.196.

3　王克非编著：《翻译文化史论》，上海外语教育出版社，1997 年，第 66 页。

者大量的翻译作品被视作德意志民族永久的文化遗产，如 A. W. 施莱格尔和蒂克翻译的莎士比亚、塞万提斯、卡尔德隆等的经典文学名著；施莱尔马赫翻译的柏拉图的哲学著作；歌德、洪堡和荷尔德林从不同的角度所选择译介的一些高层次的著作……”[1]贝尔曼认为，浪漫派及其学者选择上述这些外来作品进行翻译，在很大程度上是他们清醒地意识到了德意志民族文化上的局限性，并力图通过选择外国优秀的哲学、文学和文化著作进行翻译，借助外来的文化来弥补自身的不足。如歌德，“没有谁会像他那样如此迫切地感觉到文化对于翻译的强烈要求”，他从德国当时所处的文化环境出发，认为要打破德意志文化的封闭状态，必须通过翻译，让德意志民族的文化和文学加入世界性的文化交流中去。一方面他身体力行，从拉丁、希腊、意大利及西班牙等语种的文学艺术宝苑中“采摘了无数最鲜最美的果实献给了他的祖国文化”，另一方面又以大量优秀的创作为其他民族带去了德意志民族文化的精华。基于德意志民族文化在浪漫主义时代深受异域文化的滋养，许多翻译家在这一特定的文化空间中对翻译之于文化的作用有了更为深刻的理解，进而在翻译观上也发生了重要的变化。如诺瓦利斯在给 A. W. 施莱格尔的信中这样写道：“除古罗马之外，我们是唯一对翻译有着难以抑制的冲动的民族，德意志民族文化也深受其滋养，因此我们的文化与古罗马晚期文化有许多相似之处。然而却只有我们使得翻译成为文化的扩充手段。”[2]诺瓦利斯认为德意志民族是除古罗马之外唯一对翻译有着难以抑制的冲动的民族，这一观点当然有偏颇之处，却从某种意义上表明了德意志民族试图通过翻译向异域文化敞开门户的渴望，而且这种渴望或冲动是难以抑制的。从自身文化语境的局限性看到自身文化的不足，进而渴望通过翻译吸收异域文化的精华来滋养自身文化，德意志浪漫主义时代的文化与翻译之间的关系向我们充分地证明了它们之间具有的那种互动性。

2. 文化立场对翻译的影响。在一定的文化语境和文化空间中，译者会形成一定的文化立场，而这种文化立场对翻译的影响是多方面的。安德

---

1 Berman, Antoine: *L'épreuve de l'étranger, culture et traduction dans l'Allemagne romantique*, Paris: Gallimard, 1984, p.25.

2 Berman, Antoine: *L'épreuve de l'étranger, culture et traduction dans l'Allemagne romantique*, Paris: Gallimard, 1984, p.109.

烈·勒菲弗尔在《西方翻译史源流》[1]一文中提出了影响翻译活动的三个重要的方面：权威、专业知识和信任。在他看来，翻译的最大作用在于在另一种语言中创造形象，如史达尔夫人所说：翻译“对文学最大的贡献就是把人类精神的巨著从一种语言搬到另一种语言”。

就权威而言，这涉及所译著作所属的文化地位和译者及译者所属民族的文化立场。一个译者，面对不同的文化，面对不同的作品，具有不同的态度和不同的立场。而态度与立场的不同，所采取的翻译方法必然有别。郭宏安在《略说译者的心态》[2]一文中也探讨过类似的问题。安德烈·勒菲弗尔提到了赫尔德在《德国近代文学杂谈》中的一段话，很能说明问题：

> 法国人自负天生有品位，把所有的东西都按他们的口味改动，而不是改变自己来适应不同时代的品味，荷马来法国一定会像个俘虏，一定要穿法国的时装，以免刺法国人的眼。他一定要任由他们刮掉他那古色古香的胡子，剥去他那身古朴的衣服。他一定要适应法国人的风俗，但是他乡下人的粗鲁仍然令他像野蛮人。但是我们，可怜的德国人，仍然没有祖国，没有读者大众，在民族品位方面仍然没有暴君统治，我们想看看荷马那个时代的样子。[3]

赫尔德在这儿揭示了不同民族的译者的不同翻译态度，或者确切地说，揭示了不同民族文化的翻译心态与做法。法国人以自我为中心，具有文化的优越感，在翻译外国文学作品时，往往强调自己的文化特色、自己的文化品位，喜欢对外来文学作品进行一番“改造”，而且往往冠冕堂皇，打出“读者”的旗号。

在诗歌翻译中，庞德与菲茨杰拉德是两个“创造性”译家的代表。尤其在中国翻译界，谈及庞德与菲茨杰拉德对中国诗的英译时，人们对他

1　Bassnett, Susan and Lefevere, Andre, Eds.: *Translation: Its Genealogy in The West,* in *Translation, History and Culture*, New York: Cassell, 1995, pp.14–28.

2　参见郭宏安：《略说译者的心态》，《译林》，2000 年，第 2 期，第 207—209 页。

3　参见安德烈·勒菲弗尔：《西方翻译史源流》，陈韵琴、朱志瑜译，《外语与翻译》，2000 年，第 3 期，第 28—36 页。译文与安托瓦纳·贝尔曼《异的考验——德国浪漫主义时代文化与翻译》一书的引文有个别出入，笔者根据原文作了部分修订。

们的翻译成就和翻译方法是颇为欣赏的。殊不知，在他们对中国诗的改造背后，有着对所译文化的不恭及随意处置心理。勒菲弗尔举菲茨杰拉德为例，揭露了这样一个事实：菲茨杰拉德给他们的朋友科维尔（E. B. Cowell）的信中，谈到了他翻译波斯诗歌时的心理："完全随意地翻译这些波斯人的诗歌，给我很多乐趣，（我想）他们不是令译者却步的大诗人，而且确实需要一点艺术加工。"[1] 在这句话中看到的是译者与波斯诗人之间的关系。在菲茨杰拉德看来，他所译的波斯诗人并不能令他却步，意思中含有这样一层：诗人并不值得他崇敬。不仅如此，菲茨杰拉德还认为诗歌并不完美，需要加工。于是译者菲茨杰拉德便有理由对原作随意翻译。这种对原作者，对原作的心态，看似是译者与作者的关系，可勒菲弗尔却认为这种翻译心态反映了译者心里对两种文化——出发语文化与目的语文化——的权衡。他一针见血地指出："显然，如果菲茨杰拉德翻译希腊和罗马作家，就绝不会这么随意，这是因为有无数的专家在看着他。维多利亚时代的英国把自己当作中心，而菲茨杰拉德翻译的文化对英国来说，又绝不是中心，于是他可以随意地翻译。"[2]

以勒菲弗尔的观点来考察中国的翻译，不难发现不同的文化心态，会导致不同的翻译方法。回顾一个世纪以来中国的翻译历史，也许可以用鲁迅的"拿来主义"和毛泽东的批判、吸收、"洋为中用"的两种不同方针来概括我们对外来文化的态度和在翻译中所采取的文化策略与具体方法。

鲁迅提倡拿来主义，是基于他的一种文化立场，或者说，是基于他对中国文化的一种认识："我们的文化落后，无可讳言，创造力当然也不及洋鬼子，作品的比较的薄弱，是势所必至的，而且又不能不时时取法于外国。所以翻译和创作，应该一同提倡，决不可压抑了一面，使创作成为一时的骄子，反因容纵而脆弱起来。"[3] 他认为："注重翻译，以作借镜，其实也就是催进和鼓励着创作。"[4] 鲁迅提出要吸收外国的东西，把它们拿来，目的是非常明确的。他在与瞿秋白关于翻译的通信中，谈到了他对中国古

1 勒菲弗尔：《西方翻译史源流》，陈韵琴、朱志瑜译，《外语与翻译》，2000 年，第 3 期，第 30 页。
2 勒菲弗尔：《西方翻译史源流》，陈韵琴、朱志瑜译，《外语与翻译》，2000 年，第 3 期，第 30—31 页。
3 转引自罗新璋编：《翻译论集》，商务印书馆，1984 年，第 289 页。
4 转引自罗新璋编：《翻译论集》，商务印书馆，1984 年，第 289 页。

文的看法，提出了通过翻译，输入新的内容，输入新的表现法。正是基于这样的认识，他主张“直译”，主张“陆续吃一点苦，装进异样的句法去，古的，外省外府的，外国的”，以改善“中国的文或话”的词不达意和不缜密。[1] 读鲁迅的译文，比如他译的《死魂灵》，还有《铁流》等，可以明确地看到他以异的文化、异的句法、异的表现法，来改造、“催进”中国文化、文字和创作的努力。可以说，他的“拿来主义”主张，决定了他对外国文化的态度，也取决于他对中国文化的认识。在“异”与“我”之间，他采取的是“扬异”而“善我”的立场，也反映了他对异文化的一种开放而包容的心态与气魄。

毛泽东的“洋为中用”，是解放后“以我为主”这一立场基础上的对待异国文化的原则。“洋为中用”与“古为今用”互为映照，以“去其糟粕，取其精华”为前提。在这一原则下，对外国文化的选择与翻译，都体现了一种“以我为中心”的心态。选择的标准，翻译的方法，都以我为主。在解放后相当长的一个时期内，对外国文化的认识基本上没有摆脱这样的一个二元对立：凡资本主义的都是腐朽的，凡社会主义的都是先进的。于是，对待腐朽的资本主义国家的文学文化，采取的是一种拒绝或改造的心理。表现在翻译上，就是对西方的文化、文学少有译介，即使译介，也是持批判的态度，于是删改不可避免，译本归化严重。到了1980年代，开放的改革精神影响了翻译的文化心态，对待西方文化的态度也随之发生了变化，对西方文学的译介在方法上也起了变化：删节的少了，要求原汁原味的多了。对异质文化的尊重，促进了交流，也为相互认识、相互理解减少了冲突，给沟通提供了必要的条件。

3. 文化心理对翻译的影响。刘宓庆在《文化翻译论纲》一书中对文化心理与翻译的关系问题有过精辟的分析。他认为，每一个民族都有自己独特的民族心理特征，这些特征都是在特定的文化环境中形成的。他在该书的“翻译与文化心理探索”一章中，对文化心理范畴作了界定，区分了文化心理的价值系统、行为系统和表现系统，进而指出文化心理的系统论中文化表现次系统对文化翻译具有特别重要的意义。为了说明文化心理之于翻译的重要性，他以屈原所作的《橘颂》的翻译为个案，从“文化历史背

1　转引自罗新璋编：《翻译论集》，商务印书馆，1984年，第276页。

景”“文化信息扫描”“个案扫描分析的意义”“语义诠释与心理探索”“文化心理与语言定夺”“文化心理与语势获得”等宏观与微观的角度，进行了深入的比较与分析，并得出了以下几点结论：(1) 通过文化背景分析，可以清楚地了解《橘颂》的文化心理结构及其特征，这就为翻译理解获得了一把钥匙，从而为翻译构思和选词对策打下比较坚实的基础。(2) 通过对《橘颂》的文化信息进行扫描分析，有助于译者把握原语语义及文本文化内涵。(3) 文本中词语以上的语言单位的意义之定位在相当程度上视乎甚至取决于文化心理参照。(4) 语义诠释一定要符合原著的文化历史背景和作者的文化心理及其创作契机和理念，语义的最终定夺必须在原文的文化心理框架中进行。[1] 从以上几点不难看到，文化心理对翻译的理解与表达有着直接的影响。

文化因素对翻译的影响是深刻、全面而直接的。对此的研究很多，如玛丽·斯内尔-霍恩比把翻译定义为跨文化转换，她在《翻译学：综合研究》一书中深刻地探讨了翻译的文化问题，指出语篇的可译程度，要视它与其所依存的文化有多紧密的关系，原文的文化背景与译文读者之间，其时空距离又究竟有多远。此外，译者对源语文化与译语文化的感知、了解程度，不仅决定了译者对原文的理解，而且“还决定了他创造译文的能力”。[2] 又如苏珊·巴斯奈特，她就文化共核与文化个性对翻译的制约与影响问题提出了独到的见解。[3] 随着翻译研究的不断深化，文化与翻译的关系问题将得到系统的探讨。在目前阶段，探讨文化语境对翻译的影响时，不能不强调指出，随着中国与世界的交往越来越多，接触越来越频繁，如何克服语言的障碍，促进中外文明的全面对话，越发显得重要。在经济全球化、一体化进程不断加快的情况下，如何充分发挥翻译的作用，维护文化多样性，是每一个翻译者和翻译研究者应关注的重大问题。应该对选择怎样的文本进行翻译、在翻译过程中采取怎样的文化立场等问题进行探索，对目前中国翻译界出现的“盲目引进文本”“误译错译严重”等问题出现的深层原因进行探究、分析，为翻译事业的健康发展指出正确的方向。

1　参见刘宓庆：《文化翻译论纲》，湖北教育出版社，1999 年，第 215—256 页。
2　参见陈德鸿、张南峰编：《西方翻译理论精选》，香港城市大学出版社，2000 年，第 157—158 页。
3　参见廖七一等编著：《当代英国翻译理论》，湖北教育出版社，2001 年，第八章，第 360—386 页。

第二节 意识形态与政治因素

从社会与文化的层面转换到意识形态与政治的层面来探讨对翻译的影响，这其中有合理的一面，也有不合理的地方。就合理的一面来说，社会与文化的因素，特别是文化的因素对翻译的影响几乎是无处不在的，上文已经就其几个主要的方面作了简要的分析。先从社会与文化的角度入手，来探讨在本章讨论的影响因素，有助于从翻译的宏观与微观两个角度把握翻译活动受影响的方方面面。此外，从技术性的角度看，先从社会文化的角度入手，也有助于一开始就将“翻译什么”与“怎么翻译”这两个重大问题所涉及的核心因素纳入视野之内。就不合理的方面来说，意识形态与政治因素和社会、文化因素是紧密联系在一起的，有时是你中存我，我中有你，难以区分。所以，将意识形态与政治因素对翻译的影响独立出来进行探讨，有割裂其与社会、文化因素的天然联系的不足。为了讨论的方便，特别是为了引起人们对意识形态与政治因素在当今世界对翻译所起的影响作用的更大关注，有必要集中在本节，对意识形态与政治因素在翻译中所起的作用作一分析。

首先是意识形态因素。“意识形态”是人们比较熟悉的一个术语。对它的重要性，人们或多或少有所了解，但是，要对它作出全面的定义，却存在着重重困难。在此不拟对这个概念的来源、发展及围绕着对该概念的定义而发生的种种争论作一历史的梳理，因为这不是本节所要讨论的重点。本节所关注的，只是意识形态因素是如何又是在哪些方面对翻译起着制约和影响的作用。

为了便于讨论，不得不从目前对意识形态的种种定义或认识中，取一翻译界已基本认可的定义，作为讨论的基点。自马克思开创性地创立了意识形态学说后，西方的许多思想家都对意识形态投以关注的目光，对这一术语所涉及的思想、文化、宗教、哲学等方面的问题进行思考。法国的阿尔都塞、德国的哈贝马斯都提出过重要的理论。英国的特里·伊格尔顿更是就意识形态问题进行了专门的研究，其主要观点在《意识形态导论》[1]

1 Eagleton, Terry: *Ideology: An Introduction*, London / New York: Verso, 1991.

一书中有深入的阐释。关于何为“意识形态”，目前的翻译界比较倾向于接受以下几种说法：一是阿尔都塞的观点：“意识形态是个体与其现实存在境遇的想象性关系的‘再现’。”二是伊格尔顿的说法，意识形态意味着“我们所说的和所信的东西与我们居于其中的社会的权力结构和权力关系相联系的那些方面”。[1]三是布朗的说法，即意识形态泛指许多社会或个人行为背后的思想及解释系统。[2]香港的庄柔玉认为，布朗的说法比较有代表性，代表了对意识形态这个概念的普遍理解，也适用于翻译研究的特殊视角。庄柔玉明确指出：“翻译的意识形态，即翻译行为背后的思想和解释系统。”[3]这一界定明显是从翻译学的角度提出的，虽然不够充分，但不妨借此说法当作讨论的一个出发点。

就意识形态对翻译的影响而言，翻译界真正对此问题予以关注始于20世纪80年代。由莫娜·贝克主编的《译学百科全书》中有一专门条目，是由彼得·弗赛特写的，条目名称为“意识形态与翻译”，比较详尽地介绍了意识形态与翻译关系的研究历史与主要成果。安德烈·勒菲弗尔是明确提出翻译在很大程度上受制于意识形态的翻译学者之一。他在《翻译、重写以及对文学名声的操纵》一书中提出了一个惊世骇俗的观点：翻译必定受译者或当权者的意识形态和文学观的支配，必定不能真切地反映原文的面貌。鉴于此，他把翻译、编辑、文集编纂、文学史和工具书的编写等等，一律称为“重写”，而且重写就是操纵，是为权力服务的有效手段。[4]勒菲弗尔的观点明显受法国哲学家米歇尔·福柯的“权力话语”论的影响。换句话说，翻译界对翻译中意识形态问题的重视和研究，是与西方社会，特别是以福柯为代表的一批西方思想家对“权力话语”进行理论探索的大背景结合在一起的。勒菲弗尔指出：

> 翻译为文学作品树立什么形象，主要取决于两个因素。首先是译者的意识形态；这种意识形态有时是译者本身认同的，有时却是“赞

---

1 参见王晓元：《文学翻译中的删改》，《翻译季刊》，2000年，第十六、十七期（合刊），第25页。

2 参见庄柔玉：《用多元系统理论研究翻译的意识形态的局限》，《翻译季刊》，2000年，第十六、十七期（合刊），第123页。

3 庄柔玉：《用多元系统理论研究翻译的意识形态的局限》，《翻译季刊》，2000年，第十六、十七期（合刊），第125页。

4 参见陈德鸿、张南峰编：《西方翻译理论精选》，香港城市大学出版社，2000年，第175页。

> 助者”（patronage）强加于他的。其次是当时译语文学里占支配地位的“诗学”。译者采用的翻译策略，直接受到意识形态的支配。原文语言和“文化万象”（universe of discourse）带来的各种难题，译者也会依据自己的意识形态寻找解决办法。[1]

翻译，特别是文学翻译，作为一种再创造的行为，在它的背后，作为思想和解释系统的意识形态始终在起着作用。在勒菲弗尔看来，意识形态是通过译者影响到翻译行为的。就译者而言，他可以认同他所处社会的意识形态，以积极方式去选择拟译的文本，去确定翻译的策略或方式，去解决原文语言与“文化万象”给翻译所造成的各种障碍；译者也可能不认同他所处社会的意识形态，但在翻译委托人的强权下，消极地在主流意识形态所影响的范围内去实施个人的翻译行为。勒菲弗尔以古希腊剧作家阿里斯托芬《吕西斯忒拉忒》一剧的多个英译本[2]为例，从译者对具体词语的处理到译者对原文的增删等各个层次，揭示了意识形态对译者的翻译行为的全面影响与控制。勒菲弗尔指出：“《吕西斯忒拉忒》这出喜剧，主要是要大肆鞭挞某些意识形态，同时又捍卫另外一些意识形态。由于这个原因，很多译者觉得需要在译作里表明自己的意识形态。其中一个译本早在1837年出版，译者是威尔赖特。他竟然把原作删节了四分之一，原因当然是这部分包含的意识形态，跟他自己的意识形态不能相容了。总的来说，此剧的译者大部分都刻意借着各种操纵手段，利用译作表达自己的一套意识形态。”[3]

勒菲弗尔对意识形态与翻译行为的关系的研究，是为其理论，即翻译是操纵行为、是重写的理论寻找依据。对他的这套理论，可以表达不同的看法，但他所揭示出的意识形态对翻译的影响作用，却是不可否认的。他所指出的问题，使人联想到了中国在19世纪末和20世纪初的那段历史，最突出的例子是雨果的《悲惨世界》一书的初译。邹振环把该书的翻译视

1　参见陈德鸿、张南峰编：《西方翻译理论精选》，香港城市大学出版社，2000年，第177页。

2　他所依据的，有以下几个译本：William James Hickie 1902年版，A. S. Way 1934年版，Dudley Fitts 1954年版，D. Sutherland 1961年版，Douglas Parker 1964年版，Patrick Dickinson 1970年版。另外还有C. A. Wheelwright 1837年版，L. Housman 1911年版，Alain Sommerstein 1972年版以及T. W. Harrison与J. Simmons合作的1966年改编本。

3　参见陈德鸿、张南峰编：《西方翻译理论精选》，香港城市大学出版社，2000年，第178页。

为“影响中国近代社会的一百种译作”中的一种，可见其影响之大。对这部书的译介情况，邹振环作了较为详细的介绍与分析。他指出，苏曼殊与陈独秀合译的《惨世界》是个选译本，他们选择翻译的是该书的第一部第二卷《沉沦》，译本的第一至第七回，以及第十三回的后半部，基本上反映了原著的内容。但在第七至第十三回的前半部，译者苏曼殊对原著进行了有目的的删改，加进了一个侠客人物，叫男德。“此人明了世态发展，是个难得（男德）的明白人，他思想激进，大骂孔孟，痛斥官府，对不良时弊痛加针砭。当他在报上读到金华贱被关进监牢，则击案而起，认为他是一个因家里没有饭吃而偷吃一块面包的‘安分守己的工人’。男德以法国青年的口吻说‘支那国孔子的教训，只有那班支那黄种人奉作金科玉律，难道我们法兰西贵重的国民，也要听他那些话吗？’并说‘世界上有了为富不仁的财主，才有贫乏无锥的穷汉’，由此得出‘世界上的物质，应为世界人公用’的结论。他只身劫狱，但义侠行径却得不到被拯救对象的理解。一路上所遇之人多为惟利是图者，他感慨地说：‘非用狠毒的手段，破坏了这腐败的旧世界，另造一种公道的新世界。’”[1]通过这段介绍文字，不难看出译者是如何在译文中以自己的意识形态和政治抱负来取代原文的。这种近乎“暴力”的翻译行为在今天看来不足取，但其中所反映的翻译策略却以某种极端性昭示了意识形态对译文文本的生产所起的作用。

运用勒菲弗尔的“翻译操纵论”来考察中西翻译史上的一些翻译现象，无疑有助于将翻译行为置于一个更广阔的空间进行研究。除勒菲弗尔之外，埃文-佐哈尔所创立的多元系统理论，也为探讨意识形态与翻译的关系提供理论的参照。庄柔玉在《用多元系统理论研究翻译的意识形态的局限》一文中写道：“以多元系统理论来研究翻译的意识形态，对翻译研究有一定的贡献。其一，这样的研究为翻译的研究开拓了新的视野，使翻译研究的焦点由个别作品扩展到翻译的意识形态，以及塑造意识形态的整个社会文化体系。多元系统理论的分析进路把个别的翻译作品从原文译文之间狭窄的主次关系中解放出来。翻译作品不再被视为只是依附原文而存在、用规范性的审美标准来检视的独立个体，而是整个社会文化体系的一部分。在多元系统的理论框架下，翻译作品甚至能具体揭示产生翻译作品

1　邹振环：《影响中国近代社会的一百种译作》，中国对外翻译出版公司，1996年，第174页。

的文化群体的意识形态，这确实大大丰富了翻译研究的内容。翻译研究因而从个别作品的分析，迈向产生作品的历史文化体系的描述；从平面单向的讨论，走向立体多向的辩证。"[1]另外，庄柔玉认为，多元系统理论还"赋予了翻译活动独特的诠释角度，翻译活动不再处于社会文化孤立的边陲位置，翻译被视作形成、推动甚至是塑造整体社会文化的一分子。翻译的意识形态问题，也就随着多元系统研究的开拓而变得越来越受重视；翻译的研究也随着翻译的意识形态研究的展开而越趋系统化"。[2]虽然庄柔玉一文研究的重点是用多元系统理论研究翻译的意识形态的局限，但她所指出的两点，在某种程度上说明了该理论对研究翻译中的意识形态问题的指导价值。在对该问题进行系统研究的种种努力中，特别值得一提的是香港翻译学会的工作。该学会主办的《翻译季刊》在2000年推出了"翻译与意识形态专号"，其中除发表了在上文中引用的庄柔玉和王晓元的文章外，还有张南峰所写的专号导言《意识形态、翻译与翻译理论》，以及刘树森的《西方传教士与中国近代之外国文学翻译》等六篇重要论文[3]。这些论文从不同的角度，对翻译中受意识形态影响的现象与原因进行了富有说服力的剖析。其中谈到的翻译删改与审查制度，尤其值得作进一步的思考。

翻译中的删改，是意识形态，特别是主流意识形态干预翻译的最典型的例证。在历史的不同阶段，在不同的国家，虽然在传统的翻译观的影响下，一般都要求译者在翻译中应尽可能忠实于原作，全面完整地传达原作的内容，但由于意识形态在起着直接或间接的干预作用，翻译中常有删改的现象出现。对原文加以删改，一般有三种情况。当出版社或译者选择了一个文本进行翻译后，在翻译过程中，译者有可能会在主流意识形态的直接干预下或译者自愿认同主流意识形态，将原文中与目的语国家的主流意识形态有可能发生冲突的文字删去。当译者完成了翻译，将译文交给出版人或委托人后，出版社编辑仍有可能根据所在国的主流意识形态对译文加以删改。除译者、编辑之外，出版管理部门也有可能对译文加以删改，若与主流意识形态发生根本冲突的，甚至有可能干脆禁止译文出版、禁止译

1　庄柔玉：《用多元系统理论研究翻译的意识形态的局限》，《翻译季刊》，2000年，第十六、十七期（合刊），第125—126页。

2　庄柔玉：《用多元系统理论研究翻译的意识形态的局限》，《翻译季刊》，2000年，第十六、十七期（合刊），第126页。

3　参阅《翻译季刊》，2000年，第十六、十七期（合刊）。

文进入流通领域。

应该指出的是，主流意识形态不是一成不变的，它会随着国家社会、历史、文化与政治形势的发展而发生变化。因此，对同一部著作，在不同的历史时期，就有可能出现不同的命运。如劳伦斯的《查泰莱夫人的情人》的汉译本，就如同原著当初问世时一样，经历过几多沉浮的命运。笔者对翻译中的删改也有过切身的体会。在 20 世纪 80 年代初，法国著名作家吕西安·博达尔根据他的童年生活，写过一部带有自传性的小说《安娜·玛丽》。该小说的主要内容是：1925 年，法国驻成都领事阿尔贝·博纳尔夫人安娜·玛丽以教育为名，带领十岁儿子吕西安离开她十分厌恶的丈夫，从中国内地回到巴黎。她一回国就把儿子送进远离巴黎的贵族学校，自己则沉湎于上流社会的交际，一头扎进前外交事务总局头头安德烈的怀抱，幻想依傍这位权势者跻身上流社会，成为名噪一时的贵妇人。在选择这部小说进行翻译并向出版社推荐要求列入翻译计划时，我们除了考虑该小说的艺术价值之外，考虑得最多的，便是该书所表现的价值观是否符合当时的意识形态。在该书的《译后记》中，我们写下了如下的文字："小说以吕西安这个从小生长在中国的孩子的口吻，真切地讲述了他回到法国之后的所见所闻，所悲所痛，以及他跟随母亲出入上流社会的种种场景。通过这些描述，作家以现实主义的笔触，对资产阶级教育、政治、外交和家庭，对资产阶级社会作了别具一格而颇有深度的揭露，使我们从中看到了贵族教育的黑暗与腐朽，上流社会的灰暗与虚伪以及人与人之间的冷酷与自私。"[1] 根据这些文字，可以清楚地看到，当初我们选择这部小说的主要标准，便是意识形态和政治因素。在翻译的具体过程中，作为该小说的主要译者，我还是对小说中的某些文字作了删除和"淡化"处理，而促使我这样做的，同样是意识形态的因素，因为该小说中有数段文字对主人公吕西安母亲安娜·玛丽的美貌，甚至对她的身体作了在当时看来过于"露骨"的描写。而随着时代的发展，人们的思想观念也不断发生变化，在翻译中起着重要作用的意识形态也在变化，所以到 1997 年，当出版社决定再版该小说时，小说中被删除的部分文字，在新译本中基本都恢复了。

1　吕西安·博达尔：《安娜·玛丽》，许钧、钱林森译，江苏人民出版社，1988 年，参见《译后记》，第 505—506 页。

在承担教育部人文社会科学研究博士点基金"九五"重点项目"文学翻译基本问题研究"这个课题时，我们曾有机会向国内一些译绩卓著、经验丰富的老翻译家请教，他们中有蜚声中外的文化大师，有独树一帜的语言学家，有成就斐然的诗歌翻译家，有文学研究成果卓著的学者。他们大都已经有过半个多世纪的翻译经历。在不同的历史时期和社会环境中的翻译历程丰富了他们对翻译的认识。其中他们谈到了意识形态因素对他们的翻译所起的影响。屠岸先生既是著名翻译家，也是一位具有丰富管理经验的出版部门领导。他说："意识形态对翻译作品的选择与处理有很大影响，这是事实。50 年代中苏'蜜月'时期，也是俄苏作品译本出版的黄金时代，当年欧美古典文学作品占一席之地，是由于我国文艺政策中有'洋为中用'一条，同时，也可说借了'老大哥'的光。苏联诗人马尔夏克的莎士比亚十四行诗俄译，在苏联卫国战争期间全部登载在《真理报》第一版上，战后出单行本，又获得斯大林奖金。所以我译的《莎士比亚十四行诗集》的出版不会受到阻碍。法捷耶夫在《谈苏联文艺》一文中指出：'欧美资产阶级在它发展的时候，也曾有过优秀的文学作品，但现在欧美作家与这种进步文学传统相对立，走向没落的道路……我们的文艺好像是联结点，我们吸取他们的好的成分，创作自己新东西，再传给下一代。'新中国成立初期对外国文艺的政策与法捷耶夫所代表的苏联的政策是一致的。所以从 50 年代到 70 年代，我国出版界对欧美的现代作品一概拒之门外。60 年代中苏分歧公开后，对苏联的当代作品也当作'修正主义'作品而打入冷宫。"[1] 屠岸先生所回顾的这段历史，充分见证了在选择所译文本时，主流意识形态起的是何等重要的决定性作用。"对欧美的现代作品一概拒之门外"，是因为在当时人们的意识中，资本主义已经走向没落，在这个环境下创作的文艺作品自然是腐朽的；而"对苏联的当代作品也当作'修正主义'作品而打入冷宫"，更是在当时中苏两党出现重大的意识形态分歧后所造成的直接后果。

谈意识形态对翻译的影响，不能不涉及政治因素，因为这两者往往紧密地结合在一起。尤其是主流意识形态，它常常渗透或主导有关权力机构，采取政治行为，如以颁布政策的形式，对翻译加以干涉。如上文中屠

1　屠岸、许钧：《"信达雅"与"真善美"》，《译林》，1999 年，第 4 期，第 209 页。

岸提到的新中国初期的文艺政策。施康强在1996年4月1日至3日于香港中文大学翻译系举办的“外文中译研究与探讨”学术会议上，曾以昆德拉著作《不朽》为个案，从意识形态和政治因素这两个相互结合的方面，探讨了“译与不译的取舍标准”及深层原因。他指出：“外国文学作品的整体或部分在意识形态上是否明显背离主流意识形态，是否包含被认为过分的性描写，是大陆出版者的关心焦点。”[1] 在中国内地，解放以来，并不存在书报审查委员会一类的审查机构，主要是通过出版部门的自我审查来对译与不译及删与不删作出取舍。但应该看到，随着中国改革开放事业的不断发展，对外交流日益频繁，“各出版社在奉行四项基本原则的同时，在一定程度上放宽了对外国文学作品的审查尺度。当代一些重要的，提出或涉及敏感的意识形态问题的作品得以翻译出版”。[2] 从中也可以看到，随着社会与历史的发展，各民族、各国家间的交流将为异质文化和不同思想的接触与碰撞，提供越来越自由、开放的空间。

第三节　翻译动机与翻译观念

上文分别就社会、文化、政治和意识形态因素对翻译的影响作了探讨。通过分析可以看到，上述因素的影响主要作用于对拟译文本的选择，也就是“译什么”的选择。同时，对所选文本的删改，也是上述因素影响的重要体现。这些影响有时是直接的，有时是间接的，但总的来说，可以将之归于外部因素，因为在影响翻译的所有因素中，最活跃且起着决定性作用的，是翻译的主体因素，而译者的翻译动机，是体现翻译主体因素的重要部分。

回顾中国翻译史，特别是近一个世纪以来的翻译史，可以看到，在各个不同的历史时期，翻译总是与社会变革或思想文化运动紧密地结合在一起，而一些具有代表性的翻译家，更以他们在明确的翻译动机推进下所进行的翻译活动，起着推动社会变革或思想文化运动的积极作用。

1　施康强：《译或不译的取舍标准——一个个案分析》，金圣华主编：《翻译学术会议——外文中译研究与探讨》，香港中文大学翻译系，1998年，第88—89页。
2　施康强：《译或不译的取舍标准——一个个案分析》，金圣华主编：《翻译学术会议——外文中译研究与探讨》，香港中文大学翻译系，1998年，第83页。

翻译作为一种跨文化的交流活动，具有很强的目的性，这里必然涉及“为什么翻译”的根本问题。对具有历史使命感的翻译家来说，只有明确了“为什么翻译”这一根本问题，才能解决“翻译什么”的选择，而这两个问题一旦找到明确的答案，如何翻译的问题便能在原则上得到解决。在这个意义上说，翻译家的翻译动机对他们选择什么文本来译，采取怎样的策略来进行翻译，具有直接的决定作用。中国近代著名思想家、政治活动家梁启超的翻译活动是一个很好的例证。

在19世纪末，梁启超曾在《变法通义》中专辟一章，详论翻译，把译书提高到“强国第一义”的地位。而就译书本身，他明确指出：“故今日而言译书，当首立三义：一曰，择当译之本；二曰，定公译之例；三曰，养能译之才。”[1]梁启超所言“择当译之本”，便是“译什么书”的问题。他把“择当译之本”列为译书三义之首义，可以说是抓住了译事之根本。选择什么样的书来翻译，取决于多方面的因素。其中最主要的，便是翻译的目的或动机。梁启超把翻译当作强国之道，目的在于推行维新变法。他认为，以前的国文馆和江南制造局翻译馆译的大都是兵学著作，这无助于解决中国的强国大事。在他看来，要强国，当务之急要多译“西方法律、政治、历史、教育、农学、矿学、工艺、商务、学术名著和年鉴等书”。[2]在他的倡导之下，一批批外国社会科学著作先后被介绍到了中国。显而易见，梁启超的选择不仅仅是一般意义的翻译选择。推行维新变法，改造旧中国的明确目的是其“择当译之本”的出发点。

清末民初时期，出现了文学翻译的高潮，而“政治小说”更是风靡一时。梁启超虽大力倡导翻译社科著作，维新救国梦并没有因此实现。他转而对小说的作用抱有幻想，希望借助小说“支配人道”的不可思议之力，来达到改良社会与政治、实现社会革命的目的。翻译学者们对清末民初的文学翻译高潮形成的原因，已有不少探讨，其中重要的一点便是，“文学翻译高潮”源于梁启超等人对小说“社会功能”的特别认识。梁启超所发表的《论小说与群治之关系》一文，对此有明确的论述。香港中文大学翻译系的王宏志认为：梁启超提出小说革命，“实际上是要革掉传统小说的

1 转引自郭延礼：《中国近代翻译文学概论》，湖北教育出版社，1998年，第227页。
2 转引自郭延礼：《中国近代翻译文学概论》，湖北教育出版社，1998年，第227页。

命”，因为在梁启超看来，中国传统小说一无可取，“地位低微，著者多为市井俗夫，内容方面只知诲盗诲淫，更是‘吾中国群治腐败之总根源’。相对而言，西洋小说却是文学的正宗，著者皆为硕儒道人，写的都是政治议论，与政体民志息息相关，对国家政界的进步极有裨益。在这情形下，译印域外小说，便是小说革命的第一步，也是最自然不过的选择了”。[1]在对清末民初文学翻译大盛之原因的探讨中，可以清楚地看到，翻译的目的与翻译的选择之间的联系是再紧密不过了。

梁启超的翻译动机是强大而明确的。台湾翻译家齐邦媛曾专门撰文，论述了梁启超的翻译动机对他的翻译选择及翻译手段的影响，在《由翻译的动机谈起》一文中，齐邦媛开篇这样写道：

> 从事翻译工作的人，思绪长年盘旋在别人的字句之间，不免有时感到自我遗失的沮丧，但大多的时间会在两种语言的认知、移转和重组的过程中得到唯有翻译者才能领悟的兴趣与满足。而且成功的翻译应是一种高难度的艺术，不能像创作者一样任思潮畅流，字斟句酌之际并无必然的约束，甚至可以避重就轻。既然如此，为何许多才情洋溢的作家也会深入译作领域？主要应是另一种创造方式的挑战。在两种语言之间浅滩涉水，深处搭桥的过程自有它的魅力。但是在文字魅力之外，经常有更强大的动机，对有些人来说，是一种必备的热情。[2]

从齐邦媛的这段话中，可以得到这样的信息，那就是翻译动机可以是多种多样的。确实，它可以是政治的、文化的，也可以是艺术的。它可以是强大而明确的，也可以是微弱而隐约的。应该承认，任何一种翻译活动，都受到一定的动机所驱动，都为着一定的目的去进行。齐邦媛认为，梁启超在《论译书》一文中“坦率地高喊译书救国论”，让她深切地感受到了梁启超欲通过翻译吸取新知、报国乃至救国的急切与热情。如果说梁

1　王宏志：《导言：教育与消闲——近代翻译小说略论》，王宏志编：《翻译与创作——中国近代翻译小说论》，北京大学出版社，2000 年，第 3—4 页。

2　齐邦媛：《由翻译的动机谈起》，金圣华主编：《翻译学术会议——外文中译研究与探讨》，香港中文大学翻译系，1998 年，第 28 页。

启超能身体力行，自己动手翻译日本作家柴四郎的政治小说《佳人偶遇》，那无疑是出自救国的强大动机。以求知救国的翻译动机而论，齐邦媛认为胡适提倡之热切不下于梁启超，不同的是梁启超欲通过政治小说来达其目的，而胡适则要“赶紧多多地翻译西洋的文学名著作我们的模范”，并与罗家伦合译易卜生的《娜拉》，以推进他所提出的文学革命之建设。[1]

翻译动机作为影响翻译的重要因素，所起的作用是许多翻译家本人也充分意识到的。我们在对近半个世纪来一些具有代表性的翻译家的翻译思想进行梳理的过程中，发现在不同的时代和不同的社会环境中，翻译家对翻译有着不同的理解与认识，对从事翻译工作也有着不同的动机，而“求真”与“求美”，构成了翻译动机的基本之源。在学习巴金的译文和有关翻译的论述时，我们深切地感受到巴金对自己的翻译有着明确的认识。他认为自己不是严格意义上的翻译家。他说：“我记得有一位外国记者问过我：作家一般只搞创作，为什么我和我的一些前辈却花费不少时间做翻译工作。我回答说，我写作只是为了战斗，当初我向一切腐朽、落后的东西进攻，跟封建、专制、压迫、迷信战斗，我需要使用各式各样的武器，也可以向更多的武术教师学习。我用自己的武器，也用捡来的别人的武器战斗了一生。在今天搁笔的时候我还不能说是已经取得多大的战果，封建的幽灵明明在我四周徘徊！即使十分疲乏，我可能还要重上战场。”[2] 在这段话中，可以清楚地看到，翻译对他而言是一种武器，一种手段，而战胜黑暗，求得光明，便构成了他进行翻译工作的动机。翻译家草婴的动机更为明确：“我从事翻译工作最初是为了参加反法西斯斗争，想通过翻译让读者了解反法西斯斗争的真实情况，从而增加中国人民对抗日战争胜利的信心。其次，我一向喜爱俄苏文学，因此也想通过翻译让中国读者欣赏到一些好的文学作品，丰富大家的精神食粮。我之所以介绍肖洛霍夫的作品，是因为我认为在苏联作家中，肖洛霍夫是继承19世纪俄国现实主义文学传统很出色的一个，尤其是继承托尔斯泰的传统，发扬他的人道主义精神。”[3]

1 齐邦媛：《由翻译的动机谈起》，金圣华主编：《翻译学术会议——外文中译研究与探讨》，香港中文大学翻译系，1998年，第33—34页。

2 参见《译林书评》，1996年10月30日，第1版。

3 草婴、许钧：《“老老实实做人，认认真真翻译”》，许钧等著：《文学翻译的理论与实践——翻译对话录》，译林出版社，2001年，第175页。

上文已经谈到，在翻译活动中，翻译动机和目的直接影响着对作品的选择。在不同的历史时期，出于不同的动机，对作品的选择也就不同。在历史动荡或社会大变革时期，翻译家往往出于政治的动机，把翻译当作实现其政治理想或抱负的手段，因此，他们在选择翻译的作品时，特别注重其思想性，如梁启超、胡适、鲁迅、巴金等人的选择，都充分地证明了这一点。而在社会环境稳定的时期，翻译家则把更多的目光投向作品的文化内涵、审美价值和艺术性。在改革开放的进程中，法国作家普鲁斯特的《追忆似水年华》和爱尔兰作家乔伊斯的《尤利西斯》这两部巨著在中国的翻译与出版，便是一个充分的例证。萧乾和文洁若夫妇认为乔伊斯的《尤利西斯》对20世纪小说创作曾经起过并且仍在起着巨大的作用，他们不顾自己年事已高，也不怕翻译中可能遇到重重障碍而选择翻译这部巨著，是因为他们认为这部作品有着多方面的价值，“对我国小说的创作有可借鉴的地方”[1]。有了明确的翻译动机，在对具体作品的选择上便会有明确的标准。

萧乾先生在选择作品时，特别强调必须“喜爱它”：“只是译的必须是我喜爱的，而我一向对讽刺文字有偏爱，觉得过瘾，有棱角，这只是我个人选择上的倾向。”“由于业务关系，我做过一些并不喜欢的翻译——如搞对外宣传时；但是我认为好的翻译，译者必须喜欢——甚至爱上了原作，再动笔，才能出好成品。”“从菲尔丁到里柯克，我译的大都是笔调俏皮，讽刺尖锐，有时近乎笑骂文章，这同我以‘塔塔木林’为笔名所写的倾向是近似的。”[2]文洁若有着自己明确的选择标准，她说：“我喜欢选择那种具有强烈的艺术感染力的作品来译。例如凯瑟琳·曼斯菲尔德的作品就给人以美感享受——语言美，情调美。日本近代作家泉镜花的《高野圣僧》，芥川龙之介的《海市蜃楼》和《橘子》，以及80年代去世的女作家有吉佐和子的短篇《地歌》和《黑衣》，至今健在的水上勉的散文《京都四季》，大都是以敏锐的观察力和细腻的表现力见称，表达了日本传统文化的审美情趣。对日本作品我还有个标准或原则：着重翻译那些谴责日本军国主义对我国发动侵略战争的作品，其中包括天主教作家远藤周作的《架着双

1 参见许钧等著：《文学翻译的理论与实践——翻译对话录》，译林出版社，2001年，第84页。

2 萧乾、文洁若、许钧：《“翻译这门学问或艺术创造是没有止境的”》，《译林》，1999年，第1期，第210页。

拐的人》和三浦绫子的《绿色荆棘》。”[1] 在新的历史时期，屠岸先生也有自己的标准：“我选择作品进行翻译，有自己的标准：一、在文学史上（或在现代、当代舆论上）有定评的第一流诗歌作品；二、同时又是我自己特别喜爱的，能打动我心灵的作品。选择第一流作品，是为了要把最好的外国诗歌介绍给中国读者，把外国的‘真善美’输送到中国来；选择我喜爱的、能打动我的作品，因为这样的作品我才能译好。对生命力不能持久的畅销书，我不感兴趣。作为出版社负责人，考虑选题就应当更全面，视野更广阔。对入选原著的语种、原作者的国别，要扩大，时代的跨度，要延长。出版社推出外国文学作品的译本，要从改革开放的角度着眼，从中国与世界各国进行文化交流的角度着眼，从不同爱好、不同层次的广大读者的要求的角度着眼。作为文学出版社，应当出第一流的、古典的和现当代的外国文学作品，作品的文学性是第一选择标准。但有些产生重大影响的作品，其文学价值或许还没有定评，但对读者具有认识价值，也可列入选题。”[2] 从翻译的动机到对翻译作品的选择，两者的联系是非常紧密的。但有必要指出一点，就译者个人的翻译动机而言，他欲达到的翻译目的及对作品的选择，有可能与影响翻译的其他因素，如上文中提到的政治、社会、文化因素发生冲突，其原因在本章第一、二节中已有过分析与探讨，这里不拟赘述。

上文以一些著名翻译家的具体例子对翻译动机所起的作用进行了探讨，所引用的例证也都是从积极的方面选取的。但是，在我们这个时代，社会上的一些消极的因素在时刻影响着翻译界，起着潜移默化的作用。像在战争年代或在社会大变革年代的那种以翻译求知救国的强大动机如今已经少有张扬，而“追名逐利”的翻译动机却在严重地败坏着翻译界的风气，其严重的后果便是翻译质量的下降，甚至出现明目张胆的抄袭与剽窃行为。对这些问题的存在，译界应该予以充分关注。

译者作为翻译的主体，在整个翻译过程中始终起着决定性的作用，而上文所探讨的翻译动机则是直接制约翻译者的行为的因素之一。与之紧密相关的，还有译者的翻译观念。所谓翻译观念，即译者对翻译的认识，它

1　萧乾、文洁若、许钧：《“翻译这门学问或艺术创造是没有止境的”》，《译林》，1999 年，第 1 期，第 210 页。

2　屠岸、许钧：《“信达雅”与“真善美”》，《译林》，1999 年，第 4 期，第 208—209 页。

直接体现了译者对翻译活动的理解，也制约着译者的价值取向及翻译方法。应该说，译者进行翻译活动，都有一定的目的，其动机将有形或无形地始终影响着译者在整个翻译过程中的选择与取舍，而与翻译动机同时起作用的，还有不可忽视的翻译观念。

本书一再申明这样一个观点：翻译不是一种纯粹个人的活动，也不可能是一种纯粹个人的活动，因为翻译直接涉及交流的双方，它不是一种单向的行为。在这样一种事关交流双方的活动中，任何一个翻译者都或多或少地会意识到自己的责任，并对他所担负的翻译行为有一个起码的认识，并且会基于自己的认识与责任，为自己的翻译活动建立某种原则。第一章以“理解翻译”为一节的题目，对翻译的本质问题作了多方面的探索与分析，其目的不言而喻，那就是通过对这一问题的思考，在理论上开拓探索的空间，明确翻译是一种怎样的活动，而在实践层面，则是为译者建立自己的翻译观提供某种参照。

如何理解翻译活动，对翻译的影响是至关重要的。王宏志曾以王晓明所写的《从一种特殊的翻译组织方式看80年代中国翻译运动》一文为线索，对20世纪80年代出现的社会科学翻译潮的特点作了如下的分析：

> 首先，80年代出现的社会科学翻译潮，跟清末民初出现的文学翻译潮是有相通的地方的。二者都认为当时自己面对的是一个历史的时刻，过去是停滞的年代，他们的工作是要开拓未来。就像晚清以翻译小说为“开道之骅骝”，然后再自己创作的小说一样，80年代翻译的目的，也是要借助翻译来介绍外国新思想，然后建立当代中国独特的思想框架及论述。[1]

王宏志注意到，在80年代社会科学翻译潮中起着先锋作用的《西方学术文库》的目的是非常明确的。他特别提请读者注意《西方学术文库》总序中的这样一段话：“梁启超曾言：今日之中国欲自强，当以译书为第一事。此语今日或仍未过时。但我们深信，随着中国学人对世界学术文化进展的了解日益深入，当代中国学术文化的创造性大发展，当不会为期太

1　王宏志：《重释“信达雅”——20世纪中国翻译研究》，东方出版社，1999年，第54页。

远了。”在王宏志看来，《总序》中搬出梁启超之言，昭示了文库的组织者们“明确理解翻译是建立社会系统的重要力量，因此，他们愿意把翻译放在主要的位置，而这次的任务，更主要是针对意识形态上的准则”。正是基于“翻译是建立社会系统的重要力量”这一认识，出于“借助翻译来介绍外国新思想，然后建立当代中国独特的思想框架及论述”的明确目的或动机，《西方学术文库》首先在选材上走出了极为勇敢的一步，那就是“来自西方国家的原著占了主流的地位，这明显跟1949年以后大量翻译苏联东欧以及其他社会主义国家作家作品很不同”。同时，他们突破了种种限制，采取了不同策略，利用日益宽松的社会与政治环境，有力推动了社会科学理论著作的翻译工作。[1]

作为一个译者，他或她对翻译的理解与认识不是静止不变的，会因时代或社会、文化语境的变化而变化。在这个意义上，一个人的翻译观也是在不断变化、发展的。以笔者个人为例，在20世纪80年代初，自己刚刚涉足翻译时，对翻译的认识还是比较幼稚的。应该说，当时的翻译观囿于“语言转换”的范围，因此，翻译时关注的是“语言的忠实”和“形式的对等”。二十年来，随着自己对翻译的思考不断深入，自己的翻译观也由纯粹的“语言转换”观发展到了今日的“文化交流观”，把翻译活动理解为促进不同民族对话、思想交流的文化活动。特别在世界化和经济一体化进程不断加快的今天，如何通过翻译活动来维护文化多样性，便成了自己思考翻译活动的本质与作用的一个基本点，也成了自己选择拟译文本、组织大型译丛的一个基本原则。在我与广西师范大学出版社合作主编的大型译丛《法兰西书库》（首批56种）的《主编的话》中，有这么一段：

> 三年前，法兰西共和国总理若斯潘来华访问，在访沪期间，邀请中方各界人士数十名在法国人设计的上海大剧院会面。记得在会上，我曾针对若斯潘总理在演讲中所强调的“文化价值”问题，向他发问：“文化与语言密切相关，面对世界的‘英语化’和全球经济的‘一体化’，法国政府何以维护法语的地位，又何以发扬光大法兰西文化？”他没有直接回答我的问题，而是作了一个原则性的思考：一

1　王宏志：《重释“信达雅”——20世纪中国翻译研究》，东方出版社，1999年，第55—56页。

个民族语言的丧失，就意味着这个民族文明的终结。任何一个维护民族文化价值的国家都不会听任自己的语言被英语所取代。而对世界来说，经济可以全球化，甚至货币也可以一体化，但文化则要鼓励多元化。他认为，正是本着文化多元化的精神，法兰西文化在尊重其他民族文化的同时，得到了自身的不断发展与丰富。若斯潘的这番回答，尤其他对文化多元化原则的阐发，引发了我日后对文化问题，尤其是对翻译问题的不少思考，而这个冠以《法兰西书库》之名的开放性译丛，就是我们对文化多元价值观的一种认同，也是多元文化精神的一种直接体现。[1]

若从政治的角度看，法国鼓励全球文化的多样性，推崇文化多元价值观，也许是对抗美国经济与文化霸权的一种策略。但以历史的眼光来看，法兰西对文化价值的推崇，对文学艺术的追求，对实现文化多样性的努力，是以其深厚的民族传统为基础的。不然，很难想象法兰西民族会有其绵延千年、昌盛不衰、为世界瞩目的灿烂文化，更难以想象近代以来，西方思想、文化领域的诸多思潮与流派大都会发轫于法国。而作为这套大型译丛的主编，由于对翻译有着自己明确的理解和认识，所以我在选择拟译文本时，就特别强调“我们遵循的是多元的原则，旨在让广大读者能听到法兰西思想的不同声音，看到法兰西文化的不同侧面，欣赏到法兰西文学艺术的不同风采”。在明确的翻译观指导下，确立选择文本的多元原则，再根据目前的文化语境，确定“思想、文化、文学”等各个系列的具体书目，继而制定翻译的原则与要求，整个过程充分体现了出版社和丛书策划者及主编崇尚多元文化价值、促进文化交流的翻译思想。

翻译观的确立不仅仅对拟译文本与翻译策略有着重大的影响，对译者具体的翻译方法和处理原则也有着直接的影响。1995 年，国内翻译界曾围绕《红与黑》的汉译问题有过一场深入的大讨论。冯亦代曾以《一九九五年翻译界的一场大辩论》为题，对这场讨论的始末、参与讨论的各家的主要观点与分歧及讨论的重要性作了详细的介绍与评述，并就翻译问题提出

---

1 见许钧：《主编的话》，《法兰西书库》，广西师范大学出版社，2001 年。

了自己的六点看法。[1]这场讨论涉及了文学翻译的许多重要问题，其中便有在本节讨论的翻译的观念对翻译家的实践的影响问题。《红与黑》的汉译实践也从另一个角度证明了这样一个事实，那就是在不同的翻译观的指导下，译家采取了不同的翻译方法，出现了不同的实践，产生了风格殊异的译文。且以翻译家许渊冲为例。许渊冲对翻译有着明确的认识，在长达半个多世纪的丰富的翻译实践中，逐渐形成了自己的翻译观，并提出了系统的翻译思想。就翻译观而言，其基本点便是译家对翻译的本质的认识。早在 1990 年，许渊冲就以十分明确的表述，提出了这样的观点："翻译是两种语言的竞赛，文学翻译更是两种文化的竞赛。"[2]在《红与黑》的《译者前言》中，许渊冲又重申了这一观点。正是基于这一观点，即把翻译理解为竞赛，而这一竞赛是在两个层面展开：一是语言的竞赛；二是文化上的竞赛。应该说，许渊冲在对翻译的认识中，能紧紧抓住语言与文化这两个本质的方面，是非常有见地的。因为翻译活动是以语言符号系统转换为手段的，而在民族语言的背后，起着支撑作用的便是民族文化。关于文化上的竞赛，在许渊冲论翻译的其他文章中并没有看到进一步的阐述。但就语言的竞赛而言，许渊冲先生则不仅有深刻的见解和明确的表述，而且基于这一翻译观，提出了一系列相关的见解。在他看来，围绕着"翻译是两种语言的竞赛"这一基本观点，实际涉及的有许多理论与实践的问题，如翻译的标准、翻译的方法等等。许渊冲认为，在两种语言的竞赛当中，译者要充分"发挥译文语言的优势"，也就是要充分发挥目的语的优势。那么到底如何发挥译文语言的优势呢？在《约翰·克里斯托夫》重译本《译者前言》里，可以得到这样的解答：

> 在两种语言的竞赛中，只能紧紧跟在原文后面，永远不能超越原文；这就是说，翻译文学永远不能和创作文学比美，更不可能胜过创作了。但是，如果能用"再创作"的方法，充分发挥译语优势，使人读译文后，不但"知之"（信），而且"好之"（达），甚至"乐之"（雅），那翻译文学才有可能和创作文学平起平坐，才有可能在本国建

1　见冯亦代：《一九九五年翻译界的一场大辩论》，金圣华主编：《翻译学术会议——外文中译研究与探讨》，香港中文大学翻译系，1998 年。

2　许渊冲：《文学翻译与翻译文学》，《世界文学》，1990 年，第 1 期，第 285 页。

立起世界文学。如果能把本国文学译成外文，能使外国读者“知之、好之、乐之”，那就是在全世界建立世界文学了。[1]

要发挥译文语言的优势，关键一条，就是不能紧紧跟在原文后面，而要做到这一条，许渊冲认为要破除文学翻译追求词语“对等”的思想与做法。他认为，“对等”论和“形似”论对译者最不利的影响是：翻译时经常考虑译文某个词和原文的某个词是不是“对等”，是不是“相似”，不知道“对等”的词并不一定是最好的译文。在他看来，文学作品中“有较低层次的词句和较高层次的词句。较低层次的词或句，在翻译时比较容易找到‘唯一的’对等词，找到后别人也不容易超越，只好依样画葫芦。较高层次的词或句，在翻译时就不容易找到‘唯一的’对等词，而要八仙过海，各显神通；也就是在翻译高层次词句时，需要译者有‘再创作’的可能，所以才可能分辨出不同译文的高下，译文甚至有胜过原文的可能”。[2] 在具体的翻译中，许渊冲采取了“等化、浅化、深化”三种方法，以便在翻译中“扭转劣势、争取均势、发挥优势”。[3] 最终的目的，就是要发挥译文语言的优势，“取得竞赛的胜利”，让读者不仅“知之”，而且“好之”“乐之”。许渊冲曾经以自己在翻译实践中所遇到的一些具有代表性的例子，如译界如今已经非常熟悉的“不爱红装爱武装”“春蚕到死丝方尽”等译法，充分地展示他在翻译中所主张的“创造性”。在《文学翻译与翻译文学》那篇谈自己翻译经历与思想的文章中，许渊冲以朱生豪、傅雷和卞之琳等名家的译例和自己翻译罗曼·罗兰的《哥拉·布勒尼翁》的实例，具体说明了翻译中如何发挥译文语言的优势，使用“等化、浅化、深化”的方法，颇具启迪意义。文章中举的例子很多，这里仅引作者认为较有特色的三例。

第一个例子是法国诗人瓦莱里的一首题为“风灵”的诗。卞之琳对这首诗情有独钟。这首诗“以风灵喻诗人的灵感。它飘忽无定，出于偶然或出于长期酝酿，苦功通神，突然出现，水到渠成。它在诗中出现，易令人

1　罗曼·罗兰：《约翰·克里斯托夫》，许渊冲译，湖南文艺出版社，2000 年，见《译者前言》第 6 页。
2　罗曼·罗兰：《约翰·克里斯托夫》，许渊冲译，湖南文艺出版社，2000 年，见《译者前言》第 5 页。
3　许渊冲、许钧：《翻译：“美化之艺术”——新旧世纪交谈录》，许钧等著：《文学翻译的理论与实践——翻译对话录》，译林出版社，2001 年，第 56 页。

莫测高深，捉摸不定；最后一转，神奇地出现了一个形象，一个女子换内衣的一瞥，一纵即逝”。[1] 该诗有四段，卞之琳的译文是这样的：

风灵

无影也无踪，
我是股芳香，
活跃和消亡，
全凭一阵风！

无影也无踪，
神工呢碰巧？
别看我刚到，
一举便成功！

不识也不知？
超群的才智，
盼多少偏差！

无影也无踪，
换内衣露胸，
两件一刹那！

许渊冲分析说，原诗每行五个音节，韵式是 ABBA，ACAC，DDE，AAE。卞之琳把一个法文音节译成一个单音汉字，韵式除第二段改成 ACCA 外，和原诗非常“形似”。但是若以“神似”而论，译文还有可以商榷之处。如第三段“超群的才智，盼多少偏差！”就不好懂。其实原文是说：超群的才智也会出多少偏差，犯多少错误，失掉多少抓住灵感的机会，而这却是意中之事。卞译强调“意中之事”，用了一个“盼”字，结果反而出了“偏差”了。许渊冲认为译诗要得其精而忘其粗，得其神而忘

1　卞之琳译：《卞之琳译文集》（中卷），安徽教育出版社，2000 年，第 222 页。

其形，因为译诗总是有得有失的，如果能“得意忘形”，那就不算“得不偿失”了。许渊冲把这句诗改译如下：

① 超群的才智 出多少偏差！
② 超群的才智 少不了偏差！
③ 超群的才智 多次失良机！

他认为，①更“形似”，③更“神似”，②在①和③之间，更加“意似”，因为包含了“意料中”的意思。卞译“换内衣露胸，两件一刹那”，许渊冲认为更不好懂。他改译为：

① 更衣一刹那，隐约见酥胸！
② 脱衣又穿衣，瞬间露玉体！

许渊冲觉得，①用了卞译原韵，但是颠倒了韵序，因为他觉得保存原诗“意美”比“音美”更重要。②则改动了原韵，和“多次失良机”押韵，这又是有所得。如果认为所得大于所失，那许渊冲觉得可以为了更多的“音美”，牺牲少许“意美”。

许渊冲举的第二个例子是《哥拉·布勒尼翁》第一章的一段译文。哥拉热爱生活，他在第一章中说：“生活多么美好！我虽然拼命吃喝，还总是饥饿，还流着馋涎；我恐怕是病了：随便什么时候，只要面对着摆满了阳光和泥土的餐桌，我的口水总是直流……”许渊冲认为后半句这种“形似”的直译不容易理解，于是定稿改成：“只要面对着醉人的阳光，和秀色可餐的大地，我的口水总是直流……”这样把“餐桌”这个名词分译为“醉人的”和“秀色可餐的”两个形容词，许渊冲译后感到自得其乐，觉得译文发挥了汉语的优势。

第三个例子也是取自《哥拉·布勒尼翁》一书。哥拉年轻时和一个名叫皮农的好朋友为了争夺一个情人打了起来。“我们两个一起动手，一分价钱一分货色。皮农揍了我几拳，要打得我头破眼瞎；我呢，我也几次三番要用膝盖撞穿他的肚皮。没有比朋友更坏的敌人了。”许渊冲认为最后一句突如其来，叫人摸不着头脑，这时就不能只翻译表层的文字，而要发掘深层的含义了。定稿改成："朋友翻了脸，比仇人还狠。"

许渊冲解释说，第一例中将"酥胸"换为"玉体"，算是"等化"；第二例中将"餐桌"译成"醉人的"和"秀色可餐的"，那是"浅化"；第三例中的最后一句改为"朋友翻了脸，比仇人还狠"，可以说是"深化"的翻译。[1]从译例分析来看，许渊冲主要是在译语的"美"的层面下功夫，由卞之琳的"胸"变成"酥胸"或"玉体"，由原译中的"摆满了阳光和泥土的餐桌"改为"醉人的阳光，和秀色可餐的大地"，可以看到在翻译上的一种"美化"与"归化"的努力。这种努力不仅表现在许渊冲所列举的三个译例中，也充分体现在他翻译的《红与黑》《约翰·克里斯托夫》等译本中。由"翻译是两种语言的竞赛"这一基本观念，到充分发挥译文语言的优势，再到具体运用"三化"方式，在翻译上朝"美化"与"归化"的方向努力，使读者"知之、好之、乐之"，这一条环环相扣的翻译之路，充分见证了翻译观念对译者的价值取向及翻译原则与翻译方法所起的巨大作用。

如果说由"翻译竞赛观"，到主张发挥译文语言优势，必然导向"美化"与"归化"的翻译之路的话，那么"翻译交流观"，即把翻译看作不同文化之间的"交流"，则不可避免地会确立与前者不同的价值取向及翻译原则和方法。"翻译交流观"重在交流与互通有无，因此强调翻译中应持平等的态度，并要求译者充分认识与了解原文所表现出的文化差异，并尽可能将之融入目的语的大语境中去，融入接受语文化中去，以真正达到吸收出发语文化与丰富目的语文化之目的。为此，在翻译上尽可能保持原作的"原汁原味"，又成了一种必然的追求。郝运也同样翻译过《红与黑》，他对翻译虽然没有系统的思考，但却有着自己的理解与目标。他在给笔者的信中说："我从事法国文学译介工作时间不算短，但始终不敢好高骛远，只追求一个目标：把我读到的法文好故事按自己的理解尽可能不走样地讲给中国读者听。我至今仍认为做到这一点并不容易。有时候原作十分精彩，用中文表达却不流畅，恰似营养丰富的食品偏偏难以消化。逢到这种情况，我坚持请读者耐着性儿咀嚼再三，而决不擅自用粉皮代替海

1　参见许渊冲：《文学翻译与翻译文学》，《世界文学》，1990 年，第 1 期，第 277—285 页。

蜇皮。”[1]话讲得十分朴素，但道理很深。他的观点十分明确，坚持“不走样”，尽可能让读者读“原汁原味”的东西，哪怕一时难以消化，也不擅自“创造”。郝运先生的出发点也很明确，他不想“存心欺骗读者”。读郝运先生的译文，确实可以感受到他的这一良好的愿望。他译的《红与黑》理解准确，语言平实朴素，在这一点上，与他所理解的斯丹达尔的风格是一致的。但由于他极力坚持“不走样”，译文的句子读起来比较吃力，拿许渊冲先生的话说，有着严重的“翻译腔”，读者需要咀嚼再三，才能读出味道来。应该说，郝运所使用的翻译方法，是基于他对翻译的理解，也是他的翻译原则的具体体现。

在历史的各个不同发展阶段和不同的文化语境中，人们对翻译会有不同的理解，因此，有可能会提出不同的翻译主张，奉行不同甚至对立的翻译原则。在中西翻译史上，与之相关的一些重要的翻译现象值得进行深入的考察与探讨。

第四节　语言关系与翻译能力

将语言关系和翻译能力单独辟为一节，作为影响翻译的重要因素来加以探讨，主要基于以下两个原因：一、在翻译活动中，语言，或广义上的符号系统，一直是个焦点。没有语言差异所造成的交流障碍，就不需要进行翻译活动。换言之，是因为世界上存在不同的语言，使操不同语言的人的沟通出现了困难，才有了翻译的必要。二、在狭义的翻译活动中，语言符号的转换是实现翻译的基本目的，也就是克服语言障碍，促进思想交流的最具体而实在的操作过程。显而易见，从翻译在人类交流中的必要存在到翻译有效性，即思想交流之目的的实现，其中涉及多方面的因素，而语言符号转换这个具体操作过程不可避免地要受到其影响。

在对语言关系与翻译能力这两个因素进行探讨之前，有必要对“语言关系”和“翻译能力”的基本含义作一界定。

首先谈“语言关系”。一般来说，所谓“语言关系”，是指甲语言与

1　许钧主编：《文字·文学·文化——〈红与黑〉汉译研究》，南京大学出版社，1996年，参见《〈红与黑〉汉译的理论与实践——代引言》，第13页。

乙语言或其他语言之间所构成的关系。在以往的语言研究中，常见的有谱系关系或语系关系，实际上这就是一种语言之间的关系模式研究，是将语言之间的关系比作和家族关系相似的谱系关系的一种确定模式。据哈特曼与斯托克合编的《语言与语言学词典》，在语系模式中，一个“语群”即一组彼此有关系的语言，叫作“语系”，如印欧语系。“根据这种理论模式，印欧语可以说是拉丁语和希腊语的母语，而拉丁语和希腊语又可以说是姊妹语，法语和意大利语则可以说是拉丁语的派生语或子语。这种模式的进一步发展就是德国语言学家施莱赫尔提出的谱系树，即将一个语群的语言间的关系比作树枝。”[1] 这里所谈的“语言关系”，与上述的语系模式有一定的联系，但也有很大的区别。其联系是在具体的翻译活动，特别是在语际翻译中，涉及的两种语言，即出发语与目的语之间，必然存在着上述的某种关系，即亲与疏、远与近的关系，这种关系给翻译造成的障碍也必然是不同的。其区别在于“语言关系”还隐含着另一方面的意思，即不同的语言对现实的构建和对人类经验的切分所反映出的不同语言结构关系。在新洪堡学派看来，不同语言以独特的方式构建现实，以不同的结构来切分人类经验，其影响对翻译来说是“致命性的”。按照新洪堡学派的观点，如果不同语言对现实有着不同的切分，那么，不同语言所指涉及的存在物、过程、品质和关系就不一致，因此，出发语文本与目的语文本之间就不可能逻辑地存在等值性，这也就意味着严格意义上的翻译是不可能的。

如果以上述两个方面来界定“语言关系”，那么，“翻译能力”也含有两层意思：一是指具体翻译活动中所涉及的两种语言之间所构成的关系给翻译提供的可能性；二是指译者在语言关系所提供的可能的翻译空间内，凭借自己对所涉及的两门语言的驾驭能力，在具体的翻译活动中所具备的一种才能。余光中对这种能力或才能作过富有感染力的表述：“大翻译家都是高明的‘文字的媒婆’，他得具有一种能力，将两种并非一见钟情甚至是冤家的文字，配成情投意合的一对佳偶。将外文译成中文，需要该种外文的理解力和中文的表达力。”[2]

1　见 R. R. K. 哈特曼、F. C. 斯托克编著：《语言与语言学词典》，黄长著、林书武、卫志强、周绍珩译，上海辞书出版社，1981 年，第 126 页。

2　余光中：《余光中谈翻译》，中国对外翻译出版公司，2002 年，第 2 页。

从理论上讲，世界上的各种语言都具有同等的表达力，在这个意义上，世界上的各种语言也都具有同等的翻译能力。奈达曾经提出，翻译中有些基本问题的产生，是由于人们对原语和译语抱有错误的观点。为了修正传统的观点，他提出了几条重要的原则：一、语言各有所长。每一种语言都有独特的词法、语序、遣词造句方法、话语标记以及各种特殊的语言形式。每种语言也都有丰富的词汇以表达民族和文化的特征。二、各种语言具有同等表达力。但也必须看到，语言之间不存在完全一致的对等关系和对应关系，因此在翻译中不可能做到“绝对准确”的翻译。三、翻译必须尊重语言各自的特征。奈达认为，译语中如果出现某种缺陷，翻译者不应抱怨，而应尊重它的特征，尽可能地挖掘它的表达潜力。[1] 谭载喜对奈达提出的这几条原则曾给予了高度的评价，认为奈达“帮助创造了一种用新姿态对待不同语言的文化的气氛，以增进人类相互之间的语言交流和了解”[2]。奈达的这些观点，具有重要的启迪和指导价值。法国释意派理论创始人之一塞莱丝柯维奇虽然对奈达的翻译理论有过很多不同的看法，但在语言的翻译能力问题上，与奈达的意见是一致的。她曾在许多不同场合强调过她的看法：对世界上的任何一门语言来说，凡是能表达的，就是可翻译的。

“世界上各种语言都具有同等的翻译能力”这一观点，可能会遭遇来自两个方面的质疑。首先是来自实践方面。在西方翻译历史上，特别在 14 世纪至 17 世纪这几百年中，在“俗语言”，如法语、德语等民族语言能否翻译“神圣、完美的希腊语、拉丁语”的问题上，曾有过激烈的争论。如在法国的查理五世时代，翻译家尼克拉·奥莱斯姆就认为法语不如拉丁语完善、丰富，因此在翻译拉丁语时就存在局限。在翻译亚里士多德的论集时，他在《译本序》中指出：“在世界的所有语言中，拉丁文是最适应于表达自己的意思的。但是，要把亚里士多德全部翻译出来，却不可能，因为有许多希腊词在拉丁语中没有对应的词。就目前而言，拉丁语比法语要更完善，更丰富，因此，就不可能将拉丁语完美地译成法语了。”[3] 奥莱斯姆

1　此三条原则，请参见谭载喜编译：《新编奈达论翻译》，中国对外翻译出版公司，1999 年，第 2—4 页。

2　参见谭载喜编译：《新编奈达论翻译》，中国对外翻译出版公司，1999 年，见《编译者序》第 XXII 页。

3　转引自 Ballard, Michel: *De Cicéron à Benjamin: traducteurs, traductions, réflexions*, Lille: Presses Universitaires de Lille, 1995, p.86。

的观点具有相当的代表性，在当时的翻译界具有广泛的影响，而对这一派观点予以彻底批判的，是16世纪的翻译家杜贝莱。杜贝莱曾就语言的起源和差异提出过重要的观点，认为语言起源于人类的智性，而语言的差异则产生于人的“随意性”。就表达的潜力而言，任何语言都是平等的，不能对不同的语言随意“褒贬”。基于这一观点，杜贝莱认为虽然“法语目前不如希腊语和拉丁语那么丰富”，但其价值和翻译能力不可否认。法语具有无限的表现力，其证据就是“数不胜数的希腊语、拉丁语作品，甚至还有意大利语、西班牙语和其他语言的作品被我们时代的一些优秀的文人译成法语”。[1]奥莱斯姆与杜贝莱的观点在本质上有着根本的不同，但通过对比可以发现一个有趣的现象，那就是他们两人都承认，与希腊语和拉丁语相比，14世纪或16世纪的法语都存在着不足。这种不足，亦即四个世纪之后奈达所说的“缺陷”，是一种客观的存在，而这一客观的存在，正是通过翻译，亦即两种不同语言的特殊接触与碰撞中得以揭示出来的。承认其存在，并不意味着放弃翻译的努力。而相反，在翻译中，应该充分认识到不同语言之间所存在的客观的差异，充分尊重这些差异，并采取积极的手段，去弥补译语的不足或缺陷，实际上，翻译本身也往往是通过吸收出发语的优点，起到不断丰富目的语的目的，如“马丁·路德翻译希伯来语《圣经》的过程，无疑也是德意志文学语言的首次决定性的‘自我论证’”。路德以“大众的语言”翻译古老的希伯来语的《圣经》，经历了双重的考验。对路德而言，用大众的德语翻译《圣经》，“意味着既不脱离、背弃这种大众语言，又要将它提到一定的高度，即在翻译语言上的双重尝试：以‘土生土长’的地方性语言为出发点，在翻译的过程中进行提炼，使其成为规范语言。这种具有广泛大众意义的翻译语言的创立，不仅使新版《圣经》成为德国宗教改革的基石，更是扫清了中世纪德意志语言的积秽，成为其后几百年里书面德语的典范”。[2]

对“世界上各种语言具有同等的翻译能力”提出质疑的第二个方面，来自新洪堡学派的理论观点。乔治·穆南在《翻译的理论问题》一书中，以相当的篇幅，从意义、世界映象、人际交流等多个方面来探讨语言、思

1　参见许钧、袁筱一等编著：《当代法国翻译理论》，湖北教育出版社，2001年，第311—312页。
2　参见许钧、袁筱一等编著：《当代法国翻译理论》，湖北教育出版社，2001年，第254—255页。

维与世界的关系。他在研究中，对新洪堡学派有关语言与宇宙的关系、语言与思维的关系的观点作了深入的分析。在新洪堡学派看来，语言结构与宇宙的结构及人类思维的普遍结构之间不是一种直接的对等关系。相反，新洪堡学派的代表人物之一特里尔明确指出："每一门语言都是一个通过并依赖客观现实进行选择的系统，实际上，每一门语言都创造了一幅完整、自足的现实图景。每一门语言也都以其独特的方式构建现实，因此而建立了这一特定语言所特有的现实要素。一门特定语言中的语言现实要素决不会以完全一样的形式在另一种语言中出现，也决不是现实的直接描摹。"[1]叶姆斯列夫也持类似的观点，认为同样的自然事物可以根据不同的文明对象，得到完全不同的语义描写，比如狗，在爱斯基摩人眼中，它首先是一种牵引动物；对琐罗亚斯德教徒来说，它是一种神圣的动物；在印度社会里，狗像贱民一样遭受歧视；而在西方社会里，狗是一种通过驯服后，用以狩猎、警卫的动物。在这四种不同的社会里，"狗"的语义描写自然是有差别的。[2]语言学家沃尔夫的观点更为激进，他认为："每一门语言都是一个宏大的结构系统，与别的系统有着区别，在这一系统中，个人不仅借之以交流，而且还借之以分析自然、发现或忽视这一或那一类型的现象或关系的形式与范畴进行文化上的排列，个人在这些形式与范畴中注入了其思维的方式，并通过它们构建他的世界知识大厦。"[3]从特里尔、叶姆斯列夫和沃尔夫的这些观点中，至少可以看到以下几点：一、对语言与宇宙之间关系的传统看法提出了质疑。根据传统的看法，语言的结构或多或少都直接地源于宇宙的结构和人类思维的普遍结构，而在新洪堡学派看来，任何语言系统对外部世界都有着独特的分析，有别于其他语言或同一语言在其他各阶段的分析，事实上，"每一门语言在现实中切分着不同的一面（忽视另一门语言所提示的东西，发现另一门语言所疏忽的东西等），而且对同一现实的切分单位也有差别（你划分我合并，我合并你划分，你兼含我排斥，我排斥你兼含等）"。[4]由于语言与世界的关系不是直接的，不同语言对现实的切分有差异，因此用不同的语言表述同一现实时，所表

1 参见 Mounin, Georges: *Les problèmes théoriques de la traduction*, Paris: Gallimard, 1963, pp.44–45。
2 参见 Mounin, Georges: *Les problèmes théoriques de la traduction*, Paris: Gallimard, 1963, p.46。
3 参见 Mounin, Georges: *Les problèmes théoriques de la traduction*, Paris: Gallimard, 1963, p.47。
4 参见许钧、袁筱一等编著：《当代法国翻译理论》，湖北教育出版社，2001 年，第 38 页。

述的实际上不是一个完全同一的现实，在这个意义上看来，从一门语言到另一门语言的翻译，在理论上就不可能了。二、不同的语言往往以不同的语言结构表述同一自然现实，同时不同的语言也往往以不同的结构来切分人类的客观经验。问题在于，表述同一的自然现实和切分同一的人类客观经验时的不同语言结构，是否能够对译？如果可以，这种对译是否有局限性？新洪堡学派的语言哲学观对于翻译理论来说，看似摧毁了翻译的可行性，但同时，却在一定意义上又给翻译开启了一扇新的大门，那就是在新洪堡学派有关语言、思维与现实、语言结构与“世界映象”之间关系的思考的启发下，可以进一步关注不同语言的结构关系，进一步认识到不同语言的传情达意规律的深刻差异，在语言的结构、语言的实际运用中去发现、考察与语言的本质密切相关的翻译障碍以及世界映象与文明差异给翻译造成的种种困难。总之，通过揭示翻译障碍，使人们不再抱有简单主义语言与翻译观，不再无视这些障碍的存在而去盲目地追求理想化的绝对忠实。通过描写并揭示这些障碍存在的原因，便可为认识这些障碍的限度，寻找排除这些障碍的方法提供某些可能性，从而提高人们的翻译能力。

正是基于这一深刻的认识，自 20 世纪 50 年代开始，西方的翻译理论研究界有人开始特别关注不同语言之间呈现的各种关系，并通过对比的方法，揭示它们之间深刻的差异给翻译造成的障碍，从而为翻译者认识与克服这些障碍提供方便。移居加拿大的法国人让-保尔·维纳和让·达尔贝勒内于 1958 年出版的《法英比较修辞——翻译方法》就是这方面的代表性研究成果。此外，吉勒明-弗莱舍于 1981 年出版的《法英句法比较——翻译问题》[1] 也从法英句法结构的比较入手，来探讨法英句法结构及其关系与翻译的可能性问题。该书以写于 19 世纪的法国文学名著《包法利夫人》和它的五个主要英译本为研究对象，抽取大量的例句，对法英两种语言的语法结构（时、态、体、数的变化）及这些结构在不同的上下文语境中的转换进行分析，力图阐明这样一个事实：语言内部语法范畴内的某些相似并不是不同语言中同一意群间相互对应的必要条件，其他如上下文、语境、合作发话者（co-énonciateur 亦即译者）的态度，还有原作及译作所

1 Guillmin-Flesher, Jacqueline: *Syntaxe du français et de l'anglais: problèmes de traduction*, Paris: Editions Ophrys, 1981.

处的社会、文化、历史背景等外在因素都是值得考虑的对象。正是这一内在和外在的双重关系，构成了一些语言现实，特别是文学翻译的可能性的基础。

在国内的翻译研究中，有不少学者正是通过比较两门具体语言的特点与关系，来探讨翻译的可能性及具体方法的。《汉英对比研究与翻译》一书，就是在这一方面进行尝试性研究的重要成果。该书的作者认为“翻译学理论包括两个主要的研究领域：一是基本理论研究；二是应用理论研究。基本理论研究关注翻译的实质、翻译的原理、语际转换的基本作用机制、基本理论模式以及翻译思维、技能意识的获得、翻译与文化问题等等深层的理论课题。应用理论研究主要关注翻译方法、程序论和可能性问题的理论描写以及实践途径”。[1]而在作者的定位中，《汉英对比研究与翻译》是“以对比语言学为理论指导，展开对汉英双语在三个层次上的基本差异的探讨，并以此为出发点，主要着眼于翻译应用理论的研究，并侧重于汉译英”。[2]该书的内容，正如其作者所言，主要集中在以下三个方面进行对比研究：“一、汉英双语的句法生成的差异，其中包括形式主轴问题、形合与意合问题以及形态表意手段与词汇表意手段问题；二、汉英句法结构差异，其中包括汉英各词类的用法及语序比较与汉英句型比较；三、汉英表现法差异，其中广泛涉及汉英两种语言的种种不同的表现方法并深及思维方式及风格问题。”[3]作者在研究中，特别强调对双语异同的准确认识，有助于在翻译中避免盲目性，较有把握地采取步骤，制定系统化对策，进行有针对性的研究与实践。如在第三章，作者研究的是“汉英谓语差异：汉译英中的主谓定位问题”，通过汉英谓语的构成成分、形式及其他主要特征的对比分析，有针对性地提出了汉英翻译中谓语转换的一些对策和方法。在目前的翻译教学中，一些教程类著作，如《英汉翻译教程》《法汉翻译入门》等等，采取的差不多也是上述的研究思路。通过类似的各种研究，可以进一步看到，语言之间的各种关系，包括历史的长短、谱系的亲疏、文字的形式、语言的结构等等，给翻译提供的可能性是有区别的，而各种语言表述现实切分人类经验的结构差异给翻译造成的障碍也是多方

1 刘宓庆：《汉英对比研究与翻译》，江西教育出版社，1991 年，第 1 页。
2 刘宓庆：《汉英对比研究与翻译》，江西教育出版社，1991 年，第 1 页。
3 刘宓庆：《汉英对比研究与翻译》，江西教育出版社，1991 年，第 2 页。

面的。

在理论上，语言越相近，翻译的可能性就越大，特别是同属于一个大文化圈的语言之间的互译，障碍相应来说要少得多。但人们发现，语言越相近，越容易倾向于采用逐句逐字翻译的方法，而这种翻译方法一旦成为习惯性的主流翻译方法，就会带来一个不利的因素，那就是被相近语言间大量的“假朋友”现象磨去翻译者本应始终保持警觉的差异意识，对它们之间的一些细微却具有区别性特征的差异熟视无睹，导致翻译中直接克隆原作结构而使原作精神在译作中得不到全面传达。翻译家李芒先生就曾谈到，在翻译日本文学时，有的翻译家就将“物哀”“余情”之类的词原封不动地夹杂在自己的译文中，甚至习以为常。他认为，“出发语和目的语之间的距离大小，在翻译的难度上恐怕不是决定性的，原因是翻译并非单纯的语词移译，而属于再现原作的再创作”。[1]既客观地分析与认识语言关系给翻译造成的影响，又深刻地理解翻译的再创造性，这无疑将有助于译者正确处理不同语言关系给翻译造成的障碍或困难，以尽可能实现翻译的沟通与交流的目的。

在长期的翻译实践中，许多翻译家充分地意识到了语言之间的不同关系与差异给翻译造成的影响，因此在具体的翻译中，特别注意不同语言的结构特点和差异，并寻求积极有效的方法，有针对性地去克服障碍。在致罗新璋的信中，翻译家傅雷明确地提出了如何处理东方人与西方人的不同思想方式和西欧文字与中国语言的不同历史与结构方式的原则性意见。他说：“年岁经验愈增，对原作体会愈增，而传神愈感不足。领悟为一事，用中文表达为又一事。况东方人与西方人之思想方式有基本分歧，我人重综合，重归纳，重暗示，重含蓄；西方人则重分析，细微曲折，挖掘唯恐不尽，描写唯恐不周：此两种 mentalité 殊难彼此融洽交流。同为 métaphore，一经翻译，意义即已晦涩，遑论情趣。不若西欧文字彼此同源，比喻典故大半一致。且我国语体文历史尚浅，句法词汇远不如有两三千年传统之文言；一切皆待文艺工作者长期摸索。愚对译事看法实甚简单：重神似不重形似；译文必须为纯粹之中文，无生硬拗口之病；又须能

1 参见许钧等：《文学翻译的理论与实践——翻译对话录》，译林出版社，2001 年，第 40 页。

朗朗上口，求音节和谐；至节奏与tempo，当然以原作为依归。”[1]细读傅雷的这段话可以看到，他所说的东方人与西方人的不同思维方式实质上与语言表达方式密切相关。在傅雷看来，两者的差异为彼此融洽交流造成了重要的障碍，加之中国白话文历史又浅，句法词汇也存在缺陷，因此他提出了“重神似不重形似”的原则。而在明确了差异、困难及解决这些困难的原则之后，傅雷又提出了提高译者翻译能力的具体意见：“事先熟读原著，不厌其详，尤为要著。任何作品，不精读四五遍决不动笔，是为译事基本法门。第一要求将原作（连同思想，感情，气氛，情调等等）化为我有，方能谈到移译。平日除钻研外文外，中文亦不可忽视，旧小说不可不多读，充实词汇，熟悉吾国固有句法及行文习惯。鄙人于此，常感用力不够。总之译事虽近舌人，要以艺术修养为根本：无敏感之心灵，无热烈之同情，无适当之鉴赏能力，无相当之社会经验，无充分之常识（即所谓杂学），势难彻底理解原作，即或理解，亦未必能深切领悟。”[2]确切地说，在这里傅雷涉及了对提高翻译能力来说极为重要且关系密切的一面，那就是译者的素质要求。

如果说针对语言的不同关系与差异，傅雷提出的是“重神似而不重形似”并强调译者的素质等原则性的意见的话，那么，从具体的语言结构与特点出发，通过对比揭示差异，并有针对性地探求具体的转换手段，则是许多翻译家的通常做法。余光中在《中国古典诗的句法》《翻译与创作》《变通的艺术》《论中文之西化》等多篇谈翻译的文章中，在这一方面作了典范性的探讨。[3]对西文中的长句结构，不少翻译家都进行过深入的研究并探索出了行之有效的转换手段。[4]在具体的翻译活动中，语言的转换作为一个操作层面，译者无时不在与语言打交道，重视并探索语言的关系与对译手段，既需要有宏观上的思考，更需要在微观的层面进行积极探索。

上文从文化语境与社会因素、意识形态与政治因素、翻译动机与翻译观念、语言关系与翻译能力等四个密切相关的方面，就影响翻译过程与翻译质量的因素作了分析与研究。鉴于翻译是一项极其复杂的跨文化交流活

1 参见傅雷：《论文学翻译书》，罗新璋编：《翻译论集》，商务印书馆，1984年，第694页。

2 参见傅雷：《论文学翻译书》，罗新璋编：《翻译论集》，商务印书馆，1984年，第695页。

3 参见余光中：《余光中谈翻译》，中国对外翻译出版公司，2002年。

4 有兴趣的读者可参见朱光潜：《谈文学》，安徽教育出版社，1996年，第128—140页；陈原、许钧：《语言与翻译》，《译林》，2000年，第4期，第207—213页。

动，涉及的因素很多，难以对其作出全面而深刻的描述与分析，且这些因素密切相关，相互作用，形成一个极其活跃的活动场，在翻译的不同阶段起着不同的作用，无法以静止的目光来加以确定。此外，在影响翻译的诸要素中，读者的接受视野和审美期待无疑是一个重要的因素。本书第六章将结合作者、译者与读者的关系及相互作用问题作出阐述。

第五章
翻译矛盾论

翻译的过程是一个复杂的动态过程，涉及的因素很多。本书第二章对翻译的过程进行了检视，第四章对影响翻译的主要因素作了分析，特别就影响翻译的外部因素与内部因素的相互作用进行了探讨，从中可以看到，在复杂的翻译过程中，涉及的众多因素构成了一个个矛盾，对翻译主体提出了挑战：如何正确认识构成矛盾的各种因素并从主要方面入手加以解决？译者采取可行的方式，尽可能克服翻译障碍，在两难的处境中权衡得失，实现翻译目的，是非常重要的。

第一节　翻译矛盾辩证观

在翻译实践中，翻译活动给译者提出的问题是多种多样的，而且会因时代的不同，涉及的语言不同和译者的条件不同，而出现不同形式的困难或障碍。同时也应当看到，由于翻译活动特有的本质，无论在哪个国家，在任何一个时期，所有进行翻译活动的人，都会不可避免地遇到一些具有共性的问题和矛盾，需要在理论上加以思考，通过思考和探索，对在实践中出现的一些具体问题的解决提供具有方法论意义的参照。

应该说，在悠久的翻译历史中，古今中外的翻译家在他们丰富的翻译经历中积累了许多可资借鉴的经验和行之有效的方法。从他们对翻译重大问题的思考和对翻译具体问题的探讨文字中，可以看到一些经常谈论的话题，这些话题本身往往又会引发不同的思考。人们既可以从形而上的道的层面加以探索，也可在形而下的技的层面去进行总结。这些在翻译历史中经常涉及的问题都具有一定的共性，它们总是给人们造成两难的困境，构成了一个个非此即彼的二元对立，就如古希腊哲学家巴门尼德在公元前6世纪所提出的那样，“宇宙被分割成一个个对立的两元：明与黑、厚与薄、热与冷、在与非在”。[1]若留意在翻译史上反复出现的一场场争论，不难发现这样一个事实，那就是争论的问题看似很多，诸如直译与意译、束缚与自由、忠实与叛逆、形与神、异与同、归化与异化、科学与艺术、可译与不可译等等，甚至连“译与不译”都成了一个不可回避的问题，成了哈姆莱特的“to be or not to be”式的一个两难选择。但这些问题的提出往往都基于一个对立的前提，非此即彼，就如同一个问题的两极，一正一负，一积极一消极，让人们在两难的选择中陷入矛盾的重重漩涡之中，讨论的双方各执一词，在对立中坚守着各自的一方。有趣的是，这一个个对立的两元，既可在道的层面形成理论上的一个个难题，又可在技的层面以一个个具体而微的障碍或困难形式出现，摆放在译者面前。如“可译与不可译”问题，既可以是德里达在《巴别塔》一文中所探讨的哲学范畴的形而上的问题，也可以是一个翻译家在探讨一首诗或一部小说中的一个具体句子或词汇的翻译的形而下的经验分析。

对于翻译史上围绕着上述一个个问题所进行的不休的争论，国内外有不少学者或翻译家从不同的角度进行了思考，或对这些问题本身加以研究，或对这些问题的相互关系进行探索，试图从中理出一条贯穿整个翻译史的主线，将一个个对立的矛盾所涉及的主要方面加以剖析，揭示出构成这些矛盾的基本因素。法国翻译家爱德蒙·加里曾经对在法国翻译历史上占有重要位置的翻译家的功绩作出公正的评价，通过对他们的译事的分析，指出对所有翻译家而言，“对原作的忠实”是一个千年难题，正是围绕着这一基本问题，出现了类似于“直译与意译”“形与神”等争论。在爱德蒙·加里看来，“忠实”问题是一切争论的中心。[2]瓦尔特·本雅明则

1　Kundera, Milan: *L'insoutenable légèreté de l'être*, Paris: Gallimard, 1987, p.11.

2　Cary, Edmond: *Les grands traducteurs français*, Genève: Georg, 1963, p.21.

在为波德莱尔《巴黎风貌》德译本所写的那篇著名的导言《论翻译家的任务》中，就“可译”与“不可译”问题进行了全新的思考，对原作与译作的关系作出了与传统的翻译观截然不同的界定，提出了“此生”与“来生”重要概念。同时，他还对“形”与“神”、“忠实”与“自由”等矛盾进行了独特的剖析，对“忠实”这一概念作了富有创见的“阐释”[1]，为深入认识翻译活动所提出的基本矛盾提供了理论的参照和启迪。在罗新璋所编的《翻译论集》中，可以读到中国翻译史上的一些名家在各个时期对翻译的思考文字，其中有不少都涉及翻译的矛盾问题。如开中国翻译研究之先河的支谦，他在《法句经序》中就围绕着翻译中的“信”这一基本问题，借老子的“美言不信，信言不美”和仲尼的“书不尽言，言不尽意”等说揭示了翻译活动本身所固有的矛盾，提出了“因循本旨，不加文饰”的翻译主张，还从胡语与汉语之中的异同审视了“传实”的得与失，从一个侧面探讨了“异”与“同”的辩证关系。在现当代，更是围绕着“直译”与“意译”问题进行过持久的讨论与争论，在语言、文学与文化的各个层面展示了对翻译的矛盾的不同认识，以及如何处理有关矛盾的原则性思考。如从翻译方法层面的“直译”与“意译”，扩大到了与“直译”相联系的“硬译”、“死译”和与“意译”相关的“胡译”、“乱译”之争。在20世纪20年代初至30年代末，茅盾曾多次撰文，就文学作品的翻译方法发表了自己的看法，特别是在1921年针对郑振铎《译文学书的三个问题》所写的《译文学书方法的讨论》一文，就“神韵”与“形貌”未能两全的情况下，是重“神韵”还是重“形貌”的问题，提出了“相辅相成”的矛盾辩证观。在继后发表的《“直译”与“死译”》《译诗的一些意见》《直译·顺译·歪译》等文章中，茅盾就翻译的内在矛盾与翻译方法直陈自己的观点，为研究翻译的矛盾问题提供了珍贵的资料。在当代，在如何解决翻译活动所提出的一些基本矛盾的问题上，不少学者都提出要运用“辩证”的观点来加以分析，常被提及的便是“矛盾统一”观。例如，徐永煐在《外语教学与研究》1963年第1期发表了题为《论翻译的矛盾统一》的长文，就“思想内容和表达形式之间的矛盾”、“原文同译文的矛盾”、“机械”与“自由”、“意译”与“直译”等翻译活动中所必须面对的问题，提

1　参见本雅明：《本雅明：作品与画像》，孙冰编，文汇出版社，1999年，第115—134页。

出了应区分一般矛盾与特殊矛盾，从矛盾的主要方面入手，以矛盾统一观来加以具体分析与解决的原则。[1] 自 1990 年代以来，孙致礼结合自己的翻译实践与教学工作，对翻译的矛盾问题进行了深入的思考与研究。他的《翻译：理论与实践探索》一书集中收入了他有关的研究成果，其中有《翻译的辩证法》《坚持辩证法，树立正确的翻译观》等从哲学的高度对翻译矛盾进行宏观研究的文章。在《翻译的辩证法》一文中，他这样写道："长久以来，我国翻译界一直存在着'艺术派'与'科学派'、'神似派'与'形似派'、'意译派'与'直译派'之间的争论……近些年来，笔者经常思索一个问题：作为一个翻译工作者，能不能既不偏倚这一派，又不偏倚那一派，而是取两家之长，避两家之短，做一个'科学的艺术派'？笔者认为，答案应该是肯定的，因为从辩证的观点看，艺术与科学、神似与形似、意译与直译构成了一对对矛盾，矛盾的两方面不仅是对立的，还应该是统一的，只有将对立的双方统一起来，才能达到翻译的最高境界。"[2] 基于辩证的观点，他认为翻译的实质是"艺术与科学熔为一炉"，翻译的标准应"神似与形似兼而顾之"，翻译的方法要"直译与意译并用不悖"。在《坚持辩证法，树立正确的翻译观》一文中，孙致礼提出"科学性与艺术性"、"保存'洋味'与避免'洋腔'"、"神似与形似"、"直译与意译"、"'克己'意识与'创造'意识"、"译者风格与作者风格"、"忠于作者与忠于读者"、"整体与细节"、"归化与异化"及"得与失"等十个方面的辩证统一问题，可以说是比较全面而客观地对翻译活动的主要矛盾进行了梳理与分析。[3] 除了宏观的理论探讨之外，孙致礼还在《也谈神似与形似》《翻译的异化与归化》《洋味与洋腔》等文章中，结合具体的翻译实践，对自己的"翻译矛盾辩证统一观"进行了较为详尽的阐述。从该书的上篇所收录的十四篇文章看，他的翻译辩证统一观像是一条红线，贯穿其中，对他的"理论探索"起着统领的作用。

如果说马克思主义的"辩证统一"理论对认识并处理矛盾起着重要作用的话，那么自 1980 年代以来出现的"翻译研究的文化转向"和逐渐形成的"翻译文化观"，则为进一步深入认识长期以来一直争论不休的翻

1　参见徐永煐：《论翻译的矛盾统一》，罗新璋编：《翻译论集》，商务印书馆，1984 年，第 678—693 页。
2　孙致礼：《翻译：理论与实践探索》，译林出版社，1999 年，第 3 页。
3　孙致礼：《翻译：理论与实践探索》，译林出版社，1999 年，第 13—24 页。

译问题提供了广阔的思考空间和根植于深厚的文化土壤的价值坐标。有学者提出："翻译研究总是包含这样两个方面的研究：研究把以一种语言为载体的内容转换为另一种语言形式的狭义的字面翻译；研究把以一种语言为载体的文化内涵转换成另一种文化形式的广义的文化翻译。前者在很大程度上受到语言形式的束缚，着眼于具体的操作技巧；而后者则有着较大的能动性阐释的张力，其目的在于从翻译文本出发进行文化阐述和意义构建。"[1]以字面翻译和文化翻译作为翻译研究"总是包含的"两个方面的研究，对此区分，译界有不同的看法，在此不拟展开讨论。应当充分意识到，翻译活动所包含的种种矛盾，在持不同的翻译观的人们看来，有着不同的表现形式。换言之，在不同的翻译观念的支配下，人们对翻译矛盾的认识和处理方式也会有异。若坚持以传统翻译观来定义翻译，把翻译视作一种"字面转换"的纯语言活动，那么"直译"与"意译"便常会被视作"忠于"原文与"背叛"原文的一对对立性的矛盾。而若以翻译的文化观来检视翻译中的"直译"与"意译"问题，便可从翻译方法的层面跃至文化接受的高度，化解"直译"与"意译"的对立，在"字面的转换"的机械直译和"意义重构"的能动意译中寻求一个平衡点，而这个平衡点的基础便是翻译活动所追求的目标：文化交流与沟通。美国意大利裔学者劳伦斯·韦努蒂对翻译的"归化"与"异化"这一对矛盾的解构[2]提供了一个明证：基于不同的翻译观，对翻译矛盾会有不同的认识和处理原则。这也就从另一个角度提醒人们，若要对在翻译活动中所出现的种种基本矛盾进行分析，首先应该明确一种翻译观，不然，便有可能陷入纠缠不清的概念之争或人云亦云的无原则附和之中。

在对翻译矛盾的研究中，有人还提出这样的观点：在翻译的众多矛盾中，有的是基本的矛盾，只要对基本矛盾有了较为全面、深刻的认识，对与基本矛盾相关或从基本矛盾衍生出来的矛盾便有望得到深一步的认识，便有可能采取积极的方式加以解决。袁筱一在《"不可译"与"再创造"》一文中指出："不可译是困扰了翻译理论界多年的一个问题，单纯的语言学派或者文艺学派似乎都难以给出一个全面的、令人信服的解释。于是它

---

1 王宁：《文化研究语境下的翻译研究》，张柏然、许钧主编：《面向 21 世纪的译学研究》，商务印书馆，2002 年，第 528 页。

2 参见郭建中编著：《当代美国翻译理论》，湖北教育出版社，2000 年，第 188—199 页。

成为翻译理论上种种悖论的根源：在‘翻译是可能的吗？’这个问题尚未得到完满的肯定之前，‘忠实’与‘创造’，‘科学’与‘艺术’，‘内容’与‘形式’等诸多矛盾当然只能各自分属一个学派，处于绝对理念化的对立状态之中。”[1]作者的观点非常明确，即可译与不可译问题是造成翻译理论上的种种悖论的根源。出于对这一基本矛盾的不同认识，不同的翻译学派对类似于“忠实”与“创造”、“内容”与“形式”（即神与形）等矛盾的看法也会有异，在理论观念上也可能会偏执于矛盾的一极而排斥矛盾的另一极。对此，孙致礼也持同样的看法。在《文化与翻译》一文中，可以看到类似的表述：“以前，人们常说我国翻译界存在两大流派：文艺学派和语言学派。前者强调传达原作的艺术意境，因而把‘传神’、‘入化’视为翻译的最高境界；后者则将语言学的某些理论运用到翻译研究上，要求译作与原作‘等值’、‘等效’。”[2]文艺学派与语言学派的各执一词，“传神入化”与“等值等效”的理论化的对立，在很大程度上，源于不同学派对翻译基本矛盾的不同认识与理解。那么，何为翻译的最根本的矛盾呢？在对这个问题作出回答之前，有必要再明确如下几点：一是翻译所提出的，有理论层面的悖论，也有实践层面的矛盾。二是有关翻译的诸矛盾，有主次之分，即有基本矛盾与次要矛盾之分。三是对这些矛盾的研究，需要以一定的翻译观为基础。四是应当以辩证的观点去看待与分析翻译矛盾。

第二节　可译与不可译

讨论翻译的矛盾问题，首先遭遇的，便是一个看似荒诞的悖论：翻译的可能与不可能，也就是可译与不可译。说可译与不可译是个悖论，也许有点夸大其辞，但按照《简明不列颠百科全书》的解释，悖论是“一种命题，听起来是真的但却被有说服力地驳倒了，或者听起来是荒谬的却终于得到了证实”。若以此为依据，倒确实可以把可译与不可译看作一个悖论，而且这个悖论导致了翻译理论上出现许多难以作出断论的两难。本书的第一章中已经讲过，人类有着悠久的翻译历史，操不同语言的人们自从

1　袁筱一：《“不可译”与“再创造”》，张柏然、许钧主编：《译学论集》，译林出版社，1997 年，第 144 页。
2　孙致礼：《文化与翻译》，张柏然、许钧主编：《面向 21 世纪的译学研究》，商务印书馆，2002 年，第 516 页。

有了交流与沟通的需要，人类的翻译活动就一直在进行着。在实践的层面上，谁也无法否认，翻译是可能的，也就是说“可译性”是真实存在的。但是，在人类不断翻译的同时，却又始终听到“翻译不可能”的说法，而且这种说法听起来有些荒谬，却在近几十年的翻译理论研究中一再被论及，并在理论的层面加以分析、论证，乃至有人得出了“不可译性是绝对的”结论。于是，实践上的“可译”与理论上的“不可译”以其看似荒谬的对立，为重新认识与理解翻译打开了一个缺口，昭示了翻译的理论与实践之间所存在的一条鸿沟。理论上的“不可译”像是一个难解的斯芬克司之谜，需要加以探索。

“不可译”这一命题包括两个层面的含义：一是理论层面的“不可译性”；二是实践层面的“不可译因素”。对于翻译者而言，在翻译活动中，特别是在文学翻译活动中，“不可译因素”是客观存在，谁都或多或少地遭遇过难以翻译或纯粹的不可翻译的因素。但是，从情理上讲，在翻译者看来，不可译因素的存在并不意味着翻译在根本上就“不可能”。从这个意义上讲，实践中存在的不可译因素并不能完全证明理论上的“不可译性”。反之，实践中的可译性虽然常常被人们当作批驳“不可译”论的重要论据，但在理论的探讨与论证中却又常常显得苍白无力。为了对“不可译”这一命题进行分析，首先应该对这一命题的提出的理论基础有个大致了解。

乔治·穆南在《翻译的理论问题》一书中，对翻译的可行性，即可译性问题进行过深入的研究。他以现代语言学理论为参照，并吸收人类学、语文学的研究成果，对“翻译万能论”与“翻译不可能论”作了深刻的剖析，最终得出了“翻译是可能的，但它确有限度”的结论。在此不妨以乔治·穆南的论述作为讨论的一条线索，对“不可译”这一命题的主要观点作一简要介绍与分析。

“不可译”这一命题的提出，主要源于语言学理论和语言哲学对翻译活动可行性的质疑。本书的第二章和第四章曾结合“翻译的意义”问题和“语言的翻译能力”问题涉及有关理论对翻译可行性的质疑。首先是语言学的意义理论，对翻译的可行性所提出的质疑是“致命性”的。布隆菲尔德的“意义”理论把语言陈述的意义定义为“讲话者发出这一陈述的环境以及这一陈述从听话者身上引起的行为——反应”。按照这一行为主义的定义，要想赋予一门语言的每一个陈述意义以科学准确的定义，那就必须对讲话者的世界中的任何事物都有一种科学、准确的了解。然而，从实践的角度看，要完全、准确地了解人们生活在其间的这个世界是不可能的，这也就意味着对一个陈述的意义要作出准确、全面的阐释也是不可能的。在乔治·穆南看来，布隆菲尔德的“意义”理论意味着对任何翻译活动在理论上的正当性或实践上的可行性的一种否认：既然一个陈述的意义永远难以认识，那么旨在把一种语言的意义传达到另一种语言中去的翻译，也就“不可能”了。新洪堡学派的“世界映象”理论也对翻译的可行性提出了质疑。新洪堡学派认为，语言结构、宇宙结构与人类思维的普遍结构之间并非直接的对等关系，不同语言对现实有着不同的切分，亦即不同语言在表述同一现实时，其表述并不是完全同一的。这在理论上也就提出了另一个重要问题：表述同一自然现象和切分同一的人类客观经验时的不同语言结构，在理论上是否可能对译？这一对“翻译的可能性”的质疑，可从叶姆斯列夫、特里尔和沃尔夫论述语言、世界和思维的关系的诸多著作中找到根据。

哲学家德里达在《巴别塔》一文中所提出的“翻译不可能”的命题，已经在第三章的第四节中有所提及。需要作出补充说明的是，德里达在提出翻译不可能的论点的同时，又提出了翻译的必要性。他借用巴别塔的神话来说明多重的主题：“语言最初何以会产生混乱；各种族的语言有不可简化的多样性；翻译是一项必需而又不能完成的工作；无从完成就是一种必需。”关于“翻译是必需又无从完成的”这一观点，德里达在文章结束前又再次明确提出：“上帝以自己的名字加诸闪族、对抗闪族时，无疑打破了理性的明澈，便同时也打断了殖民暴力或语言的帝国主义。他注定闪族人要依赖翻译，要他们服从一种翻译的规律。这种翻译，既是必需，却又无从完成。由于这一行为，上帝以自己可译而又不可译的专有名词提供了一个普遍公理（这一公理，不会再受个别民族的势力统辖）；不过这样一来，上帝也恰巧在同一时间内限制了公理的普遍性：语言的明澈遭取缔，单义境界无从实现。结果翻译变成了律令、职责、债务；可是，该项债务，我们已无力清偿。”[1] 如果仔细研读德里达的全文，可以从中找

1　德里达：《巴别塔》，参见陈德鸿、张南峰编：《西方翻译理论精选》，香港城市大学出版社，2000 年，第 222—223 页。

到几个关键词，那就是语言、理性、语义、多样性、混乱，还有就是翻译。若再进一步，还可以发现，德里达以 Babel 一词为对象，以该词所包含的多义性来解构翻译的传统观念。以 Babel 作为例证，在“语言”的本质处，遭遇的是语义问题。德里达在文章中用得最多的是“意义”一词，仅在开篇第一段，就有“残余意义”“歧义”“转义”“本身的意义”“本身意义”“充分达意”等多种说法，在文章的后面，还可以看到“一词双义”“字面意义”“隐喻意义”“换喻意义”“多义”（“多重意义”）“真正意义”等等。闪族人要建通天塔，要用“天下通用的语言”扬名。在这里，“通用”可作“统一”解，以统一的语言扬名世界，使世界翕然循理，而“统一语言”即构成德里达所说的殖民暴力或语言帝国主义。语言一统一，世界只讲一种语言，也就不需要进行翻译。而当上帝变乱了语言以处罚闪语时，语言帝国主义便被打破，出现了“众舌”（也就是“众语言”），且上帝把自己的名字强加给了人类，其名字不仅仅是一个专有名词，即一个纯粹的能指对一个独特事物的指涉，还是一个普通名词，与某一意义的泛指有关，展示了其自身的“分歧、二裂、矛盾和多义”即“混乱”。于是在“统一的语言”一侧，是单义，是理性，即无需翻译的一个“一”；在“众语言”，即“变乱了的语言”的一边，是多样性，是“混乱”。“语言的明澈遭取缔，单义境界无从实现”，于是翻译在成为必要，成为“律令、职责、债务”的同时，又变得无从实现，即“不可译”，也就是德里达所说的“上帝既开始解构通天塔，也开始解构天下会共用的语言；把宗谱系统驱散于四方；截断了它的世系；一瞬间把翻译这项工作强加于人类，又禁止人类翻译”[1]。至此，也许可以看清楚一点，那就是德里达在阐述上帝之解构的同时，也同时在解构着“语言的理性”和“意义的确定性和单一性”。他以 Babel 一词所隐喻的“多义”“多样性”“歧义”，即“混乱”，更为深刻地揭示了他的“意义”观，即意义的不断“延异”与不断“播撒”。统一的语言，以其明澈的理性和单义境界而无需翻译，变乱的语言因“多义”“混乱”而不可翻译却又必须翻译。在这“不可译”又“必须译”之间，是不是存在出路？

1　德里达：《巴别塔》，参见陈德鸿、张南峰编：《西方翻译理论精选》，香港城市大学出版社，2000 年，第 218 页。

无论是布隆菲尔德的行为主义意义理论，还是沃尔夫、特里尔、叶姆斯列夫对语言、现实、思维之关系的探索，或是德里达所解构的意义确定性和理性中心主义，从某种意义上说，都在宣判翻译的“不可能”。然而，却不能否认这样一个现实，那就是无论有多么困难，人类总是在试图寻找沟通与交流。世界语言的多样性将翻译强加给了人类，而语言与现实、思维之间的非直接关系，造成了语言结构的差异和意义的不确定性，给翻译造成了难以逾越的障碍，即“不可译性”。从理论上讲，是“必须译”，是上帝强加给人类的“律令、职责和债务”使人类在不断地从事着翻译工作，但是，“必须译”并不等于“可译”，于是在“必须译”与“不可译”悖论之中，听到了一代又一代翻译者的千年之叹：“不可为而为之！”这一翻译者的经验之谈倒是从另一个侧面印证了德里达所揭示的难解的翻译之悖论。

翻译不可为，却又必须为之，而为之的前提，即是“可为”。那么，如何使“不可为”成为“可为”呢，亦即让“不可译”成为“可译”呢？这是一个翻译理论上的难题：“当我们问‘翻译是可能的吗？’，它早已超越了翻译实践中的种种障碍，而直接指向一种理论与实践之间难以弥合的割裂。如果我们能纵向地回顾一下翻译理论的发生，事情也许会更加一目了然。翻译理论得到‘系统讨论’之初是被包含在语言学范围之内的，尽管只有相当短的一段时间，对翻译理论做系统研究的，毕竟是以一批语言学家为先！那么我们也就不难明白正是他们借助了现代语言学的一些重大成果对翻译进行了‘成见性’的否决：思维与世界，语言与思维的传统线性关系被现代语言学割断，自 17 世纪始渐趋占主导地位的哲学还原论被现代语言哲学消解，翻译历来依据的出发语的客观真实不复存在……”[1] 上文已经谈到，翻译的可行性受到了现代语言学理论的质疑。这里，势必涉及另一个带有根本性的问题，那就是“翻译”的概念本身。与其说现代翻译理论否定的是翻译活动本身，不如说它是对传统的翻译观提出了质疑。在乔治·穆南的《翻译的理论问题》中，可以看到，索绪尔的“语言不是命名集”的观点，否认了逐字对应翻译的普遍有效性；布隆菲尔德的行为

1　参见袁筱一：《“不可译”与“再创造”》，张柏然、许钧主编：《译学论集》，译林出版社，1997 年，第 146 页。

主义“意义理论”，让人们有足够的理由对传统的翻译观赖以依存的“意义的恒定性”表示怀疑；新洪堡学派的“世界映象”理论，打破了“世界、思维与语言”之间的简单化认识，宣判了“字面意义”的机械传译的传统翻译方法的局限。德里达的语言意义“延异”与“播撒”论，更是对原文本意义的还原与追索予以了否认。

正是在这个意义上，乔治·穆南并没有对现代语言学理论所支撑的“不可译”论感到绝望，反而从另一个角度吸收了这些理论的合理内核，看到了这些失之偏颇的理论反而给翻译理论带来了新的出路：“当今的语言学坚持认为人类是凭借语言得以交流的。因此，当今的语言学在使翻译陷于瘫痪状况的同时，又给了翻译以救助。它通过揭示翻译障碍，使人们不再无视这些障碍的存在。通过描写这些障碍，它同时指出了排除这些障碍的限度，以及如何排除的可能性。通过对语言事实更为深入细致的分析，它使译者得以更为准确地估价其相对的忠实的程度，自觉地测定其不忠的限度，以至不可译的限度。”[1]针对“不可译”论，乔治·穆南着力于对“可译性”的多方面探索。首先，对于翻译的可行性的认识，翻译理论确实经历了一个相当长时期的发展过程，从“翻译万能”与“不可译”的观点对立阶段逐渐进入了一个认识相对统一的阶段：翻译是可行的，但存在着一定的限度。从经验出发，自觉或不自觉地体会到“翻译的局限性”，也许并不怎么令人折服。但从理论的高度，通过多途径的探索，以客观的分析来加以论证，这无疑对翻译实践会产生积极的指导作用。乔治·穆南正是以科学的态度，客观分析了翻译的诸方面障碍，第一个明确地提出了“翻译是可能的，但它确有限度”的观点。他对翻译障碍的分析是多方面的。首先，他分析了文化的多样性对翻译构成的障碍。除了奈达归纳的“生态环境、物质文化、社会习俗、宗教文化”等几个方面的差异外，穆南还提出了“意识形态方面的差异”。这些差异势必反映到语言中去，首先表现在文化的缺项造成语言词汇缺项；其次表现在文化背景不一导致各民族语言对“非语言经验的实际切分不同”。穆南还分别从“语言的意义单位”“句法结构”“形式功能”“交际环境”等诸方面探讨了各种不同民族语言之间的差异，客观地指出了语际翻译转换过程的困难及其限度。乔

1 Mounin, Georges: *Les problèmes théoriques de la traduction*, Paris: Gallimard, 1963, p.170.

治·穆南对翻译障碍的客观分析的意义在于：通过对翻译中各类不同障碍的描述，明确其产生的原因，有助于人们在翻译中采取相应的科学手段，加以克服。比如文化缺项造成的词汇缺项，只能通过“借词”去解决，而“借词”的生命力长短取决于这一文化现象在目的语国家能否扎根及被了解的程度。又如各种不同语言对非语言经验实际切分不同造成的语义单位的非对应，就要求译者采取灵活的手段加以传达，这也在实践上说明了翻译单位的非确定性。从这个意义上说，只要明确了翻译障碍的症结所在，就是克服障碍的开始。由此可见，乔治·穆南对翻译障碍的客观分析在理论上有助于克服“翻译万能”论与“不可译”论，在实践上有助于消除翻译障碍的神秘性，大胆采取相应可行的方法，克服障碍，最大限度地达到异语交际的目的。

其次，乔治·穆南对翻译活动始终持发展、辩证的观点。他认为，翻译的可行性存在于其限度之中，而其限度也不是一成不变的。他明确指出：“翻译活动的成就是相对的，它所能达到的交流思想的水平是变化发展的。”[1]这是因为翻译活动势必受到整个人类知识水平与世界认识水平等诸方面的限制。他列举法俄翻译活动为例，指出在分析法语与俄语之间的转换活动的可行性时，不可避免地要进行语言对比，但同时也不可忽视两种文化及语言之间的接触对翻译可行性产生的作用。他说，将俄语翻译成法语，20世纪60年代的水平已经远远超过18世纪60年代的水平。那时，第一部法俄词典尚未问世，两种文化与语言之间的接触甚为罕见。到了18世纪后期，两国之间的交往逐渐增多，每一次接触都为法俄翻译的可行性增加了一分。直到屠格涅夫、托尔斯泰热在法国兴起，不断减少了两国文化背景之间的差异，语际转换之间产生的有关障碍也自然减少了。

再次，在分析不可译论的代表沃尔夫提出的有关人们对世界映象的认识差异与翻译的关系时，乔治·穆南认为，沃尔夫在强调语言对人们的世界观的“引导、组织”作用的同时，犯了极端主义的毛病，指出沃尔夫的错误在于夸大了语言对人们世界观形成的作用，仿佛语言完全能够禁锢人们对世界的认识。穆南明确指出：新洪堡学派以语言的差异导致了人们对世界映象的认识差异为依据，提出了“不可译”的绝对观点，是失之偏

1　Mounin, Georges: *Les problèmes théoriques de la traduction*, Paris: Gallimard, 1963, p.278.

颇的。其原因在于，新洪堡学派只片面地看到了“从语言到世界的运动关系，而忽视了从世界到语言的运动关系”，从而也就忽视了人类对世界的认识水平对异语交际的制约作用。鉴于这一点，乔治·穆南坚持“人类语言能力与人类对世界认识”之间相互制约的辩证关系，进而提出人类的文化史是在人们克服困难、不断认识世界、相互交流的运动中发展的，而异语交际，即翻译活动的可行性在很大程度上取决于不同文化之间的接触与交流。这一观点对于从根本上认识翻译的意义，辩证地处理文化结构与语言符号结构之间的关系，克服翻译活动的盲目性无疑是大有裨益的。

另外，乔治·穆南还以“共相”[1]的存在为依据，以科学的方法，论证了不同文明与不同语言之间并非完全隔绝、互不渗透。相反，由于它们之间存在着“比人们想象的要多得多”的相似性，相互之间的交流是可能的，而人类的文明史正是一部人际间、民族间相互交流的历史。从翻译的角度看，各种语言与各种文化之间的共性，构成了翻译的可行性或哲学意义上的可能性，而不同语言或不同文化所特有的个性，则构成了翻译的必要性，同时也构成了翻译的障碍。在这个意义上说，翻译也是有一定限度的。

从乔治·穆南的努力中，可以清楚地领悟到他的意图：从现当代语言学的有关理论对翻译可行性的质疑中，意识到翻译理论研究中存在的问题，继而又自觉地吸取语言学的研究成果，以多方面的探索，在理论上论证翻译的可行性，在实践上探索翻译的可能途径。如果说乔治·穆南执著于对翻译实践所提出的重大问题进行理论的思考，继而以理论的探索观照具体的实践，为“可译性”寻找实践的基石的话，那么瓦尔特·本雅明、亨利·梅肖尼克等一批学者则是对传统的翻译观进行批判，在树立新的翻译观念的努力中为“翻译”寻找“新生”，寻找理论上的可能性。在本雅明的《论翻译家的任务》一文中，可以读到如下明确的表述：“如果其本质在于求得与原著的类似，那么任何翻译均是不可能的。”[2]换言之，翻译的不可能在于“以追求与原著的类似”为本质。在这里，本雅明宣判的，不是翻译在绝对意义上的不可能，而是追求与原著的相似，复制原著的

1 参见许钧、袁筱一等编著：《当代法国翻译理论》，湖北教育出版社，2001 年，第 51—56 页。
2 参见本雅明：《本雅明：作品与画像》，孙冰编，文汇出版社，1999 年，第 121 页。

不可能。那么，如何从“不可能”走向“可能”呢？这就意味着首先要为“翻译”进行重新认识与定义。在本雅明看来，翻译的“可能性”，即“可译性”有二：一是要有称职的译者；二是原著的本质不仅可译，而且需要翻译。他认为，第二点是决定性的。正是这种可译又需要翻译的决定性因素为原著的“来生”提供了可能性：“译文标志着作品生命的延续”，“原著的生命在译本中达到不断更新、最终和最丰饶的繁荣”。[1]而为了使原作的来生得以实现，使原作的生命之花在译作中蓬勃开放，“点燃作品永恒生命和语言永无休止的更新之火”，本雅明从“表意方式”与“表意对象”的概念区分中，指出了不同语言的表意方式具有独特性和局限性，从而提出了“纯语言”之思想，以“纯语言”为基点，为各语言之间建立联系提供了可能性。“因为纯语言的缘故，翻译建立在对自身语言考验的基础上。翻译家的任务在于在自己的语言中将受困于另外一种语言魔咒中的纯语言释放出来，在再创造中将囚禁于一部作品中的语言解放出来。”在本雅明看来，翻译的可能性，或者说原著的来生取决于两点：一是“解放”；二是“再创造”。为此，本雅明对传统翻译的“忠实性”概念提出了批评：“在翻译中忠实地一一对译每一个个别的词语，几乎永远不可能完成复制它们在原文的意义。”这无异于说，忠实的复制毫无出路，原著的“来生”取决于从原著语言的囚禁中获得自由，不受原作语言的束缚，使翻译的语言“能对原文的意图发出呼声，不是作为复制，而是作为一种表现自身的语言的补充，作为一种其自身的意图达到共鸣”。[2]这样就使译者与原著之间形成相互补充、相互联系的亲缘关系，使译作在保持与原作的血脉关系的同时，拥有自己新的生命。

德里达的观点与本雅明有相似之处。在《巴别塔》一文中，德里达在指出上帝“把翻译这项工作强加于人类，又禁止人类翻译”的同时，对“翻译”这一概念本身进行了探讨。他在文章中多次论及“翻译”的概念，特别对雅各布森在《论翻译》一文中提出的三种类型翻译，即“语内翻译”、“语际翻译”和“符际翻译”进行了分析，指出从事语内翻译与语符翻译的人，有一个先决条件，那就是“首先要知道如何极准确地判断有关

1　参见本雅明：《本雅明：作品与画像》，孙冰编，文汇出版社，1999年，第119页。
2　参见本雅明：《本雅明：作品与画像》，孙冰编，文汇出版社，1999年，第130—131页。

语言的特征和统一性，也就是该语言的准确局限”。同时，通过对三类翻译的描述与分析，对“真正意义上的翻译”和“比喻意义上的翻译”作了明确区分。另外，在分析伏尔泰在《哲学词典》中撰写的“Babel”这一词条以及路易·瑟贡和舒哈基对《圣经》中有关“巴别塔”那一段的译文时，德里达又提到了西塞罗对翻译者的入门忠告以及译者如何与西塞罗的训示背道而驰，以几乎是逐字对译来接近原文的字面意义的。细读全文，不难发现德里达看似在探讨 Babel 一词的具体翻译，但要揭示的却是传统翻译观念给翻译活动造成的局限。他在文章的第二段中谈到了所谓“真正的”翻译，“即两种表达方法清楚而恰当的互相诠释”。然而，各种语言所具有的各自的特性，亦即本雅明所强调的“独特性”，给这种“真正的”翻译造成了局限，亦即理论上的“不可能”。

也许德里达所区分的“真正意义上的翻译”即追求“相互诠释”，“接近字面意义”的传统翻译观，这种翻译常以“逐字对译”和“绝对对应”的方式进行，与本雅明所否认的“以追求类似为目的”的翻译有着本质上的一致。不可否认的是，以一种语言的独特性来诠释另一种语言的独特性，这本身是无法实现的。这种语言的局限，亦即德里达在文章结束处所说的“巴别式语言表现所造成的困难”是不可能克服的。在理论上明确了这一点之后，德里达提出了“比喻意义上的翻译”。何为“比喻意义上的翻译”？德里达在文中没有细加阐释。但在欧阳桢的《透明的眼睛：关于翻译、中国文学和比较诗学的思考》一书中，他的“翻译是比喻”的论述，则为理解德里达的“比喻意义上的翻译”提供了某种可能性。实际上，欧阳桢对语言发展历史的三分法，即“前通天塔世界”、“通天塔世界”和“后通天塔世界”的区分，或多或少受到过德里达和乔治·斯坦纳的启发。欧阳桢的“翻译是比喻”之说旨在揭示的，是“翻译的目的不是复制，而是重新展现一种关系——正如比喻选择不同的指称对象——建立相似的或平行的关系”。[1] 联系到德里达在文中所说的“真正的”翻译往往是一种“没有翻译”的同一词语的重复，即复制，再参照德里达就《书写与差异》的汉译问题与译者的谈话，也许可以把“比喻意义上的翻译”理解成对“重复”的一种否认，对“复制”性的翻译的一种否认，在语言的

---

1 参见郭建中编著：《当代美国翻译理论》，湖北教育出版社，2000 年，第 290 页。

多样性给翻译造成局限的同时，在多样性所提供的看似“混乱”实则“丰富”的可能性中，摆脱意义的简单复制，在新的语境中让译作在不与原著割断本质的联系的条件下，“在新的躯体、新的文化中打开文本崭新的历史”，去“书写另一种命运”[1]。这也就是本雅明所说的“来生”。

本雅明和德里达在宣判了“复制”性翻译不可能的同时，以“来生”和“另一种命运”为翻译寻求可能性。那么，这种“来生”和“另一种命运”如何来实现呢？本雅明在《论翻译家的任务》一文的结束处，有这么一段颇值得玩味的话：“意义陷入一个接一个的深渊，直到在语言无底的深度中遭遇失落的威胁为止。然而，这种危险也有终止的时候。不过，只有《圣经》才可能避免这样的危险，在《圣经》中意义不再是语言流和意义流的分水岭。在那里，文本和真理或教义是同一的，它本身就应该是纯语言，而不需要意义这一中介。这一文本无条件地具有可译性。在这种情况下，翻译的需要仅仅是因为各种语言的不同。就像在原著中，语言和意义显现是同一的，没有张力，所以翻译一定是原著行间隔行对照的一个版本，逐字逐句的对译和不拘一格的自由在其中得以统一起来。就某种程度而言，所有伟大的文本在其行间都存在着一个潜在的译本。对于最高的神圣的写作来说，这是确定无疑的。《圣经》行间的译本是所翻译的典范或者理想。”[2] 有评论说，本雅明在此提倡的是“极端的直译法”。实则不然，他所强调的是“语言”和“意义”的统一，是“逐字逐句的对译”和“不拘一格的自由”的统一，是通过关注各种语言的不同，透过字里行间，去唤醒文本潜在的生命。在这里，本雅明所说的“逐字逐句的对译”指向的是原文，是在某种程度上承认“翻译中的忠实”的正当性，而“不拘一格的自由”则是就翻译活动的转换而言，也就是说对那些“不可转述的东西，即那些依赖上下文语境显露出来的东西，就是那些象征物和被象征物”，要在目的语中解放出来。而要做到这一点，必须不拘一格，重新创造。而本雅明所说的纯语言，实际上也并不神秘。它不外乎是人类普遍的语言能力，这种普遍的能力不可能只囿于一种语言，而是适用于所有语言。关键在于译者不要被一种语言的特殊性所束缚，要善于通过“再创

1　雅克·德里达：《书写与差异》（上册），张宁译，三联书店，2001 年，见《访谈代序》，第 22—25 页。

2　参见本雅明：《本雅明：作品与画像》，孙冰编，文汇出版社，1999 年，第 134 页。

造”，让人类的这种普遍的能力在目的语中得到创造性的发挥。应该说，若全面地理解本雅明，他要反对的，正是将“翻译中的忠实与自由”相对立的倾向。他也不主张以“忠实”来否定“自由”的正当性，或相反，以“自由”来否定“忠实”的正当性。让两者统一起来，即《圣经》行间对照译本所体现的“逐字逐句的对译和不拘一格的自由”的统一，于是成了“所有翻译的典范或者理想”。这一与本雅明在文中反复强调的观点看似矛盾的结论，倒从反面给人们一个启迪：在翻译所面临的种种矛盾中，从统一的角度去看，往往能发现一线生路。绝处逢生，在不可译中寻求可译，这在某种意义上构成了翻译的辩证法。

第三节　异与同

探讨可译性与不可译性，势必要涉及异与同这一对矛盾。对翻译而言，“异”与“同”这两个概念的重要性不言而喻。在上一节的讨论中多次涉及“异”与“同”的问题，从中可以发现一个虽属表面但却又颇能说明实质的现象：不可译往往源于“异”，而可译则基于“同”。与之相关，持不可译论者强调“异”，持可译论者则着眼于“同”。异同之间，深刻地展现了与翻译相关的方方面面。在此有必要首先对“异”与“同”的基本含义以及所涉及的主要问题作一界定与梳理。

根据《辞海》的解释，“异”字有五种基本含义，其中三种与本节的讨论密切相关。《辞海》解释的“异”字第一义，为“不同”，与“同”相对，构成两极。“异”字第三义，为“其他、别的”，如“异地、异域”等。第五义，为“不平常的，特殊的”。不妨以这三种基本含义为起点，展开对“异”与“同”问题的讨论。

“异”相对于“同”，可解为“不同”。对翻译研究来说，“异”是一个具有特别重要性的问题。首先，没有“异”，就没有翻译的必要性。拿德里达的话说，如果没有上帝变乱语言，出现各种不同语言，且各种语言又有不可简化的多样性，那人类就不需要进行翻译。在这个意义上说，翻译是因语言之“异”而产生。按照通常的说法，正是因为语言之“异”造就了翻译的必要性，那么翻译的根本任务，便是“克服”语言之“异”造成的障碍，以进行思想的沟通与交流。但是，由于各种语言有着不可简化的多样性，在德里达看来，这种多样性的不可简化，是无法“克服”的，也是无法翻译的。他甚至提出翻译的根本任务之一，就是要“设法保持这种语言的多样性特征”[1]。在这里，像上帝“一瞬间把翻译这项工作强加于人类，又禁止人类翻译”这一悖论一样，既要克服“差异”又要表现“差异”，也成为翻译所面临的一个难以克服的具有现实感的悖论。而正是这一悖论的存在且以非常现实的具体问题不断给翻译者造成障碍，它不仅成为翻译研究中的一个基础问题，也是任何一个从事翻译工作的人所必须面对的。打开中外翻译研究文献或翻译家谈翻译的文字，可以看到，对翻译许多问题的探讨都是围绕着“异”字展开的。同时，哲学、语言学、比较文学，特别是文化研究中对“异”之问题的探讨，又给翻译的相关研究提供了新的视角和启迪。就翻译家这方面来说，他们所体会到的“异”往往处于“语言层面”，且大都限于个别的与感性的认识，所关注的重点也是如何通过对“异”的分析，为具体翻译实践寻找一种可能性，或为自己的翻译方法或手段提供一种理由。但是，有必要指出，由于翻译家有着丰富的实践，在实践中对翻译障碍或困难有着切肤的体验，因此对造成这些障碍或困难的原因也往往有着深刻的认识，而随着认识的不断加深，逐渐透过语言之间的“异”，发现了与之相关的思维、文化等更深层的“异”。[2]在翻译理论探讨的层面，不能否认，近半个世纪以来，对“异”的研究在理论上得益于哲学、语言学、比较文学等学科有关探索成果的启迪。如在上一节中，在探讨“可译”与“不可译”的问题时，涉及布隆菲尔德的行为主义“意义”理论和新洪堡学派的“世界映象”理论对传统翻译观念提出的质疑，其中最为关键的一点，就是在语言、思维和文化等各个方面所客观存在的“异”，是否会在根本上造成翻译的不可能。而乔治·穆南在避免从绝对理念化的角度去回答这一问题的同时，从另一个角度，即合理吸取有关的研究成果，去探索存在于人类精神与物质等各个方面的“差异”给翻译有可能造成的障碍，以便更好地认识障碍，继而寻找克服障碍的途径。可以说，对“异”的多角度的探索与研究，为翻译研究的不断深入

1　参见雅克·德里达：《书写与差异》，张宁译，三联书店，2001年，《访谈代序》，第23页。

2　翻译家傅雷对“异”的感受以及对“异”与翻译之间的关系的认识，就是一个明证。在《翻译主体论》一章中，本书将结合对译者身份的辨析，从“仆人”到“叛逆者”这一身份转换的过程中去揭示“异”所起的作用，其中将就傅雷对“异”的认识展开讨论，这里暂不赘述。

起到了实质性的推进作用。德里达以“异”的概念对“逻各斯中心主义”和“语音中心主义”的解构，为“多样性”的存在和价值打开了大门。他的《书写与差异》涉及的许多问题，如开篇的《力量与意谓》一文所探讨的“形式与意图”“语言与意义”等，对翻译研究所关注的“意义”的再生无疑具有重要的启迪作用。又如汉学家顾彬，这位德国波恩大学东方语言学系的教授，几年前在北京大学作短期访问，围绕着东西文化，特别是德国文学与中国文学的双向交流问题，作了一系列的讲座。其讲座内容结集出版时，定名为“关于‘异’的研究”[1]。此书以“异”为主线，对“异国情调”在文学史和思想史中的作用，“异国情调”与“现代性”，“异”与“自我”观念在中国与德国文学作品中的表现等重大问题进行了探讨，对文学的翻译与接受的研究提供了理论的参照。无论在西方还是东方，在近几十年的翻译研究中，以“异”为讨论的出发点的研究文章不少，涉及（不同的）“差异与翻译”的各个方面。这些从某一方面的差异出发，深刻分析造成翻译障碍的深刻原因并探求有效的翻译方法的文章，其价值是不可否认的。如贝尔曼的《异的考验——德国浪漫主义时代文化与翻译》，还有让·皮特斯的《异的介入——翻译的一种社会语言学观》[2]等著作，是以“异”之概念为基础对翻译问题进行系统研究的成果。

“异”与“同”，相对立而存在。对这两个概念作进一步的思考，可发现与之相联系，或者说在本质上有着某种一致性的另一对概念：“自我”与“他者”。在《辞海》对“异”一字的解释中，第三个定义就是“其他，别的”。顾彬在其演讲集《关于“异”的研究》中，第一讲为“‘异’的概念”，他是这样定义德文中的Fremde（即中文里的“异”）一词的：“‘异’可以用来表示自己所不了解的一切，与‘异’相对的乃是自己。”[3]如果说“异”的第一个释义强调的是“异”与“同”的相对立、作为一正一负的两极所组成的整体，那么在“自我”与“他者”的这一对概念中，则可看到除对立之外的另一种可能性，那就是两者的互存性。无论是在精神世界还是在物质世界中，“异”都是一种必然的存在。有“同”而无“异”，便

1 顾彬：《关于“异”的研究——顾彬讲演》，曹卫东编译，北京大学出版社，1997 年。

2 Peeters, Jean: *La médiation de l'étranger, une sociolinguistique de la traduction*, Arras: Artois Presses Université, 1999.

3 顾彬：《关于“异”的研究——顾彬讲演》，曹卫东编译，北京大学出版社，1997 年，第 1 页。

没有世界的多样性和丰富性。《道德经》上说："道生一，一生二，二生三，三生万物。"从一到万物，这是一个渐变的转化过程，更是一个从无到有、从同到异的发展过程。世界之异，思维之异，语言之异，文化之异，翻译研究所要面对的这些"异"，从根本上说，构成了翻译必要性，而翻译之根本目的，就是在保存这些"异"的同时，让这些"异"之间不隔绝，而是形成一种相互联系、相互渗透的关系，以达到进一步的发展和丰富。因此，研究翻译中的"异"与"同"的问题时，不能将"自我"与"他者"这一对概念割裂开来。人们认识事物，都有一个出发点，那就是往往以"我"为出发点，凡"我"不了解的，与"我"之"不同"者，皆为"异"。这也就为翻译研究提出了另一个方面的问题，那就是作为译者，应如何对待"异"与"同"，如何协调"自我"与"他者"之间的关系。翻译中的"归化"与"异化"之争也由此而生。所谓"归化"，即是某种意义上的"同我"，所谓"异化"，便是一定程度上的"异我"。从"异"与"同"，到"他者"与"自我"，再到"异化"与"归化"，可以看到一条贯穿其间的主线。探讨"异"与"同"，不能不涉及后两者，而对后两者的探讨，必然会追究到"异"与"同"的问题，而谈"同"与"异"，必须有个出发点，因此，研究翻译中的"异"与"同"，又不能忽视翻译的立场问题。

贝尔曼在《异的考验——德国浪漫主义时代文化与翻译》一书中，以文化的视界来探讨翻译问题，将对翻译的探讨与对文化的透视结合起来，形成了为西方翻译理论界普遍称道的翻译文化观。就翻译理论的探讨而言，基于"翻译是一种跨文化的交流活动"这一认识，在关注语言差异的同时，也自然会关注在语言差异背后所存在的文化差异以及在语言中所积淀的文化差异。在翻译的具体操作层面，语言的差异给翻译造成的障碍是直接而具体的，但是若翻译者只囿于语言的差异，而忽视其差异背后及差异中间所存在的文化差异，便有可能在机械的符号转换中，扼杀深层面的"异"所表现的价值和生命力。正是在这个意义上，有不少翻译研究学者都持这样的观点：与其说是语言的差异造成了不可译的因素，不如说文化的差异是不可译的根本原因。翻译看似以异语的接触、转换为基本形式，但它所承载的却是不同文化之间的接触、碰撞与交流。贝尔曼在他的研究中，揭示了翻译在异域文化交流中所起的作用，通过马丁·路德翻译《圣经》的实践过程，从文化的深层意义上，阐明了翻译在异的交流中带来的新的生命。在他看来，路德翻译希伯来语《圣经》的过程，无疑也是德意志文学语言通过与“异”的接触首次决定性的自我确立过程。[1] 正是在这个意义上，可以说，“异”与“同”之间，展示了“自我”与“他者”的深刻关系。“他者”是“认识自我”的一个参照，是“丰富自我”的一个源泉，是“确立自我”的一个途径。在贝尔曼看来，路德的翻译，不仅促进了德意志文字的确立，也给了德意志文化以新的养分。德国哲学家、诗歌翻译家赫尔德清醒地认识到了异域文化对缺乏“文化根基”的德语愈来愈强的影响力，以及翻译对吸收异域文化所担当的重要的职责。他曾在《文学信札》中写道：“每当我倘佯于异国的园林，总想在那里摘下几朵鲜花献给我祖国的语言……”[2] 德国文学巨匠歌德更是意识到了翻译在一个民族的文化发展中所处的特殊地位。1828 年，他就《托夸夫・塔索》的英译给卡莱尔写信，在信中明确提出，翻译活动中“原文和译文的关系”是“民族与民族之间的关系最为明确的写照”。[3] 他还认为：“任何一个掌握并研究德语的人，都处在世界各民族竞相提供其物品的商场中，他起着翻译的作用，同时也在一定程度上丰富自己。因此，必须把每个译者都看作一个致力于促进世界精神交流，推进这一普遍性交流的中间人。不管人们认为翻译有着怎样的不足，但翻译活动仍不失为普遍性的世界交流市场上最为重要、最值得尊敬的任务之一。《古兰经》说：上帝给了每个民族一个使用其语言的预言家，那么，对每个民族来说，任何一个译者都是一个预言家。”[4] 从歌德对翻译的论述中，可以得到这样一个启示：翻译的任务和地位，应该从世界文化交流这个大前提下去认识。翻译是一项跨文化的交流活动，同时，也是各民族间相互影响与作用的交流手段。从这个角度去认识、分析翻译中的“异”与“同”的问题，便有可能从正确的翻译立场出发，处理好在翻译中所遇到的种种矛盾。

---

1 Berman, Antoine: *L'épreuve de l'étranger, culture et traduction dans l'Allemagne romantique*, Paris: Gallimard, 1984, p.47.

2 Berman, Antoine: *L'épreuve de l'étranger, culture et traduction dans l'Allemagne romantique,* Paris: Gallimard, 1984, p.66.

3 Berman, Antoin: *L'épreuve de l'étranger, culture et traduction dans l'Allemagne romantique,* Paris: Gallimard, 1984, p.92.

4 Berman, Antoine: *L'épreuve de l'étranger, culture et traduction dans l'Allemagne romantique,* Paris: Gallimard, 1984, pp.92–93.

如果把翻译置于文化交流的高度去进行考察，必须承认，翻译上的语言问题往往与文化问题紧密结合在一起。翻译通过语言的转换促进文化的开放，继而又促进思维的开放。有学者指出："人在语言中成长，在语言中相互开放，在语言中成为社会之网的网上纽结。惟其如此，翻译乃是透过另一种语言对人的生存状况的一种展示。语言不只是工具，它本身就是一个独特的世界。它不仅将我们的观念固定下来，而且将一代人的观念留传给子孙后代。因此，语言是文化的基因，是死人与活人对话的场所，它将现在、过去与未来联系成一体，使之成为滔滔不息的长河。"[1] 异语间的交流，便是不同文化间的交流。在这种交流之中，各自的独特性虽然为对方认识自己、丰富自己提供了可能性，但同时，也往往成为一种严峻的考验。

"异"的这种考验，首先是在观念上，表现在对"异"的认识上，体现在对待异文化的态度上。上文中说过，如何对待异，对待异文化，首先有个出发点。不管哪个民族或哪个个人，在空间上无疑都会取自己所处的位置，作为视野的出发点。在这个意义上说，以"我"为中心，或以我为本的倾向就自然而然地成为一种主要倾向。问题是人们能否意识到，这一倾向有可能带来的视野狭窄或其他危害。站在自己的位置上，以自己为中心，未必就一定会有危害。关键是目光不要只停留在自己的身上，目空一切，唯我独尊，周围的一切都附属于自己，或把敌视的目光投向周围，投向异域。世界是个整体，若把自己视为世界的一部分，协调好自己与其他部分的关系，这时的目光自然就会有变化，就会有对异域的关注，就会有一种交流与沟通的需要和追求。若目空一切，唯我独尊，则差异势必要被视作异端。若考察一下世界发展的历史，可以看到这种现象是屡屡发生并存在的。如基督教内，凡不符合"正统"教义的思想、学说，会被视为异端。在中世纪，对待非正统的教义、思想或学说，是诛，是灭。欧洲文化中心论者，也是把其他民族的文化看成异端。只有欧洲民族是文明的，其他民族都是"蛮族"。19 世纪初，这种观点在欧洲十分盛行。法国哲学家孔德就在《实证哲学教程》中明显表达了这种态度。他对欧洲以外的民族完全持排斥的观点："我们的历史研究几乎只应该以人类的精华或先锋队（包括白色种族的大部分，即欧洲诸民族）为对象，而为了研究得更精确，

1　参见汪堂家：《可译性、不可译性与思维模式的转换》，《辞海新知》，总第 7 辑，2001 年 3 月，第 14 页。

特别是近代部分，甚至只应该以西欧各国人民为限。”[1]德国历史学家兰克“对西欧之外各民族，特别是东方各民族持鄙视态度”[2]。他甚至断言：“历史教导我们说，有些民族完全没有能力谈文化……我相信从全人类的观点看来，人类的思想……只是在伟大民族中历史地形成的。”[3]这些观点在今天看来，显然是可笑的。艾田蒲在他的文化比较巨著《中国之欧洲》[4]中，对欧洲中心论，对排斥东方文化的极端观点进行了有力的驳斥，这里不拟赘述。但应该指出的是，在世界文化的接触、往来中，持欧洲中心论者还大有人在。

对待外国文化，有可能还会走上另一个极端，那就是一味崇拜外国的文化，看不到自己的长处，而渐渐丧失“自我”。这种情况在历史上也程度不同地发生过。

不同民族的文化之间具有差异性，这是不可否认的事实。按《辞海》的解释，所谓差异，就是“没有激化的矛盾”。毛泽东就说过：“世界上的每一差异中就已经包含着矛盾，差异就是矛盾。”[5]因此，承认世界不同民族文化之间的差异，就是承认它们之间所存在的尚未激化的矛盾。如何对待文化差异？是激化矛盾，还是互通有无，互相尊重，平等对待？这是个关键的问题。

翻译，是文化的媒人，起着不同文化交流的中介作用，也就是“桥梁作用”。面对不同文化差异，面对事实上存在的矛盾（对文化的共存而言，差异自然是个矛盾的因素），翻译首先需要解决的问题，就是如何对待不同的文化。是偏向一方，以牺牲一方的利益为代价，还是以不偏不倚的态度，努力促进沟通、交流？在这项工作中，有三种态度需要克服：一是无视异域文化；二是轻视异域文化；三是仰视异域文化。第一、二种态度是“不平等”的“唯我独尊”的傲慢态度，第三种有可能由“仰视”而发展

1 转引自张广智、张广勇：《史学，文化中的文化——文化视野中的西方史学》，浙江人民出版社，1990年版，第59—60页。

2 转引自张广智、张广勇：《史学，文化中的文化——文化视野中的西方史学》，浙江人民出版社，1990年版，第59—60页。

3 转引自张广智、张广勇：《史学，文化中的文化——文化视野中的西方史学》，浙江人民出版社，1990年版，第60页。

4 艾田蒲：《中国之欧洲》（上、下卷），许钧、钱林森译，河南人民出版社，1994年版，参见《序言结语（代）》和《前言》部分。

5 毛泽东：《毛泽东选集》（第一卷），人民出版社，1968年，第282页。

成为“盲目崇拜”。在中法文化交流史上，先后出现过这两种极端的倾向。就法国一方而言，曾经有过以伏尔泰为代表的对中国文化的狂热崇拜，也有过以孟德斯鸠的某些论点为发端的对中国文化的排斥思潮[1]。极端的排斥与盲目的崇拜都是不足取的。在翻译上，译者对不同文化的态度直接影响着他对具体作品的译介。最说明问题的是罗马人对希腊文化的译介。谭载喜在《西方翻译简史》一书中谈到在公元前2世纪，这时“罗马势力刚刚兴起，希腊文化依然高出一筹，或者说罗马文化才开始进入模仿希腊文化的阶段，希腊的作品为罗马的译者奉为至宝，因而在翻译中亦步亦趋，紧随原文，唯一目的在于传递原文内容，照搬原文风格。比如恩尼乌斯所译欧里庇得斯的悲剧，普劳图斯和泰伦斯所译的希腊喜剧，都突出地反映了这种态度。随着时间的推移，罗马人意识到自己是胜利者，在军事上征服了希腊，于是以胜利者自居，一反以往的常态，不再把希腊作品视为至高无上的东西，而把它们当作一种可以由他们任意‘宰割的’文学战利品”[2]。18世纪后半叶在中国的一些西方耶稣会士为了达到传播福音的目的，让中国皈依改宗，成为天主的臣民，并让欧洲人接受他们眼中的“中国形象”，在译介中国的一些重要哲学和文化著作时，也采取了曲解的方式。《道德经》第十四章中有下面这段文字：“视之不见名曰夷，听之不闻名曰希，博之不得名曰微。此三者不可致诘，故混而为一。”钱德明神父是这样译介的：“仿佛可以看到而又不能看到的是‘yi’，能够看到而不能对着耳朵讲的就叫‘hi’，好像可以感觉到而又不能触摸的就叫‘ouei’，这三者如果细问是徒劳的，唯有理性可以告诉我们，它们合三为一，只不过是一个整体。”[3]艾田蒲指出，更为荒唐的是，钱德明“由此而获知《道德经》宣扬的是三位一体的教理，而‘存在’的三个品性‘yi、hi、ouei’，显然构成了Jehovah（耶和华）的名字”。[4]把老子所述的“道”，翻译成为“天主”的属性，原因可能是多方面的，但不能排斥西方耶稣会士对中国文化所持的态度带来的影响。在艾田蒲看来，西方耶稣会士所怀的明显的宗教、政治意图，他们的实用价值取向，决定了他们译介中国文化、接受中国文化

1 参见艾田蒲：《中国之欧洲》（下卷），许钧、钱林森译，河南人民出版社，1994年，第二十二章《仰慕中国者与排斥中国者》，第338—352页及结论部分。

2 谭载喜：《西方翻译简史》，商务印书馆，1991年，第22页。

3 艾田蒲：《中国之欧洲》（上卷），许钧、钱林森译，河南人民出版社，1994年，第193页。

4 艾田蒲：《中国之欧洲》（上卷），许钧、钱林森译，河南人民出版社，1994年，第193页。

的特殊方式，于是，曲解、变形，便是不可避免的。

“异”的考验，不仅仅表现在观念和态度上，更是实实在在地体现在语言的差异给翻译造成的障碍上。对于目的语而言，利用异语的“新字眼、新句法”，来改造自己，丰富自己，进而确立自身，这个过程是相当漫长，而且往往是充满冲突和痛苦的。语言系统虽然是开放的，但在语音、词汇和结构层次上，具有一定程度的排异性。对外来词语、句法、结构的接受过程，不仅仅构成对出发语的考验，也构成对目的语的考验，要通过语言的转换将异性因素引入到另一种文化之中，其困难是不言而喻的。汪堂家认为：“‘语言显示着差别，差别保留了语言。’除了表示相同事物的词之外，我们实际上很难在语言中找到绝对对等的词。在自然语言（此处不谈人工语言）中，即使是两个看上去对等的词，它们的用法仍随历史语境的变化而变化。任何全面的辞典都无法完全反映词义在生活中的变化。由于同一件器物在不同的文化环境中会有不同功能，表示这类器物的名称也会有不同的意义。譬如，‘标枪’对某些非洲国家的人来说是狩猎工具，而对另一些国家的人来说则是体育用具。尽管它们可用两种语言中的对等名词来翻译，但有着不同的意义。”其中所揭示的，实际上正是不同层次上的“异”给翻译造成的障碍。汪堂家认为，要解决这些困难，经受“异”的考验，最好的办法“就是用尽可能多的‘同’来显示尽可能多的‘异’，用两种语言中相互重叠的部分来显示不重叠的部分。正是这些不重叠的部分再现了文化的多姿多彩，显示了不同民族相互学习的必要性。在翻译中，‘灭异为同’或‘以同害异’都是一种暴虐，不单单是文字的暴虐，也是思维的暴虐，亦即消灭客观存在的差异，利奥塔甚至把它称为‘恐怖’”。[1]以尽可能多的“同”来显示“尽可能多的‘异’”，这种方法应该是一种理想的方法。以“同”为基础，去认识“异”，以理解“异”，进而去接受“异”，正如以“已知”为基础，去认识“未知”，这是一种发展与辩证的观点。但是，应该看到，这种认识、理解与接受的过程，不是能轻易完成的。比较文学学者孟华对这一过程进行了理论的探索，提出了“相异性”与“相似性”两个概念，指出：“任何一种相异性，在被植入一种文化时，都要做相应的本土化改造。那么，被传递的因素就

1　汪堂家：《可译性、不可译性与思维模式的转换》，《辞海新知》，总第 7 辑，2001 年 3 月，第 15 页。

不可能是真正的‘相异性’。而在目的语文化对原作的改造中，核心的机制是找到既与原文对应，又能为本民族读者所理解和接受的词语来进行置换。因而，用以置换的东西，实际上是一种近似‘相异性’的因素（近似的程度会因译者水平、策略的不同，历史、文化语境的不同而不等，却永远不会等同于原作），由于没有现存的词语来定义，我权把它称作‘相似性’(ressemblance)。实际上，‘相似性’仍应归并在‘认同性’内。它表面上与‘相异性’很接近，但却以隐含的形式包含了极强的‘认同性’。换言之，它是‘认同性’激活‘相异性’，使后者亦呈开放态势，然后对其进行加工改造，使其能融入‘认同性’的因素。”[1]在这里，孟华提出了一个重要的观点，那就是任何“异性”的因素，是不能不加改造地直接进入目的语系统的。目的语要接受“异”，需以“认同性”为基本条件，通过加工、改造，融入新的环境。这种加工或改造，既有历史、社会和文化语境对其的客观限制（或者说对其提供的客观的可能性），也有译者的主体性、意识形态和文本的语言关系等因素所起的作用。

澄清了有关“异”与“同”的一些基本含义，明确了“异”的本质及可能起到的作用之后，就可以更进一步，在“异”与“同”这一对矛盾所展示的深刻内涵之中，去考察近几年来在译界争论不休的“归化”与“异化”问题。汪堂家的看法一针见血，他认为“归化”与“异化”之争，“不仅是翻译理论的争论，而且是文化态度的争论。主张译文以读者为依归的人强调译文的可转达性，或者说，两种语言、两种文化之间的共通性，它的着力点在不同文化之间的‘同’；主张译文要尽可能保留原文的风貌，即便生造许多读者无法理解的新词和特殊表达方式也在所不惜，这种看法强调译文不应牺牲原文不可言传的方面，或两种语言间的不对应性、非共通性，它的着力点在不同文化之间的‘异’”。[2]汪堂家的看法是有其道理的。从文化态度的角度出发，并考虑到目的语读者及其代表的目的语文化因素，来看待“异化”与“归化”之争，就可能更清醒地认识到这个看似属于“翻译方法”层面的争论，实际上有着深刻的文化内涵。所谓“归化”与“异化”，实际上是以译者所选择的文化立场为基本点来加以区分的。译

1　孟华：《翻译中的“相异性”与“相似性”之辩》，北京大学比较文学与比较文化研究所编：《多边文化研究》（第一卷），新世界出版社，2001 年，第 110 页。

2　汪堂家：《可译性、不可译性与思维模式的转换》，《辞海新知》，总第 7 辑，2001 年 3 月，第 15 页。

者作为跨越两种文化的使者，他所面临的，有出发语文化与目的语文化。面对这两种文化，出于不同的动机和目的，译者至少可采取三种文化立场：一、站在出发语文化的立场上；二、站在目的语文化的立场上；三、站在沟通出发语文化与目的语文化的立场上。第一种文化立场往往导致所谓“异化”的翻译方法；第二种文化立场则可能使译者采取“归化”的翻译方法；而第三种文化立场则极力避免采取极端化的“异化”与“归化”的方法，试图以“交流与沟通”为翻译的根本宗旨，寻找一套有利于不同文化沟通的翻译原则与方法。劳伦斯·韦努蒂曾以日本小说的英译以及亚里士多德《诗学》的英译来考察译者所采取的文化立场和“异化”与“归化”这两种翻译策略的确立之间的关系，指出在受多种因素决定的翻译活动中，译者对异域语言和文化的态度与理解，对本土文化价值的认识与立场，是决定翻译方法的一个最重要的因素。而对异域文本的选择与翻译策略的制定，反过来又影响着本土文化与异域文化之间的关系。韦努蒂的观点，可由中外翻译史上的许多例子进行印证。一个国家、一个民族的文化心态，译者本人的文化立场，在很大程度上决定了译者对翻译策略的制定。从这个角度看，对翻译的许多技的层面的探讨，不能忽视政治、文化层面的因素对翻译的影响。在中国翻译史上，远的不说，近的有20世纪30年代鲁迅与赵景深之间关于翻译的论战。那场论战看上去是翻译方法与技巧之争，实际是表明了各自的一种文化态度和政治立场。孙歌曾指出：鲁迅在与新月派文人的论战中，“坚持了他‘硬译’的立场，从此把翻译的问题转向了文学和文化重构的政治性问题”。[1] 鲁迅在谈及《死魂灵》的翻译时说：“在动笔之前，就先得解决一个问题：竭力使它归化，还是尽量保存洋气呢？”鲁迅对这个问题的回答十分明确。他认为翻译的目的，不但移情，而且要益智，因此翻译必须保持原文的异国情调，对原文“不主张削鼻剜眼”。[2] 鲁迅的立场是分明的，翻译要尽可能保存洋气，采取的方法是“在有些地方，宁可译得不顺口”。这种翻译方法，若仅仅从技的层面去探讨，有可能会得出反面的评价，乃至给予彻底的否定，若从鲁迅的文化立场出发去加以探究，恐怕会得出不同的评价。鲁迅的“硬译”或“不顺”，只是一种翻

1 许宝强、袁伟编：《语言与翻译的政治》，中央编译出版社，2001年，见《前言》，第28页。
2 鲁迅：《“题未定”草》，罗新璋编：《翻译论集》，商务印书馆，1984年，第301页。

译策略。他所要达到的是改造中国文化的目的。比较文学学者乐黛云在探讨“异”的问题时，曾说过这样一段话：“人，几乎不可能脱离自身的处境和文化框架，关于‘异域’和‘他者’的研究也往往决定于研究者自身及其所在国的处境和条件。当所在国比较强大，研究者对自己的处境较为自满自足的时候，他们在‘异域’寻求的往往是与自身相同的东西，以证实自己所认同的事物或原则的正确性和普遍性，也就是将‘异域’的一切纳入‘本地’的意识形态。当所在国暴露出诸多矛盾，研究者本身也有许多不满时，他们就往往将自己的理想寄托于‘异域’，把‘异域’构造为自己的乌托邦。如果从意识形态到乌托邦联成一道光谱，那么，可以说所有‘异域’和‘他者’的研究都存在于这一光谱的某一层面。”[1] 乐黛云的这段话，涉及了“异域”与“本土”，“他者”与“自我”的关系问题，在本质上是“同”与“异”之间的一种文化层面的相互影响问题。以她的观点，来分析鲁迅在翻译问题上表现出的文化立场和对“异域”的态度，恐怕是有偏差的，因为鲁迅有着极其清醒的头脑和明确的文化重构的目的。但是，用乐黛云的观点来观照中国近当代翻译史上的许多与文化立场相关的现象，却有着重大的启迪意义。关于“归化”与“异化”的讨论，至少可以使人们从翻译的技的层面，即方法技巧的层面走出来，将翻译方法的选择置于文化立场的表达及文化重构的高度去加以审视与探讨。

当今世界，全球化进程不断加快，各民族间的交流越来越频繁，越来越广泛。翻译中的“异”与“同”的问题在知识更新愈加迅猛、文化交流愈加深广的大背景下显得越加突出。“全球化和本土化两极互动，构成了这个时代的文化动脉。一方面，经济的全球化加速了文化上的交往互动；另一方面，文化的民族自觉日益高涨。于是，学术的本土化迫在眉睫。虽说‘学问之事，本无中西’（王国维），但‘我们’与‘他者’的身份及其知识政治却不容回避。”[2]“异”与“同”，“自我”与“他者”，“归化”与“异化”，在全球化和本土化不时冲突而又两极互动的语境下，其研究的意义及提出的现实问题便远不止于翻译了。

1　顾彬：《关于“异”的研究——顾彬讲演》，曹卫东编译，北京大学出版社，1997 年，见乐黛云《序》，第 1—2 页。

2　参见张一兵：《〈当代学术棱镜译丛〉总序》，《当代学术棱镜译丛》，张一兵主编，南京大学出版社，2000 年。

第四节 形与神

翻译中的“形”与“神”问题，是讨论最多、意见也最难统一的根本问题之一。说其为根本，有如下三条理由：一、“形”与“神”的关系，直接反映了符号的能指与所指的关系，它与翻译的手段与目的紧密相联。所谓手段，即“形”的转换，而目的，则为“神”的再生。二、“形变”与“神现”的根本障碍，构成了翻译最主要的困难。三、“形”与“神”和“异”与“同”、“直译”与“意译”等问题，有着不可分割的联系。后者的讨论有助于认识与处理“神”与“形”的关系，而“形”与“神”的探讨，则可帮助解决其他一些矛盾。

“形”与“神”，两者从根本上说，是互为依存的。无“形”即无“神”。强调“随形赋神”这一说法，赋予了“形”以第一性，为“神”存在的物质基础。“形”是具体而实在的，而“形”与“神”的关系问题，涉及人类生活的方方面面。有关“肉体”与“灵魂”的讨论，在一定程度上正是“形”与“神”的关系之争。宗教范畴中的“灵”与“肉”，哲学层次的“物质”与“精神”，文学层面的“形式”与“内容”，等等，都源于“形”与“神”这一根本问题。就翻译而言，“形”与“神”的问题可以说是一个明显的悖论，其相悖之处在于，“形”与“神”在本质上相互依存，不可分割，而翻译的根本任务，则是要通过“形”变，而达到“神”的再生。问题在于，“形”变了，神是否依旧不变？

在讨论“形”与“神”的关系问题之前，有必要对翻译活动所涉及的“形”与“神”作一大致的界定。

在翻译活动中，“形”，最主要的是指“语言”，而“形变”，则是通常所说的“语言的转换”。从出发语到目的语，“形变”，即“语言的转换”，是不可避免的，音的变化、形的改变、音形义结合的方式也要改变。而“神”，拿当代语言学的术语来说，指“语言活动”的产物。从目前翻译界比较认可的观点看，“神”在很大程度上，是指“意义”，但问题却在于对“意义”的界定，语言学界并未形成统一的观点。本书第三章对“意义”进行了探讨，其中所涉及的许多方面都与在此讨论的“形”与“神”的问题有关。实际上，有关“神”与“形”的许多争论，或多或少都源于对

“神”与“形”的不同认识上。应该看到，在翻译历史上，有关“形”与“神”的思考几乎一直在持续着。远的不说，在20世纪，中国文学翻译界曾围绕“形”与“神”的问题有过多次激烈的讨论，而讨论的焦点主要集中在翻译应该求形似还是神似这一点上。从表面上看，翻译应该求形似还是神似，似乎不构成问题，因为求形似不是也不应该是翻译的目的所在。但是，主张形似的一派认为，只有先求形似，才能保证达到神似；而主张神似的一派认为，形似难求，只能以神似为依归。前者追求的是先形似而后神似，“形神皆备”为最佳境界；后者则以“神似”为唯一追求，明确提出“翻译所求的不在形似而在神似”。由于形似派与神似派着力点不同，因此在翻译的方法上也有别，前者崇尚直译，后者则主张意译。为了把讨论引向深入，不妨以20世纪20年代末陈西滢与曾虚白以及21世纪初许渊冲与江枫之间的有关争论为线索，对有关“形”与“神”的一些主要问题进行分析。

在1929年8月的《新月》杂志第二卷第四期上，陈西滢发表了《论翻译》一文，文中针对严复的“信达雅”说，提出了“形似”、“意似”与“神似”三分法。先看陈西滢对这三者的界定。所谓“形似”，便是追求“字比句次”，“原文所有，译文也有，原文所无，译文也无”。陈西滢认为，“这样的翻译的最高理想，也不过是我们所说的传形的译文；因为直译注重内容，忽视文笔及风格”，而“因为忽略了原文的风格，而连它的内容都不能真实的传达，便是形似的翻译的弱点”。所谓“意似”，“便是要超过形似的直译，而要把轻灵的归于轻灵，活泼的归还它的活泼，滑稽的归还它的滑稽，伟大的归还它的伟大——要是这是可能的话。所以译者的注意点，不仅仅是原文里面说的是什么，而是原作者怎样地说出他这什么来。他得问原作者的特殊的个性是什么，原文的特殊风格有哪几点。译者有了这样的认识，便可以把自己的不相容的个性排除在一边，而像透明的玻璃似的，把原作的一切都映过来。正因为人不能像玻璃那样地缺乏个性，所以译文终免不了多少的折光，多少的歪曲。从这个观点看来，一个最好的摹拟者是个最忠实的译者；他有锐利的眼光，能看出原本的种种特点来，他自己最少个性，所以能模仿种种不同的，背驰的风格”。但是，陈西滢认为，“摹拟者无论如何地技巧，他断不能得到作者的神韵，因为诚如病夫先生所说，‘神韵是诗人内心里渗漏出来的香味’”。而所谓“神似”，便是要传达原文的“神韵”。陈西滢强调“神韵是个性的结晶”，是不能摹拟的，“只有译者与原文化而为一”，才能得原文之神韵。他引用乔治·穆尔（George Moore）的话说：“如要一本书从新产生一次，只有一本书遇到了一个与原作者有同样心智的人，才会有这幸运的来临。”这也就是说，“神似”是可遇而不可求的翻译，原作只有遇到了穆尔所说的与原作者有同样心智的译者，才可能“不斤斤于字字确切而自能得原著的神髓”。[1] 细读全文，对陈西滢所作的形似、意似与神似的三分法可有比较清楚的了解。需要指出的是，陈西滢认为“形似”的翻译求字比句次，求对原文的一字不减，一字不增，其最高理想也不过只能做到“传形”。若进一步追究其原因，可以发现陈西滢的说法似乎不乏矛盾之处。在他看来，之所以这种求字比句次的翻译最好也只能做到“传形”，是“因为直译注重内容，忽略文笔及风格”。问题就出在他所说的“内容”一词。按常理，内容是与形式相对的，而在陈西滢的眼里，“注重内容”反而只能做到“传形”，其矛盾显而易见。但是，陈西滢所说的“内容”，是忽略文笔及风格的“内容”。在此，不得不又提出另一疑问，陈西滢所说的“文笔及风格”到底是“内容”还是“形式”呢？按照陈西滢的说法，“求字比句次”“注重内容”的翻译为“形似”的翻译，力争传达原文“文笔及风格”的翻译为“意似”的翻译，而与原文“化而为一”的翻译为“神似”的翻译。

或许，可以把陈西滢所说的“内容”理解为字词的“逻辑意义”或“大概意思”，“意似”则重在传达原文的“文笔及风格”，也就是说，“文笔及风格”为“意”的基本因素。至于“神”，亦即陈西滢所说的“神韵”或“神髓”，到底是什么，在文章中看不到更明确的解释，只知道神韵为“个性的结晶”。从翻译方法角度看，陈西滢认为“一字不可增，一字不可减，一字不可先，一字不可后”的翻译，是“译犹不译”，是“死译”，而“字比句次的翻译”“注重内容”的翻译为直译，也就是他所说的“形似”的翻译，这种翻译“太注重了形式，太想‘保存原有的种种特殊的处所’”“按字直译”，其结果与原文的精神“相去千里”，我们可将之理解为“机械性”的字面翻译。“意似”的翻译要超过“形似”的翻译，其方

1 参见陈西滢：《论翻译》，罗新璋编：《翻译论集》，商务印书馆，1984 年，第 400—408 页。

法在于“摹拟”，而“神似”的翻译在于陈西滢所说的“从新产生一次”，这里所说的“从新”可当作“再”字解，“产生”亦可理解为“创造”，所谓“从新产生一次”，也就是今日常说的“再创造”的意思。至此可以说，“形似”为“机械性的字面翻译”，“意似”为“摹拟性的翻译”，而“神似”为再创造性的翻译。

曾虚白对陈西滢的观点作了回应。他在1929年11月《真善美》第五卷第一期上撰文，题为《翻译中的神韵与达——西滢先生〈论翻译〉的补充》。曾虚白没有对陈西滢的“形似”与“意似”说提出特别的批评，但对“神似”说中的“神韵”，提出了自己的见解。在他看来，陈西滢所说的“神韵”，是一个“极飘渺的目标”，但“所谓‘神韵’者，并不是怎样了不得的东西，只不过是作品给予读者的一种感应”。他援引法国作家法朗士在《乐园之花》（*Jardin d'Epicure*）中的一段话，对“神韵”作了进一步的说明。法朗士说：“书是什么？主要的只是一连串小的印成的记号而已，这是要读者自己添补形式色彩和感情下去，才好和这些记号适合。一本书是否呆板乏味，或是生趣盎然，感情是否热如火，冷如冰，全靠读者自己。或者换句话说，书中每一个字都是魔灵的手指，使我们的脑纤维震荡得像琴弦一样，使我们灵魂中的音板激出音来。艺术家的手不论他多灵巧，多激发，那声音还得要看我们内心的弦线的性质而定。”[1] 曾虚白认为，在法朗士的这一段话里面，可以找到究竟什么是“神韵”：“读者所添补的形式及色彩与书中的记号适合，他就得了‘神韵’；魔灵的手指拨动了脑纤维的琴弦激出音来，这也就是‘神韵’。”但问题是，这所谓“神韵”者，还得要看我们内心的弦线的性质而定。据此，曾虚白指出，与原文同化为一，“这是绝对不可能的事，因为化来化去，他总化不掉自己内心的弦线所弹出来的声音，永远脱不了主观的色彩。除非翻译家完全变成了一部机器，一部无灵性的打字机，任着原作者魔灵的手指拨动机键，打出字来，自己绝对不动的天君，才可以免掉这主观的色彩”。为了解决这一矛盾，曾虚白提出了“达”的必要性，“达”与“信”互为补充：“一个翻译家要完成这种表现感应的艺术，不独需要着‘信’的条件，并且也不可缺

1　转引自曾虚白：《翻译中的神韵与达——西滢先生〈论翻译〉的补充》，罗新璋编：《翻译论集》，商务印书馆，1984年，第411—412页。

少那‘达’的手腕。‘信’是对作者的，而‘达’是对译者自己的。换句话说，‘达’者就是把我们灵魂中的音板上的声音传达出来。‘信’的能力只能达到‘意似’的境界，而‘达’的能力却可以把我们所认识的‘神韵’，或可说，原书给我们的感应，表现出来。”为此，他提出“翻译的标准，应有两重：一在我自己，一在读者。为我自己方面，我要问：‘这样的表现是不是我在原文里所得的感应？’为读者方面，我要问：‘这样的表现是不是能令读者得到同我一样的感应？’若说两个问句都有了满意的认可，我就得到了‘神韵’，得到了‘达’，可以对原文负责，可以对我自己负责，完成了我翻译的任务。”[1] 看来，曾虚白是崇尚“神似”的翻译的，但尽管他对陈西滢所提出的“飘渺的”神韵作了补充，对“神韵”的界定还是不够明确。而他提出的“感应”说，把读者的感受因素考虑了进去，应该说是个理论贡献。应该看到，曾虚白与陈西滢的讨论的重点有三：一、对“神韵”的界定；二、对翻译方法的评价；三、对翻译标准的取舍。如果说“太注意形式”结果连“内容都真的传达不了”的字面翻译为“形似”的翻译，对此曾虚白与陈西滢的观点并无分歧的话，那么什么叫“神似”的翻译，两者的看法是不一致的。这也可以说，两者都认可“神似”的翻译，但却有不同的标准，这正好印证了上文所说的：“形似”与“神似”之争，往往源于对“形”与“神”的认识或界定不一。

再来看发生在本世纪初的有关“形似”与“神似”的争论。在2000年《中国翻译》第3期上，许渊冲发表了《新世纪的新译论》一文。他开门见山，在文章一开始就明确写道：“20世纪中国文学翻译的主要矛盾，在我看来，是直译与意译，形似与神似，信达雅（或信达优）与信达切的矛盾。”[2] 在文章中，作者没有对这三对主要矛盾的六个“方面”进行明确的界定。在《文学翻译谈》的《前言》里，有这样一句话：“翻译的方法，也大致可分两种：一种是直译或形似，一种是意译或神似。”[3] 如此看来，直译与意译和形似与神似基本上是同属一个问题，即翻译的方法，而信达雅或许渊冲所提倡的信达优与信达切是与之相关的另一方面的问题，涉及翻

1 参见曾虚白：《翻译中的神韵与达——西滢先生〈论翻译〉的补充》，罗新璋编：《翻译论集》，商务印书馆，1984年，第412—416页。

2 许渊冲：《新世纪的新译论》，《中国翻译》，2000年第3期，第3页。

3 许渊冲：《文学翻译谈》，台北，书林出版有限公司，1998年，见《前言》，第iv页。

译标准。

有趣的是，无论是曾虚白、陈西滢，还是许渊冲，在谈及形似与神似的问题时，都要谈及翻译的方法（直译与意译）和翻译标准。许渊冲在形似与神似之间，他更看重的是“神似”，但他并没有囿于此，而是提出了“三似”与“三美”论。三似为形似、音似与意似；三美为形美、音美与意美。据许渊冲说，他的“三似新论”是“得益于傅雷的‘神似’说”[1]，但对傅雷的“神似说”有超越，其最明显的例证就是在“三似”与“三美”之间，他更看重“三美”。对此，他这样解释道：“如以译诗而论，我认为主要是真（或似）与美的矛盾。翻译求似（或真）而诗求美，所以译诗应该在真的基础上求美。这就是说，求真是低标准，求美是高标准；真是必要条件，美是充分条件；译诗不能不似，但似而不美也不行。如果真与美能统一，那自然是再好没有；如果真与美有矛盾，那不是为了真而牺牲美，就是为了美而失真。如译得似的诗远不如原诗美，那牺牲美就是得不偿失；如果译得‘失真’却可以和原诗比美，那倒可以说是以得补失；如果所得大于所失，那就是译诗胜过了原诗。”[2] 值得注意的是，在这里，“真”与“似”是同义语。在求似与求美之间，若两者能兼顾，自然最为理想；若两者不能兼顾，则“求美”高于“求似”。对这一观点，在此不拟深加剖析，但有必要指出的是，得益于傅雷“神似说”的“三似论”，即“形似、音似与意似”中的“形似”，已经不是我们所讨论的“形似”与“神似”中的“形似”了；其中的“意似”，与陈西滢所说的“意似”也不相同；至于“音似”，是“形式”还是“内容”，也不得而知。在文章第一部分的结尾处，有这么一段话：“等化、浅化、深化，这‘三化论’是译诗的方法论。所谓等化，指形似的译文，如‘得失’译为 gain and loss；所谓浅化，指意似的译文，如‘得失’译为 joy and pain；所谓深化，指神似的译文，如‘得失’译为 smiles and tears。”[3] 在这里，又陷入了概念界定的难题之中：显而易见，等化与形似，浅化与意似，深化与神似是连为一体的，其中的三化为“翻译的方法”，其中的“三似”为翻译的结果，又不

1　许渊冲、许钧：《翻译：“美化之艺术”——新旧世纪交谈录》，许钧等著：《文学翻译的理论与实践——翻译对话录》，译林出版社，2001 年，第 52 页。

2　许渊冲：《新世纪的新译论》，《中国翻译》，2000 年第 3 期，第 2 页。

3　许渊冲：《新世纪的新译论》，《中国翻译》，2000 年第 3 期，第 3 页。

同于作者所标举的“三似新论”中的“形似、音似与意似”，与通常所说的“形似”与“神似”之说也不属于同一层面。至此，可以再一次清楚地看到有关“形”与“神”、“形似”与“神似”的界定是何等的模糊和混乱。

针对许渊冲的观点，江枫在新世纪第一年作出了激烈的回应。他在《“新世纪的新译论”点评》一文中，对许渊冲的翻译思想进行了全面的批驳。在此没有必要就他们的争论作一个是非的判断，但有关“神似”与“形似”的问题，江枫提出的以下三点值得注意：1. 就译诗而论，不求形似但求神似而获得成功者，断无一例。2. 文学是语言的艺术，没有形式便没有艺术，艺术总是借形以传神。主张尽可能准确地再现原作之形者，恰恰是为了更忠实地再现原作之神，从散文随笔到长短篇小说，任何作品都不例外。3. 所谓“形似与神似”的矛盾，也多半是“神似派”的虚构。之所以说是虚构，是因为只有“神似派”主张“但求神似不求形似”，却没有任何一个译者主张“但求形似不求神似”。江枫的这些陈述十分明确。江枫的这些观点受到了卞之琳的影响。他在翻译中，特别是诗歌翻译中，有着自觉的理论意识和明确追求。早在 1982 年，江枫在《外国文学研究》上撰文，提出了“译诗，应该力求形神皆似”的观点；在 1990 年，江枫又在《中国翻译》发表了《形似而后神似》一文，提出了“神以形存，得形方可传神”和“先形似而后神似”的主张；他认为：“无论是古典格律诗或是现代自由诗，翻译，都必须力求译作对于原作的形神皆似，这是由于人类总是通过有形把握无形的，也正因为这一规律，译诗而力求形神皆似的努力，就应该首先力求形似。”[1] 在 1999 年，笔者有机会就翻译的基本问题与江枫进行了长谈，在谈话中，他又重申了“形神兼备，应是诗歌翻译的一种追求”的观点。[2] 不难看出，江枫的观点与许渊冲的是针锋相对的。有必要指出一点，江枫不承认“形似与神似”之间存在着矛盾，认为这是“神似派”的虚构，并且说神似派主张“但求神似不求形似”，而没有任何一个译者主张“但求形似不求神似”。在这里，我们看到江枫没有把自己归入“形似”派，而且在他看来，翻译界根本就没有“形似派”。至于“神似派”，国内翻译界一般都推傅雷为代表，他的“重神似不

1　江枫：《形似而后神似》，许钧主编：《翻译思考录》，湖北教育出版社，1998 年，第 420—421 页。
2　参见江枫、许钧：《形神兼备：诗歌翻译的一种追求》，许钧等著：《文学翻译的理论与实践——翻译对话录》，译林出版社，2001 年，第 113—128 页。

重形似”之说，已被不少译家所接受。罗新璋在为《翻译论集》所写的长篇序中得出了这样的结论：“案本——求信——神似——化境，这四个概念，既是各自独立，又是相互联系，渐次发展，构成一个整体的；而这个整体，当为我国翻译理论体系里的重要组成部分。”[1] 我国近两千年的翻译理论探索史，由罗新璋所总结的这八个字为基本线索，而其中的“神似”说，罗新璋认为是傅雷发展起来的：“傅雷提出‘获致原作的精神’，标举‘神似’，是对‘求信’的更高一级的发展，从而把翻译纳入文艺美学的范畴。”[2] 刘靖之、罗新璋等对傅雷的“神似”论有过精辟的阐述。最近，又有学者以“神似”论为基础，试图将之发展成为一种学说。[3] 应该说，傅雷的“神似说”已在译界产生了广泛影响，但是在理论上，有关“形似”与“神似”问题，还有不少方面尚待探索。

从陈西滢与曾虚白的讨论到许渊冲与江枫的争论，至少可以发现以下几个方面的问题：

首先，有关翻译的“形”与“神”之争，大都是围绕着文学翻译，特别是诗歌翻译进行的。这也就是说，文学翻译，特别是诗歌翻译，对“形”的敏感度远胜于非文学翻译。这里，涉及“形”因素之于文学作品的特殊重要性。

其次，在讨论中，对何为“形”、何为“神”，缺乏统一的界定。讨论的双方实际上是基于自己对“形”与“神”的不同认识而发表自己的观点，出发点的不同必然导致观点的分歧。

再次，有的论者将直译等同于求形似，把意译等同于求神似，将不同的概念混为一谈，很容易造成认识上的误区：凡直译者只能传形，凡意译者必能传神，从而将直译与意译、形似与神似机械地对立起来。

为了从“形似”与“神似”的二元对立中摆脱出来，有必要找到一个共同的出发点，看看翻译，特别是文学翻译所涉及的“形”与“神”到底是指什么。

首先讨论“形”。“形”，翻译界又称为“形式”。“形”或“形式”，首先是指语言符号系统及其组成部分。在这个意义上，翻译的首要任务便是

1　罗新璋：《我国自成体系的翻译理论》，罗新璋编：《翻译论集》，商务印书馆，1984 年，第 19 页。
2　罗新璋：《我国自成体系的翻译理论》，罗新璋编：《翻译论集》，商务印书馆，1984 年，第 18 页。
3　参见冯建文：《神似翻译学》，敦煌文艺出版社，2001 年。

要克服不同的语言符号系统所造成的理解障碍，通过变“语言”之形，亦即语言转换，给持不同语言的人提供沟通的可能性。对这一层面的“形”，自然不会去追求“似”，而是相反，要敢于去“破”，去克服。就此而言，任何一个译者都不会持异议。但对于具体的翻译活动，它所面对的不是纯粹的语言符号系统，而是利用语言符号系统所提供的可能性生产的话语。就文学翻译而言，翻译者所面对的是文本。而文本作为一个创造的产物，它对于翻译者来说，其形式是什么呢？这里，会遭遇到对“形式”的不同理解。在上文的讨论中可以看到，陈西滢把文学翻译所涉及的“形”主要归结于“字”与“句”，因为在他看来，所谓“形似”的翻译，就是“字比句次”的翻译。许渊冲则对“形”有两种理解：一是语言层次的“形”，如词语的形式，句法形式等；二是言语层次的“形”，如语言的表现方式和表达方式。傅雷对“形似”中的“形”没有明确的界定，但从他的《致林以亮论翻译书》和《〈高老头〉重译本序》中，我们也许可以大致看出傅雷主张不求似的“形”主要包括“原文字面，原文句法”以及“文字词类”、“句法构造”、“文法”、“修辞格律”和“俗语”等。他所提出的这些方面主要还是属于“语言文字”和“语言法则”的层次的“形”。但傅雷在提到“原文句法”时，连带想到了“原文的风格”。他对林以亮说：“你不在原文的风格上体会，译文一定是像淡水一样。而风格的传达，除了句法以外，就没有别的方法可以传达。”[1] 傅雷在此遇到了一个两难的问题：各种语言的文字和句法不同，翻译不能去机械地求似，但对一部文学作品来说，文本的句法或文本的遣词造句方式，则在很大程度上体现着原文的风格，若不在句法上下功夫，原文的风格便无从传达。这也就是说，放弃了对原文句法的转换，就难以传达原文的风格。在此，便面临这样一个问题：原文的遣词造句方式，原文的语言风格，是属于“形”的范畴还是“神”的范畴？对这一问题，在下文中还要再作讨论。主张“形神皆似”的江枫对“形”的看法比较明确。他是针对诗歌翻译而谈“形似”的首要性的。他认为诗歌之形，应该包括诗的“结构、词汇（和词序、词的组合）、诗行（或不分行）、韵律（或无韵律）……乃至词的拼写和字母的大

1　傅雷：《致林以亮论翻译书》，罗新璋编：《翻译论集》，商务印书馆，1984 年，第 548 页。

写小写等等”。[1]总的来看，他所指的“形”，既包括语言层面的“形”，也包括语言使用层面的“形”，与法国诗人瓦莱里对“诗的形式”的界定基本一致。瓦莱里认为：“诗的形成，也就是说其中包含节奏、韵律、和谐、修辞的对称、反衬等一切称得上形式的基本特征的手段。”而“一部作品的形式即是那些可感知特征的整体”。[2]瓦莱里对文学作品的“形式”的这一界定，具有很强的概括性，但主要涉及语言的使用层面，在这一层面，形式往往打上作者的个性特征，而这些可感知的特征又是具有价值的。就一部文学作品而言，这一层面的“形式”的价值在很大程度上决定了其是否具有艺术性，因为文学是文字的艺术，充分地利用语言文字所提供的可能性，创造具有个性的表现形式，是赋予作品生命的基础。毫无疑问，放弃对这些形式所蕴涵的价值的领悟，忽视对这一层面的形式的再创造，不可能会有真正成功的翻译。

与“形”相对的“神”，是文学翻译界界定最为模糊、认识最不统一的“概念”之一。若把“形”定义为语言层面和言语层面的“形式”，那么，与之相对应的便是“内容”。在这个意义上，“形式”与“内容”，在翻译探讨的文章中常可与“形”与“神”相替换。但问题是，“神”在许多翻译家和翻译研究者的笔下，又往往可与如下的说法联系在一起：“精神”“神韵”“味”“原旨”“意义”“气势”“风格”等等。在这些说法中，有的失之笼统，有的过于宽泛，有的难以捉摸；有的是中国传统文论中常用的术语，有的则是现代语言学使用最多但又争议最大的术语。总之，用这些本身就难有统一认识的术语去界定“神”，其结果可想而知，不可避免地会造成争论的各方从各自的角度出发，各执一词，莫衷一是。如在上文中提到的陈西滢，他就把“风格”纳于“意”的范畴，而对他所推崇的“神似”的翻译中的“神”，则以“神韵”来加以概括。至于何为“神韵”，他没有细作解释，在读者的脑中只留下了一个“神秘”的印象。从理论上讲，如推崇“神似”，必要对何为“神”有所交待，心中要有数。若连自己也说不清道不明，怎能在实践中去自觉地追求呢？傅雷提出“重神似而不重形似”的主张。从他对翻译的有关思考文字中可以发现，他对“神”

1　江枫：《形似而后神似》，许钧主编：《翻译思考录》，湖北教育出版社，1998 年，第 420 页。
2　瓦莱里：《文艺杂谈》，段映虹译，百花文艺出版社，2002 年，第 150 页。

的理解大致包括“意义与精神”和“韵味”。如他在《〈高老头〉重译本序》中，三次提到“意义”，两次提及“精神”，两次论及“韵味”；在《致林以亮论翻译书》中，傅雷谈到“神气”“语气”“情调”“气氛”等等。在他看来，这些都可以归结为“神韵”。傅雷在论及“神似”时，基本都包括着两个方面，即“意”与“神”，如“传神达意”。但是，必须指出，两者是有一定区别的：“意”是一部作品的基础，而“神”则是一种境界。在这个意义上，可以说傅雷的“神似论”，是主张“传神达意”的一种高标准的翻译。本书第三章对翻译中的意义问题进行了研究，其中的“意义的分类”一节，列举了现代语言学的一些观点和分类原则，可以看到对“意义”的界定也是极为复杂的，意见也难以统一。但总的原则是，语言学界越来越倾向于把意义看作一个综合的整体，包括上文所提及的各个因素。有必要指出，不同的文本意义所构成的各种因素是不同的，如非文学作品，基本上以“逻辑意义”为基本意义，而文学作品，特别是诗歌，则是包括节奏、韵味、情调、气势等等因素共同起着作用的一个综合整体。正因为如此，王以铸在《论神韵》一文中，说神韵“不会是表面上的东西，而是深藏在语言内部的东西；不是孤立的东西，而是和包括它的全体、和作者本身，甚至和作者的时代背景交织在一起的东西。这种东西不是在字面上，而是在字里行间”。[1]至此，也许可以暂对“神似”中的“神”作如下结论：按照翻译界流行的说法，“神似”中的“神”不仅包括神韵、情调、气势、风格等，还包括我们通常所说的“意义”、“精神”和“内容”。非常有趣的是，翻译在方法上的“直译”与“意译”的二分法，将“意译”中的“意”又扩大化，其“意”中又是包含着“神”的。在这个意义上，“意”与“神”，都可纳入现代语言学界目前所界定的“意义”范畴。

对“形”和“神”的基本内容作了一个大致的梳理与界定之后，还有必要澄清以下几个问题。

如何辩证地看待“形”与“神”之间的关系。上文说过，“形”与“神”的概念，是一个古老的概念，无论是宗教、哲学，还是语言学、文艺学等，都使用这两个概念，但其所指是有区别的。之所以在上文中用了

1　王以铸：《论神韵》，罗新璋编：《翻译论集》，商务印书馆，1984 年，第 567 页。

如此多的笔墨来梳理翻译中的“形”与“神”的概念，是因为只有弄清楚它们在不同翻译家的认识中具有哪些一致的地方和哪些不一致的地方，才可能找到一个探讨的共同出发点。

在翻译上，“形”与“神”这两个概念或两种说法，应该说是借自“绘画艺术”。目前暂无法确定谁是最早用“形”与“神”的关系来谈及翻译中的问题的，但不可否认的是，国内公认的对翻译中“形”与“神”的问题有过较为自觉的思索和较为系统的探讨的翻译家，如陈西滢、傅雷，都是借绘画艺术中的这两个概念来论及翻译的。陈西滢借助塑像或画像来作比，区分了“肖像的信，可以分形似，意似，神似三种的不同”。[1] 傅雷则从效果和实践工作两个方面将翻译与临画作了对比：“以效果而论，翻译应当像临画一样，所求的不在形似而在神似。以实际工作论，翻译比临画更难。临画与原画，素材相同（颜色，画布，或纸或绢），法则相同（色彩学、解剖学、透视学）。译本与原作，文字既不侔，规则又大异。各种文字各有特色，各有无可模仿的优点，各有无法补救的缺陷，同时又各有不能侵犯的戒律。”[2] 以临画来比翻译，说明翻译之难，并以“神似”为克服困难的基本途径，这是很有见地的。

在论述文学作品的创造问题时，巴赫金也曾以雕刻艺术与文学艺术作比，区分了文学艺术作品的三个基本的因素，对认识“形”与“神”的关系颇有启发。在他看来，作为艺术活动的文学创造，作者是整个“艺术观照中起组织作用的形式与内容的中心”。他指出，在文学创作中，“作者把目光投向内容（主人公的生活风云，即认识伦理的积极活动），他构建并完成这一内容，为此而利用一定的材料（在我们这里就是语言材料），使其服从于自身的艺术任务，即完成这一认识伦理积极活动的任务。从这一点出发，可以在艺术作品中，或者确切地说，是在这一艺术任务中区分出三个因素：内容、材料、形式”。[3]

巴赫金是从美学的角度来讨论艺术作品的内容、材料和形式问题的。他对内容的界定非常全面，其中涉及作品与世界、作品与创作主体、作品

1　陈西滢：《论翻译》，罗新璋编：《翻译论集》，商务印书馆，1984 年，第 403 页。

2　傅雷：《〈高老头〉重译本序》，罗新璋编：《翻译论集》，商务印书馆，1984 年，第 558 页。

3　巴赫金：《巴赫金全集》（第一卷），晓河、贾泽林、张杰、樊锦鑫等译，河北教育出版社，1998 年，第 289 页。

与表现形式等方面的问题。从具体的角度看，所谓“内容”，是“审美客体的必不可少的结构因素”，包括“认识因素”和“伦理因素”，“与之相对的是艺术形式。离开这一相关性，艺术形式就根本没有任何含义”。他明确指出：“形式倘若离开与内容的关联，即离开与世界及其要素的关联（这个世界是以认识和伦理行为为对象的），它就不可能获得审美的意义，也就不能实现自己的基本功能。”[1] 巴赫金在此讲的“内容”与研究翻译时所涉及的文本的“内容”看似没有什么关联，但实际上，若考虑到译本与原作之间的“同源而不同一”的关系，透过原文本的语言层面，指向原作所意欲表现的世界时，便能从更深一层的角度来理解作品的内容所包含的各种因素。原作所意欲表现的世界，可以因作品而异，包含多方面的内容，如人性与神性、现实世界与超验世界、仿自然与超自然等因素，以及现实与情感、物质与精神等方面。这一切都可以构成原作者和原文本所指向的源，而译作与原作的关系中，最为本质的就是这种同源的指向。语言表层、语言表现形式的同等或同一，不是翻译所要达到或所能达到的，而译作与原作的同源性，确保了译作与原作不可能割断的血缘关系。理解一部作品的内容或意义，必须将作品置于其创造所指的世界中去。因为，“作品获得生命与意义，是发生在同样活生生的、具有意义的世界里，也是在认识的、社会的、政治的、经济的、宗教的诸方面之中”。[2] 在这个意义上，翻译不可能在形式的对等转换中去实现原作所包含的意义。

如果说巴赫金所指的“内容”对理解翻译研究所关注的意义问题还是比较宽泛或抽象的话，他对“材料”与“形式”的区别倒可能有助于更进一步把握在此所讨论的“形式”。就文学作品而言，所谓“材料”，巴赫金指的是语言学所界定的纯粹意义上的“语言”，亦即翻译研究中所说的由词语、语法、句法等组成的语言符号系统。而“形式”，巴赫金认为“是内容的形式，但它全由材料实现的，仿佛紧固在材料上。所以，形式应从两个方面去理解、去研究：(1) 从纯审美客体内部，这时它是建构形式，它的价值在于表现内容（可能的事件），并从属于内容；

1　巴赫金：《巴赫金全集》（第一卷），晓河、贾泽林、张杰、樊锦鑫等译，河北教育出版社，1998 年，第 331 页。
2　巴赫金：《巴赫金全集》（第一卷），晓河、贾泽林、张杰、樊锦鑫等译，河北教育出版社，1998 年，第 325 页。

（2）从作品的整个材料布局内部：这是对形式的技术方面的研究”。[1] 巴赫金将“形式”区分为“建构形式”与“布局形式”。“建构形式”具有主体的创作性，有着明确的个性特征，而“布局形式”，是某种艺术类型的一种技巧性的布局，如戏剧形式、诗歌形式、小说形式等，有点像人们所说的“体裁”。这种区分对本节所讨论的“形”与“神”的问题的启迪在于，可以将“形”分三个层次：一是语言层次，即巴赫金所说的“材料”；二是言语层次，即运用语言所提供的一切可能性的具有主体创造性的建构形式；三是文体层面，即不同类型文本的不同的布局形式。

若把翻译比作临画，在第一个层次便可看到两者明显的差别。临画与原画“素材”（亦即巴赫金所说的材料）相同，而译作与原作，虽说用的都是语言，而不同的语言的音、形及音、形、义结合的规律都不同。在这个层面上，如果说临画的“形式”有着相同的素材和相同的法则作为理论上的保证的话，那么翻译则不仅不应该追求“形似”，而是必须以破原作语言之形为首要手段。在第三个层面，也就是巴赫金所说的“布局形式”的层面，主要涉及体裁问题，如小说，有一定的形式要求和相应的语言要求，如诗歌，像押韵、格律等，都可能有一定的要求。在翻译中，对这一层面的形式，译界的认识比较统一，都认为必须加以传达，也就是人们经常强调的，译出的小说要像小说，译出的诗歌要像诗歌。日本文学翻译家李芒认为，“以形式来论，其中的体裁和语言最为重要”，并以日本和歌的翻译为例子，说明了保存和歌体裁形式的重要性及其可译性。[2]

意见较难统一的是在第二个层次，即言语层次，显而易见，追求“形似”也具有理论上的困难和障碍，但是应该看到，一部文学作品的生命，在很大程度上取决于创作主体对语言所提供的可能性的独具个性的运用。同样的几个单词，在不同的创作主体的笔下，会出现不同的生命姿态。一部作品的可感知的一切特征，构成了一部作品生命的基础，“形”的重要性是不言而喻的。就创作而言，作者的语言风格在这一层面显得尤为重要。法国作家福楼拜说过，“风格就是生命。这是思想的血液”。语言风

1　巴赫金：《巴赫金全集》（第一卷），晓河、贾泽林、张杰、樊锦鑫等译，河北教育出版社，1998 年，第 356 页。

2　参见李芒、许钧：《翻译，再现原作的再创作》，许钧等著：《文学翻译的理论与实践——翻译对话录》，译林出版社，2001 年，第 25—45 页。

格具有可感知的一面，也就是人们通常所说的“客观可感性”。作者的语言使用作用于风格的诸方面，尤其是其独特的遣词造句方式，是具体实在的，是可以感觉和辨识的。应该看到，翻译界对要不要以“形似”为重的争论，主要就集中在这一层面。从理论上讲，不同的语言风格，具有不同的表现力，赋予作品不同的气势、情调和神韵。就翻译而言，其着眼点和着力点应该在这具有个性的“不同”上。只有在翻译中表现了原作的这一“不同”，才能赋予原作不同于他者的独特生命。关键是，翻译如何来表现原作的这一“不同”呢？是采取模仿的方法去求，还是有别的什么途径？

对这一问题，翻译界有不同的认识，且根据不同的认识有不同的答案。语言的差异和语言差异所反映的各个方面的差异，给语言层面的机械转换造成了困难。正因为如此，傅雷在给友人的信中和探讨翻译的文章中，多次强调差异的存在和基于种种层面的差异给翻译造成的难以克服的困难，提出了不重“形”的观点。应该承认，无论是在纯语言的层面，还是作者根据语言的音、形及音、形、义结合的特点所进行的言语层面的创造，如双关、谐音等等，都不可能以“形似”的方法去进行机械性的模仿。译者所要关注的，是作者采取的是何种创造手法去充分利用语言所提供的可能性。他在翻译中首先要体现的就是原作者的创造个性，以原作者所提供的文本为出发点，通过语言层面的词与句，深入到字里行间去把握原作者的意图和文本的语境所限定的意义，再根据目的语的文化语境，充分调遣目的语所提供的可能性，在目的语中使原文本获得新的生命。正因为如此，是采取与原作相同、相似的语言表现手段，还是不同的甚至相反的语言表现手段，并不是一个有着明显界限的是非对错的原则问题，而是要视两种语言、两种文化语境以及各种因素所提供的可能性而定。形可似，也可不似，但译者都不能不投入自己的创造个性，不然，形合神离，形似神散，都是不可避免的。在这个意义上，才有可能对本雅明的“逐字逐句的对译和不拘一格的自由”的辩证关系有更深刻的理解。

翻译家方平的观点比较明确，他认为在对待“形”与“神”的关系上要持辩证的观点。在《水无定性，随物赋形——谈翻译家的语言观》一文中，方平提出了“亦步亦趋”与“灵活再现”相结合的观点。他指出：“高度重视艺术形式和内容间不可分割的关系，亦步亦趋，自然很好；但无论如何不能摒弃语言处理上的变通和灵活性。因为必须清醒地认识到语言既有它的流动性、可塑性，也有它约定俗成、不可强求的一面；不能为了迁就原文而不考虑本国语言的承受能力，造成语言超载、语言疲劳的现象。”[1]强调“亦步亦趋”的合理性，是因为“重神”并不意味着“轻形”；而强调“灵活再现”的必要性，则是为了避免“形似”导致“神死”。

罗新璋对傅雷的翻译颇有研究，对傅雷所代表的“神似”论也有独到的理解。他在《翻译论集》的《序》中指出：

> “神似”，也即“传神”，顾名思义，就是传原文的精神，透过字面，把字里行间的意蕴曲达以出。《易周·说卦》里有言：“神也者，妙万物而为言者也。”以论翻译，不妨套用这句话的格式：“神似者，妙悟原文而为译者也。”因为各种文字各有特色，有许多难以互译的地方，而翻译绝不是直线式的字当句对，而是多层次的传神达意。所谓“重神似而不重形似”，是指神似形似不可得兼的情况下，倚重倚轻，孰取孰弃的问题。这个提法，意在强调神似，不是说可以置形似于不顾，更不是主张不要形似。就在写《重译本序》前几个月，傅雷在致林以亮函里称：“我并不是说原文的句法绝对可以不管，在最大限度内我们是要保持原文句法的。”神似形似，浑然一致，是为胜境；但不能两全时，则不要拘泥字面，死于句下。为了颇得神气，可以略于形色。神似，当然不是捕风捉影，望文生义，而是基于对原文的透彻理解，深切领悟。只有妙悟原文，才能“离形得似”，即所谓不求貌同，正由神合！[2]

罗新璋的这段话不仅仅是对傅雷的“神似”论的一种阐释，也为理解并处理翻译中的“形”与“神”的问题提供了可资借鉴的原则。

本章的开头指出，翻译是一项极其复杂的活动，涉及因素很多，充满了各种矛盾。上文在翻译的多种矛盾中选择了“可译”与“不可译”，

1　方平：《他不知道自己是一个诗人》，湖北教育出版社，2002 年，第 263 页。

2　罗新璋：《我国自成体系的翻译理论》，罗新璋编：《翻译论集》，商务印书馆，1984 年，第 11 页。

“异”与“同”和“形”与“神”等三对译界最为关注且争论不休的矛盾，并结合这三对矛盾，对“直译”与“意译”、“归化”与“异化”等问题进行了一定的讨论，其中既有对矛盾本身的分析，也有针对这些矛盾的认识与处理提出的方法论层面的思考。相信对这些问题的讨论，会有助于更深刻地认识与把握翻译过程中出现的种种矛盾，并为探讨解决这些矛盾的途径与方法，提供理论上的参照。

第六章
翻译主体论

在传统的翻译研究中，着力于静态对比的倾向大都将翻译的结果，即译文，置于一个显著的位置，而与它的接受或评判的命运密切相关的，便是原文。换句话说，对一篇译文或一部译著的质量的评价或命运的评判，往往取决于它们与原文的关系。人们总是把译文对原文是否忠实当作一个基本的衡量标准，因为在世人的传统观念中，译文在很大程度上是原文的一种“翻版”或“复制”，因此，译文对原文的忠实就变得天经地义了。

必须承认，研究翻译或对翻译进行本质的探索，译文与原文的关系是不能忽视的一个重要课题。然而，若在研究中仅仅将译文与原文的关系探讨局限在语言层面的正误性评判上，则在很大程度上有可能遮蔽在译文与原文的背后或深层起着积极作用的一些外部的或内部的因素。在本书的第四章，通过对影响翻译的因素的探讨，已经可以清楚地看到，从原文到译文这一过程，亦即从译者选择了一个文本进行翻译或接受了委托者指定的一个文本进行翻译到翻译的完成、出版、进入读者市场这个过程，是一个异常复杂的过程，其中涉及的因素很多，而且有不少因素是交织在一起的，对翻译行为起着综合的影响作用。鉴于此，探讨译文与原文的关系时，不能排斥或割裂在译文与原文背后的译者与作者、读者之间的关系的研究，而若作进一步的探究，则又会意识到在更深层，还存在着作者的文本赖以生成的文化语境和译者的文本赖以生成的文化语境。如果按照艾布拉姆斯的“四要素理论”，即把文学看作是世界、作者、作品、读者四个基本要素构成的复合体，那么，在整个翻译过程中，译者处在一个非常独特的位置上：一方面，他要作为读者去阅读、理解作者及其创作的作品；另一方面，他又要作为阐释者，通过语言的转换，让作者创作的作品脱胎换骨，在另一种语言中获得新生，以译作的形式去面对新的读者，开创新的阅读与阐释空间。译者之地位比较特殊。如果作为原作的一个普通读者，他的理解的深刻或肤浅，全面或片面，准确或错误，那纯粹是个人的阅读，其经验、其感受固然可能会在一定程度上为其他读者提供某种参照，但那毕竟是作为个人的阅读经验而存在的。问题是，译者不仅仅是一个普通的读者，他还担负了作者的代言人、原作阐释者的重担，他的声音，他的阐释，即译者用另一种文字所表现的文本，对于不懂原作的众读者来说，则是意欲进入原作世界的唯一通道。在这个意义上，目的语读者有权利要求译者提供一个真实的文本，还原出他们意欲进入的原作世界。而作者，也有正当的权利要求译者在翻译中能把他意欲表现的世界原汁原味地呈现在不懂原文的异域读者面前，为他们之间的交流提供一座沟通的桥梁。

长期以来，人们对作者、译者与读者之间关系的认识基本上都基于一种“规范性”的要求，即处于特殊地位的译者应该如何面对作者与读者。在一种天真而理想化色彩浓重的翻译观的影响下，人们对译者的要求基本可以归结于两个词：一是忠实；二是客观。原作作为作者的化身，自然也就成了译者应该忠实并客观传达的对象，而经过译者语言转换的结果，即译文，与原文也在很大程度上被认为是一种忠实与客观的传达与被传达的关系。人们对作者与译者之间的关系的认识，在很大程度上规定了原文与译文之间的关系。因此，在对作者、译者与读者之间的关系进行探讨时，自然也就对原文与译文之间的关系作出了某种解答。

应该说明的是，本章将把作者、译者与读者这三者置于一个并列和互动的位置来加以审视。之所以这样做，是因为，一个翻译文本的生命，与原作者有着割不断的血缘关系，而读者更是赋予一个文本存在与价值的重要因素。有关这一点，在下文中将结合接受美学的某些观点，展开讨论。认识作者、译者与读者之间的关系，确定他们之间的互动性，有助于对文本的生成过程有一个更全面的把握与认识。结合作者、译者与读者之间关系的研究，可以对长期以来形成的一些金科玉律般的翻译要求，如“忠实”“客观”等基本标准，重新加以审视与考察。最为重要的一点，就是在以上分析与探索的基础上，本章试图通过对翻译主体性和翻译主体间性的思考，为译者在翻译过程中的地位作一界定，在理论上为译者的主体作用寻找某种依据，并赋予译者及其劳动成果——译作以应有的位置。

第一节　译者传统身份辨

在讨论译者的身份问题之前，有必要明确两点：一、译者身份的确定或译者身份的正确定位是一个理论性很强且在实践上又争论颇多的问题，而确定译者的身份必然要涉及译者的作用与活动性质等因素，需要将其置于一个超越文本语言转换层面的更广阔的空间中加以考察；二、译者的身份在翻译历史上经历了一个不断变化和不断丰富的过程，这既包含着译者在读者与作者心目中的理想定位，也包含着译者的自我意识与自我定位，还涉及在不同的理论指导下所形成的翻译观赋予译者的不同角色及对其性质的认定。

考察中西方翻译史，在长期形成的观念中，中西方对译者的定位是何等相似。我们不妨从中西方一些最常见的比喻和比较流行的说法入手，来看一看在人们的心目中译者应该或必须扮演一个怎样的角色。

在数千年的翻译历史中，由于翻译活动本身具有的一些特性，再加之人们对翻译的认识在很长一个时期局限于语言的层面，无论在东方还是在西方，译者普遍被定位于一个至今还难以摆脱的角色——仆人。把“仆人”视为译者所担当的传统角色，首先是因为这一角色的定位是历史地形成的，且已经成为一种普遍的观念，深深地扎根于人们的头脑之中。其次，对于译者本人而言，由于传统的观念总是起着潜移默化的作用，凡从事翻译者，特别是初涉翻译者，无不受到这一观念的影响，于是自觉不自觉地在翻译中，将自己定位于“仆人”的位置。

译者被定位于“仆人”，他所面对的主人，首先是作者或作为作者化身的原作。这是译者的工作形式所决定的关系，因为译者在人们的眼里，无非是在“传达”发话者所说或作者所写的话语的意思；其次便是听者或读者，因为“传达”发话者所说或作者所写的话语的意思仅仅是一个方面，译者还必须让听者或读者明白、理解发话者或作者的意思。杨绛在她那篇试谈翻译的文章中，有感于译者的这种仆人地位所造成的令人尴尬的两难境地。她说："至少，这是一项苦差，因为一切得听从主人，不能自作主张。而且一仆二主，同时伺候着两个主人：一是原著，二是译文的读者。"[1]杨绛强调翻译的困难，而这一困难是由译者的"仆人"地位造成的。从杨绛的简短文字之中，可以特别注意到如下两点：一是"一切得听从主人"；二是"不能自作主张"。作为界定"仆人"地位的两大原因，杨绛所说的这两点对于译者来说是不可逾越的雷池。"一切得听从主人"，意味着译者所处的是附属、从属的位置。他的从属性首先在于"主人"是至高无上的，他"得听从"主人的"一切"，其次在于这是一种无条件的服从。而"不能自作主张"，则意味着译者没有任何主体的地位，只能是听从主人，不能自作主张，擅自发表自己的言论。然而问题是，译者还得面对另一个主人，那就是杨绛所说的"译文的读者"。这要求译者放弃自己的立场，处在一种绝对中立的地位，不偏不倚，同时伺候好两个主人。若偏向一边，便有可能得罪了另一边，即使自己尽了最大的努力，尽心尽职地伺候两个主人，若他们不满意，还是"仆人"的不好。总之，译者是命中注定"吃力不讨好"。在杨绛看来，"达不出原作的好，译者本人也自恨不好。如果译者自以为好，得不到读者称好，费尽力气为自己叫好，还是吃力不讨好"。[2]有趣的是，虽然"吃力不讨好"，译者还是心甘情愿地尽自己的职责。但是，是谁规定"一切得听从主人，不能自作主张"的呢？若细加推究，这一规定实际上应该是源于一种传统的翻译观念。杨绛对这传统的翻译观念作了如下的概括："反正一切翻译理论的指导思想，无非把原作换一种文字，照模照样地表达。原文说甚么，译文也说甚么；原文怎么说，译文也怎么说。这是翻译家一致承认的。"[3]从理论上讲，杨绛的说法也许过于绝对化，也不符合当代翻译理论研究的实际发展状况。但如果现实地考察翻译的历史，且把"一切"两个字改

1　杨绛：《失败的经验——试谈翻译》，金圣华、黄国彬主编：《因难见巧——名家翻译经验谈》，三联书店（香港）有限公司，1996年，第93页。

2　见杨绛：《失败的经验——试谈翻译》，金圣华、黄国彬主编：《因难见巧——名家翻译经验谈》，三联书店（香港）有限公司，1996年，第92页。

3　见杨绛：《失败的经验——试谈翻译》，金圣华、黄国彬主编：《因难见巧——名家翻译经验谈》，三联书店（香港）有限公司，1996年，第93页。

为“传统”两个字，那么不得不承认杨绛的观点是切中要害的，因为如第一章中所分析的那样，把翻译看成纯粹的语言转换，要求照模照样地表达原文，构成了传统翻译思想的基础。至于翻译家是否“一致承认”这一指导思想，用不着忙于下定论，但历史上有不少翻译家是认同这一翻译观念的。

传统的翻译观念赋予译者以“仆人”的地位。对于这一地位，译者们不仅仅在下意识中加以认同，甚至还有的从理论上对这一地位进行论证。翻译家杨武能明确指出：“原著与译本、原作者与译者之间的关系，是一种主从关系。我们常讲文学翻译为艺术再创造，这再字的含义之一，就体现于文学翻译家的创造是在原著所给定的范围乃至线路中进行的，只许尽可能地遵循和贴近，不得随意偏离、自由放任。”[1]在他看来，作为译者，对“主人”的服从是有一定前提的。他说：“一般地讲，只有对自己真正喜爱的作品和作家，我们才会心甘情愿地顺从，才会自然而然地做到谦卑忘我。而只有做到这一点，我们才能够深入地去理解原著的思想、精神，悉心地去体会它的艺术风格乃至细微特征，并将它们一一地传达和再现出来。就好像只有谦卑忘我的仆人，才会对自己的主子体贴入微，才会理解他的一言一笑、一举一动，才会不折不扣地满足他的心愿；但是，这样的谦卑忘我有一个前提，就是主人确实贤明可敬，仆人确实尊重他，热爱他。”[2]在这里，杨武能就译者与作者关系又提出了两个重要的方面：一、作者作为主人，要确实贤明可敬，其作品确实能赢得译者的爱；二、面对可尊敬的作者和真正心爱的作品，译者会心甘情愿地顺从，自然而然地谦卑、忘我。如果细心领会，顺从、谦卑、忘我这三点似乎构成了译者作为“仆人”的基本品质。顺从与谦卑，是为了一切都服从作者，而忘我则是为了做到杨绛所说的那样“不自作主张”。

如果说对作者，译者应该顺从、谦卑、忘我，那么，对于读者，译者应该持怎样的态度？杨武能对这一问题也有着自己独特的理解。他指出：“现代接受美学将读者纳入了文学研究的视野。作为文学活动重要的一支，文学翻译同样只有有了读者的参与才能最后完成。我们文学翻译家必须时

1　杨武能：《圆梦初记》，湖北教育出版社，2002 年，第 261—262 页。
2　杨武能：《圆梦初记》，湖北教育出版社，2002 年，第 262 页。

时心中装着读者，必须满怀对读者的爱。这种爱首先表现为对他们尊重，为他们负责。这种爱也将成为一种力量的源泉，增强我们对自己事业的热爱，使我们在工作中更加一丝不苟，兢兢业业。”[1] 从阐释学的角度看，一个文本的生命要得以延续，必须依赖于读者的阅读与阐释。在这个意义上，任何一个作者，都离不开读者。就译者而言，作为仆人面对作者时，他的基本任务是要正确理解并传达作者所言，而面对读者，则要让读者理解他所传达的作者之言。在这个意义上，译者之于读者的责任，是由译者所从事的工作性质所决定的。法国有人说翻译无非是“理解与促使理解”，理解是指译者理解作者之意，而促进理解，则是促进读者理解作者之意。在这里，译者起的是一个“中间”的服务作用。

正是因为译者服务于作者与读者这两个主人被普遍视为其天职，又被大多数译者所认同，所以，当人们进一步要求译者“隐身”，译作“透明”时，这一要求便又显得那么自然而且必要了。

要求译者“隐身”，或者要求译者做一个“隐形人”，这种说法在今天看来或许已经过时，在理论上更有值得商榷之处（下面将会作进一步的讨论），但实际上它们有着相当大的市场，且在许多翻译者的脑中起着重要的影响作用。隐身或隐形，说到底，就是要让译者“不可见”。更准确地说，译者之隐形，是与要求作为仆人的译者“不能独自主张”的观念紧密相联的。译者要隐形，取决于以下三个条件，也就是在传统的翻译理论中经常强调的三点：一、译者要在翻译中不掺入自己的主观色彩；二、译者要在翻译中不表现自己的个性；三、译者要一切以原文为依归，唯作者是从。而译作“透明”说，实际上与译者隐形说同出一辙。“理想的译者应成为一块玻璃，透明得让读者感觉不到他的存在”，果戈理的这句为译界熟悉的名言将透明得不复存在的译者置于一个理想的位置，而正是理想的隐形的译者才能使译作中不留任何译者的痕迹，包括译者的个性、主观色彩等等，更不用说留下译者的主张了。在翻译中感觉不到译者的存在，在译文中不留痕迹地毕现原著的精神与风韵，无论对作者来说还是对读者来说，这无疑都是一种理想的境界。对这种境界，钱锺书曾以“化境”两字加以概括：“把作品从一国文字转变成另一国文字，既能不因语文习惯

1　杨武能：《圆梦初记》，湖北教育出版社，2002 年，第 263 页。

的差异而露出生硬牵强的痕迹，又能完全保存原有的风味，那就算得入于‘化境’。17 世纪有人赞美这种造诣的翻译，比为原作的‘投胎转世’（the transmigration of souls），躯壳换了一个，而精神姿致依然故我。换句话说，译本对原作应该忠实得以至于读起来不像译本，因为作品在原文里决不会读起来像经过翻译似的。”[1] 从果戈理的名言到钱锺书这段被反复引用的话中，也许可以捕捉到这样的信息：人们都是从积极的角度来理解译者之隐形或译作之透明这一理想境界的。原作经过译者的语言转换，即从一种文字转变为另一种文字，得以投胎转世，以不留译者转换痕迹的原有风味，以依然故我的精神姿致，奉献给异语的读者，这种臻于化境的翻译当然会受到欢迎。而基于对这一理想的积极理解，许多翻译家都非常向往这一理想的境界，且以自觉的意识和奉献的精神向这一理想靠近。但是，有一个有趣的现象，那就是对“透明”的翻译有着不同的理解，且导致了不同的实践。对有的翻译家来说，他们理解的“透明”，就是翻译中不要留译者的主观色彩，不要留译者的个性，因此在翻译中，他们一切以原文为依归，试图调动一切手段，努力把原文的形式价值与精神风韵都“原汁原味”地传达给目的语读者。在理论上，便有了“异化”说，有了“克己”论。在他们看来，因为只有尽量“异化”，才能反映原作之风貌；只有“克己”，才能完全服从作者，如杨绛指出的那样，“原文说甚么，译文也说甚么；原文怎么说，译文也怎么说”。而对另一些翻译家来说，他们理解的“透明”，着重于译文中不留生硬牵强的痕迹，让译文读上去不像译文，换句话说，就如傅雷所一直强调的，“理想的译文仿佛是原作者的中文写作”。而要做到译文仿佛是原作者的写作，译者则不得不“以纯粹的母语”去处理原作中的独特的语言表达形式，避免“翻译腔”。于是在理论上，便导向了译者在语言转换上的“创造”性，在翻译实践上，将原文“化为我有”，以译文的“归化”为最终目的。

欧阳桢对“透明”之说的理解颇为独特，且对“透明”的译文颇为推崇。在 1981 年 2 月至 5 月，他曾在中国外文出版发行事业局外文出版社协助工作，并为该社英文翻译人员多次讲课。徐明强曾根据欧阳桢的一次讲话，整理成《翻译漫谈》一文，发表在 1981 年第 9 期的《编译参

1　钱锺书：《林纾的翻译》，罗新璋编：《翻译论集》，商务印书馆，1984 年，第 696—697 页。

考》上。在讲话中，欧阳桢谈到鉴明翻译有三个标准：一是“自明”；二是“信达”；三是“透明”。所谓透明，他作了如下的阐述：“好的译文应该是‘透明’的，也就是说应该透过译文看到原著，而不应让人看出这是翻译过来的。好的译文应该能够反映原著的特点……作家的才赋是有差异的，他们有自己的特点，有不同的经历，译文也应该反映出这些差异，反映出原作者的特点，而不是译者自己的特点。这就是所谓‘透明’。”[1]要做到欧阳桢所谓的“透明”，显然是十分困难的。细究以上的阐述，仍可看到一个难以解决的矛盾：既要反映原作者的特点，包括他的风格，他的表达特点，又要不让人看出这是翻译过来的。这里涉及原作的“语言要素”在译作中是否应该保存下来的问题。对这种“透明”，欧阳桢在1993年出版的一部著作中，作了进一步的阐述。这部著作仍用了“透明”这个在他看来非常重要的概念，著作的题目为“透明的眼睛：关于翻译、中国文学和比较诗学的思考”[2]。郭建中在评述旅美中国学者的翻译研究时，对这一题目作了颇有启迪意义的说明，有利于从另一个角度来看待译者、作者与读者的关系。郭建中这样解释道：“‘透明的眼睛’引自爱默生的一首诗，其意是当灵魂离开肉体，不仅看清了世界的一切，而且也看清了自己。就翻译而言，翻译不仅能使我们认识别人的世界，而且能更清楚地认识自己和自己的世界。这是翻译在文化交流中的作用，也是欧阳桢这部专著的主题思想。‘透明的眼睛’还有另一层意思，即一般读者通过翻译去认识另外一个世界——不管是过去的世界还是现在的世界；通过翻译，也就是通过译者的眼睛。但一般读者是不会注意到译者的存在的。实际上，译者译得越好，也就是眼睛越透明，读者也就能更清楚地看到原作。”[3]在郭建中看来，欧阳桢取“透明的眼睛”为其著作的题目，是意味深长的。在这部书中，欧阳桢对“透明”这两个字的理解与阐述显然已经超出翻译的标准范畴，而是将其置于文化交流的高度。“我者”与“他者”的接触、理解与交流，是通过翻译来进行的，而译者、作者与读者之间所呈现的，不是一种简单的个人关系。作者与原作代表着另一个世界，在其身后支撑的是

---

1 欧阳桢：《翻译漫谈》，罗新璋编：《翻译论集》，商务印书馆，1984年，第932页。

2 Eoyang, Eugene Chen: *The Transparent Eye: Reflections on Translation, Chinese Literature, and Comparative Poetics*, Honolulu: SHAPS Library of Translation, 1993.

3 郭建中编著：《当代美国翻译理论》，湖北教育出版社，2000年，第280—281页。

整个历史与文化，而读者了解并理解“他者”，必须通过翻译。作为译者，要使作者及其代表的文化与读者及其代表的文化进行交流，最基本的任务便是克服障碍，以保证其交流渠道的畅通。在这个意义上，障碍越少，阻隔交流、遮蔽真实存在的因素越少，交流双方的理解自然就更透明。显而易见，在这一视角之下，作者、译者、读者之间的关系就被注入了社会、历史与文化的内涵，而原作与译者之间的关系，也就可能在文化交流的层面上去加以进一步的审视。正因为如此，欧阳桢在书中充分探讨了原作与译作，作者、译者与读者的关系及其本质，其中许多观点将为下面的讨论提供某种理论的参照。

第二节　从忠实到叛逆

上文对翻译的传统身份作了一个大致的辨析与定位，从中至少可以明确以下几点：1. 译者担当着居间者或联络者的任务，起着沟通原作者与目的语读者的作用，因此无论在情理上，还是就译者的职责而言，都应该无条件地甘当仆人，伺候好作者与读者这两个主人。2. 在传统的观念中，作者与译者呈现的是一种服从与被服从的关系，有着主次之分。3. 为了伺候好两个主人，译者于是必须具备忠诚的品质，忠于作者，同时，也要忠于读者。忠于作者，体现在真实地传达作者所言；忠于读者，是不欺骗读者，让读者看到真实的作者，而对这两者的忠实，在本质上是可以统一的。4. 为了真实地把作者所言传达给读者，人们便要求译者做到客观，隐去自己的个性，这就是译文透明与译者隐形之说的由来。然而，对上述的译者的传统角色与所需品质再作进一步的分析，便不可避免地会遭遇到如下两个方面的问题：一方面，从翻译实践角度看，一代又一代的翻译家虽然在传统观念影响下自觉不自觉地认同仆人这一角色，有的甚至心甘情愿地履行自己的仆人职责，但实践证明，对原作亦步亦趋，并不能完全保证译者履行好忠实的仆人的职责，语言与文化的实际差异构成了译者忠实的局限。另一方面，从理论角度看，在语言哲学、语义学、接受美学等理论的启迪之下，人们明白了意义不是给定的，词语的意义不是孤立的，文本的意义不是词语意义的简单相加。要产生意义，需要交流者双方的参与，需要交流者双方所处的特定环境，需要激活意义所不可缺的交流的社会性。[1] 当这一点在理论上得到证明之后，译者在翻译中的主体作用就难以否定，译者在译文中也不可能不存在，其客观性也自然无法作为保证其忠实的绝对条件。

从历史的角度看，无论是译者、作者还是读者，一方面，他们中大部分都认同译者要向作者与读者负责，并把译者的“忠实”与“客观”认定为译者的基本品质，但是在实践中，由于从一门语言转换到另一门语言，实际上存在着语言、文化等各个层面的困难，在理想与现实之间，存在着很大的距离。即随着翻译历史的不断发展，人们对翻译的认识也不断加深，渐渐地对“翻译——仆人”这一角色，对“忠实”与“客观”的绝对要求，产生了怀疑，甚至提出了质疑与批判。

首先，不妨看看译者方面对传统的翻译身份的困惑、怀疑或质疑。在对中西翻译史的考察中以及对一些著名翻译家关于翻译的思考及观点进行梳理时，往往可以看到这样一个事实，那就是译者不可避免地会陷入两难的境地：一方面从思想上认同“忠实”与“客观”的原则，心甘情愿当仆人，但在具体的翻译实践中经常遇到难以克服的障碍和困难，往往为自己对原文的偏离，或在出发语与目的语的冲突中不得不采取妥协甚至牺牲一方的做法而内疚。这方面的例子很多。若翻阅历史上一些具有代表性的翻译家谈翻译经验的文字，就常常会为他们所遭遇的巨大困难及他们内心深深的不安而感动。

翻译家叶君健曾经发出过“如何‘忠实’于原文”的疑问。他在《谈文学作品的翻译》一文中这样写道：“我每次提起笔搞点翻译的时候，总感到有些茫然。译篇文学作品，如一首诗，无非是把原作者的本意、思想、感情、意境如实地传达给读者，使读者的感受与作者当初写作时的感受一样或差不多。但作者当时的感受究竟是怎样的呢？我们无法去问作者。这只能从字面上去推测。事实上，作者在‘灵感’或‘行动’的诱导下写出一篇作品，恐怕他自己对他当时的感受也很难说出一个具体的轮廓。文学和艺术作品毕竟不是科学，而是触及‘灵魂’的东西，这里面有‘朦胧’和‘似与不似之间’的成分，要用像数学那样精确的形式表达

1　参见本书第三章第六小节。

出来是不可能的。”[1] 叶君健的困惑显然来自理想的要求与现实的不可能之间的矛盾。在这里，叶君健由于现实困难的存在而对翻译的理想产生了困惑。这种困惑对于许多译家来说，成了一种始终伴随他们翻译活动的精神负担。“不可为而为之”，既是他们的翻译历程的一种真实写照，也是在某种意义上对翻译活动的某种本质的精辟概括。

范存忠与叶君健一样，他一方面承认在人们的观念中存在着翻译的理想，而另一方面则清醒地意识到实现这一理想的困难主要来自语言的差异。他说：“严格地说，译品最好能和原作品相等——内容相等，形式相等，格调相等，只是所用的语言不同。这就是马建忠所说的译品和原著完全一样，而读者看了译品能和看原著一样，但这是一个不可能完全实现的理想。为什么？原因之一就是两种语言（任何两种语言）之间，总是存在着差距。”[2] 所谓两种语言之间的差距，范存忠认为主要是“词汇上的差距，结构上的差距”。

差距，即差异，亦即我们常说的“不同”，傅雷对之理解更为深刻。在给多位友人谈翻译的书信中，他一再强调“不同”之于翻译理想的障碍。在给林以亮的信中，他已经把“差距”或“不同”提高到“原则性的基本问题”的高度来认识。在这封信中，他主要指出了“白话文跟外国语文，在丰富、变化上面”的差距和“民族的 mentality”之间的差距[3]；在给罗新璋的信中，他又谈到了“东方人与西方人的思想方式”的基本分歧[4]。傅雷之所以一而再，再而三地在给友人的信中反复强调语言、思维方式之间的差异，是因为在长期的翻译实践中，他已经深切地感受到了这些差异或不同给翻译造成的障碍。早在 1951 年 9 月，在《〈高老头〉重译本序》中，他就已经相当全面而深刻地总结了一个翻译者在具体的翻译活动中所能遭遇到的不同或差异：“两国文字词类的不同，句法构造的不同，文法与习惯的不同，修辞格律的不同，俗语的不同，即反映民族思想方式的不同，感觉深浅的不同，观点角度的不同，风俗传统信仰的不同，社会背景的不同，表现方法的不同。”这一连十一个“不同”，都是傅雷在翻译中有

1　叶君健：《谈文学作品的翻译》，金圣华、黄国彬主编：《因难见巧——名家翻译经验谈》，三联书店（香港）有限公司，1996 年，第 119 页。
2　范存忠：《漫谈翻译》，张柏然、许钧主编：《译学论集》，译林出版社，1997 年，第 13—14 页。
3　傅雷：《傅雷文集：书信卷》（上），安徽文艺出版社，1998 年，第 146—147 页。
4　傅雷：《傅雷文集：书信卷》（上），安徽文艺出版社，1998 年，第 146—147 页。

着切肤之感的。若细加分析，这十一个“不同”，早已超出了范存忠和许多翻译家所一再强调的“语言”层面的差距，实际上已经涉及翻译活动所可能涉及的方方面面以及有可能影响翻译活动的一些主要因素，如语言层面的词汇、句法，文字表现层面的“修辞格律”“表现方法”，文化层面的“风俗传统信仰”，社会层面的“社会背景”。傅雷能深刻地抓住这多层面的不同，充分地证明了他已经对译者所遭遇的困难及障碍有了清醒的认识。更为难能可贵的是，傅雷还透过这多方面的“不同”，看到这些“不同”之间所产生的相互影响，认识到语言层面与社会、文化及思想方式之间的差异的互动关系。正是基于他的认识的深刻性，他指出“译本与原作，文字既不侔，规则又大异。各种文字各有特色，各有无可模仿的优点，各有无法补救的缺陷，同时又各有不能侵犯的戒律。像英、法，英、德那样接近的语言，尚且有许多难以互译的地方；中西文字的扞格远过于此，要求传神达意，铢（锱）悉称，自非死抓字典，按照原文句法拼凑堆砌所能济事”。[1] 从翻译活动所能反映的各个层面的差异来证明像仆人般“一切服从原作者”的困难，并由此而提出要突破翻译上的“形”的束缚，去寻求“神”的相似，傅雷的这些见解的理论价值已经显而易见。在这里有必要指出一点，那就是傅雷所指出的这些“不同”或“差异”，恰正是构成了翻译之“叛逆”的根本原因，也同时给翻译家在实践中有意识地进行“叛逆”提供了充足的理由。而在理论上，也为“创造性的叛逆”提供了某种合法的路径。

意大利人有一个谚语，叫“Traduttore，traditore”，直译过来，叫“翻译者即反逆者”。不难看出，意大利人充分利用了音形义结合的特点，通过 traduttore 与 traditore 这两个词的音似与形似，试图将两者本质地联系在一起。正是通过这种语言上的巧妙创造，意大利人的这个谚语在中西方广为流传，而其传达的思想，则与“翻译是仆人”的观念构成了译者身份的两极：一极是仆人，另一极是反逆者；仆人的品质为忠实，而反逆者的特点为背叛。本章的第一节从多个方面对翻译的传统身份，即“翻译——仆人”，进行了分析，指出在翻译观念上，许多翻译家是认同这一身份的，但在实践中，他们却遭遇到了难以想象和难以克服的困难，而这些困难与

1　傅雷：《〈高老头〉重译本序》，罗新璋编：《翻译论集》，商务印书馆，1984 年，第 558 页。

障碍使他们无法忠实地履行自己的仆人义务，更无法实现杨绛概括的传统的翻译指导思想："照模照样地表达。原文说甚么，译文也说甚么；原文怎么说，译文也怎么说。"在这个意义上，意大利人的这个谚语至少揭示出了翻译者的这种两难的困境，但对本章所讨论的问题而言，则有着更为深刻的认识价值。

"翻译者即反逆者"或"翻译即叛逆"之说由来已久，虽然对大多数翻译者来说，在情感上无法或根本不愿意认同这一说法，因为从本质上说，叛逆是与翻译的目的相悖的，而且在道德层面，译者也担当不起这种"叛逆者"的罪名。然而，若以客观的目光去看待翻译活动，以清醒的头脑去分析译者在翻译活动中所可能遇到的各种困难，则又不得不承认翻译有着与生俱来的局限，而这种局限又不可避免地会造成所谓的"叛逆"。钱锺书将这种叛逆，称为"讹"。在《林纾的翻译》一文中，钱锺书援引了汉代文学学者许慎关于翻译的训诂，指出："南唐以来，'小学'家都申说'译'就是'传四夷及鸟兽之语'，好比'鸟媒'对'禽鸟'所施的引'诱'，'讹'、'讹'、'化'和'囮'是同一个字。'译'、'诱'、'媒'、'讹'、'化'这些一脉相通、彼此呼应的意义组成了研究诗歌语言的人所谓'虚涵数意'(manifold meaning)，把翻译能起的作用、难于避免的毛病、所向往的最高境界，仿佛一一透示出来了。"钱锺书把"媒"和"诱"当作翻译在文化交流中所起的作用，把"化"当作翻译的最高境界，而"难于避免的毛病"便是他所指出的"讹"，亦即意大利人所谓的"反逆"或叛逆。对此，钱锺书有过如下明确的论述："一国文字和另一国文字之间必然有距离，译者的理解和文风跟原作品的内容和形式之间也不会没有距离，而且译者的体会和他自己的表达能力之间还时常有距离。从一种文字出发，积寸累尺地度越那许多距离，安稳到达另一种文字里，这是很艰辛的历程。一路上颠顿风尘，遭遇风险，不免有所遗失或受些损伤。因此，译文总有失真和走样的地方，在意义或口吻上违背或不尽贴合原文。那就是'讹'，西洋谚语所谓'翻译者即反逆者'。"[1]细读钱锺书的这段文字，可以看到翻译的"讹"在某种意义上是不可避免的，其原因便是在上文所强调的"不同"与"差距"。在钱锺书看来，在翻译活动

1 钱锺书：《林纾的翻译》，罗新璋编：《翻译论集》，商务印书馆，1984 年，第 697 页。

中，客观上存在着三种距离：一是文字上的距离；二是中译者的理解和文风与原作的内容和形式之间的距离；三是译者本身，即其理解与表达能力的距离。这些距离的存在，意味着翻译本身存在着风险，不可避免地要有所失或有所走样，于是造成意义或口吻上违背或不尽贴合原文。有趣的是，从钱锺书的分析中，可以发现他与杨绛在认识上的某种一致性。从根本上说，在钱锺书的这段论述中，存在着一条清晰的中心线，而这条线由纠缠在一起的两股所组成：一股是内容与意义；另一股是形式与口吻。显而易见，文字的差异在这里表现的有音形义结合的差异，有形式的差异，有意义表达方式的差异，而归根结底，是形式与意义的两元给翻译造成的基本困难。这就是杨绛所提出的“说什么”与“怎么说”这两个方面在翻译中必须兼顾且必须“照模照样地跟着说”所构成的基本矛盾。

如果说钱锺书所揭示的翻译中的“讹”只是出发语与目的语之间及有关差异给翻译造成的不可避免的“走样”或“失真”的话，那么，在德里达看来，翻译所揭示的不同语言之间的差异要深刻得多，在语言差异的背后，是一条难以逾越的鸿沟，不仅仅造成翻译的“讹”，更是在根本意义上宣判了翻译的不可能。在《巴别塔》一文中，德里达以 Babel 一词所隐含的各种因素为例，切入了翻译理论中一个基本的问题，那就是翻译的可能与否。他在文章一开始便提出了问题：

> “巴别”是个专有名词。这是第一义。不错。可是，我们今日说“巴别”的时候，知道我们所指的是何人何物吗？有关巴别塔的故事或神话是古代流传下来的一个篇章；这个篇章的残余意义，我们如果细加思索，就会发现，它不仅是众多比喻之一那么简单。这一残余意义至少可以说明，甲语言和乙语言互不吻合，百科全书中甲地和乙地互不相干，语言本身难以称职，难以充分达意等等；同时还说明，比喻、神话、转义、各种措词和未能尽善的翻译，虽然不足以补偿歧义加于我们的局限，却仍有其必要。就这一意义而言，上述名词的残余意义，就应该是神话起源的神话、隐喻的隐喻、叙述的叙述、翻译的翻译等等了。它不会是用这个方法发掘本身意义的唯一结构；不过他发掘本身的意义时，毕竟会按照本身的方式进行（它本身像专有名词

一样，几乎不可翻译)，而它的语言特性也必须加以保留。[1]

德里达以 Babel 一词为例，显然是有哲学上的考虑的，因为在今天看来，“巴别塔”既象征着人类试图通过语言进行沟通的不懈努力，也昭示着人类所追求的沟通所面临的不可逾越的障碍。对此不拟展开讨论，仅关注在“巴别”一词的背后所存在的差异：一是语言上的，那就是德里达所强调的“互不吻合”、“互不相干”、“难以称职”和“难以充分达意”等等；二是文化意义上的和结构意义上的本质差异和深层差异，即难以企及的“神话起源之神话、隐喻之隐喻、叙述之叙述、翻译之翻译”等等。语言上的差异和文化、结构意义上的本质差异造成了“巴别”一词的“几乎不可翻译”，而“巴别”一词的“几乎不可翻译”，在德里达的笔下，便意味着普遍意义上的“不可翻译”。然而，德里达在宣判翻译不可能的同时，却又以“巴别塔的象征”，指出了“未能尽善的翻译”的必要性。从逻辑上讲，翻译不可能，却又必须翻译，那么唯一的出路便是不再像传统所要求的那样去“忠实地”翻译，而是赋以翻译以新的意义和新的追求。也许可以从这一相悖的矛盾中或多或少领会到一点德里达在文中没有明示的意图，那就是德里达在此文中所要说明的，不是翻译在绝对意义上的不可能，而是盲目追求“忠实对等”的翻译的不可能。他所力求达到的目的之一，便是针对传统的翻译观，解构“忠实”这一绝对标准。

至此，在对傅雷、钱锺书、杨绛、德里达所揭示的“距离”、“不同”与“差异”问题有了一个比较全面的认识之后，再回过头去分析“翻译者即反逆者”这一古老的谚语，也许会有几分新的理解，会赋予其新的内涵。从历史的角度看，“翻译者即反逆者”这一谚语多多少少给翻译者蒙上了一层不光彩的阴影，使翻译者承担着心理上的巨大负担。翻译是仆人这一传统的身份一旦被定位，被认可，被人们所普遍接受，且为当好仆人，需要译者绝对忠实与客观。“翻译者即反逆者”就像在译者头上一把高悬的达摩克利斯之剑，时刻在提醒着译者，对作者、对作者的化身——原作——必须忠实，翻译必须客观，不然就是背叛，就是反逆。也许正是

---

1 德里达：《巴别塔》，黄国彬译，参见陈德鸿、张南峰编：《西方翻译理论精选》，香港城市大学出版社，2000 年，第 213 页。

这一警示的作用，使大多数译者都自觉不自觉地认同客观与忠实之原则，对原文亦步亦趋，不敢越雷池一步。然而，通过上文的简要分析，对“翻译者即反逆者”至少会有以下几点认识。

第一，“翻译者即反逆者”这一谚语道出了一个朴素的真理，那就是翻译活动在本质上存在着不可避免的局限。无论是范存忠所说的词汇与结构上的差距，傅雷在翻译实践中所领悟到的十一个“不同”，还是钱锺书所强调的各个层次的距离，或是德里达以近乎极端但却冷静的笔触所揭示的文化与结构意义上的“延异”与“差别”，都无不在理论上证明了这一谚语所道出的朴素真理有着其合理的内核。

第二，“翻译者即反逆者”这一谚语以其揭示的朴素真理，给人们提供了理论的思考空间。一方面，由于翻译固有的局限，说明要求译者像仆人一样绝对地忠实原文只能是一个不可企及的理想。另一方面，无论是在实践中，还是在理论上，都会遭遇到一个悖论：绝对地忠实原文，对原文亦步亦趋，近乎盲目地跟着原文走，非但不能达到将原文的意义与神韵客观地传达给目的语读者的目的，反而会导致原作的貌离神散，造成对原作本质的不忠；同时，也由于机械而盲目地追求语言层面的忠实，译出的作品难以符合目的语读者的审美期待与接受心理，往往会引起读者的不满，总之，一方面有可能有负于作者，另一方面有可能得罪了读者。而由此悖论，引发了新的思考和新的探索：承认翻译局限的客观存在，根据这些局限提供给译者的活动空间，以看似不忠的手段，即对原文语言的某种“背叛”，在新的文化语境和接受空间里以另一种语言使原文的意义获得再生，达到另一层次的忠实，这就是“创造性叛逆”这一说法提出的直接原由。绝对忠实导致背叛，而创造性的背叛反而会打开通向忠实的大门，这一看似相悖的说法却在理论与实践两个方面为译者提供了更为宽阔的思想与活动空间。

第三，对“翻译者即反逆者”这一谚语的重新认识为译者主体性的觉醒提供了可能。如果说翻译固有的局限和不可避免的“背叛”在理论上昭示了译者盲目忠实与绝对跟着原文走的负面后果，说明了纯语言层面转换的障碍，那么译者在翻译实践中所遇到的各种各样的困难迫使译者不得不去考虑这样一个问题：译者的忠实与客观并不能完全保证他对原作的忠实，而面对翻译活动中所可能出现的各种矛盾因素，译者不能不从被动的忠实中去设想自己到底应持何种立场，应采取何种方法去处理各种矛盾。于是，译者在翻译活动中便有可能由被动而走向主动，由消极的服从走向积极的参与，由“照模照样”的“复制”，走向赋予原作以新生的再创造，而“翻译选择说”“翻译变通说”“翻译和谐说”[1]等种种理论也由此而生，并为翻译主体性和译者在翻译中的中心地位的最终确立提供了理论基础。

第三节 创造性叛逆与翻译主体性的确立

从“忠诚”到“叛逆”，似乎构成了翻译的两个极端：“忠诚”在实践中常常令译者顾此失彼，而“叛逆”在理智上又让译者难以接受。这种两难的窘境是每一个从事文学翻译的人都会遇到的。确实，如上文中所言，涉及翻译的因素之多，往往让译者束手无策，不知忠诚于谁为好。忠其形，求貌之相似，可其神韵呢？气势呢？文学精品往往刻意寻求意在言外的效果，翻译时稍不小心，就容易得其形而忘其神，看似模仿了作者“怎么说”，却歪曲了作者“说什么”，成为真正忤逆不道的“叛逆”。可是要忠其形，又要得其神，谈何容易！正因为如此，翻译家们常常感叹翻译之难，每人都有一本叹不完的苦经。郁达夫、郭沫若甚至鲁迅，都在不同的场合，谈过翻译的难处。他们中甚至有人认为，翻译之难，难于创作。余光中对此有过非常形象而深刻的论述。他说翻译家在读者的心目中无法与作家相提并论，“主要的原因，是译者笼罩在原作者的阴影之中，译好了，光荣归于原作，译坏了呢，罪在译者。除了有能力也有时间去参照原文逐一研读的少数专家之外，一般读者是无由欣赏的。如果说，原作者是神灵，则译者就是巫师，任务是把神的话传给人。翻译的妙旨，就在这里：那句话虽然是神谕，要传给凡人时，多多少少，毕竟还要用人的方式委婉点出，否则那神谕仍留在云里雾里，高不可攀。译者介于神人之间，既要通天意，又得说人话，真是‘左右为巫难’”。[2]翻译之难，在大多数翻译

---

1 有关“翻译选择说”，可参阅许钧的《论翻译之选择》（《外国语》，2002 年第 1 期）；有关“翻译变通说”，在许多翻译家谈翻译的文章中，可看到相关的精彩论述，虽然不太系统，但大都佐以具体例证，具有说服力。而有关“翻译和谐说”，郑海凌在《文学翻译学》（文心出版社，2000 年）一书中有过比较系统的阐述，有心的读者不妨一读。

2 余光中：《余光中谈翻译》，中国对外翻译出版公司，2002 年，第 55 页。

者看来，难在没有充分的自由，难在译者走不出原作者投在译者头上的阴影，难在文字形式的机械变易无法传达文字的灵魂，难在盲目的忠实对应无法达到精神的共鸣，难在得与失之度的把握。20世纪80年代末，译林出版社组织国内法文界的一些译者合作翻译法国文学巨匠普鲁斯特那部被称为“不可移植”的巨著——《追忆似水年华》。笔者有幸参加了其中的工作。在《我与翻译》一文中，笔者曾谈到这部著作的翻译给译者带来的巨大痛苦，其中这样写道：“花费了近三百个日日夜夜，才勉勉强强地完成了所承译的二十余万字的初稿，其间所经受的痛苦、恐惧，往往使我心力交瘁，尤其那一种唯恐背叛原著的负罪感，使我负载着一个沉重异常的十字架，作品中那长达数十行的‘意识流’连环句式，那声、色、味一应跃然纸上的形象笔触，那妙不可言的隐喻双关，还有那或细腻，或粗犷，或高雅的生花妙笔，岂能凭兴趣，凭忠诚，率而操笔所能传达？亦步亦趋地求文字对应，为两种语言特有的规律与魅力所不容，往往导致貌合神离。洒脱大胆地弃其形，求其神，又担心‘创造’出一个貌离神散的畸形儿。更不谈还要不辱使命，追求作品‘形式因素美学价值’的再现、‘文化因素’的移植、‘文学形象’的再创造和‘语用意义’的传达……这般复杂，这般艰辛，这般痛苦，是当初涉足译坛时所料不及的。如今才朦朦胧胧地意识到‘忠诚’与‘叛逆’似乎构成了翻译的双重性格，愚笨的‘忠诚’可能会导向‘叛逆’，而巧妙的‘叛逆’可能会显出忠诚，这也许就是‘相似处犹显平乏，不似处倒见魅力’的翻译辩证法吧。”[1] 在本书的第三章中就翻译的根本任务作了探讨，对与“意义”相关的理论与实践问题进行了梳理与分析。应该看到，语言符号与意义之间的关系并不是一种凝固与给定的关系。意义的生成有赖于多方面的因素，这也就给翻译求语言形式的简单对应的传统做法提出了理论上的不可能性。而就目前讨论的“忠诚”与“叛逆”的关系而言，遇到的是同样的问题，那就是余光中在《变通的艺术》一文中所谈到的“思想与形式”[2] 的关系在翻译中到底应该如何处理，也就是上一章中所提到的“形”与“神”的关系问题。文学是文字的艺术，相对于“说什么”，“怎么说”有时会显得更为重要。对非文学

1 参见许钧：《译事探索与译学思考》，外语教学与研究出版社，2002年，第276页。
2 参见余光中：《余光中谈翻译》，中国对外翻译出版公司，2002年，第56页。

翻译而言，意义表达的精确，是最大的追求；而对文学翻译而言，意义的生成与形式表现紧密结合在一起，在翻译中往往造成极大的困难，而“忠诚”与“叛逆”的悖论正源起于“形”与“神”的独特关系。在语言哲学、现代语言学和文艺学最新研究成果的启发下，如今已经在理论上明白了语言表达形式在翻译中进行简单复制的负面后果，从而为在语言转换层面的“叛逆”提供了某种理由。在对翻译实践进行个案研究或历史考察中可以发现，越来越多的翻译家不满足于翻译的传统仆人身份，如金圣华对翻译的本质进行了思考，基于她个人的翻译实践及其对翻译的认识，提出了如下的看法：“译者在早期虽有‘舌人’之称，却不能毫无主见，缺乏判断；译者虽担当中介的任务，却不是卑微低下、依附主人的次等角色。翻译如做人，不能放弃立场，随波逐流；也不能毫无原则，迎风飘荡。因此，翻译的过程就是得与失的量度，过与不足的平衡。译者必须凭借自己的学养、经验，在取舍中作出选择。”[1] 既承认译者所承担的责任与特殊的地位，又不忘译者的主见、原则和选择，金圣华在这里在“仆人”与“叛逆”的两难选择中指出了一条理性之路。的确，虽然在理论上可为“叛逆”找到充足的理由，但是在理智上却不免担心：倘若“叛逆”失度，翻译必将走向它的反面，在失度的“叛逆”中失去方向，最终违背其担当的神圣使命。

那么，如何在理论上来解决这一问题呢？如何在实践中避免失度的“叛逆”呢？在《译介学》一书中，作者谢天振对此问题有过深刻的思考，并提供了理论探讨的参照。方平在为《译介学》一书所写的《序》中作了如下的评价：

> “创造性叛逆”是“译介学”所引进的一个命题，作者用专章讨论，为我们开拓了一个全新的概念。谈到文学翻译，立即会想到“翻译者，反叛也”这一句来自海外、广为流传的名言。翻译工作者都能体会到这句话中的讥嘲口气而心有不甘。对于以认真严肃自勉、把“信”和“忠实”看作文学翻译第一要义的译者，最怕的就是译文出错，而“错误”和“叛逆”在我们心目中，不分彼此，同样可怕又可

1　金圣华：《认识翻译真面目》，天地图书有限公司，2002 年，第 15 页。

> 耻。现在作者提出了："在实际的文学翻译中，创造性与叛逆性其实是根本无法分隔开来。"并引用了法国专家的论述："翻译总是一种创造性的叛逆。"[1]

"创造性叛逆"这一命题的提出，为重新思考翻译，特别是文学翻译的本质与任务提供了新的视角。据谢天振介绍，最早提出"创造性叛逆"这一概念的，是法国著名文论家埃斯卡皮。他在《文学社会学》一书中指出："说翻译是叛逆，那是因为它把作品置于一个完全没有预料到的参照体系里（指语言）；说翻译是创造性的，那是因为它赋予作品一个崭新的面貌，使之能与更广泛的读者进行一次崭新的文学交流；还因为它不仅延长作品的生命，而且又赋予它第二次生命。"[2]显而易见，埃斯卡皮所说的"创造性叛逆"已经远远超出了上文所讨论的语言层面的"叛逆"，但与我们所讨论的问题联系紧密。在埃斯卡皮看来，翻译的"叛逆"性质，源自于语言的转换。也就是说，在翻译中，一部作品必须被置于另一个参照体系（语言）之中，而这个参照体系是完全没有预料到的。就这一层意思而言，埃斯卡皮并没有超越钱锺书、傅雷等的认识。有必要指出的是，因埃斯卡皮所说的参照体系是相对于语言符号系统而言，也就是说在不同的语言符号系统中，词语与意义的参照关系是有别的，正是这一重大差别，使机械的变易势必成为"叛逆"的行为。至于"创造性"，埃斯卡皮则将目光投向了一部作品的生成与传播，而正是通过这两个层面，翻译活动将作者、译者和读者的命运紧紧联系在了一起。参照体系一变，文化语境一变，一部作品的意义所赖以生存的条件一变，其面貌必然发生变化，而译者的这一赋予原作以新的面貌的工作，无疑具有创造性。

谢天振是国内最早注意到翻译的"创造性叛逆"这一特征的学者。在20世纪90年代初，谢天振就在《论文学翻译的创造性叛逆》[3]一文中结合文学翻译的活动过程、接受与传播问题对"创造性叛逆"这一概念进行了深入的研究，后又在《译介学》一书中加以丰富与深化。贾植芳认为，谢天振所探讨的"创造性叛逆"不仅仅涉及翻译本身，"实际触及的还有对

1 谢天振：《译介学》，上海外语教育出版社，1999年，方平《序》，第5页。
2 埃斯卡皮：《文学社会学》，王美华、于沛译，安徽文艺出版社，1987年，第137页。
3 谢天振：《论文学翻译的创造性叛逆》，《外国语》，1992年第1期。

外来文化的移植和接受问题，甚至还包括了对传统文化的继承和接受问题”。[1] 实际上，贾植芳这里所谈的外来文化的移植和传统文化的继承与接受，都是广义的翻译所涉及的基本问题。根据方平和贾植芳的介绍，再细细领会埃斯卡皮和谢天振的一些观点，对“创造性叛逆”这一命题的重要性定会有新的认识。谢天振明确指出：“除了翻译中的信息增添、失落、变形和文化意象的传递外，文学翻译中的创造性叛逆也是译介学的一个主要研究对象，而且具有特别的研究价值。这是因为，文学翻译中的创造性叛逆特别鲜明、集中地反映了不同文化在交流过程中所受到的阻滞、碰撞、误解、扭曲等问题。”[2] 作为一个比较文学学者，谢天振所关注的重点与本章所谈的问题不尽切合，但是，从他的研究中，可以得到这样的启发：要探索作者、译者与读者之间的关系，揭示译作的真正价值，仅仅从语言转换层面去研究是远远不够的，还要注意文化交流过程中的一些重要问题。只有关注这些问题，才可能在新的意义上认识翻译的重大作用。就本章所讨论的问题而言，谢天振提出的一些观点值得我们充分注意和思考。

首先，一部作品被引入一个新的语言与文化环境，文本生命所赖以生成的条件与环境发生了变化，原作不可避免会发生变形。关于这一点，上文已经作过比较详细的论述。问题的关键在于，原作的变形，有的是由于客观的障碍和各种差异造成的，而有的则是译者主观的追求。如果说这种变形是一种“创造性”的表现的话，那么，一味追求创造而有意偏离原作，岂不违背了翻译的根本目标？对这一问题，下面将结合翻译主体性与再创造问题进行探讨。

其次，一般认为，创造性叛逆发生在狭义的翻译过程中，亦即发生在翻译的语言转换过程中，但在谢天振看来，它还发生在原作的“接受与传播”的过程之中。他认为，“创造性叛逆的更重要的方面还在于它对文学作品的接受与传播所起的作用。一部作品，即使不超越它的语言文化环境，它也不可能把它的作者意图完整无误地传达给它的读者，因为每个接受者都是从自身的经验出发，去理解、接受作品的”。[3] 在这里，谢天振强调接受主体的不同，对原作的理解与接受也有异，因此，叛逆也不可避

1　见谢天振：《译介学》，上海外语教育出版社，1999 年，贾植芳《序》，第 2 页。
2　谢天振：《译介学》，上海外语教育出版社，1999 年，第 13 页。
3　谢天振：《译介学》，上海外语教育出版社，1999 年，第 141 页。

免。但是，在充分认识到这一观点的合理性的同时，也不能不考虑问题的另一方面，即读者的主体性对翻译本身到底会起到怎样的作用？过于强调主体性是否会造成原作意义的无限“播撒”而导致理解与阐释两个方面的极端相对立，构成对原作的实质性背离呢？

再次，在谢天振看来，“创造性叛逆并不为文学翻译所特有，它实际上是文学传播与接受的一个基本规律”[1]。这一点非常重要，谢天振在《译介学》一书中对此作了重点阐述。[2] 揭示这一规律的存在，有利于人们从更深层次去认识并界定翻译的“创造”性质。

从以上三点看来，“创造性叛逆”这一命题的提出，对于认识翻译的本质具有重要意义。在传统的翻译观念中，翻译虽然不可避免地会发生变形，出现“叛逆”，但在人们的头脑深处，这种现象的出现具有无奈的一面，说到底是不可取的。但是，在比较文学学者看来，不为文学翻译所独有的“创造性叛逆”在最根本的意义上“是对译者所从事的文学翻译事业的认可，是对译作的文学价值的一种肯定”。[3] 这也就是说，“创造性叛逆”不仅是不可避免的，而且是值得肯定与鼓励的。对这一看似合理的结论，恐怕译界在今天仍然无法达成共识，人们甚至有理由对此产生怀疑甚至加以质疑。上文中结合对“创造性叛逆”的主要内涵的阐述，提出的几个问题，便是译界在承认“创造性叛逆”这一命题的合理性的同时，对之产生的普遍怀疑或担心。在理论上，这也就提出了对上述问题进行思考的必要性。事实上，译界的这种担心也不是多余的。之所以能肯定“创造性叛逆”之说的理论价值，在于它不仅仅反映了翻译活动的本身局限，还在于“创造性”这一词对“叛逆”的本质限定，换言之，其价值主要在于“创造性”。而翻译的“创造性”何在，如何认识翻译的“创造性”，在今天看来，在理论上存在着一定程度的分歧。由于思想认识上的不一致和理论上的分歧，在实践上必然会造成混乱。确实，在今天的译坛，有的译者以“创造”为名，行“背叛”之实，翻译时不细读原作，不顾及原作的底蕴与风格，随心所欲地加以处理，尤其是涉及形象比喻、情感表述细腻、语言表达形式独特的文字，往往添油加醋或大而化之。这些问题的存在，应

---

1 谢天振：《译介学》，上海外语教育出版社，1999 年，第 140—141 页。
2 参见谢天振：《译介学》，上海外语教育出版社，1999 年，第三章，第三节。
3 谢天振：《译介学》，上海外语教育出版社，1999 年，第 17 页。

引起足够重视。

在理论上讲，承认“创造性叛逆”的价值，在很大程度上也就是承认译者的创造性。上文援引了金圣华的观点，她认为“翻译的过程是得与失的量度，过与不足的平衡”，这一切，都必须依靠译者的学养、经验，在取舍中作出选择。她所说的“量度”、“平衡”和“选择”，实际上是赋予了译者以创造地位，也是对译者主体意识的一种肯定。

关于“译者的主体意识”，首先有必要区分两点。第一，就翻译实践本身而言，不管翻译者持怎样的翻译观，或者在翻译中自觉不自觉地奉行某些原则，译者的主体地位事实上是存在的，因为即使是把自己当作一个忠实的仆人，也必须去面对从一种语言到另一种语言这一脱胎换骨的变易。拿上文已提及的余光中的话来说，“译者介于神人之间，既要通天意，又得说人话，真是‘左右为巫难’。读者只能面对译者，透过译者的口吻，去想象原作者的意境。翻译，实在是一种信不信由你的‘一面之词’”。[1]余光中所说的“一面之词”有着多层的含义，在此不妨从所讨论的问题出发加以理解。译者的“一面之词”，不同于作者的一面之词，也不同于读者眼中的“一面之词”，因为作者的一面之词和读者的一面之词都只有一面，那就是前者只有外文的一面，后者则只有中文的一面。而在余光中看来，译者的“一面之词”却有两面，正面是中文，反面是外文，正反两面集于一身，两者关系的紧与密、真与伪，全都在于译者。在这个意义上说，译者的主体作用是客观存在的。若关注中外历史上一些著名翻译家的译事及他们对翻译的思考，在他们留下的大量翻译经验之谈中可以发现，他们对翻译之难的感叹，对具体译例的分析，对成功经验的总结，或对失败尝试的反思，无不折射出他们的主体性。第二，就理论研究而言，人们不得不遗憾地看到这样一个事实，那就是长期以来，翻译研究几乎把重点局限于语言层面的探讨，而忽视了翻译活动中最积极的活动因素，即翻译主体的主观能动作用。袁莉在《关于翻译主体研究的构想》一文中指出，在国内，对翻译主体的系统研究只是刚刚起步。[2]在国外，这方面的研究起步要早一些，袁莉对有关研究的情况作了梳理，理出了一条由忽视译者主体作

1 余光中：《余光中谈翻译》，中国对外翻译出版公司，2002 年，第 55 页。

2 袁莉：《关于翻译主体研究的构想》，张柏然、许钧主编：《面向 21 世纪的译学研究》，商务印书馆，2002 年，第 399 页。

用到肯定“译者的抉择”再到强调“译者摆布文本”的主体研究之历程[1]，而这一历程的客观进展恰正反映了历史上从甘心情愿当仆人到争取自己创造地位的译者的主体意识不断觉醒和确立的过程。

译者的主体意识与翻译主体性是两个相互联系但又有所区别的概念。弄清它们之间的联系与区别，对把握作者、译者与读者之间的关系，认识翻译的创造性，具有不可忽视的作用。

所谓译者主体意识，指的是译者在翻译过程中体现的一种自觉的人格意识及其在翻译过程中的一种创造意识。这种主体意识的存在与否，强与弱，直接影响着整个翻译过程，并影响着翻译的最终结果，即译文的价值。“翻译主体性”与“译者主体意识”有一定联系，因为“翻译主体性”之中包括有译者的艺术人格自觉和创造力，但两者不能混淆。所谓“翻译主体性”，目前还没有一个被普遍认可的定义，就笔者的理解，应该是指翻译主体及其体现在译作中的艺术人格自觉，其核心是翻译主体的审美要求和审美创造力。对“翻译主体性”进行这一尝试性的界定时，就会清醒地意识到这样一个事实：就创作，如文学创作而言，如果说文学主体性可以定义为“作者及其体现在作品中的艺术人格自觉，其核心是文学家的审美要求和审美创造力”的话，那么作者的地位是独立而明确的。在这里，“作者”和“文学家”是同一的，其独立性也是无可争辩的。但“翻译主体性”就不一样，不能将“翻译主体性”简单地等同为“译者及其体现在译作中的艺术人格自觉”，也不能孤立地强调翻译主体性的核心是“译者的审美要求和审美创造力”。以这一事实为基础，可以明确另一个事实，那就是一部原创作品，为作者独立所有，而一部译作，则不为译者独立所有，而是为原作者与译者共有。国际通行的著作权法也正是本着这一事实，在法律上规定了译作的共有权。这一事实上的区别，为理解翻译主体性提供了一个重要的参照。

首先有必要明确翻译的主体是谁。对这个问题的思考，应该说是随着人们对译者的身份、地位和作用问题的研究逐渐深入的。法国的安托瓦纳·贝尔曼对这一问题进行过系统探索。在《翻译批评论：约翰·唐》[2]一

1　袁莉：《关于翻译主体研究的构想》，张柏然、许钧主编：《面向 21 世纪的译学研究》，商务印书馆，2002 年，第 399—401 页。

2　Berman, Antoine: *Pour une critique des traductions: John Donne*, Paris: Gallimard, 1995.

书中，贝尔曼着重探讨的是翻译批评理论的建设问题。在他看来，对翻译进行研究，特别是对翻译进行批评时，不能不把重点放在“翻译主体”上。他认为，无论是翻译批评的理论研究，还是翻译批评的具体实施，都不能不去回答译者是谁这样一个问题，都必须以译者为主体、为基本出发点。为此，他提出了一个响亮的口号：“走向译者。”毫无疑问，强调对译者的研究，并把翻译批评的重点放在译者身上，是有其道理的，因为，正如贝尔曼所指出的那样，译者的翻译动机、翻译目的，他所采取的翻译立场，他所制定的翻译方案，以及他所使用的翻译方法，都使译者成为翻译活动中最积极的因素。态度、方法和立场一旦选择，一旦确立，译者也就为自己定了位置，他译出的“每一个字都成了一种誓言”。[1] 在这个意义上，译者无疑就是翻译活动的主体。袁莉持的也是这一观点。她对翻译主体性问题的关注，是基于她对翻译活动本质的认识。她说：“事实上，当我们不再把对翻译的理解停留在字词的层面上，不再试图去寻找与原文本对等的影子，而是把翻译文本看作是经过变形和改造，融入译者的主观审美意向和历史存在的一种自足的艺术创造产物时，立刻就意味着我们必须要面临关于翻译主体性及其能动空间的提问。”[2] 在对艾布拉姆斯的艺术四要素图式进行分析之后，袁莉提出了以译者为基点（中介）、直接与另外三极，即原作、译作和世界（包括译入语读者）发生关系而构成的新的诠释循环图式，进而明确指出“译者是这个阐释循环的中心，也是唯一的主体性要素”。[3]

译者为翻译主体，这似乎是一个不争的事实。但是，对这一问题，人们的看法远未达成一致。杨武能先生是国内较早注意译者的定位问题的学者之一。早在 20 世纪 80 年代中期，他就以现代阐释学为理论参照，把文学翻译当作阐释、接受与创造的循环，并从这一动态的循环活动中去把握翻译家的作用和地位。后来，他又发表文章，对文学翻译家的心理人格进行了探讨，并就翻译主体问题提出了一系列的观点。[4] 关于翻译主体，他有

1　Berman, Antoine: *Pour une critique des traductions: John Donne*, Paris: Gallimard, 1995, p.75.

2　袁莉：《关于翻译主体研究的构想》，张柏然、许钧主编：《面向 21 世纪的译学研究》，商务印书馆，2002 年，第 402 页。

3　袁莉：《关于翻译主体研究的构想》，张柏然、许钧主编：《面向 21 世纪的译学研究》，商务印书馆，2002 年，第 406 页。

4　可参见杨武能：《阐释，接受与创造的循环——文学翻译断想》，《中国翻译》，1987 年，第 6 期；《尴尬与自如　骄傲与自卑——文学翻译家心理人格漫说》，《中国翻译》，1993 年，第 2 期；《翻译・解释・阐释——文学翻译断想》，《外语与翻译》，1997 年，第 2 期等文。

如下的一段论述：

> 过去，人们常常简单地将文学翻译的模式归结为：原著→译者→译本，而忽视了在这之前创作原著的作家，特别是在这之后阅读译本的读者。在我看来，全面而如实地反映文学翻译的特性的图形应该是：
>
> 作家—原著—翻译家—译本—读者
>
> 与其他文学活动一样，文学翻译的主体同样是人，也即作家、翻译家和读者；原著和译本，都不过是他们之间进行思想和感情交流的工具或载体，都是他们的创造的客观。而在这整个的创造性的活动中，翻译家无疑处于中心的枢纽地位，发挥着最积极的作用。在前，对于原著及作者来说，他是读者；在后，对于译本及其读者来说，他又成了作者。至于原著的作者，自然是居于主导地位，因为是他提供了整个活动的基础，限定了它的范围；而译本的读者也并非处于消极被动的无足轻重的地位，因为他们实际上也参与了译本和原著的价值的创造。因此，在上面的图形中，没有指示单一方向的“→”，只有表明相互关系的“—”。[1]

在杨武能看来，文学翻译的主体并不限于译者，而是作家、翻译家和读者。译作不是译家创造的客观，而是为上述三者共同创造，只是翻译家在这三者中间处于中心的位置。他的这一观点与贝尔曼的观点明显有着分歧，与袁莉的观点有不同之处，但也有一致的地方。相同处是，袁莉和杨武能一样，都认为译者是“阐释循环”的中心；不同处是，袁莉认为译者是“唯一的主体性要素”。谢天振在研究“创造性叛逆”现象时，也注意到了“主体”的问题。他的观点在《译介学》一书的《绪论》中有所表述，其中他说了这样一句话：“通常以为，文学翻译中的创造性叛逆的主体仅仅是译者，其实不然，除译者外，读者和接受环境等同样是创造性叛逆的主体。”[2] 谢天振讨论的是“创造性叛逆”的问题，谈的主体是“创造

1 杨武能：《翻译、接受与再创造的循环——文学翻译断想之一》，许钧主编：《翻译思考录》，湖北教育出版社，1998 年，第 227—228 页。
2 谢天振：《译介学》，上海外语教育出版社，1999 年，第 13—14 页。

性叛逆”的主体。但所谓“创造性叛逆”，在很大程度上，讲的是翻译活动的一种基本特征。在这个意义上，“创造性叛逆”便是“翻译”，两者之间虽然并不能完全画等号，但在谢天振的表述中，“创造性叛逆”的主体，恐怕可以当作“翻译的主体”来解。若把读者当作翻译主体之一，完全可以理解，但把“接受环境”也当作主体，有什么理由呢？谢天振没有直接回答这个问题，而是紧接上面的那句话，作了如下的解释：“一部严肃的政治讽刺读物，通过译者的翻译传到了另一个国家，居然成了一部轻松愉快的儿童读物，一部在自己国家默默无闻的读物，通过翻译传到另一个国家却成了一部经典性的著作，这其中固然有译者的作用，但怎能离得开读者和接受环境的作用呢？”[1] 谢天振提出的这个问号具有提醒的作用，意在指出，在重视译者作用的同时，应该关注并研究读者和接受环境的作用。就在此讨论的“主体”问题而言，接受环境自然是一个应该考虑的因素，但它并不构成“主体”，而是对“主体”构成制约作用的一个因素。

在上面的简要分析与讨论中可以发现，在目前，人们对“翻译主体是谁”这一问题的认识是不一致的。非常有趣的是，若细读贝尔曼、袁莉、杨武能的有关论述，可清楚地看到他们的论述与分析都受到了现代阐释学的启发。在《翻译批评论：约翰·唐》一书中，贝尔曼在对布里塞的“社会批评”理论与亨利·梅肖尼克的“介入批评”理论进行分析与批评的基础上，明确指出：“正如亨利·梅肖尼克的诗学求助于洪堡、索绪尔、邦维尼斯特，布里塞求助于符号学、社会学以及结构主义的诸多观点（格雷马斯、福柯、杜维诺、雅各布森等），我则将自己的理论建立在现代阐释学上。这是我的选择。现代阐释学，尤其是利科和姚斯所发展的有节制的现代阐释学，有助于我澄清自己作为一个译者、译文阅读者、译文分析者乃至翻译史家的经验。”[2] 杨武能显然也是运用了现代阐释学的理论来讨论文学翻译的过程和文学翻译家的任务与地位的。在《翻译、接受与再创造的循环》一文中，他认为文学翻译家首先是阐释者，同时是接受者，更是创造者，其中谈到了现代阐释学的一些基本概念，如“先有”“先见”“先

1　谢天振：《译介学》，上海外语教育出版社，1999 年，第 14 页。

2　Berman, Antoine: *Pour une critique des traductions: John Donne*, Paris: Gallimard, 1995, p.15.

把握”等构成的“先结构”等等。袁莉在《关于翻译主体研究的构想》一文中，明确说明她选择诠释学（阐释学）作为研究的理论基础，并说“借助它，我们相信能更为深入、更为科学地探讨文学翻译的主体问题，并结合实例更好地说明：1. 只有翻译主体才是翻译艺术审美价值得以实现的唯一途径；2. 翻译的实质不是对原作品意义的追索或还原，而是译者主体能动的理解诠释过程，是译者主体自身存在方式的呈现，同时也是译者在理解他人的基点上对自我本性的一次深化理解”。[1] 他们同样都是在现代阐释学的指导下，但对翻译主体的界定却有分歧。从目前国内外有关资料看，对“谁是翻译主体”这一问题，大致有四种答案：一、译者是翻译主体；二、原作者与译者是翻译主体；三、译者与读者是翻译主体；四、原作者、译者与读者均为翻译主体。这四个答案看上去是不一样的，显得有些混乱，但若考虑到近四十年来不断发展的哲学、文艺思潮与文学理论对翻译理论的影响，就不难明白，这些答案的出现都是以一定理论为支撑的。第三章在讨论翻译的意义问题时，曾围绕着意义问题，就文本意义的阐释与再生进行了探索，其中对传统意义观、索绪尔的语言意义观、结构主义的意义观、解构主义的意义观作了分析，从中可以看到在不同意义观的指导下，人们对主客体关系，文本与译者关系，作者、译者与读者关系的理解是有别的。以原作者为中心，文本决定一切，把语言学当作纯粹的表达工具，在这种观念的支配下，作者是主人，译者自然只能当一个仆人，只能作一个隐形人，他的主体地位实际上是不被承认，也是不被鼓励的。消隐自己的个性，保持纯粹的客观，忠实地传达一切，这些近乎金科玉律的要求便在很大程度上成了阻隔译者主体意识的一道观念屏障；而当“作者死了”，文本呈开放系统，意义被延异，被播撒，一切都有赖于读者的参与时，译者得到了解放。作为一个读者，译者终于可以摆脱仆人的地位，获得构建原作意义的自由，而创造性的叛逆观更从理论上赋予了其独立的主体地位。而当人们以现代阐释学为理论指导，对翻译进行新的定位时，理解、阐释与再创造便构成了翻译活动的循环。在这一过程中，作者、译者、读者都有着其相对独立但又相互作用的地位，形成一个各种因素起着

1　袁莉：《关于翻译主体研究的构想》，张柏然、许钧主编：《面向 21 世纪的译学研究》，商务印书馆，2002 年，第 405 页。

相互制约作用的活跃的活动场。而在这个活动场中，从传统的原作者独白和无限度的读者阐释，走向了作者、译者与读者之间的积极对话，而译者处于这个活动场最中心的位置，相对于作者主体和读者主体，译者主体起着最积极的作用。在这个意义上说，可以把译者视为狭义的翻译主体，而把作者、译者与读者都当作广义的翻译主体。在定义翻译主体性的时候，显然要考虑到作者、读者的主体作用，但居于中心地位的，则是译者这个主体。

第四节　主体间性与视界融合

通过对翻译主体与翻译主体性的讨论，逐渐凸现了译者在整个翻译过程中的主体作用，但也更清醒地意识到译者主体地位的确立并不以排斥作者为前提，也不以否认读者的作用为目的，相反，还更注意到了翻译活动具有其特殊性，那就是译者的主体作用并不是孤立的，而是与作者和读者的作用紧密相联。现代阐释学，尤其是伽达默尔的阐释理论与哈贝马斯的交往理论，为这种认识提供了理论基础，不再把翻译活动看作一种孤立的语言转换活动，而是看作一种主体间的对话。

如何看待译者在翻译中的中心地位？如何认识与把握翻译活动中作者、译者与读者这三个主体的关系呢？杨恒达从翻译活动的任务和目的出发，以哈贝马斯的交往行为理论为指导，从“主体间性”这一概念的内涵出发，探讨了上述问题。他在《作为交往行为的翻译》一文中明确指出，“翻译必须深刻理解交往行为理论中的主体间性问题”。在对“主体间性”或“交互主体性”这一概念的提出和基本含义作了历史回顾与简要分析之后，杨恒达这样写道：

> 在翻译日益成为一种重要交往行为的今天，在翻译中深刻理解交往行为理论中的主体间性问题意义十分深远。翻译中主体间性的问题不仅体现在译者主体与作者主体的关系上，而且体现在译者主体与读者主体的关系上，另外，如果作者在文本中描述的是人，不管是实在的还是虚构的人，他也构成一种主体，在译者与这一主体之间也存在主体间关系。只有处理好这多重的主体间关系，才能有成功的、出色

的翻译。[1]

杨恒达把处理好多重的主体间关系，当作成功、出色的翻译的基本前提。在文章中，他还着重分析了译者与原作者、译者与读者的双主体间关系，以及译者与作者和读者的多主体关系，并提出了一个令人深思的问题：在翻译过程中，译者首先要否定自己，然后才能确定自身。为说明此问题，他把作者主体的可认知性定为翻译的前提。他援引哈贝马斯的话说："我把达到理解为目的的行为看作是最根本的东西。"在他看来，对翻译来说，最根本的问题，也必须以达到理解为目的。这也就是法国人通常所说的，翻译，就是理解与促使理解。而要在翻译中达到理解之目的，就"必须以确立作者主体的可认知性为前提"。就翻译的具体操作程序而言，虽然译者面对的是文本，但杨恒达不说"文本的可认知性"，而提出"作者主体的可认知性"，是因为文本不仅是作者主体的创造物，而且实际上是作者主体的一部分，对文本的理解不可能离开对作者主体的理解。在是否以作者主体的可认知性为前提的问题上，他谈到了译者的良心问题。其中有一段论说值得认真思考。原话是这样的：

> 就译者作为认识主体而言，我们从哈贝马斯交往行为理论中得到的启迪可以从两个方面来看。首先，哈贝马斯对非认知主义的抨击是从道德角度出发的，而在翻译问题上，是否以作者主体的可认知性为前提，涉及译者的良心问题。译者在翻译中扮演的认识主体角色不同于普通读者在阅读中充当的认识主体角色。因为读者可以误解作者的意思，而当他向他人阐释或介绍作者原意的时候，他是以自我的身份出现的，他要为自己的误读、曲解及错误解释负责。而译者则不一样，他是以作者的身份说话，他在翻译中的误读和曲解在一般情况下都会被读者看作是作者的本意。那么，既然译者是以作者的身份说话，他在翻译中就有一个否定自身，进入文本作者主体的过程。在这个问题上，译者的伟大之处在于甘愿把自己看作文本作者的传声筒，

1　杨恒达：《作为交往行为的翻译》，谢天振主编：《翻译的理论建构与文化透视》，上海外语教育出版社，2000 年，第 101 页。

> 他既是认识主体，又要否定自己，尽量让作者借他的语言来说话。这就像演员一样，既要认识角色，又要成为角色。能否做到这一点，或者说尽可能接近这一点，就要看译者是否真诚，是否有对得起作者、对得起读者的良心，这是一个道德问题。[1]

杨恒达在这段话中谈的是哈贝马斯给人的启迪之一。就此可见一个有趣的现象，那就是无论如何强调译者的主体地位，都不能忘记译者所面临的翻译活动的特殊性，即沟通理解。在杨恒达的论述中，“传声筒”这一十分传统的说法，即要把作者的话“传”给读者这一点，人们可以持保留看法，但“否定自身，进入文本作者主体”的观点却有其合理的一面，这也就是译界所关注的理解文本的客观性问题。关于“良心问题”，这实际上是任何一个译者都挥之不去的“情结”，那就是“忠诚”的观念。“良心问题”的提出，明显受到哈贝马斯交往伦理学的启发。根据哈贝马斯的理论，主体间的对话具有两个方面的特点：一、参与对话的各方应是平等的；二、参与对话的各主体必须遵守被语言和生活共同体所承认和接受的准则与规范。

法国的贝尔曼在《翻译批评论：约翰·唐》一书中也提出了这一问题。贝尔曼以“道德”与“诗学”的双重标准对译者与作者（原文）和读者（目的语文化）的关系进行了审视。在他看来，翻译主体间的关系要受到两个方面的限制。首先是道德标准，与杨恒达所谈的“良心问题”颇有相通之处。道德标准是针对原文而言。贝尔曼避免用“忠实”的概念，而是提出“尊重”和“负责”。译者要“尊重”原作并要对原作“负责”，这里借用的不是哈贝马斯的交往行为理论，而是现代阐释学关于主体间关系的“宽容”与“能动”的观点。贝尔曼所说的“尊重”具有两个方面的含义：一、保留原文的特质、气韵、风格等；二、要在目的语中进行再创作，以丰富、拓展、延续原作的生命。也就是说，译者与原作者应该是一种相互尊重的对话关系，应以平等的态度直面对方的存在。作为译者，他应当以其再创作的作品来实现对“原作的一种馈赠”。诗学标准是针对目的语而言的。诗学视作品为整体存在，诗学标准强调译作要作为整体而存

1　杨恒达：《作为交往行为的翻译》，谢天振主编：《翻译的理论建构与文化透视》，上海外语教育出版社，2000 年，第 99 页。

在，有独特的节奏、连贯的风格和内在的统一。总之，译者奉献给目的语读者的，是一部经过再创作的完善的作品。它既包含了原作者的生命要素，又以新的生命形态在新的语言、文化环境中生存。[1]

考察翻译活动，探讨翻译的本质，不能不关注译者、作者与读者的相互关系。无论是杨恒达在哈贝马斯的交往行为理论的启迪下所说的“否定自身”以确立自身，还是贝尔曼针对原文与目的语所提出的道德与诗学标准，都在说明这样一个道理：翻译活动，特别是文学翻译活动所涉及的作者、译者与读者三个主体，不是孤立的主体，而是以对方存在为前提的一种共在的自我。因此，如何协调好作者、译者与读者间的关系，使共在的自我在翻译中充分发挥和谐的创造作用，是非常重要的，为此，有必要求助于伽达默尔的“视界融合”说。

在切入所关注的问题之前，有必要说明一点：阐释学“作为一门对于意义的理解和解释的理论和哲学”，是在漫长的历史中不断发展的，在此不可能就其发展的历史与各种派别的理论进行梳理[2]，而只是借用伽达默尔提出的有关概念，试图从一个角度对上文提出的问题作一思考。

阐释学所关心的问题与翻译学所关心的问题联系十分紧密。伽达默尔在《古典阐释学和哲学阐释学》一文中这样写道：“赫尔默斯是神的信使，他把诸神的旨意传达给凡人——在荷马的描述里，他通常是从字面上转达诸神告诉他的消息。然而，特别在世俗的使用中，Hermēneus（诠释）的任务却恰好在于把一种用陌生的或不可理解的语言表达的东西翻译成可理解的语言。翻译这个职业因而总有某种‘自由’。翻译总以完全理解陌生的语言，而且还以对被表达东西本来含义的理解为前提。谁想成为一个翻译者，谁就必须把他人意指的东西重新用语言表达出来，‘诠释学’的工作就总是这样从一个世界到另一个世界的转换，从神的世界转换到人的世界，从一个陌生的语言世界转换到另一个自己的语言世界。”[3]细读伽达默

1　Berman, Antoine: *Pour une critique des traductions: John Donne*, Paris: Gallimard, 1995, pp.86－101.

2　实际上，国内近二十年来对阐释学的研究在不断深入。源于 Hermes 的 Hermeneutics 一词，国内说法不一，有诠释学、释义学、解释学等等。国内较早的一部比较系统地研究阐释学的著作是张汝伦的《意义的探究——当代西方释义学》（辽宁人民出版社，1986 年）。后来，有不少译介阐释学的论集问世，如洪汉鼎主编的《理解与解释——诠释学经典文选》（东方出版社，2001 年）、严安编选的《伽达默尔集》（上海远东出版社，1997 年）等。

3　转引自洪汉鼎：《编者引言：何谓诠释学》，洪汉鼎主编：《理解与解释——诠释学经典文选》，东方出版社，2001 年，第 2 页。

尔的这段话，可以看到他所说的“诠释学”，与翻译问题在许多层面上是一致的。首先，在他的论述中，翻译的传统方式得到了揭示，即在荷马的描述里，都是通过“从字面上转达诸神告诉他的消息”。字面翻译在本质上就是逐字逐句的翻译。其次，伽达默尔所说的诠释（阐释）任务与今天所说的翻译任务是相同的：把一种用陌生的或不可理解的表达的东西翻译成可理解的语言。在这里，应特别注意到被反复使用的两个词：理解与表达（包括下文的“重新表达”）。这两个词恰正构成了通常所说的翻译的基本过程。在伽达默尔看来，就这两个方面而言，理解是前提，所以在他的许多著述中，特别强调对“理解”的研究。再次，他指出了对于翻译研究来说非常重要的一点，即“他”世界到“我”世界的转换，这一转换是本质性的，标志着语言生成与接受环境的根本变化，而这一根本变化必然对理解与再表达行为产生重要影响。此外，伽达默尔提出了一个与传统翻译观相去甚远的观点，还给了翻译这个职业“总有”的某种自由，也就是说在根本上承认翻译是有着一定自由的。上述的这几点，在今天看来，也许并没有新颖独到之处，但以此为出发点，可以紧紧围绕所关心的问题展开进一步的讨论。

当译者进行翻译时，他直接面对的并不是“作者”和“读者”，而是文本和想象中的“隐含的读者”。这也就是说，一边是文本，另一边是译者假定的读者。这马上就给译者提出了相关的问题，那就是，文本是否等同于作者？译者翻译时考虑的读者是以什么方式出现的？换言之，译者考虑读者时考虑的是什么因素？如果按照伽达默尔的观点，翻译需以“完全理解陌生的语言，而且还以对被表达东西本来含义的理解”为前提，以“他人意指的东西重新用语言表达出来”为结果的话，那么就可以说，前者是针对原文本而言，而后者是为了读者而言。对于翻译的前提——理解，伽达默尔在《真理与方法》一书中有这么一段话：“不应把理解设想为好像是个人的主观性行为，理解是将自己置身于传统的一个过程，正是在这过程中过去和现在不断融合。”这里涉及一个对翻译理论来说非常关键的问题：若把理解视作译者的纯个人的主观性行为，那么传统翻译论所强调的以客观性（理解的客观性）为基础的忠实，就无可保证。伽达默尔在对理解的主观性提出质疑的同时，又赋予了它一个有限制的存在理由，那就是要将理解的主观性置身于传统之中，因为在他看来，任何一个理解者，都不可避免地处于传统之中，正是传统将理解与理解对象联系在了一起。为此，伽达默尔又给传统与成见一个重要的位置，作为个人理解的前提，从而实现了客观性与主观性的统一，为译者理解作者的意图，把握文本的意义起到了积极而有建设性的作用。同时，就译者而言，他作为一个特殊的读者，还担负着用另一种语言将他所理解的东西向他设想的读者表达出来的任务。而在翻译活动中，读者的期待与要求始终是译者所考虑的一个重要因素。对一些富有经验的译者来说，作者的意图、文本的意义、读者的期待能否与译者的理解与再表达形成和谐的关系，在某种意义上，直接影响了翻译的目的与任务能否完成。翻译的这一多因素和谐的要求，又同样可在伽达默尔的阐释观中找到理论的支撑，这就是伽达默尔的“视界融合”说可给予人们的启迪。

周宪对伽达默尔的“视界融合”说是这样理解的：“所谓视界的融合，是指解释者的历史理解不可能是不偏不倚客观公正的，他对过去的理解总是包含着自己对当前情境的理解。然而，解释者的视界又不是凝固不变而是动态开放的，当前的视界可以扩大到包容过去的视界（即施莱尔马赫所要求的）。这样便构成一个新的更广阔的视界。”[1] 周宪补充指出，姚斯在伽达默尔的阐释学基础上，提出了期待视界这一重要概念。期待视界是站在读者的立场上提出来的。文本的接受和理解都有赖于特定的期待视界，对于翻译来说，这便涉及多种期待视界存在的可能性。对原文本的读者而言，存在着至少两种不同的视界，即文本问世时最初的读者期待视界和当下读者的期待视界。一旦引入目的语的接受语境，便又出现目的语读者的期待视界。这种视界的历史间距与空间间距是客观存在的。译者作为一个特殊的读者，他的最基本任务之一，就是要通过自己的理解和阐释，融合成一个更大的视界，让翻译涉及的诸视界达到贯通融合，亦即最终完成沟通与交流之重任。

那么如何去达到视界的融合呢？就翻译而言，视界的融合在某种意义上说，是为了保证作者的意图、文本的意义能在目的语中得到再生，获得目的语读者的共鸣。对这一问题，译界近年来有不少思考，其中主要涉及以下两个方面的问题，而这两个问题都与译者在翻译活动中如何正确定位

1　周宪：《超越文学——文学的文化哲学思考》，上海，三联书店，1997 年，第 251 页。

有关。

一是客观与主观的关系。对大多数译者来说，他们长期以来都奉行一条原则，那就是在翻译中，不要掺入自己的主观因素。而这条原则的形成是基于如下的认识：只有保持客观，才能保证正确的理解与再表达。这是一种典型的客观主义翻译观。而通过对意义的探索，不再认为作品的意义是永远固定不变和唯一的，不再把翻译当作复制原作者的意图、传达原作的意义的简单的语言转换时，便有可能从一个更深刻的角度去理解伽达默尔的观点："理解就不只是一种复制的行为，而始终是一种创造性的行为。"因为在伽达默尔看来，作品的意义场，永远是一种不断开放的结构，其意义并不存在于文本的字面，而是需要读者的不断阐释，来激活它，而阐释的最好方法便是作者视界和读者视界的融合。伽达默尔的这一观点表明，阐释活动既不是一种纯个人的主观活动，也不是一种客观主义的对文本意义的简单求索或还原。

保尔·利科在《诠释学与意识形态批判》一文中对伽达默尔的视界融合这一概念作了深刻的分析，认为它"是一个辩证的概念，它是由拒绝两种观点而产生的：一种是客观主义，在忘却自身之上假定他人的客观性；一种是绝对知识，普遍历史可以在一个单一的视域内被表述。我们既不存在于封闭的视域中，又不存在于一个唯一的视域中。没有视域是封闭的，因为总有可能使自己置于他人观点和他种文化之中。主张他人是不可接近的，这将使人想起鲁宾逊·克鲁苏（Robinson Crusoe）。但是也没有视域是唯一的，因为他人和自己之间的紧张关系是不可超越的"。[1] 文中的"视域"，与本节所谈的"视界"是一个词。在利科的分析中，可以看到视界融合这一概念的辩证性在于，一方面对否认阐释者自身、抹杀阐释主观的作用、毫无"先见"地解释历史的客观主义提出了质疑，另一方面，又对坚持自己一孔之见，单凭自己误以为的唯一视界去理解历史的主观主义提出质疑。客观主义的结果是阐释者永远无法真正理解与把握文本的意义和真理，因为呈开放结构的文本需要阐释者的投入才能激活其意义。主观主义的结果便是永远无法超越与原作者的冲突，两者的视界无法融合，达不到沟通、交流与对话意义上的积极理解与阐释。针对客观主义和主观主

1　洪汉鼎主编：《理解与解释——诠释学经典文选》，东方出版社，2001 年，第 447 页。

义而提出的视界融合说于是赋予了“成见”以最突出的特征。利科指出：“成见是现在的视域、是近物在其向远物开放中的有限状态。这种自我与他人的关系给予成见概念以其最后的辩证作用：仅由于我使自己处于他人观点中，我才使自己与我现在的视域、我的成见发生冲突、只有在他人与自我、过去文本与读者的观点之间的紧张关系之中，成见才具有历史的作用和本质。”[1] 利科的表述看似有些艰涩,但从根本上道出了“他人”与“自我”、“过去的文本”与“读者的观点”之间冲突的不可避免，而要积极地协调它们之间的紧张关系，就不能不赋予理解者的成见以存在的理由，赋予理解者的主观性以存在的必要性。在此，主观性与客观性构成了阐释过程的辩证与互动关系。

从理解上讲，译者作为一个处在特殊地位中的读者和阐释者，面对一部作品，自然会有着某种期待（认知的，审美的，等等）。这种期待在某种意义上也是介入原文的一种主体意识。作为审美主体的译者，自然要受到自己的个人兴趣、需要、知识、经验、文艺修养、欣赏习惯乃至带有社会性因素的个人信仰等因素的制约，这些因素构成了译者理解与阐释原文的主观性，是译者与具有开放结构的文本进行交流与对话的不可忽视的方面，但这些主观因素不能形成封闭的一孔之见、僵化的好恶判断、随心所欲的自我表现，而是要设法融入文本所提供的历史语境中，在肯定自我为一种必然存在的同时，又时时打破自我的禁锢，走出自我，融入他人，重新塑造一个融合于过去与现在、他人与自我视界的更大视野，真正做到从心所欲不逾矩，让原文本的血脉在译本中得到继承，让异域的文本在新的文化语境中获得再生。

二是冲突与和谐的问题。在翻译活动中，无论涉及哪一方，从本质上都是不喜欢发生冲突的。如果按照传统的翻译观，译者甘于当一个没有主见的仆人，忠实地在作者与读者之间充当一个“传声筒”，那毫无疑问，译者与作者也好，与读者也罢，都不可能发生冲突。然而，翻译如伽达默尔所说，要从神的世界转换到人的世界，从一个陌生的语言世界转换到一个自己的语言世界。在这种从“他”到“我”的转换之中，由于语言、思维与现实的参照方式发生了变化，由于涉及翻译各个层面的差异的客观存

1 洪汉鼎主编：《理解与解释——诠释学经典文选》，东方出版社，2001 年，第 447—448 页。

在，翻译在某种意义上说，是在不可能中求得可能，是在“反逆”中求得新生，于是冲突不可避免。这也就是说，凡翻译必有冲突，且冲突会出现在翻译活动的方方面面。正因为如此，翻译中才存在着一系列难以解决的矛盾，存在着令译者两难的悖论。面对客观存在的冲突的可能性，译者不能借口自己的“居间性”而回避冲突。相反，一个有责任心的译者往往在充分认识有可能造成冲突的种种障碍与困难的基础上，充分发挥自己的主观能动性，采取各种方式，去化解矛盾，去协调冲突，将被持不可知论的某些哲学家判为不可能的翻译责任勇敢地承担起来，通过译者富于创造性的努力，化冲突为和谐，从隔阂导向相互了解与沟通。为此，翻译家以实实在在的努力去面对“左右为巫”的困难，在译与不译的尴尬处境中，在异同与得失之间，去进行“选择”与“变通”，在“归化”与“异化”的两极中去寻找一个平衡的度，在对原文本血脉的继承中去创造某种不朽的生命，在一次又一次的复译中去朝理想中的“范本”靠近。在充满冲突和各种矛盾的翻译活动中，不少翻译家积累了丰富的经验，总结出了一套套化解矛盾与冲突的方法，并试图建立起能被普遍接受的原则。

余光中在读思果的《翻译研究》一书后，写了一篇长文，叫《变通的艺术》，开头一段意味深长：

> “东是东，西是西，东西永古不相期！”诗人吉普林早就说过。很少人相信他这句话，至少做翻译工作的人，不相信东方和西方不能在翻译里相遇。调侃翻译的妙语很多。有人说，“翻译即叛逆。”有人说，“翻译是出卖原诗。”有人说，“翻译如女人，忠者不美，美者不忠。”我则认为，翻译如婚姻，是一种两相妥协的艺术。譬如英文译成中文，既不许西风压倒东风，变成洋腔洋调的中文，也不许东风压倒西风，变成油腔滑调的中文，则东西之间势必相互妥协，以求“两全之计”。至于妥协到什么程度，以及哪一方应该多让一步，神而明之，变通之道，就要看每一位译者自己的修养了。[1]

余光中的这段话可以说在某种程度上概括了翻译的一些基本特征：翻译是

1　余光中：《余光中谈翻译》，中国对外翻译出版公司，2002 年，第 55 页。

一种相遇、相知与共存的过程，在这个过程中，有冲突，有矛盾。为相知，必尊重对方；为共存，必求“两全之计”，以妥协与变通，求得一桩美满婚姻。而这一切，全凭译者的“修养”。这里的“修养”，也就是译者的主体性因素。思果根据中西语言的客观差异与表达方式上的可能冲突，以变通为手段，对症下药，提出了“翻译是译句，不是译字。句是活的，字是死的，字必须用在句中，有了上下文，才具生命”的忠告，并提出了“翻译切不可不守纪律，没有尺寸，乱添乱减”和“切不可译字，要译意，译情，译气势，译作者用心处”等七个“翻译要点”。[1]

如果说思果的对症下药是一种具体而微的化解冲突策略，不少翻译家更是从为人的高度探讨了如何与作者和读者沟通的原则。曾虚白在强调译者的主观性存在之必要的同时，给自身提出了两重的标准：“一在我自己，一在读者。为我自己方面，我要问：‘这样的表现是不是我在原文里所得的感应？’为读者方面，我要问：‘这样的表现是不是能令读者得到同我一样的感应？’若说两个问句都有了满意的认可，我就得到了‘神韵’，得到了‘达’，可以对原文负责，可以对我自己负责，完成了我翻译的任务。”[2]傅雷积其丰富的翻译经验，视翻译为神圣崇高的事业，“把损害艺术品看作像歪曲真理一样严重”，要求自己持郑重的态度，慎重选择，以免冲突。他这样说道：“选择原作好比交朋友：有的人始终与我格格不入，那就不必勉强；有的人与我一见如故，甚至相见恨晚。但即使对一见如故的朋友，也非一朝一夕所能真切了解。想译一部喜欢的作品要读到四遍五遍，才能把情节、故事，记得烂熟，分析彻底，人物历历如在目前，隐藏在字里行间的微言大义也能慢慢琢磨出来。但做了这些功夫是不是翻译的条件就具备了呢？不。因为翻译作品不仅仅在于了解与体会，还需要进一步把我所了解的、体会的，又忠实又动人地表达出来。”[3]傅雷把选择原作当作交朋友，态度是严肃而诚恳的。不勉强与自己格格不入的作者，但对一见如故、相见恨晚者，也不轻率相处，而是去努力地了解对方。金圣华在力求认识翻译的真面目的探索过程中，更是提出了“翻译如做人”的原则：“翻译如做人，必须慎言慎行，掌握分寸，方能立于不败之地。然而翻译

1　思果：《翻译研究》，中国对外翻译出版公司，2001 年，第 XXI 页。
2　曾虚白：《翻译中的神韵与达》，罗新璋编：《翻译论集》，商务印书馆，1984 年，第 415—416 页。
3　傅雷：《翻译经验点滴》，罗新璋编：《翻译论集》，商务印书馆，1984 年，第 626 页。

中分寸的掌握，与译者有否敏锐的语感息息相关。每一种语言，在词意的运用、语句的铺排、段落的结构方面，都有其独特的方式，而每一词每一字所承载的文化信息亦各不相同，所以译者必须对源语与译语，都有透彻的了解，深切的体会，方可动笔。”[1]

小至一个词义的选择，大到原作者和读者身后的两种文化的接触、碰撞、理解与沟通，复杂的翻译工作给译者造成了难以想象的困难，同时也赋予了译者以巨大的活动空间，如何协调好与原作者和读者的关系，让作者、读者和译者的主体作用各得其所，各尽所能，是一个值得永远探索的课题。各种关系的和谐是保证涉及翻译的各种因素在妥协、变通之中发挥积极作用的重要条件。而积极、互动的主体间性为作者、译者和读者三者之间的和谐共存提供了可能，也为从视界融合导向人类灵魂的沟通开辟了一条必由之路。

1　金圣华：《认识翻译真面目》，天地图书有限公司，2002 年，第 18 页。

第七章
翻译价值与批评论

翻译作为人类一种跨文化的交流活动，它所涉及的内容是深刻而广泛的。对翻译的研究，除了上文所探讨的有关翻译本质、过程、任务、翻译主体、影响翻译的因素和翻译矛盾等基本问题之外，不能不对翻译活动的作用问题加以思考。“译何为？”对这一问题的思考，既可以在理论层面展开，也可以从史的角度切入；既可以考虑诗学层面的得与失，也可以探索伦理层面的进与退，更可以衡量文化层面的功与过。

从理论层面思考“译何为”，更多的是落实在“翻译应该有何作为”中的“应该”一词上。“应该”一词往往带有理想化的“色彩”，它不可避免地又要与翻译者的目的与动机结合在一起，还涉及翻译本质、原则、标准与方法诸方面。可以说，思考“译何为”，牵一发而动全身，从宏观到微观，从外部到内部，从翻译目的到翻译实际过程，再到翻译结果，都应该有所考虑。正因为如此，20 世纪 60 年代以来西方兴起的一些翻译理论流派，在探讨翻译问题的论著中，或多或少都涉及“译何为”这一问题。[1]尤其是“目的学派”的代表人物弗美尔，他认为“任何形式的翻译行动，包括翻译本身，都可以视为一种行动。任何行动都必定有目的”。鉴于

1　陈德鸿、张南峰编：《西方翻译理论精选》，香港城市大学出版社，2000 年，参见该书的第四、六、七、十、十一章。

此，他从狭义的翻译角度，探讨了翻译“目的”这一概念所包含的三层意思：一、“谈翻译过程时，指过程的目标”；二、“谈翻译结果时，指译文的功能”；三、“谈翻译模式时，指模式的意图”。[1]若再深究一步，不难看到，弗美尔所指的“目标”“功能”“意图”与“译何为”的关系是非常紧密的：制定目标，实际上是为翻译应有何为确定一个坐标；而“译文的功能”，更是翻译行为的最终完成到底能起何种作用的具体体现；至于“模式的意图”的确立，直接影响着翻译策略的采取，涉及翻译“欲何为”的关键所在。

然而，对翻译作用的理想期待，往往在具体的翻译行为或翻译过程中受到限制，翻译的理想目标因此而难以实现，翻译的理想作用也常常因得不到正常的发挥而大打折扣。从翻译历史的进程看，不难发现，在理想的目标与实际的作用之间存在着不可忽视的差距，甚至出现负面的偏差。人们期望翻译能起着双向的沟通作用，有助于不同民族文化的交流和丰富，但历史上却不乏对出发语文化加以曲解，甚至当作“文化战利品”、随意宰割的翻译事实；[2]人们期待翻译为目的语及其文化引入新鲜的血液，带来新的思想，催育或丰富目的语文化，可历史上却往往出现过分“归化”的翻译潮流，其结果是不时造成目的语及其文化的“溶血”。人们期待翻译能为不同文化的对话创造条件，却不无痛苦地发现，在弱势文化与强势文化的对话中，翻译有时竟充当着强势文化侵略弱势文化的帮凶角色，沦为某种殖民的工具。路易·凯利就此种现象曾经一针见血地指出：“美国人是在人类学研究和基督教传教活动的背景之下发展翻译理论的，而英国人则是为了配合殖民统治之需。”[3]考察中西方翻译史，可以看到理想的目标和实际的作用之间所出现的负面的偏差不是个别的现象，尤其在后殖民的语境下，翻译的作用问题更成了人们关注的焦点问题之一。如何给翻译定位？如何认识翻译的作用？如何评价广义的翻译活动和狭义的翻译实践？这一个个问题，构成了本章要讨论的基本内容。

1　陈德鸿、张南峰编：《西方翻译理论精选》，香港城市大学出版社，2000 年，第 73 页。

2　参见谭载喜：《西方翻译简史》，商务印书馆，1991 年，第 22 页。

3　Kelly, Louis: *The True Interpreter, A History of Translation Theory and Practice in the West*, Oxford: Basil Blackwell, 1979, p.225.

第一节 为翻译定位

为翻译定位，更确切地说，是要探讨翻译到底应该有何作为。在对这一问题进行讨论之前，有必要说明一点，那就是“为翻译定位”这一说法，借自特贾斯维尼·尼朗贾纳所著的《为翻译定位：历史、后结构主义和殖民语境》[1]一书。

尼朗贾纳在这部著作中所使用的“翻译”一词，“并非仅指一种跨语际的过程，而是对一个完整问题系的称谓”[2]，因为“在后殖民的情境下，翻译的问题系（the problematic of translation）成了引发有关再现、权力以及历史性这诸多问题的一个意义重大的场点”[3]。所谓“翻译的问题系”，实际上指的是翻译这一实践所引发的有关“再现、权力以及历史性”这一系列重大问题的思考。尼朗贾纳明确表示，为翻译定位，对翻译进行研究，“完全不是要去解决什么译者的困境，不是要在理论上再给翻译另立一说，以便能够找到一个‘缩小’不同文化间之‘隔阂’的更加保险可靠的‘办法’。相反，它是要对这道隔阂、这种差异作彻底的思考，要探讨如何把对翻译的执迷和欲望加以定位，以此来描述翻译符号流通其间的组织体系”。[4]鉴于此，尼朗贾纳试图通过翻译这一人类实践去认识历史，并从中反思翻译在这一历史中所起的作用。在研究中，他通过对“翻译问题及其与后殖民状况的关联”“‘翻译’在传统译学话语和民族志著述里的状况”的审视与检讨，发现翻译这一实践活动“构塑了殖民状态下不对称的权力关系”，并揭示了在殖民统治下，翻译在“哲学、语言学和政治学”等诸多领域“发挥作用”。在传统的视界里，翻译往往只是在认知和知识的领域发挥作用，而尼朗贾纳以印度的翻译实践为例，在对殖民语境中的翻译作了多方面的分析之后，认为翻译的实际作用远远不止于“知识”的再现。应该看到，尼朗贾纳为翻译定位，不是以规定性的手段简单地规定翻译应该发挥何种作用，而是旨在说明翻译在历史中发挥的作用远没有被

---

1 Niranjana, Tejaswini: *Sitting Translation: History, Post-structuralism and the Colonial Context*, Berkeley: University of California Press, 1992.

2 参见许宝强、袁伟选编：《语言与翻译的政治》，中央编译出版社，2001 年，第 122 页。

3 参见许宝强、袁伟选编：《语言与翻译的政治》，中央编译出版社，2001 年，第 117 页。

4 参见许宝强、袁伟选编：《语言与翻译的政治》，中央编译出版社，2001 年，第 122—123 页。

人们所认识，尤其是翻译的负面作用和不光彩角色。在此基础上，尼朗贾纳进一步指出："自由人文主义的意识形态鼓吹殖民主义的教化使命，其自身也因此而得以延续，在遵循阿诺德、利维斯和艾略特传统的'文学'和'批评'的话语里，也还依然被继续宣扬着。这些学科压制了自身得以合法建立的基础，即德里达借海德格尔之言，称之为逻各斯中心主义或本体神学的形而上学，所有关于再现、翻译、实在、整体和知识的概念都包含在其间。"[1]在尼朗贾纳看来，对逻各斯中心主义或本体神学的形而上学所包含的这一系列语境和概念，很少有人从后殖民的角度加以质疑，而他要做的，恰正是通过对翻译之"用"的反思，对这些话语加以深层次的质疑："为了能有助于对这些话语与殖民和新殖民统治之间的共谋性展开质疑，我打算以检讨翻译之'用'作为一个适度的开场。自欧洲启蒙运动时起，翻译就一直被用来支撑着种种主体化的阐述，对被殖民民族来说，尤其如此。在这样一个情境下，对翻译进行反思便成了一项重大的课题，对于要把早已活在'翻译里'、被殖民视角一再设想的'主体'弄个清楚的后殖民理论，具有极大的迫切性。这样一种反思试图通过解构翻译并重新刻写其作为抗争之策的潜能来重塑我们对翻译的认识。"[2]不难看出，尼朗贾纳的目的是多重的：既要通过对翻译之"用"的检讨，对与殖民、新殖民有着共谋关系的话语加以质疑，又通过对"翻译里的历史"的反思，来重塑人们对翻译的认识。

如果说尼朗贾纳是要通过对翻译的定位，揭示在殖民语境中翻译所起的实际作用，并对翻译在后殖民语境中所引发的一系列问题重新加以认识的话，那么劳伦斯·韦努蒂则是从文化的高度，对翻译的作用问题进行探讨。在《翻译与文化身份的塑造》[3]一文中，韦努蒂通过考察日本小说的英译、亚里士多德《诗学》的英译和围绕圣哲罗姆的《旧约》的翻译在早期基督教内所引起的广泛争议等情况，揭示"翻译是如何形塑特殊的文化身份，如何使这些文化身份维持某种程度的连贯性和纯粹性的"。韦努蒂

1　参见许宝强、袁伟选编：《语言与翻译的政治》，中央编译出版社，2001 年，第 120 页。
2　参见许宝强、袁伟选编：《语言与翻译的政治》，中央编译出版社，2001 年，第 120—121 页。
3　Venuti, Lawrence: *Translation and the Formation of Cultural Identities*, in Christina Schäffner and Helen Kelly-Homes (eds): *Cultural Functions of Translation*, Clevedon: Multilingual Matters Ltd., 1999, pp.9–25. 劳伦斯·韦努蒂：《翻译与文化身份的塑造》，查正坚译，刘健芝校，见许宝强、袁伟选编：《语言与翻译的政治》，中央编译出版社，2001 年，第 358—382 页。

认为，任何翻译活动都以“交流”为目的，但“只有异域文化不再是天书般地外异，而是能够在鲜明的本土形式里得到理解时，交流的目的才能达到”。鉴于此，他明确指出：

> 因此，翻译是一个不可避免的归化过程，其间，异域文本被打上使本土特定群体易于理解的语言和文化价值的印记。这一打上印记的过程，贯彻了翻译的生产、流通及接受的每一个环节。它首先体现在对拟翻译的异域文本的选择上，通常就是排斥与本土特定利益相符的其他文本。接着它最有力地体现在以本土方言和话语方式改写异域文本这一翻译策略的制定中，在此，选择某些本土价值总是意味着对其他价值的排斥。再接下来，翻译的文本以多种多样的形式被出版、评论、阅读和教授，在不同的制度背景和社会环境下，产生着不同的文化和政治影响，这些使用形式使问题进一步地复杂化。[1]

细读韦努蒂的这段话，可以发现其中所使用的“影响”和“价值”两个词，有着特殊的意义。韦努蒂认为，翻译的生产、流通和接受的每一个过程，一方面要打上本土特定群体易于理解的语言和文化价值的印记，另一方面，则又起着反作用，即产生着不同的文化和政治影响。翻译在一定程度上总是要受到目的语文化价值的制约，但同时，它又对目的语的文化起着重大的影响。有必要指出的是，韦努蒂在此段文字中，除了强调翻译所产生的文化影响之外，还特别提出了政治影响。对此，本书在讨论影响翻译的诸要素问题时曾辟一节，谈到意识形态和政治因素对翻译活动，特别是对翻译选择所起的制约和影响作用。应该说，这只是问题的一面，即翻译活动受到制约和影响的一面，而翻译活动作为一种跨文化的交流活动，在本质上必然要对影响它的所有因素产生反作用。这个问题，在下文的探讨中将有所涉及。的确，翻译所起的作用是多方面的，但韦努蒂认为，在翻译所起的作用中，“最重要的是对文化身份的塑造”。他强调指出：

1　劳伦斯·韦努蒂：《翻译与文化身份的塑造》，查正坚译，刘健芝校，见许宝强、袁伟选编：《语言与翻译的政治》，中央编译出版社，2001 年，第 359 页。

> 翻译以巨大的力量构建着对异域文化的再现。对异域文本的选择和翻译策略的制定，能为异域文学建立起独特的本土典律，这些典律遵从的是本土习见中的美学标准，因而展现出来的种种排斥与接纳、中心与边缘，都是与异域语言里的潮流相背离的。本土对于拟译文本的选择，使这些文本脱离了赋予它们以意义的异域文学传统，往往便使异域文学被非历史化，且异域文本通常被改写以符合本土文学中当下的主流风格和主题。这些影响有可能上升到民族的意义层面：翻译能够制造出异国他乡的固定形象，这些定式反映的是本土的政治和文化价值，从而把那些看上去无助于解决本土关怀的争论与分歧排斥出去。翻译有助于塑造本土对待异域国度的态度，对特定族裔、种族和国家或尊重或蔑视，能够孕育出对文化差异的尊重或者基于我族中心主义、种族歧视或者爱国主义之上的尊重或者仇恨。从长远来看，通过建立起外交的文化基础，翻译将在地缘政治关系中强化国家间的同盟、对抗和霸权。[1]

韦努蒂把翻译所起的最重要的作用归结于“对文化身份的塑造”，是不无道理的。应该看到，文化身份的塑造所面对的最基本的问题，是差异性问题。韦努蒂在这段论述中，涉及有关文化交流的许多重要因素：一、翻译以其对异域文化的再现，对异域形象的制造，使异域文本脱离赋予其意义的文学传统；二、翻译以文本和策略的选择为切入点，对异域文本加以改造，甚至改写，使其符合目的语文化的主潮；三、通过对异域文本的改造，使目的语文化形成一种对异域文化的基本态度，基于我族中心主义、种族歧视或者爱国主义的尊重或蔑视，甚至仇恨。由此一来，这种对异域文化的态度和翻译策略所造成的结果，势必上升到民族的意义层面，最终“在地缘政治关系中强化国家间的同盟、对抗和霸权”。在这里再次看到了在翻译活动中所凸现的文化与政治之间的紧密关系，同时文化的民族性与文化的差异性又以其不可忽视的重要性摆在了人们的面前。对文化的民族性和差异性的不同态度与处理方法，在一定程度上制约着翻译

1　劳伦斯·韦努蒂：《翻译与文化身份的塑造》，查正坚译，刘健芝校，见许宝强、袁伟选编：《语言与翻译的政治》，中央编译出版社，2001 年，第 359—360 页。

所起的作用。韦努蒂认为，翻译产生的作用，可以是保守的，也可以是逾越常规的。对异域文本的语言及文化差异性的压抑，常常抹杀翻译的积极作用。

北京大学的孟华对文化的差异性问题有着深刻的思考。从某种意义上说，孟华与韦努蒂的观点有着共通之处。不同的是，韦努蒂是从反面来提醒人们注意翻译在“对文化身份的塑造”中可能会起到的不同作用，而孟华则是从正面来论述翻译“在不同文化间将一种异域文化的‘相异性’植入本民族‘身份认同’中来的”积极功能。孟华明确指出，在中外文化交流中，翻译具有传递“相异性”的功能，即翻译“可在一国的文化传统中，亦即在一个民族的身份认同中植入相异性因素”。[1]孟华在此所说的民族的身份认同，实际上是“民族的文化身份认同”。孟华的这一观点，基于她对中国翻译史上四个重要阶段的分析，尤其是基于明末清初对西学的译介和自清末民初始而至20世纪30年代达到高潮的对西学大规模译介活动的分析。孟华指出：“在17、18世纪，随着天主教传教士的东来，发生了第一次大规模的中西文化交流。面对着中国这个有着悠久历史文化传统的古老民族，传教士们遇到了前所未有的困难。为了把上帝的‘福音’传入‘天朝’，传教士们确实费尽了心机。”由于在目的语中难以找到对应的词汇传达原文的意义，传教士们采用音译的方法，如罗明坚神甫在《天主圣教实录》“天主圣性章”中将Pater（圣父）、Filius（圣子）、Spiritus Sanctus（圣灵）分别译作“罢德肋”“费略”“斯彼利多三多”，但这种方法达不到传播“福音”的目的。利玛窦神甫采取了一种“改写”的方法，“取中国人传统的概念，往里面硬塞进了基督教的含义，以此来取悦中国士子。如在《天主实义》一书中，利氏就引用了大量儒家典籍的原文，以说明基督教的‘上帝’实乃中国人传统的‘天’。尽管‘天’的概念离‘上帝’的内涵相去甚远，但利玛窦这种中国化的努力，却保证了他日后能在中国扎下根，取得了传教的成功”。[2]孟华借用此例想要说明的是，利玛窦采用灵活的翻译策略，将基督教义纳入目的语文化体系，通过对出发

1　孟华：《翻译中的“相异性”与“相似性”之辩——对翻译与文化交流关系的思考与再思考》，北京大学比较文学与比较文化研究所编：《多边文化研究》，新世界出版社，2001年，第101页。

2　孟华：《翻译中的“相异性”与“相似性”之辩——对翻译与文化交流关系的思考与再思考》，北京大学比较文学与比较文化研究所编：《多边文化研究》，新世界出版社，2001年，第101—113页。

语文本的改造，将“相异性”因素引入另一种文化之中。她认为：“利玛窦的成功主要在于他找到了如下规律：越是将基督教义这一绝对的相异性中国化，中国文人就越不会提防它，它也就越容易为儒士们所接受，从而有可能进入中国人的身份认同中。我们甚至可以说，将相异性植入中国文化传统的深度和广度，与这一相异性的中国化程度是直接成正比的。简言之，越是本土化的，就越易被接受。而利玛窦的实用主义以及他所取得的成功都使我们看到：在文化交流中只要翻译策略运用得当，相异性因素就有可能在一定程度上转化为身份认同。”[1]

不难看出，孟华在此所说的得当的翻译策略，在很大程度上是一种“本土化”方法，也就是韦努蒂所强调的“归化”的策略和手段。由此看来，将异域文本加以归化的努力，是将异域文化中的差异或“相异性”植入到目的语中的一种较为普遍的方法。但问题是，在“本土化”或“归化”的过程中，异域文本中所蕴涵的文化差异是否还能保存？翻译的文化交流目的是否能达到？孟华显然已经意识到这些问题，她以“相异性”与“相似性”之间的互动关系和交互作用对上述疑问作了解答：“将相异性因素植入认同性并非一种单向的直线运动。实际上，相异性与认同性两者间是存在着一种交互作用的：只有本土化了的相异性，才有可能被植入接受者文化体系；而同时，这一被本土化了的相异性也就以其携带的异国因素（无论此因素经历了怎样的变形，相对于传统，它依然具有某种他者的性质）丰富了本土文化，从而反作用于身份认同，为更新目的语文化传统做出了贡献。”[2] 由此可见，孟华所强调的翻译的重大作用，在于通过“归化”的策略，将相异性因素植入目的语文化体系中，使之被认同，以目的语文化的“认同性”来激活“相异性”，达到更新目的语文化传统，丰富目的语文化的目的。在这个意义上，这种更新和丰富的过程是渐进的，其对文化的推进作用是积累性的。

上面的简述和讨论，通过翻译理论界和比较文学研究界对翻译之“用”的思考与探讨，从“文化”和“政治”这两个侧面展示了翻译活动

1　孟华：《翻译中的“相异性”与“相似性”之辩——对翻译与文化交流关系的思考与再思考》，北京大学比较文学与比较文化研究所编：《多边文化研究》，新世界出版社，2001 年，第 103—104 页。

2　孟华：《翻译中的“相异性”与“相似性”之辩——对翻译与文化交流关系的思考与再思考》，北京大学比较文学与比较文化研究所编：《多边文化研究》，新世界出版社，2001 年，第 104 页。

可能产生的正面或负面作用。对于翻译所起的文化影响或政治作用，不少学者都有过较为深入的研究。在上文所举的例子中，尼朗贾纳通过翻译看历史，又通过历史看翻译，为殖民语境中的翻译作政治的定位；韦努蒂则通过对翻译历史中一些具有特殊意义的翻译事件与翻译现象的分析，对翻译的作用作了文化层次的深刻思考。孟华则从一个比较文学学者的独特视角出发，对交流的双向作用作了启发性的分析。在人类的文化交流与发展中，翻译所起的作用是巨大而广泛的，上面所介绍的几个学者只是从各自的角度，以翻译历史中的某个阶段的翻译实践为分析对象，从某个侧面为翻译定位，这种定位自然不可能是全面的。但他们的分析，在方法论意义上为认识翻译之用提供了可资借鉴的途径。实际上，近三十年来，翻译界对翻译之作用的探讨是多方面的，其中包括对翻译的理想作用的探讨，也包括对翻译实际功能与作用的分析。如苏珊·巴斯奈特与安德烈·勒菲弗尔在《文化构建——文学翻译论集》[1]一书中对翻译的文化构建功能作了独到的剖析。尤其在该书第七章中，勒菲弗尔"分析了德国戏剧家布莱希特作品 *Mother Courage* 的三个译本，揭示了从二战时期到 20 世纪 70 年代美国文学及意识形态领域存在的偏见，指出文学评论家和翻译家的有效结合，尤其是前者通过另一种形式的'共谋'，在西方为不懂德语的人成功地重塑了布莱希特的形象，完成了一种社会构建和文化构建"[2]。乔治·斯坦纳在《通天塔之后——语言与翻译面面观》一书中把翻译行为视作人类最基本的交流活动之一，并借用雅各布森的翻译分类法，认为语际翻译和符际翻译为人类文化的传承提供了原动力。[3]热扎克·买提尼牙孜在《西域翻译史》中考察了西域数千年的翻译历史，对翻译在上下几千年的历史中，为西域各族人民在政治、经济、文化等方面的接触与交往所起的重大作用进行了全面的阐述[4]。邹振环更是独辟蹊径，以"影响中国近代社会的一百种译作"为题，"以明清之际至新中国诞生前的三百余年西学翻译为

1 Bassnett, Susan & Lefevere, André: *Constructing Cultures: Essays on Literary Trranslation*, Clevedon: Multilingual Matters Ltd., 2000.

2 谢天振：《文化构建——文学翻译论集》，上海外语教育出版社，2001 年，参见《出版前言》。*Mother Courage* 指布莱希特的剧作《大胆妈妈和她的孩子们》（*Mutter Courage und ihre Kinder*），是一个在战争中为谋生不怕冒险、不计后果的女人的悲剧。

3 Steiner, George: *Après Babel: Une poétique du dire et de la traduction*, Paris: Albin Michel, 1998, pp.557—631.

4 参阅热扎克·买提尼牙孜主编：《西域翻译史》，新疆大学出版社，1994 年。

考察对象，采用翻译作品为主线，以这三百余年影响较大的一百种译作的出版先后为经，以这一时期的文化人与文化运动为纬，来展示一部西书中译的历史以及这三百年来西书中译与社会文化之间的关系”。[1]

考察翻译历史，检视翻译之用，途径多样，观点纷呈，一方面为认识翻译提供了新的视角，另一方面，也为评价翻译提供了事实依据。如果说近三十年来翻译界和文化界对翻译的功能与作用的认识在不断深入、不断提高的话，那么，对翻译之用的不断提高和不断深入的认识，则有助于全面客观地对翻译活动进行评价，进而为如何更有效地进行翻译活动，开拓翻译的可能性，提供理论的参照，这便是广义的翻译批评所思考的最基本的内容。

第二节　翻译价值面面观

上文结合翻译的定位问题，对“译何为”和译之“用”进行了初步的研究，从中可以看到，为翻译定位，涉及诸如翻译目的、方法、手段和结果一系列因素。人们可以根据自己对翻译的理解和认识，为翻译的作用与功能进行理想的定位，也可以根据对某一翻译现象、翻译事件的分析，为翻译的实际影响进行定位，也可根据对某一具体文本的分析，对文本的价值与效果进行评价。在这里，作用、功能、影响、价值等词语，虽然意义有所区别，但就本质而言，指的都是翻译活动应该起到或所起的作用。思考或探讨翻译之“用”，至少有三个方面的因素需要加以着重考虑。首先，翻译之“用”的探讨需以翻译观的确立为前提。翻译观不同，对翻译的认识便有异，对翻译之“用”的定位便不一样。其次，翻译之“用”的探讨需以历史事实为依据。对某一个历史时期的翻译事件或翻译现象进行思考时，既要以正确的翻译观为指导，又要以对翻译事实的科学分析为依据，理性的把握与科学的分析相结合，可以为正确描述翻译之“用”提供某种客观的保证。最后，对翻译之用的探讨不能局限于一时一事，应该有发展的眼光和辩证的观点。不妨结合这三方面的因素进一步展开讨论，以对翻

1　邹振环：《影响中国近代社会的一百种译作》，中国对外翻译出版公司，1996 年。参见《前言》，第 VI 页。

译的认识和理解，即翻译观为出发点，对翻译的理想作用与实际影响作一较为系统的探讨，以建立翻译价值观。建立翻译价值观，一方面要以对翻译之用的理论探讨与历史思考为基础，另一方面又要不局限于对翻译之用的客观描述，相反，应该超越对翻译的实际之用的描述与分析，对翻译之用进行价值的是非评判。在这个意义上，建立翻译的价值观，可为翻译评价与批评提供理论的基础。

本书的第一章就翻译的本质问题进行了探讨，对何为翻译进行了历史的分析和理性的思考，提出了对翻译本质的认识，特别强调指出翻译活动具有"社会性""文化性"，进而指出了"翻译的符号转换性"、"翻译的创造性"和"翻译的历史性"。应该说，对翻译这五个方面特征的认识，构成了笔者对翻译进行定义的基础："翻译是以符号转换为手段，意义再生为任务的一项跨文化的交际活动。"对翻译的这一定义，可以说是笔者对翻译的基本理解，也就是笔者的基本翻译观。以此为基础，笔者也拟从五个方面对翻译之"用"进行相应的探讨，并由此而建立我们的翻译价值观。

1. 翻译的社会价值。翻译的社会价值，是由翻译活动的社会性所决定的，主要体现在它对社会交流与发展的强大推动作用。考察翻译对社会发展的推动力，不能不从源头开始。在廖七一等编著的《当代英国翻译理论》一书《引论》的开头，可以看到这样的一段论述：

> 翻译是人类社会历史最悠久的活动之一，几乎与语言同时诞生。从原始部落的亲善交往，文艺复兴时代古代典籍的发现和传播，直至今天世界各国之间文学、艺术、哲学、科学技术、政治、经济的频繁交流与往来，维护世界的稳定和持久和平，翻译都发挥了不可估量的作用。[1]

以这样一段结论性的论述，来作为《当代英国翻译理论》一书的开篇，作者是经过精心考虑的。翻译活动历史之悠久，领域之广泛，形式之丰富，无疑为翻译作用的发挥提供了客观的基础。从源头上讲，翻译所起的最为

1　廖七一等编著：《当代英国翻译理论》，湖北教育出版社，2001 年，第 1 页。

本质的作用之一，便是其基于交际的人类心灵的沟通。翻译因人类的交际需要而生。在克服阻碍交流的语言差异的同时，翻译为交流打开了通道。多亏翻译，人类社会从相互阻隔走向相互交往，从封闭走向开放，从狭隘走向开阔。阿弗雷德·波拉德在论述《圣经》翻译的重要意义时说过一段不乏诗意而又极为深刻的话："翻译如同打开窗户，让阳光照射进来；翻译如同砸碎硬壳，让我们享用果仁；翻译如同拉开帷幕，让我们能窥见最神圣的殿堂；翻译如同揭开井盖，让我们能汲取甘泉。"[1] 波拉德的这段话虽然是针对《圣经》翻译而论的，但从中不难领会到，翻译给人类社会带来的，既有精神之光芒，又有物质之果实。借助翻译，人类社会不断交流其创造的文明成果，互通有无，彼此促进。应该说，没有旨在沟通人类心灵的跨文化交际活动，即翻译活动，人类社会便不可能有今天的发展。上文曾提到邹振环的研究成果，他所著的《影响中国近代社会的一百种译作》一书，可以为在此探讨的论点提供具体的例证，从中可以看到翻译是如何又是在哪些方面影响了中国近代社会，对其发展起到推动作用的。邹振环以译本的社会影响为标准，选择了一百种译作。他认为，这些译作"使近代中国人超越了本民族、本世纪、本文化的生活，给他们带来了新的见闻、激动、感悟、灵智与启迪，使他们开始了从狭窄的地域史走向辽阔的世界史的心路历程"。[2] 邹振环的这段论述与我们在上文中所阐述的观点不谋而合：翻译之于社会的推动力，首先在于其交际性。翻译开启心灵，打开思想的疆界，交流是理解的基础，而理解是世界各民族"从狭窄的地域史走向辽阔的心路历程"的原动力之一。就对中国近代社会的影响而言，邹振环认为这一百部译作虽然"谈不上有主宰中国民族命运的天体之力"，但这种影响是"如影随形，如响应声"，起到了推动中国社会文化发展的效应和作用，"当然其中包含有精神的和理智的力量在起作用。这种影响可以是正面的，也可以是负面的；有直接的，也有间接的；有回返影响，也有超越影响"。[3] 从邹振环按对社会的影响为标准所入选的一百种译本来看，种类极为丰富：有自然科学技术类的，如《几何原本》《同文算指》《代数学》《远西奇器图说》《泰西水法》等；有哲学社会科学类的，如

1 转引自廖七一等编著：《当代英国翻译理论》，湖北教育出版社，2001 年，第 1 页。
2 邹振环：《影响中国近代社会的一百种译作》，中国对外翻译出版公司，1996 年，参见《前言》，第Ⅴ页。
3 邹振环：《影响中国近代社会的一百种译作》，中国对外翻译出版公司，1996 年，参见《前言》，第Ⅵ页。

《天演论》《共产党宣言》《资本论》《社会学》《性心理学》《民约论》《法意》等；有地理学类的，如《坤舆万国全图》《四洲志》《地学浅释》等；还有文学类的，如《巴黎茶花女遗事》《黑奴吁天录》《悲惨世界》《少年维特之烦恼》《浮士德》；等等。这些译本几乎涉及人类所有重大的知识领域和精神领域，它们对中国近代社会所产生的影响是广泛而深远的。上述每一个译本的接受与传播史，都以其深刻的思想内涵和具体的历史事实为翻译的社会影响提供了难以辩驳的例证。《共产党宣言》的翻译，更是具有强大说服力的一例。

翻译对社会的推动力，还在于对民族精神和国人思维的影响。鲁迅的翻译实践和追求可为理解这一问题提供某种答案。王彬彬在《作为翻译家的鲁迅》一文中指出："启蒙，是鲁迅毕生的事业；而启蒙的重要方式，便是把异域的新的思想观念，把异域的精神生活，介绍到中国来。在20世纪的中国，可以说鲁迅是对翻译事业最重要者之一。而且，在翻译上，他有两个独特的方面。一是注意介绍弱小民族的精神生活，思想行动。与只把眼睛盯着西方强国者不同，鲁迅早年在日本时，便留心搜求被压迫民族的作品，并把它们译介给中国读者。因为他觉得弱小民族、被压迫民族与中国境遇相同，因而对中国读者更具有现实针对性，更能促使中华民族反省和觉醒，更能激发中华民族的血性、热情和斗志。另一方面，是他希望通过翻译，改造汉语，从而最终改造中国人的思维方式。"[1]对作为翻译家的鲁迅的这两点评价，应该说翻译界已经基本达成共识。就王彬彬所说的鲁迅的两个独特的方面而言，我们认为两个方面是互为一体的：一是翻译对于精神塑造的作用；二是翻译对于改造语言最终达到改造国人思维方式的作用。这两者在本质上是相通的。思维的改造与精神的塑造是推动社会变革的基本力量，而翻译对于这两者所起的作用往往是直接而深刻的。考察中西方翻译史，这方面的例证极为丰富。如严复翻译《天演论》，其目的明确，"通过进化论的译介，既告诉国人有'不适者亡'的危险，又号召人民奋发图存，自强保种"。王克非在《严复的翻译——以〈天演论〉为例》一文中，对严复所翻译的《天演论》一书所产生的巨大社会影响作了系统的分析，认为在特定的历史环境中，严复在特殊的翻译动机的驱动

1　王彬彬：《为批评正名》，时代文艺出版社，2000年，第146页。

下，采用了“达旨”的方法，使《天演论》“成了义富辞危的警世之作，成了维新变法的思想武器，使有识之士怵焉知变，使爱国青年热血沸腾，启迪和教育了几代中国人”。[1]

翻译之于社会的推动力，还在于对社会重大政治运动和变革实践的直接影响。且不谈在整体上翻译对于近代社会的变革所起的先锋作用，就拿易卜生的《玩偶之家》这部小小的剧本为例，便可清楚地看到这部书的翻译对于中国社会，特别是对中国妇女解放运动的巨大影响力。邹振环对这部戏剧的翻译情况及其对中国社会的影响作了较为全面的介绍。茅盾认为，易卜生和“新文化运动”“有一种非同等闲的关系”。萧乾认为，易卜生在《玩偶之家》中的娜拉形象“对我们的影响之大是西方人难以想象的，起自黄帝时代的社会习俗受到了挑战，个人开始维护他们独立思考与行动的权力，中国，这个在亘古未变的山谷中沉睡着的巨人突然从一个使人苦闷的梦魇中惊醒了”。邹振环认为“娜拉在‘娜拉热’中也演变成一种符号，即成为我们心目中的‘革命之天使’、‘社会之警钟’、‘将来社会之先导’和‘妇女解放运动的先驱’”。这个符号所揭示的《玩偶之家》的思想深度和广度由此可见一斑，而该剧在中国社会所产生的全面的影响力为翻译的作用作了有力的诠释。[2]

2. 翻译的文化价值。翻译在世界文明进程中扮演着重要而独特的角色。社会的发展、文化的积累和丰富，与文明的进步是紧密结合在一起的，所以在上文中探讨翻译之于社会的作用时，实际上已经涉及了翻译与文化发展的关系。就对翻译本质的认识而言，近三十年来，随着翻译研究的不断发展，翻译文化意识的日益觉醒，人们对翻译的认识与理解也不断深入与提高。当翻译界渐渐达成共识，以“跨文化的交流活动”来对翻译进行定义时，这也就意味着应该从文化的高度去认识翻译，去理解翻译。季羡林在为《中国翻译词典》所写的序言中明确指出：“只要语言文字不同，不管是在一个国家或民族（中华民族包括很多民族）内，还是在众多的国家或民族间，翻译都是必要的。否则思想就无法沟通，文化就难以交流，人类社会也就难以前进。”[3] 基于这一认识，可以说，翻译是因人类相

1　王克非编著：《翻译文化史论》，上海外语教育出版社，1997 年，第 132 页。
2　参见邹振环：《影响中国近代社会的一百种译作》，中国对外翻译出版公司，1996 年，第 257—263 页。
3　林煌天主编：《中国翻译词典》，湖北教育出版社，1997 年，《季羡林序》，第 1 页。

互交流的需要而生。从这个意义上说，寻求思想沟通，促进文化交流，便是翻译的目的或任务。如果说翻译以克服语言的障碍、变更语言的形式为手段，以传达意义、达到理解、促进交流为目的，那么把翻译理解为一种人类跨文化的交流活动，应该说是一个正确的定位。从这一定位出发，便不难理解翻译在人类文化发展进程中所起的作用了。季羡林先生在谈到翻译的作用时，曾以中华文明的发展为例，作了如下精辟的阐述："英国的汤因比说没有任何文明是能永存的。我本人把文化（文明）的发展分为五个阶段：诞生，成长，繁荣，衰竭，消逝。问题是，既然任何文化都不能永存，都是一个发展过程，那为什么中华文化竟能成为例外呢？为什么中华文化竟延续不断一直存在到今天呢？我想，这里面是因为翻译在起作用。我曾在一篇文章中说过，若拿河流来作比较，中华文化这一条长河，有水满的时候，也有水少的时候，但却从未枯竭。原因就是有新水注入。注入的次数大大小小是颇多的，最大的有两次，一次是从印度来的水，一次是从西方来的水。而这两次的大注入依靠的都是翻译。中华文化之所以能长葆青春，万应灵药就是翻译。翻译之为用大矣哉！"[1] 季羡林的这段话，对从文化的高度来认识与评价翻译的作用，无疑具有理论的指导意义。在他的这一观点的启迪之下，笔者在《绕不过去的翻译问题》一文中，曾根据布拉格学派的创始人之一雅各布森对翻译活动的类型区分，谈到"一个民族的文化是不断创造、不断积累的结果。而翻译，在某种意义上，则是在不断促进文化的积累与创新。一个民族的文化的发展，不能没有传统，而不同时代对传统的阐释与理解，会赋予传统新的意义与内涵。想一想不同时代对四书五经的不断'翻译'，不断阐释，我们便可理解，语内翻译是对文化传统的一种丰富；是民族文化得以在时间上不断延续的一种保证"，而"不同民族语言文化之间的交流，是一种需要。任何一个民族想发展，必须走出封闭的自我，不管你的文化有多么辉煌，多么伟大，都不可避免地要与其他文化进行交流，在不断碰撞中，甚至冲突中，渐渐相互理解，相互交融。在这个意义上，翻译又是民族文化在空间上的一种拓展，在内涵上的一种丰富"。[2]

---

1 季羡林、许钧：《"翻译之为用大矣哉"》，《译林》，1998 年，第 4 期，第 210 页。
2 许钧：《绕不过去的翻译问题》，《辞海新知》，总第 7 辑，2001 年 3 月，第 7 页。

从文化交流与建设的这个角度再去审视，对中国近现代史中的一些翻译现象便会有更深刻的理解：不会再以“忠实”的唯一尺度去对林纾的小说翻译加以根本的否认；也不会以“直译”与“意译”的无谓争论，对鲁迅的“硬译”主张作反面的理解。正是站在文化交流与建设这个高度，人们便有可能更清楚地看到这样一个客观的事实：“翻译与民族的交往共生，与文化的互动同在。一部翻译史就是一部活生生的接受史。从佛经北传到西风东渐，从中国革命到改革开放，翻译既开始了中华民族的精神启蒙，也参与了中国社会的全面改造。”[1]

从世界的范围内来考察翻译之于文化的重要作用，是一个复杂而庞大的课题。从近二十年来的研究的情况看，各国翻译界和文化界已经开始从翻译的性质、翻译选择、文化立场、翻译影响、价值重构等各个角度切入，对翻译史上的一些重大的事件和现象进行文化层面的审视，探讨一个民族文化的发展与翻译的互动关系，出现了“文化翻译”[2]的概念。像美国的安德烈·勒菲弗尔、英国的苏珊·巴斯奈特、法国的安托瓦纳·贝尔曼、德国的弗美尔、奥地利的玛丽·斯内尔-霍恩比、以色列的吉迪恩·图里等翻译理论家的“研究表明，翻译在全世界文化的发展中扮演了重要的角色”。[3]在国内，王克非编著的《翻译文化史论》是这方面研究的一部开山之作。在这部书中，可以看到一些国内重要学者对翻译与文化关系的深刻思考，有助于认识“翻译对于文化（尤其是译入语文化）的意义和影响，它在文化史上的作用，以及文化对于翻译的制约，特别是在通过翻译摄取外域文化精华时，翻译起到什么样的作用，达到什么样的目的，发生什么样的变异”。[4]王克非在强调与论述翻译与文化的互动关系时，一连提出的三个“什么样”，既为认识翻译的文化价值提供了研究路径，又为全面把握翻译目的、翻译过程和翻译结果之间的关系开拓了批评的疆界。王克非认为，“翻译文化”，应该是 21 世纪译学研究最为重要的课题

1　汪堂家：《可译性、不可译性与思维模式的转换》，《辞海新知》，总第 7 辑，2001 年 3 月，第 11 页。

2　“文化翻译”的概念最早是由社会人类学家提出的，如埃德蒙·里奇在《我们自己与他者》一文中就对这一概念进行了较为明确的界定。塔拉尔·阿萨特在《英国社会人类学中关于文化翻译的概念》一文中对这一概念进行了批评。有关线索，请参见刘禾：《跨语际实践——文学，民族文化与被译介的现代化（中国，1900—1937）》，三联书店，2002 年，第 1—4 页。

3　参见许钧：《翻译研究与翻译文化观》，《南京大学学报》，2002 年，第 3 期，第 219—226 页。

4　王克非编著：《翻译文化史论》，上海外语教育出版社，1997 年，第 2—3 页。

之一，“发掘翻译的文化意义、从文化的角度理解和解释译品等工作有待今后开展”[1]。可以说，随着这方面研究的不断展开和深入，翻译的文化价值将得到全面深刻的展现，对翻译的认识将不断提高。

3. 翻译的语言价值。在以往的研究中，人们很少就此问题展开深入的思考和讨论。应该树立一定的翻译语言价值观，而翻译语言价值观从根本上来说，就是如何认识翻译活动对语言的产生的作用和影响问题。就形式而言，翻译是一种语言转换活动。这里所说的语言不仅仅限于狭义的语言，还包括雅各布林的符际翻译的符号系统。所以也可以说，翻译就其形式而言是一种符号转换活动。如果说雅各布森所区分的语内翻译、语际翻译和符际翻译这三种翻译类型涵盖了人类一切翻译活动，那么就不能不承认这样一个事实的存在：任何翻译活动的完成都要经过符号的转换这个过程。符号的转换性由此而成为翻译活动的特性之一。而讨论翻译的语言价值，必然要涉及符号转换活动所带来的一些基本问题。为了使讨论更为集中，在此暂且把目光投向语言符号系统的转换，看一看不同语言的转换，到底会给语言本身带来何种影响，产生何种作用。

梁启超是对翻译问题有着深刻思考的学者之一。在《翻译文学与佛典》一文中，他从词语的吸收与创造、语法、文化之变化等方面，讨论了佛经翻译文学对汉语的直接影响，并提出了许多重要观点。梁启超认为：“初期译家，除固有名词对音转译外，其抽象语多袭旧名。吾命之曰‘支谦流’之用字法。盖对于所谓术语者，未甚经意，此在启蒙草创时，固应然也。及所研治日益深入，则觉旧语与新义，断不能适相吻合，而袭用之必不免于笼统失真。于是共努力从事于新语之创造。”[2]梁启超在此所论，涉及语言转换中一个非常重要的问题：出发语中表达新事物、新观念的名词，若目的语中不存在相应的词语，译家有可能采取两种方法：一是袭用旧名；二是创造新语。而袭用旧名，有可能笼统失真，旧语与新义不相吻合，起不到翻译之用，于是创造新语便成了译家努力之方向。正是靠了翻译，汉语在不断的创新中得到了丰富与发展。据梁启超介绍，当时日本人编了一部《佛教大辞典》，其中收录“三万五千余语”，而“此诸语

1 王克非：《翻译文化——21 世纪译学研究课题之一》，张柏然、许钧主编：《面向 21 世纪的译学研究》，商务印书馆，2002 年，第 569 页。

2 梁启超：《翻译文学与佛典》，罗新璋编：《翻译论集》，商务印书馆，1984 年，第 63 页。

者非他，实汉晋迄唐八百年间诸师所创造，加入吾国语系统中而变为新成分者也。夫语也者所以表观念也；增加三万五千语，即增加三万五千个观念也。由此观之，则自译业勃兴后，我国语实质之扩大，其程度为何如者？”[1]梁启超提出的这一问号，有“惊叹号”之用。暂不论“三万五千语”是否完全进入汉语系统，但就词语带来的新观念而言，其价值不仅仅在于汉语词汇的丰富，汉语实质的扩大，更是思想观念的革新。这种直接与间接的作用是需要加以认真关注的。梁启超还以唐玄奘重译苻秦译过的《阿毗昙八犍度论》中的一些译例为分析对象，指出了翻译的特殊功用：“盖我国自汉以后，学者唯古是崇。不敢有所创作，虽值一新观念发生，亦必印嵌以古字，而此新观念遂晻没于囫囵变质之中，一切学术，俱带灰色，职此之由佛学既昌，新语杂陈；学者对于梵义，不肯囫囵放过；搜寻语源，力求真是。其势不得不出于大胆的创造。创造之途既开，则益为分析的进化。此国语内容所以日趋于扩大也。”[2]梁启超在此指出了一个值得深刻思考的问题，即以旧语译新观念，新观念必变质，而在对佛经的翻译中，面对大量的新观念、新事物，若固守旧语，翻译的可能性必大打折扣，且又违背了翻译的初衷，故“不得不出于大胆的创造”，创造新语以译新观念，既扩大了语言的实质内容，又引进了新观念、新思路。如果以此观点去考察一下我国的五四新文化运动和文学革命与白话文运动之间的关系，再去审视“白话文为维新之本”“开民智莫如改革文言”等观点[3]，便不难领会白话文运动之于新文化运动的重要性，而翻译则又在很大程度上为白话文运动起到了强大的推动和促进作用，更不难理解为何五四运动前后的几乎所有进步报刊都登载翻译作品，且鲁迅、刘半农、沈雁冰、郑振铎、瞿秋白等为何会热衷于翻译。客观地看，在五四文学革命所进行的诸如反对文言、提倡白话、建立新诗、改革旧剧这些重要的运动中，翻译在某种意义上都起了重要的先锋作用。

如果说梁启超十分清醒地看到了佛经翻译对于“汉语实质之扩大”所起的重要作用，那么鲁迅则无论是在认识上，还是在实践中，都把翻译当作改造语言、革新思维的重要事业去对待。“在鲁迅那里，翻译并不仅仅

1　梁启超：《翻译文学与佛典》，罗新璋编：《翻译论集》，商务印书馆，1984 年，第 63 页。

2　梁启超：《翻译文学与佛典》，罗新璋编：《翻译论集》，商务印书馆，1984 年，第 64 页

3　参见唐弢主编：《中国现代文学史》（一），人民文学出版社，1979 年，第 3—4 页。

是一种手段，而且本身便是目的。把外国语译成汉语，不仅仅是把外国人的思想、情感介绍给中国人，同时本身便是汉语自身的一种实验。或者说，翻译，不仅仅是把外国人的思想、情感介绍给中国人，同时也把外国人的语言方式，也就是产生这种思想、情感的方式，一并介绍给中国。”[1] 鉴于此，鲁迅极力主张“直译”“硬译”“宁信而不顺”，要借此使汉语得到改造，使汉语更细致精密，更富有表现力，更具有逻辑性。

我们把目光从中国移开，投向西方语言的发展史，便可发现，历史惊人地相似，翻译对于语言改造的特别作用在历史的进程中得以不断凸现。

路德翻译《圣经》的例子具有深刻的历史内涵。从路德所处的历史环境看，路德翻译《圣经》具有两项重大意义：一是对德国宗教的改革的实质性推动；二是对德国语言统一与发展的开拓性作用。安托瓦纳·贝尔曼在《异的考验——德国浪漫主义时代文化与翻译》中对此有详细的论述与分析。[2] 为了推动宗教改革，路德用德国大众的语言来翻译《圣经》。这一革命性的尝试以“土生土长”的地方性语言为出发点，在翻译的过程中进行提炼，使其成为规范语言。“这种具有广泛大众意义的翻译语言的创立，不仅使新版《圣经》成为德国宗教改革的基石，更是扫清了中世纪的德意志语言的积秽，成为其后几百年里书面德语的典范。”[3] 在欧洲，不仅仅在德国，而且在法国、西班牙、意大利等国，翻译都起到了培育现代语言的作用，使与拉丁语这种公认的“文明语言”相对而言的“俗语言”，如德语、法语、西班牙语等，在翻译过程中不断丰富自身，在种种“异”的考验中最终显示了自身的生命力，确立了自我。

在强调翻译的语言价值，论述翻译对目的语所起到的种种积极的作用时，应该清醒地意识到，在历史上，由于翻译方法或策略运用不当，翻译的过分“异化”对目的语造成的负面影响也不容忽视，如在五四新文化运动前后，翻译中所出现的对“欧化语言”的过分推崇现象，值得反思。

4. 翻译的创造价值。对翻译的创造性，本书的第一章已经作了简要的论述，特别强调指出，把翻译视作机械的语言转换和纯粹的模仿的传统

---

1 王彬彬：《为批评正名》，时代文艺出版社，2000 年，第 147 页。

2 Berman, Antoine: *L'épreuve de l'étranger: Culture et traduction dans l'Allemagne romantique*, Paris: Gallimard, 1984, pp.45–48.

3 许钧、袁筱一等编著：《当代法国翻译理论》，湖北教育出版社，2001 年，第 254 页。

翻译观遮蔽了翻译的创造性。上文在讨论翻译的社会、文化和语言价值时，实际上已经涉及翻译在上述层面所表现出的创造功能。从社会的角度看，任何社会活动都必须以交流为基础，交流有利于思想疆界的拓展，而思想的解放，又构成了创造的基础。从文化角度看，翻译中导入的任何“异质”因素，都是激活目的语文化的因子，具有创新的作用。从语言角度看，为了真正导入新的事物、新的观念、新的思路，翻译中就不可避免地要像梁启超所说，进行大胆的创造。如果说文学是语言的艺术，那么在翻译活动中，语言符号的转换更是具有创造的特征，“好的文学翻译不是原作的翻版，而是原作的再生。它赋予原作以新的面貌、新的活力、新的生命，使其以新的形式与姿态面对新的文化与读者”。[1]张泽乾所用的这六个“新”字，在一定程度上为翻译艺术的创造性作了最为精辟的注解。探讨翻译的创造价值时，应注意到一个非常有趣的现象，那就是在“创造”两字之前，有一个限定词“再”。这一个“再”字，连接着出发语文化与目的语文化，也连接着具体翻译过程中所涉及的出发语与目的语、原作与译作。它提醒人们不要割断两者的血脉关系，也道出了这样一个道理，任何创造都不可能是凭空的创造，而应该是一个继承与创新的过程。当“本我”意欲打破封闭的自我世界，向“他者”开放，寻求交流，打开新的疆界时，自我向他者的敞开，本身就孕育着一种求新求异的创造精神。这种敢于打开封闭的自我，在与“异”的交流、碰撞与融合中丰富自身的求新的创造精神，可视为一种翻译精神。这种翻译精神构成了翻译的创造功能之源泉。探讨翻译的创造价值，既要从这一形而上的高度去把握，又要善于在形而下的层面去进行分析。实际上，翻译的创造性寓于翻译活动本身，又体现在翻译活动的整个过程之中。而翻译打开的新的世界，更是为人们进行新的创造起到间接但却广泛的作用。不少当代作家在论及翻译与自己的创作之关系时，都谈到翻译的创造性以及翻译的创造性对于他们自身创作所产生的推动作用。如梁晓声在讨论翻译界争论不休的“翻译文体”时，谈了自己这样的认识：“所谓‘翻译文体’，当然是指有水平而又严肃认真的翻译家们之精神劳动，乃是一种人类文学语言的再创造。必自成美学品格。它既有别于原著的母语文字，也不同于译者所运用的客体文

---

1 张泽乾：《翻译百思》，许钧主编：《翻译思考录》，湖北教育出版社，1998 年，第 470 页。

字。它必是二者的结合。它在语音的抑扬顿挫、句式的节奏、通篇整体的气韵等等方面，必是十分讲究的。它必不至于忽视母语文字风格的优长，也须着意于发挥客体文字表述的特点。一部上乘的翻译作品，如同两类美果成功杂交后的果子。若精当若此，当然便是创造！”[1]而正是王道乾“不仅翻译了杜拉的短句子，还翻译了她的灵魂”的创造性劳动，开启了王小波的创造之门[2]，也为赵玫的创造提供了丰富的养分[3]。

5. 翻译的历史价值。树立翻译的历史价值观，包括两个重大方面的内容。首先，要充分认识翻译对于人类历史的发展所作的实际贡献。在上文中，季羡林就翻译在中华文明发展中所作的贡献所说的那段话，是深刻而精辟的。考察人类文明发展史可以发现，历史的每一次重大进步与发展，都离不开翻译。每一次重大的文化复兴，都伴随着翻译的高潮，如古希腊、古罗马文化的复兴，往往以翻译为先锋。像发生在 9 世纪的加洛林王朝的古典文化的复兴，发生在 12 世纪的所谓的原始文化复兴，以及 15 世纪至 16 世纪的文艺复兴，翻译起着不可替代的推动作用。其次，要从历史的角度来看翻译的可能性。翻译作为跨文化的人类交际活动，有着不可避免的历史局限性。就具体的翻译活动而言，无论是对原文的理解与阐释，都不是一个译者一次就能彻底完成的。尤其是艺术个性强的原作，往往有相对来说比较大的阐释空间，需要一代又一代译者不断去挖掘。在这个意义上，认识到翻译活动的历史局限性，实际上也就为树立翻译的历史价值发展观奠定了某种基础。换言之，既要清醒地意识到翻译活动的历史局限性，又要以发展的眼光来看待这种局限性。正如乔治·穆南在《翻译的理论问题》一书中所坚持的，要对翻译活动始终持发展的观点：“翻译活动的成就是相对的，它所能达到的交流思想的水平是变化发展的。”[4]翻译活动在很大程度上要受到人类知识水平和世界的认识水平等诸方面因素的限制。但这种限制，会随着人类历史的发展而不断减少，后者会为翻译活动的可能性开启越来越开阔的空间。持翻译的历史价值观，也就意味着，一方面，可以从人类的翻译活动去考察人类历史的发展，另一方面，可以

1 梁晓声：《译之美》，上海译文出版社编：《作家谈译文》，上海译文出版社，1997 年，第 275—276 页。
2 参见王小波：《我的师承》，《王小波文集》（第四卷），中国青年出版社，1997 年，第 302 页。
3 参见赵玫：《怎样拥有杜拉》，《出版广角》，2000 年，第 5 期，第 52—54 页。
4 Mounin, Georges: *Les problèmes théoriques de la traduction*, Paris: Gallimard, 1963, p.278.

从历史的发展来看翻译活动不断丰富的内涵和不断扩大的可能性。

上文以对翻译本质的认识为基础，从五个方面对如何认识翻译的价值进行了初步的探讨。“翻译之为用大矣哉”，季羡林的这句话可为人们认识翻译的作用提供一个启发性的答案。翻译的作用是广泛而深刻的，上文的探讨只是提供了某种认识的角度。在结束讨论之前，有必要指出：从本质上看，翻译的社会性重交流，翻译的文化性重传承，翻译的符号转换性重沟通，翻译的创造性重创造，而翻译的历史性重发展。交流、传承、沟通、创造与发展，这五个方面也恰构成了翻译的本质价值所在。从某种意义上，它们也是翻译精神之体现。

第三节　翻译实践呼吁翻译批评

翻译价值观的最终形成，有赖于对翻译本质的认识，也有赖于对翻译目的、翻译过程、翻译方法和手段的把握以及对翻译结果的分析与判断，但反过来又为更进一步认识翻译的作用，把握翻译过程，正确地采取翻译方法和手段，更有效地发挥翻译之用，提供了价值判断依据，更为人们对翻译活动进行宏观与微观、外部与内部的批评提供了价值参考。

翻译是人类最古老的跨文化交流活动之一，伴随着翻译活动，必然会有对这一历史悠久的活动的思考和评价。对翻译活动进行评价，就其实践领域和理论思考范畴而言，便是通常所说的翻译批评。

论及翻译批评，应充分意识到虽然有翻译就必然会有批评，但就其理论建设而言，应该说至今仍是相当薄弱的。不少翻译家和翻译研究者都在呼吁积极开展翻译批评。

我们在进行“文学翻译基本问题研究”这一课题的探索中，有机会与老一辈翻译家进行交流，在交流中，我们深切地感受到他们对翻译事业的关心和强烈的责任感。他们的观点给了我们多方面的重要启迪。

首先，翻译实践呼吁翻译批评。从理论上讲，翻译实践要健康发展，真正担负起它的历史责任，起到应有的价值，就应该是一种自觉的而不是一种盲目的活动。而自觉的实践，就离不开批评。季羡林在谈话中明确指出：“翻译事业要发展，要健康地发展，真正起到促进中华文明发展的作用，就不能没有翻译批评。现在批评很少，担负不起应有的职责来。这方面，必须大力加强才行。翻译的批评十分重要，不好的风气，不健康的翻译道德，如果不批评，任其泛滥，那怎么行？在20世纪30年代，鲁迅说过，翻译出了问题，翻译出版出了问题，翻译批评界有很大的责任。所以，我呼吁，现在要加强翻译批评，发挥批评应有的作用。”[1] 季羡林的这番话，充分反映了翻译界和翻译研究界的呼声。翻译批评对于翻译实践有着监督、批评、指导的作用。翻译批评的理性之光对于克服翻译实践的盲目性是不可或缺的，而翻译批评的伦理力量对于“不健康的翻译道德”而言无疑是高悬着的一柄达摩克利斯之剑。加强了翻译批评，就能促进翻译实践向着健康方向发展。其根本目的之一，就是要保证翻译实践真正起到应有的作用。如季羡林所强调的那样，让中国的翻译实践，真正起到促进中华文明发展的作用。

其次，翻译批评要有理论依据和科学的方法。翻译批评领域长期以来忽视理论的建设，缺乏理论的指导，更缺乏一套科学的批评方法。在理论上往往对翻译批评中的“批评”两字的理解过于狭隘，把“批评”局限于“评说好坏”的范围，纯粹是一种“正误性的评判”。同时，对翻译批评中的“翻译”两字的理解也缺乏宏观的视野，往往把翻译只看作“翻译文本”，把翻译批评局限在“文本批评”的范围内，而面对历史发展长河中的翻译活动时，对某一历史时期的重大翻译现象和翻译事件缺乏关注。理论的贫乏和理论视野的偏窄，造成了翻译批评实践的偏差和混乱。就中国的文学翻译批评而言，笔者在多年前曾经指出两个值得注意的倾向：“一是‘过死’；二是‘太活’。前者只处于翻译批评的基本层次，也可以说是最低层次，无需理论的指导，只要对照原文与译文，挑出其中的错误（往往是逻辑意义层次的错误），也就罢了；后者则超越这一最基本的层次，纯粹是感想式的，一册译文在手，不及细读，凭着自己的主观印象，以及自己的好恶，对译文作出结论式的评价。”[2] 正是由于缺乏理论的指导，这一“死”一“活”的两种翻译批评在实践中难以真正担负起应有的责任来，再加之目前的翻译风气不好，使翻译批评的开展遇到了很多困难。日本文学翻译家李芒指出：“多少年来由于不正之风严重，很难正常地开展

1　季羡林、许钧：《“翻译之为用大矣哉”》，《译林》，1998年，第4期，第211页。
2　许钧：《文学翻译批评研究》，译林出版社，1992年，第33页。

翻译批评，一些粗制滥造、误译较多的赝品难被曝光，得不到社会舆论的监督，以致尚有愈演愈烈之势。另外，即便基本上属于优秀的译作，其中也难免呈现着瑜虽多而瑕亦偶见的现象，也缺乏水平较高的评家给予公正的评价。原因是肯定其优点较易，而指出其舛错则甚为困难。而且，评家若能做到如此地步，则必须花费大量的时间，反复核对原作和译文。即便这样做了，评价也还公允，也很可能得到费力不讨好的结果。于是，只顾各扫门前雪，不管他人瓦上霜的风气弥漫于译界。容忍这种良莠不分的现状继续下去，只有等待由时间和历史来选精汰劣，未免是令人深感遗憾的事。老实说，这对于提高翻译的水平，无疑是没有好处的。”[1] 李芒在此谈到了翻译批评失语的严重问题。他认为翻译批评的失语与翻译的风气不正有关，也与翻译批评所要求具备的内涵不足有关。翻译批评的失语和不在场，无疑不利于翻译实践的健康发展。那么，如何改变翻译批评的普遍失语和翻译批评不力的状况呢？季羡林认为：“翻译批评应该有个轻重缓急。翻译界有什么样的问题，首先要提出来，指出它的危害性，引起大家的注意。这怎么能说起不到作用呢？相信大多数人是能够明辨是非的。关键，我看是在译者的本身。一个好的译者，应该有认真的态度。至于翻译得好不好，水平高不高，这是另一个性质的问题。我刚才谈到了，翻译很难，但只要努力，有的困难是可以克服的。翻译批评，在这个方面也可以大有作为。进行翻译的对比，探讨翻译的方法，都是很有益的。只要批评得有道理，对译者就会有启发，就会有作用。”[2] 季羡林的这段话是针对目前中国翻译界所出现的“质量危机”与“道德危机”而言的，其中可以领会到三点：一、翻译批评要有的放矢，要统观全局，提出问题，指出危害性；二、翻译批评要着眼于对翻译质量提高起到作用，由此而涉及对译者态度的伦理批评；三、翻译批评要讲究方法，分清轻重缓急，分清主次，且提出“翻译对比”这一方法。总之，翻译能否真正起到作用，有助于人们明辨是非，有助于译者端正译风与态度，有助于探讨翻译方法，提高翻译质量，关键在于翻译批评是否“有道理”。而翻译批评的“有道理”，根本出路在于翻译批评要“入道”，要“合理”。所谓入道，就是要加强对翻译批

1　李芒、许钧：《翻译，再现原作的再创作》，《译林》，2000 年，第 1 期，第 209 页。
2　季羡林、许钧：《“翻译之为用大矣哉”》，《译林》，1998 年，第 4 期，第 211 页。

评理论的探讨，使翻译批评实践有深刻的理论依据；所谓“合理”，便是翻译批评要突破“感悟性评判”，以理性的目光和科学的方法拓展翻译批评的实践领域，丰富翻译批评的手段，做到以“理”启迪人，以“理”服人，达到繁荣翻译事业之目的。

杨自俭曾经指出，翻译批评，“是译学中的一个重要问题，但十年来取得的进展不大，代表性成果应是袁锦翔的《名家翻译研究与赏析》，可惜这样的宏观与微观分析相结合的论著太少了”。[1] 这是杨自俭为他与刘学云合编的《翻译新论》所写的前言《论我国近期的翻译理论研究》中的一段话。从该书出版的日期看，该文写作的时间估计在 1993 年，也就是差不多十年前。如果在十年前，杨自俭认为翻译批评研究进展不大的话，那么在十年后的今天，这一领域的理论研究在中国已经有一定的起色。杨自俭把袁锦翔的《名家翻译研究与赏析》作为那十年翻译批评研究的代表成果自有他的道理。从袁锦翔这部著作的内容看，其重点是以赏析为基本方法，对中国名家的“翻译论述、传译经验或妙译技巧条理化、系统化，使读者学有楷模，译有榜样，并相应地提高翻译审美意识与鉴别能力”。[2] 就翻译批评的理论研究而言，袁锦翔的这部著作也有所涉及，如在讨论林纾的《贼史》译段的一文中，就明确提到了文学翻译中的创作与评价问题，对林纾翻译中的误译现象及其创作性倾向作了评价，并得出了颇为有趣的一个结论：“回过头来看看《贼史》译段。在笔者看来，此译有失误，‘信’只能给 75 分（仍在翻译合格线上）。至于‘达’，因其通顺畅达非同寻常，可给 98 分。此译创造性地再现了原作的幽默感，甚至超过了原作，但还不是无限扩大的创作，‘雅’也可评为 98 分。三项总和是 271 分，平均为 90.3 分，仍属优等水平。至此，我们可以这样回答本节开头所提出的问题：《贼史》译段虽有失误，但仍在翻译合格线之上，且总分是高的。‘所得’与‘所创’都大于‘所失’；‘所创’也未喧宾夺主，把翻译变成为创作；因此，此译仍不失为一件杰出的译品。”[3] 有必要补充指出，袁锦翔给翻译定的合格线是“75”分。给译作打分，必然要按一定的标准。从

1　杨自俭：《论我国近期的翻译理论研究》，参见杨自俭、刘学云编：《翻译新论》，湖北教育出版社，1994 年，第 12 页。
2　袁锦翔：《名家翻译研究与赏析》，湖北教育出版社，1990 年，见该书内容简介。
3　袁锦翔：《名家翻译研究与赏析》，湖北教育出版社，1990 年，第 71 页。

上述结论看，袁锦翔求助的是严复的“信达雅”。袁锦翔提出：“如何确定‘翻译合格线’？看来有必要采用一定的翻译标准。有人会主张‘基本上达到信达雅’，另有人可能提出‘基本上达到信达切’或‘基本上功能对等’；有人会提出用模糊数学方法来评价译文是否‘基本传达了原文的全部信息量’，等等。笔者认为，不论是哪一种主张，只要所提的方法简便有效，便都可以用来确定‘翻译合格线’。”[1] 在袁锦翔看来，给译文打分，按什么标准，什么主张并不重要，只要该评价方法“简便有效”，都可以使用。这里，涉及一个评价标准与方法的问题。就翻译批评而言，提出评价标准与方法固然重要，但这些标准与方法的提出有一个更大的前提，那就是首先要明确翻译批评的目的、范畴与原则。给翻译文本打分，是翻译批评的一种方法，但并不是翻译批评的全部。

从国内近十年来的翻译批评研究情况看，有必要提一提姜治文与文军合编的《翻译批评论》[2] 一书。虽然该书是国内翻译界对翻译批评进行探索的论文汇编，并无多少著的成分，但两位编者有明确的选编思想、目的与要求，选编过程中融入了他们对翻译批评的认识与思考，从中可以看到他们有着一定的翻译批评理论意识。从编者所构建的编选框架和目录看，有关翻译批评的概念、范畴、翻译批评方法、译文质量评估、翻译批评观都有所涉及。全书分三个部分，有理论篇、评价篇和评论篇，既选编了有关翻译批评理论的论文，也编入了翻译批评实践的文章，可以说是近二十年来我国翻译理论界对翻译批评理论进行探索的一个缩影，也是进行翻译批评实践所取得的成果的一次集中体现。下面不妨把视野再扩展一下，看一看国外对翻译批评有哪些重大的理论思考，提出了哪些有一定代表性的翻译批评理论途径。

第四节　翻译批评的理论途径

在讨论翻译批评的理论途径之前，有必要对“翻译批评”这一概念本身作一思考。在《试论翻译批评》一文中，我们曾对国内外翻译批评的

1　袁锦翔：《名家翻译研究与赏析》，湖北教育出版社，1990 年，第 70—71 页。

2　姜治文、文军编著：《翻译批评论》，重庆大学出版社，1999 年。

现状作了分析，指出国内的翻译批评有两个特点：一是“随意性”；二是“浅表性”。而这两者产生的必然结果就是翻译批评的“片面性”[1]。这些问题的产生，原因是多方面的，但对何为翻译批评的认识不清，恐怕是最根本的原因之一。

在此要对“翻译批评”进行界定，并无意对“批评”二字作一溯源性的探究。生于维也纳、祖籍捷克的美国比较文学家、文学批评史家雷纳·韦勒克认为，一切文学研究，不论是理论还是批评，归根结底都是旨在“理解文学和评价文学”。他在八卷本的《近代文学批评史》的《前言》中写道：“‘批评’这一术语我将广泛地用来解释以下几个方面：它指的不仅是对个别作品和作者的评价，‘裁决的’批评，实用批评，文学趣味的征象，而且主要是指迄今为止有关文学的原理和理论，文学的本质、创作、功能、影响，文学与人类其他活动的关系，文学的种类、手段、技巧，文学的起源和历史这些方面的思想。”[2]正因为韦勒克对“批评”有一种深刻而全面的理解，所以他在撰写《近代文学批评史》中表现出了一种广阔的视野。在批评的基本原则方面，“韦勒克一向强调理论的重要性和标准的必要性，反对主观武断和撇开理论的批评态度。同时他又十分重视艺术手法和批评上的具体细节问题。此外他协调地处理了点与面的关系，一方面对于个别思想探本溯源、剖析毫芒，一方面鸟瞰一般趋向、综述背景情况，从而使纵向研究与横向论述贯通合一”。[3]对韦勒克的批评思想和原则的这番交待，与在此所讨论的问题在很大程度上是密切相关的。至少，可以借助韦勒克的研究成果，特别是在他对“批评”这一术语的理解与界定的启迪下，对“翻译批评”作出解释。就翻译批评而言，从20世纪30年代鲁迅呼吁批评家负起责任来，到20世纪50年代初董秋斯明确指出要“加强翻译批评工作，提供时间和力量，广泛地寻找典型，优良的加以推荐，粗滥的加以批评，这样，不但提高翻译工作者的积极性，也给翻译理论的建设提供丰富的实例”[4]，再到20世纪90年代，季羡林面对翻译繁

1　参见许钧、袁筱一：《试论翻译批评》，《翻译学报》，1997年创刊号，第1—11页。

2　雷纳·韦勒克：《近代文学批评史》，杨岂深、杨自伍译，上海译文出版社，1997年，见《前言》，第1页。

3　雷纳·韦勒克：《近代文学批评史》，杨岂深、杨自伍译，上海译文出版社，1997年，见《译者前言》，第3页。

4　董秋斯：《论翻译理论的建设》，罗新璋编：《翻译论集》，商务印书馆，1984年，第542页。

荣背后所潜藏的危机对翻译批评的大声疾呼，对翻译批评的目的、任务和原则可以有个大致的了解。结合韦勒克的观点，可以说，从广义上讲，翻译批评就是“理解翻译与评价翻译”；从狭义上讲，翻译批评是对翻译活动的理性反思与评价，既包括对翻译现象、翻译文本的具体评价，也包括对翻译本质、过程、技巧、手段、作用、影响的总体评析。就翻译批评的目的而言，它并不仅仅在于对具体译作或译法作裁判性的是非判别，更在于对翻译活动何以进行、如何进行加以反思与检讨，进而开拓翻译的可行性，促进翻译活动健康而积极地发展，体现翻译活动具备的各种价值，真正起到翻译活动应有的作用。

近三十年来，国内外的翻译界对翻译批评的理论问题开始关注，对翻译批评的任务、目的、方法提出了一些重要观点。在国际翻译界，较受重视的是法国安托瓦纳·贝尔曼的研究成果。贝尔曼在翻译研究中表现出了明确的文化观。无论是在 20 世纪 80 年代中期出版的《异的考验——德国浪漫主义时代文化与翻译》，还是在他生命之终点完成的《翻译批评论：约翰·唐》，他对翻译的跨文化交流本质都有着深刻的认识。对于翻译批评，贝尔曼认为，传统上一直担当着“肯定”或“否定”的评价任务的翻译批评缺乏“一种象征性的地位”，其根本原因是人们对翻译活动的本质认识不清，而对翻译活动的本质没有正确理解，对翻译批评也就难以有深刻的理解。为此，贝尔曼认为首先应该为翻译正名，进而为翻译批评正名。

贝尔曼选择了现代阐释学，作为他为翻译，进而为翻译批评正名的理论基础。如果如姚斯所言，“文学作品的生命体现在不同时代读者对其意义的重新阐释和认识上”，是作品在“渴求读者阅读、希求与接受者的对话”[1]，那么，翻译活动在一定意义上，“不论译者是否受到这样或那样批评的启发，他都在各个层面上扮演着批评的角色”，因为正是带有批评性质的阐释使作品得到了“交流、展现、完善与延续”。[2] 贝尔曼因此把翻译活动看作基于前理解且等待着后理解的理解循环中的一站，看作广义批评中的一种批评形式。于是，翻译批评，贝尔曼认为应该是“批评的批评”，这就是他所强调的“大写的批评”。

1　参见王岳川：《后现代主义文化研究》，北京大学出版社，1992 年，第 54 页。

2　Berman, Antoine: *Pour une critique des traductions: John Donne*, Paris: Gallimard, 1995, p.40.

作为“大写的批评”，翻译批评对传统的翻译观念要有批评，不能把译作当作“原作虚弱的回声”，而要把译作当作在新的文化语境、新的历史中的“新生”。基于此，翻译批评便是以现代阐释学的观点对这一“新生”作“肯定性”的评价。贝尔曼的这一“肯定性”的批评观特别值得关注。他认为，传统的翻译批评担负的往往是裁决性的否定角色，而“大写的批评”应该更着重于“肯定性”。贝尔曼所强调的翻译批评的“肯定性”，具有两层含义：第一层是针对翻译批评的自身理论建设而言，即翻译批评首先要“肯定”自身，这就是要让翻译批评成为“一种自省的、有其自身主体特点的、产生自身方法论的评论形式；它不仅要产生出自身的方法论，而且还试图将该方法论建立在有关语言、文本和翻译的明确理论基础之上”。[1]“肯定性”的第二层含义，是针对翻译批评活动而言的，贝尔曼认为翻译批评的基本任务，在于拓展翻译的可能空间，因此，这一“肯定性”也包含着建设性。

如果说贝尔曼的翻译批评思想是一种以文化视界为着眼点、着重于肯定性的现代阐释学批评途径的话，那么亨利·梅肖尼克所坚持的则是一种“介入批评”途径。一谈起“介入”一词，让人马上会想到萨特所提倡的“介入文学”。萨特认为：“不管你是以什么方式来到文学界的，不管你曾经宣扬过什么观点，文学把你投入战斗；写作，这是某种要求自由的方式；一旦你开始写作，不管你愿意不愿意，你已经介入了。”[2]在萨特看来，写作本身，就是一种“介入”。亨利·梅肖尼克是法国当代文论家、翻译理论家。他的“翻译诗学”理论在西方翻译界有着重要影响。[3]亨利·梅肖尼克正是基于他对翻译的理解，以他创立的“翻译诗学”理论中的基本观点为指导，对整体的翻译活动及具体的翻译文本进行审视的。梅肖尼克对奥地利籍的罗马尼亚诗人保罗·策兰的法译进行过深入的研究，并进行了严肃的思考和批评。梅肖尼克的翻译批评观与贝尔曼的观点明显不同，甚至明显对立。他的翻译批评有明确的理论基础和主张，他“不仅依据自己的主张评价别的译本，还对与其观点不符的译本进行抨击”。[4]因此，与贝

---

1 Berman, Antoine: *Pour une critique des traductions: John Donne*, Paris: Gallimard, 1995, p.45.

2 让-保尔·萨特：《萨特文学论文集》，施康强等译，安徽文艺出版社，1998 年，第 116 页。

3 参见许钧、袁筱一等编著：《当代法国翻译理论》，湖北教育出版社，2001 年，第四章。

4 Berman, Antoine: *Pour une critique des traductions: John Donne*, Paris: Gallimard, 1995, pp.45–46.

尔曼所强调的批评的“肯定性”相反，梅肖尼克具有一种明确的“介入”姿态，以自己的翻译主张和翻译价值观为准绳，对策兰的法译进行了近乎摧毁性的“否定”批评，认为译本是失败的，而其失败的原因，源于译者“思想、审美及文学观念与传统上的偏见”，是“翻译心理的主观缺陷所致”。值得指出的是，凡“介入”，必有明确的立场和价值观。梅肖尼克以他的“翻译诗学”理论为出发点，对不能将翻译提高到“创作”高度的译本都予以否定。对这种过于激烈的“翻译批评”途径，由于重“否定”而轻“肯定”，受到了法国不少翻译家的质疑，也受到包括贝尔曼在内的一些翻译理论家的批评。

加拿大的安妮·布里塞的社会学批评途径，对翻译批评理论建设有一定贡献。1990 年，布里塞出版了《翻译的社会批评》。布里塞把“翻译文学”放置在“话语”的社会环境中去加以考察，提出了翻译研究应该旨在考察“原语文本所携带的‘话语’是在怎样的条件下，以怎样的方式进入接受语社会的‘话语’环境的”。[1] 基于这一观点，布里塞特别关注一个翻译文本的接受与传播的社会环境，把翻译文本能否在新的社会话语环境中获得新生作为评价翻译的重要标准。同时，对布里塞来说，要考察并评价翻译在怎样的条件下，又以怎样的方式进入目的语社会的话语环境中，就不能不拥有一种历史的意识，即要在社会历史的发展中去评价翻译。这一观点无疑是十分重要的。有必要指出的是，从理论上来讲，布里塞的观点源自法国传统的社会语言学思想。根据传统的社会语言学理论，语言是社会心理现象，是根植于社会中成长起来的每个人头脑中的词汇、语法和语音的符号系统。语言作为社会的产物不属于使用这种语言的个人，而个人对语言的使用只是一种言语活动。在很大程度上，个人从属于社会，言语从属于语言。按照这一观点来观照翻译活动，强调社会话语环境对翻译活动的影响，无疑是有一定道理的，但问题在于，在对翻译活动起着决定性影响和制约作用的社会话语环境中，译者如何发挥其“主体性作用”？贝尔曼正是由此疑问入手，对与以色列的图里提出的多元系统论有一定联系的布里塞的观点提出了质疑，指出这种带有功能主义倾向的翻译社会批评理论忽视了对翻译主体在翻译活动中所起的各种作用的考察与评价。

---

1 Brisset, Annie: *Sociocritique de la traduction*, Québec: Editions du Préambule, 1990, p.25.

近二十年来，国际上对翻译批评的理论探索应该说是在不断深入的过程中，如T. 赫尔曼斯等主编的《文学操纵》一书中收入的R. 布鲁克的《翻译批评再思考》[1]一文，提出了翻译批评的模式，对翻译批评的任务、原则也提出了独到的看法；K. 莱斯在《翻译批评的可能与局限》[2]一书中，对翻译批评的作用与条件进行了较为系统的探讨。限于篇幅，在此不可能对上述著述的主要观点展开讨论。但通过上文对贝尔曼、梅肖尼克、布里塞的翻译批评理论的简要评介，至少可以对以下三点达成共识：一、翻译批评应加强自身的理论建设，这是贝尔曼所说的翻译批评的“肯定性”的第一层含义所要求的；二、不同的翻译观和翻译理论可以为翻译批评提供不同的可参照的理论途径；三、翻译批评涉及的是一个相当广泛的范围，不同的翻译批评理论途径只是从自己的角度出发，对翻译活动进行一个方面的考察与评价。本章的第二节就翻译的价值进行过探讨，提出建立一定的翻译价值观是进行翻译批评的基础。如果以翻译价值观为参照，对贝尔曼、梅肖尼克和布里塞的翻译批评理论进行考察的话，那不难发现，贝尔曼重翻译的文化评价，梅肖尼克重翻译的创造性评价，布里塞则偏向于翻译的社会评价。这些不同的翻译批评理论途径虽然都有一定的局限，但对于扩大翻译批评的理论范畴，突破“正误性评判”的批评传统方法，建立科学的翻译批评范式，无疑是有其积极意义的。

第五节　翻译批评的原则与方法

在对已往的翻译批评理论和翻译批评实践的考察中，可以发现一个值得特别关注和思考的问题，那就是在不同的翻译批评理论指导下，以不同的价值尺度去衡量同一翻译现象或同一文本，会有不同甚至相反的评价。最显著的例子是林纾的翻译。如果以传统的翻译观为指导，以“忠实性”为标准，林纾的翻译可被判定为不合格的翻译；但若以文化交流的目光去加以衡量，林纾的翻译则有着不可磨灭的历史贡献。钱锺书的《林纾的翻

1　Broeck, R.: “Second Thoughts on Translation Criticism”, In T. Hermans (ed.): *The Manipulation of Literature*, London & Sydney: Crom Helm, 1985, pp.54–62.

2　Reiss, K.: *Translation Criticism: The Potentials & Limitations*, Manchester: St. Jerome Publishing Company, 2000.

译》一文可以说是对林纾翻译的一种文化批评。正是因为钱锺书在本质的意义上看到林纾的翻译在"文化交流里所起的作用"，所以，尽管林纾在翻译中对原文有不少"加工"，"这里补充一下，那里润饰一下"，甚至对原文还有删节，存在着严重的"讹"，钱锺书还是在总体上对林纾的翻译作了肯定性的评价。又如对翻译中的"误读"现象，只限于文本的正误性评判与着重于交流的文化批评所得出的结论，往往是不一样的。邹振环在对"影响中国近代社会的译作"的研究中，也发现了一个现象：在对中国近代社会起到重大影响的一百种译作中，有的翻译若以传统的翻译观去加以衡量，根本不能说是翻译，充其量只能说是"编译"，甚至"改写"。那么，如何看待直接涉及翻译批评的这些问题或现象呢？在《试论翻译批评》一文中，我们曾针对翻译批评理论与实践所面临的问题，提出了原则性的意见，认为必须首先着眼于探讨下列四个方面的问题：

1. 树立科学的批评精神。翻译批评究竟是什么？它应当怎样确立它的客体——翻译的地位？进而又怎样确立自身的地位？实践中的翻译归根结底是以理解为前提的一种创造行为：就理解而言，它是要消除差异；而就创造而言，它却是要表现这个世界的差异与多元。它远远不是一种终止性的结果，它的创造必将与它的理解结果一道并列成为理解循环下一站的起点。翻译批评就是在这个意义上成为译作的"后理解"的。它不仅要理解翻译的"理解"，还要理解并且评价翻译中的"创造"。没有这样的认识，翻译批评便会流入"先决的否定"，在批评之前就已经判定译作"低"于原作，进而满足于指责译作因为种种的"不等值"而造成的所谓"错误"。尤其是，如果没有这样的认识，翻译批评本身也无法确立自己的地位，而只能成为一种附庸，附庸在翻译实践或翻译理论上：它无法产生自己的方法论，自己的理论体系，无法面对自己的理论客体，无法完成自己在整个文化交流中的使命。科学的批评精神意味着翻译批评第一不能把原文本（甚至原语言）当作批评的归宿与标准；第二不能赋予自己指点江山的"裁决性"的权力；第三不能满足于目前常见的这种自发及随意的状况，不能满足于语言层次的正误评判。

2. 建立自主的批评理论体系。正如贝尔曼所指出的，翻译批评"不仅要产生出自身的方法论，而且还试图将该方法建立在有关语言、文本及翻译的明确的理论基础之上"。由于翻译批评并不"附属"于翻译或翻译理论，所以科学的翻译批评首先要解决的应该是自己的理论体系。它不是要回答翻译中的基本问题，也不是要否定旧译，更不是要提出批评家自己的具体解决方案。它面对的将是自身的一个系统，该系统以翻译过程、译作以及读者为考察对象，阐述的是译者与其译作之间，以及译作与它的读者、与目的语及其文化之间已产生的或将产生的关系。

但自主并不代表唯一。和翻译理论有着诸多研究途径同理，翻译批评的理论体系也有多种可能。只要它从批评实践中产出，并且能够反过来观照翻译理论，就不失为一种成功的理论探索。

3. 探讨规范性的批评标准。相对于自身所确立的体系来说，标准仍然应当是规范、严谨的。当然，这种标准不是语言上的“是”与“非”的标准。基本上它可以理解为与理论体系相一致的原则与方法。就文本批评而言，翻译批评的过程其实逃不脱这样一个顺序：首先是原文本与译作的阅读；其次是对于翻译主体的确定，即译者处在怎样一种工作环境中（这个环境既包括译者的私人环境，也包括目的语历史提供给译者的语言文化环境）；再者是原文本与译作的比较（需要注意的是，比较不是批评的目的，批评的目的在于比较之后的原因的分析与提示）；最后则是依据自己理论体系所做出的价值性的评价（不是评判）。批评的关键在于怎样运用这个程序，并且根据批评的目的的不同而做出不同的偏重。不少译家所向往的一个“公认的客观标准”，从理论上来说是不可能完全成立的，但是随着翻译理论的基本问题被进一步地澄清（这本身就需要翻译批评的推动），在一定的历史时期，就某一个问题，一个为大多数译家所接受的、能动的价值取向却可望达到相对的统一。

4. 开放的批评视野与指导性的批评功能。有了科学的批评精神与自主的理论体系，最后，也是最重要的，必须明白翻译批评所承担的责任与使命。批评不能以否定前译为根本宗旨。前译的不足之处（不仅仅是语言方面的）甚至不成功之处自然属于翻译批评的范畴，但绝不是翻译批评的归宿。不仅如此，翻译批评甚至不是要提供唯一的解决方案：那是译家，而不是批评家的任务。

应当意识到，前译的成功与不成功从来都是历史的，而在某个历史时期的不成功也并不意味着它在整个翻译史上都会被摒弃，反之亦然——批评要澄清这段历史，这就是它的首要责任。

更应当意识到，作为翻译批评，它的本质是“建构性”的（这里借用贝尔曼的说法）。就文本批评而言，如果前译成功，它要依据自己的理论基础来指出成功的根本原因，并指出在或然的历史条件下别的成功可能；而如果前译是不成功的（自发的批评往往集中在不成功的译作上），那么批评的主要功能就在于指出它与翻译历史、与语言文化历史不相符的地方，并且开启复译的空间，为等待成功的复译的到来做好理论上的准备。[1]

如果说以上提出的四个方面的问题是翻译批评理论建设不可忽视的基本问题的话，那么具体到翻译批评实践，也就是“如何开展翻译批评”，同样需要就有关标准、原则和方法进行探讨。在近年国内出版的几部属于翻译批评范畴的著作中，翻译文本批评明显多于对历史中的重要翻译现象或翻译事件的批评，翻译的微观层次的语言批评明显多于翻译的宏观层次的社会文化批评。翻译研究中重语言轻文化、重技轻道的倾向，也深刻地反映到翻译批评的理论探索与实践中。可喜的是，在《中国翻译词典》中，收有“翻译批评”条目。该条目指出：

> 从广义上讲，翻译批评即参照一定的标准，对翻译过程及其译作质量与价值进行全面的评价，评价的标准因社会历史背景而异，评价的目的旨在促使译作最大限度地忠实于原作，并具有良好的社会价值。现代翻译批评理论认为，全面的翻译批评应当包括五个方面的内容：分析原作，着重了解作者的意图与原作具有的功能；分析译者翻译原作的目的、所采用的翻译方法及其译作针对或可能吸引的读者对象；从原作与译作中选择有代表性的文字进行详细的对比研究；从宏观与微观的角度评价译作，包括译者采用的技巧与译作的质量等方面的内容；评价译作在译语文化或学科中的作用与地位。[2]

《中国翻译词典》出版于1997年，有关“翻译批评”这个条目可以说在一定程度上代表了当时国内翻译界对翻译批评的基本认识。从中可以注意到，条目撰写者具有开阔的理论视野，在条目中既明确了翻译批评的

1　参见许钧、袁筱一：《试论翻译批评》，《翻译学报》，1997年创刊号，第1—11页。

2　林煌天主编：《中国翻译词典》，湖北教育出版社，1997年，第184页。

任务、目的，也界定了其五个方面的内容。作者、译者和读者因素被考虑在内，强调了翻译主体作用。文本功能、质量与译语文化也在批评视野之中。笔者特别注意到，条目撰写者强调翻译批评须以一定标准为参照，但标准不是凝固不变的，而是因社会历史背景而异。此外，翻译批评的目的旨在使译作“最大限度地忠实于原作，并具有良好的社会价值”。就此两点而言，有进一步探讨的必要，因为这涉及翻译批评的标准和目的等重大问题。

关于翻译批评的标准，在上文的讨论中已经谈到，基于不同的翻译观和翻译价值观，翻译批评的标准是有所不同的。长期以来，“信、达、雅”被当作翻译的标准，也当成了人们衡量质量的重要标准。但随着近二十年来翻译研究的不断深入，人们对翻译的认识不断丰富，视野不断开阔，对翻译的评价标准也由传统的以“忠实”为基本准绳的单一标准走向多元的标准。不同的翻译理论流派也提出了不同的翻译评价标准，如“忠实”“等值”“信达雅”“信达切”“神似”“和谐”等等。对此，张南峰在对图里提出的多元系统论进行了研究之后，提出了如下的看法：“假如把多元系统论应用于中国的翻译研究，我们或许能够解释许多现象，例如严复、林纾为何用达旨、译述的手法而成功，鲁迅为何主张硬译，当代流行的规范为何与以前的不同。我们可能还会发现，翻译规范必须应社会的需要而变化，不同的规范，只是为了迎合不同时代的需要或者达到不同的目的，不一定有正确与错误，或者先进与落后之分。”[1] 就标准本身而言，难有正确与错误、先进与落后之分，这在一定程度上是有道理的。但是，凡标准的建立，都有其规范性，无规范不成标准。关键在于标准不是一成不变的，但其变化的真正原因，并不仅仅是由于社会需要的变化或活动目的不同，而在于人们对翻译活动本质的认识的变化与丰富。从标准的单一到标准的多元，直接反映了翻译观的不断变化。确实，如张南峰所言，翻译规范的制定与翻译目的相关，但有必要指出，如果把翻译批评的目的归纳于“使译作最大限度地忠实于原作，并具有良好的社会价值”，这在某种程度上有“原文至上”“以原文为中心”的认识倾向之嫌。好在“翻译批评”条目强调“忠实性”与“社会价值”的统一，不能不说是翻译批评观的某

1　陈德鸿、张南峰编：《西方翻译理论精选》，香港城市大学出版社，2000 年，第 116 页。

种进步。就目前而言，也许可在以下几点达成比较一致的原则性看法：翻译批评标准应有一定的规范性，标准的建立应全面考虑到翻译的目的、作用，且应以一定的翻译价值取向为基础，同时，应该认识到翻译批评标准是多元且动态发展的。

翻译批评原则的确立，是解决“如何进行翻译批评”问题的一个重要前提。所谓的翻译批评的原则，涉及的主要是翻译批评观、翻译批评视野与翻译批评的方法论，既要考虑翻译批评的范畴，如外部批评与内部批评，又要考虑翻译批评的角度与层次，还要考虑到翻译批评者的条件、态度等等。国内近年出版了几部有关翻译批评的著述，如马红军的《翻译批评散论》和郭著章等编著的《翻译名家研究》。在这些著作中，有的虽然没有明确提出翻译批评的原则，但从研究的思路看，无论是对翻译家的总体评价，还是对具体译本甚至译本片段的分析，都是有一定的原则为依据的。在喻云根主编的《英美名著翻译比较》的《编者的话》中，编著者是采用比较的方法来进行翻译批评的，且明确说明该书采用了五条评析原则。[1]喻云根提出的五条原则中，有四条与笔者在 1992 年出版的《文学翻译批评研究》中提出的观点可以说是具有相当的一致性。在该书的《文学翻译批评的基本原则》一文中，笔者明确指出，翻译批评不仅仅限于对译文本身的评价，译者对原著的选择、译者的价值取向与翻译道德、态度等等，都属于批评的范畴。这一想法与贝尔曼于 1995 年出版的《翻译批评论：约翰·唐》一书中提出的观点不乏相通之处。贝尔曼认为，翻译批评主要为两个方面：一是“诗学批评”；二是“伦理批评”。前者是内部批评，又叫文本批评；后者是外部批评，又叫社会文化批评。鉴于对翻译批评的这一认识，笔者就文学翻译批评提出过四条原则性的意见：1. 文学翻译批评不仅要对翻译的结果进行正误性的判别，更应重视翻译过程的深刻剖析。2. 文学翻译批评要突破感觉的体味，注重理性的检验。3. 文学翻译批评应该将局部的、微观的批评与整体的、宏观的评价有机地结合起来。4. 文学翻译批评应该注意发挥积极的导向作用，建立起新型的批评者与被批评者之间的关系。对这四条原则，该书还分别加以了阐述[2]。十年过去了，

1　喻云根主编：《英美名著翻译比较》，湖北教育出版社，1996 年，见《编者的话》第 1—3 页。
2　参见许钧：《文学翻译批评研究》，译林出版社，1992 年，第 33—42 页。

我们再来审视当初提出的这四条原则，觉得虽然它们针对的是文学翻译批评，但其主要思想对整个翻译批评还是基本适用的。不过，还应该再补充两条：一、翻译批评要坚持历史发展观，对翻译现象、翻译事件和具体文本的批评要从历史出发，将之置于一定的历史环境中去考察；二、翻译批评要坚持文化观，要有一种宏大的文化视野，从文化交流的高度去评价翻译史和具体翻译活动中的一些重要问题，如翻译选择、文化立场、价值重构等。

明确了什么是翻译批评，又讨论了翻译批评的价值取向与基本原则，下面需要考虑的便是翻译批评的方法。目前学界最常见的批评方法是文本比较。毫无疑问，文本比较是对具体文本进行评价的一个最基本的方法。但考虑到翻译批评所涉及的范畴，文本比较的方法远远不是唯一的方法。在《文学翻译批评的基本方法》中，笔者对翻译批评界通常使用的批评方法作了归纳，主要有：逻辑验证的方法、定量定性分析的方法、语义分析的方法、抽样分析的方法、不同翻译版本的比较、佳译赏析的方法等等[1]。从上面列举的几种方法看，主要还是限于文本的批评。在今天看来，如果从翻译应该具备的价值去考虑，随着翻译批评视野的扩大和对翻译批评功能的认识的不断深入，翻译批评的方法将会不断丰富。翻译批评的方法应该为翻译批评的根本目的服务，应该是多样化的。从根本上讲，应当坚持客观、公允、合理和科学的标准，鼓励不同翻译批评方法的使用。在这方面，国内翻译界一直在进行努力的探索。1995 年围绕《红与黑》汉译的大讨论，可以说是翻译批评的一次理论探索和有益尝试。

第六节　有益的尝试与永远的探索

近十年来，随着中国大陆改革开放事业的不断发展，翻译起着越来越明显的重要作用。无论是在科技、经济领域，还是在人文社会科学和文学领域，翻译的品种之多、速度之快，可谓盛况空前，形成了一个又一个出版热点。有人指出，中国已迎来了历史上的第四个翻译高潮。然而，只要客观地去正视一下现实，冷静地去思考一下伴随着翻译热所出现的一些问

1　参见许钧：《文学翻译批评研究》，译林出版社，1992 年，第 43—55 页。

题，就不能不看到在这繁荣的背后所隐藏的多重危机。面对有关问题，一些有识之士纷纷指出，应该采取有力的措施，加强翻译批评，呼吁从三个方面入手去进行整治：一、运用法律武器，对翻译中的剽窃、抄袭行为绳之以法；二、开展道德批评，对一些有悖于翻译的神圣使命、粗制滥造的做法进行毫不留情的批评；三、开展健康的学术批评，在译学理论的指导之下，切磋译艺，探讨提高翻译质量的各种有效途径。为了把这项工作推向深入，让文化界、学术界、新闻界关心翻译事业，使之健康发展，中国翻译界于1995年在《文汇读书周报》《读书》《中国翻译》等报刊的支持下，围绕着"读书界所关注的名著复译问题，不失时机地发起了一场面向社会、有读者参加、历时半年的关于《红与黑》汉译的讨论和争鸣。它规模大，历时长，涉及面广，讨论热烈，可说是我国解放以来文学翻译界前所未有的盛举"，有着"深远的影响"[1]。有关这场讨论，著名翻译家冯亦代先生在1996年4月香港中文大学翻译系举办的外文中译研究与探讨翻译学术会议上作过题为"一九九五年翻译界的一场大辩论"的报告，指出："改革开放以后译事大兴，但不合格的翻译太多，引起出版翻译作品质量的混乱，应当建立翻译的理论，提高翻译质量。1995年的争论，对于提高翻译的质量，极为重要。"[2]

有关《红与黑》汉译的讨论，是在外国文学名著复译潮高涨的背景之下展开的。《红与黑》的第一个汉译本问世于1944年，是青年诗人赵瑞蕻执译的，由重庆作家书屋出版，译文只有十五章，薄薄的一册，很不完整。从它问世至今，有半个世纪了。在这半个世纪中，到1997年，相继有十几个译本问世，已经出版的，有赵瑞蕻（作家书屋，上海，1947年），罗玉君（上海平明出版社，1954年），黎烈文（台湾远景出版事业公司，1978年），郝运（上海译文出版社，1986年），闻家驷（北京人民文学出版社，1988年），郭宏安（译林出版社，南京，1993年），许渊冲（湖南文艺出版社，1993年），罗新璋（浙江文艺出版社，1994年），臧伯松（海南出版社，1994年），赵琪（青海人民出版社，1995年），亦青（长青出版社，1995年），邹心胜、王征（北京燕山出版社，1995年），杨德庆、

1　参见谢天振：《译介学》，上海外语教育出版社，1999年，见《方平序》，第3页。

2　冯亦代先生的论文对这场争论作了全面的介绍，读者若有兴趣，可以参见金圣华教授主编：《翻译学术会议——外文中译研究与探讨》，香港中文大学翻译系，1998年，第40—54页。

刘玉红、李宗文、粟晓燕（九洲图书出版社，1995年），边芹（花城出版社，1997年），杨华、杜君（海天出版社，1997年），胡小跃（漓江出版社，1997年）等的译本。这半个世纪当中，无论是译事，还是译理，值得探讨的东西很多，但是大众舆论偏偏选中了《红与黑》，是有其必然的原因的。

若回顾一下《红与黑》这部法国文学古典名著在中国的翻译历史，思考一下它在中国的命运，可以看到，起作用的不仅仅是文学方面的因素，还有政治、意识形态和经济方面的种种因素。首先是政治和意识形态方面的原因。据中国莎士比亚学会会长、翻译家方平在《历史将会给予充分的肯定——评〈文字·文学·文化——《红与黑》汉译研究〉》[1]一文中介绍，在20世纪60年代初，“我国思想战线上展开了一场声势浩大的批判修正主义运动。在外国文艺领域里三部古典名著：巴尔扎克的《高老头》，托尔斯泰的《复活》和斯丹达尔的《红与黑》被押上受审席，成了集中批判的重点对象”。后来，在“文化大革命”中，江青又对《红与黑》中的人物，所谓的“野心家于连”作了猛烈的政治批判。直到1978年改革开放，外国文学园地才迎来春天，饥渴的读者迫不及待地汲取外国文学养分，当时发行的唯一的《红与黑》中译本（罗玉君译）在短短的几年时间内累计印数超过100万册。然后到了1990年代初，商品经济大潮冲击了文化市场，加上随着我国加入《伯尔尼公约》，外国精神产品的输入受到了版权的限制，不少出版社不约而同地把目光集中在了已不受版权保护的外国古典文学名著，掀起了一场复译潮。上文已介绍过，在1993年至1997年的短短四年时间里，就有十多个《红与黑》中译本问世。不可否认，这一现象的产生，明显有着经济因素所起的作用。面对这一现象，不少学者进行了思考，提出了一系列的问题，广大读者也对文学名著复译的必要性提出了不同看法。同时，有学者指出，在《红与黑》的十几个版本中，出现了非常复杂的情况：有在名利驱动之下抄袭、剽窃的译本，有不负责任、粗制滥造的译本，但更有把文学翻译视为生命，追求与原作相媲美的理想的严肃译家的译本。其中，郝运先生几十年如一日，按他“对原著的理解，

1 方平：《历史将会给予充分的肯定——评〈文字·文学·文化——《红与黑》汉译研究〉》，《博览群书》，1999年，第7期，第22—23页。

兢兢业业，尽心尽力去译”[1]；罗新璋先生“朝译夕改，孜孜两年，才勉强交卷”[2]；许渊冲先生为使译文“脱胎换骨，借尸还魂，青出于蓝而胜于蓝”[3]，在理论和实践上都大胆而不懈地追求；郭宏安先生在读中学时，第一次读了罗玉君译的《红与黑》，大学二年级“便有些迫不及待，跟头把式地读了原文的《红与黑》”，对《红与黑》的那份喜爱，使他在“心里翻译不止一遍”，“无意中为翻译《红与黑》准备了三十年”[4]。

面对这种复杂的情况，为了使翻译事业健康发展，翻译批评理应发挥它的作用。笔者借助读书界和翻译界对《红与黑》复译情况的关注，有意识地作了以下几个方面的有益的尝试。

一、对那些有抄袭、剽窃之嫌的译本，从维护翻译事业神圣性的高度出发，进行了揭露与批判。在笔者与《红与黑》第一个译者赵瑞蕻先生的谈话中，赵瑞蕻先生就明确指出在复译高潮中，“个别本子竟有抄译的现象，就是抄郝运的译本，许多地方一句一句、一行一行地抄，有时只改动了几个字，这是不可容忍的”。[5]在《出版广角》1995 年第 3 期，笔者以《复译还是抄译》为题，分析了海南出版社出版的《红与黑》译本，指出该译本的前十章与上海译文出版社郝运的译本的文字相同率在 80% 以上，是个抄袭本。另外，笔者还在《中华读书报》撰文，指出青海人民出版社出版的译者署名为赵琪的《红与黑》译本明显是从几个版本中各“取”一段，拼凑而成的。比如第一章的第一段一字不差地“取自”郭宏安的译本，第二段取自郝运的译本……长春出版社出版的《红与黑》同样也有严重的剽窃行为。我们的工作引起了翻译界同行和媒介的普遍关注。《光明日报》发表了署名文章《世界名著译作虚火太盛》（1996 年 8 月 7 日），对困扰着翻译市场的抄袭、剽窃之风所带来的消极影响进行分析；《新华日报》发表了《偏食、重版、剽窃、侵权——外国文学翻译出版问题多》

1　郝运：《关于〈红与黑〉汉译的通信——郝运致许钧》，许钧主编：《文字 · 文学 · 文化——〈红与黑〉汉译研究》，南京大学出版社，1996 年版，第 54 页。

2　罗新璋：《译书识语》，许钧主编：《文字 · 文学 · 文化——〈红与黑〉汉译研究》，南京大学出版社，1996 年，第 292 页。

3　参见许渊冲：《译者前言》，许钧主编：《文字 · 文学 · 文化——〈红与黑〉汉译研究》，南京大学出版社，1996 年，第 282—291 页。

4　郭宏安：《我译〈红与黑〉》，许钧主编：《文字 · 文学 · 文化——〈红与黑〉汉译研究》，南京大学出版社，1996 年版，第 155 页。

5　赵瑞蕻、许钧：《关于〈红与黑〉中译本的对谈》，《文汇读书周报》，1995 年 4 月 1 日。

（1996年8月9日）一文，呼吁出版管理部门制定出必要的法规条例，加强对翻译出版物版权市场的管理。德语文学翻译家杨武能先生也在《出版广角》发表文章，题目为《窃贼心态初窥》，披露了长江文艺出版社出版的一套《世界文学名著新译》中的黄某某、马某某所“译”的《少年维特之烦恼》，纯属抄袭之作[1]。面对受利益驱使的抄译、剽窃之风，道德批评的力量虽然显得很单薄，但其积极作用是不可忽视的。在学术领域，道德批评始终不能少。

二、在外国文学名著复译潮中，翻译批评者理应负起责任来，对复译现象进行实事求是的分析，从理论和实践上澄清人们对翻译的模糊认识。为此，南京大学西语系翻译研究中心在《文汇读书周报》编辑部的支持下，围绕《红与黑》汉译所提出的问题，展开读者意见征询活动。意见征询表刊登在《文汇读书周报》1995年4月29日那一期上，包括两个部分。第一部分是“对《红与黑》汉译的基本看法”，共提出10个问题：1.《红与黑》多次复译，现已有十几个版本，您对此现象怎么看？ 2. 文学翻译应着重于文化交流还是文学交流？ 3. 翻译外国文学名著，是否应尽量再现原作风格？译者是否应该尽量克服自己的个性，以表现原作的个性？ 4. 文学翻译语言应该带有“异国情调”，还是应该完全归化？ 5. 有人认为文学翻译首先应该求精彩而不应求精确，您认为对不对？ 6. 有人认为文学翻译可多用汉语四字词组，您的看法如何？ 7. 文学翻译是否应该发挥译语优势，超越原作？ 8. 有人认为文学翻译是再创造，再创造的最高标准是“化境”，主张一切都应该汉化，您怎么看？ 9. 您喜欢与原文结构比较贴近，哪怕有点欧化的译文，还是打破原文结构，纯粹汉化的译文？ 10. 您主张译文与原作的等值，还是对原作的再创造？第二部分选择了罗玉君、郝运、郭宏安、许渊冲和罗新璋五位较有代表性的译家的各五段译文，调查读者“比较喜爱哪一种译文”，了解读者在新的历史时期对译文的审美期待。在截稿期内的短短三个星期里，除台湾、西藏之外，全国其他各省、市、自治区都有读者来信，共收到316份意见表和长信。不少读者在信中说，他们的信不仅仅代表个人意见，有的是同学共同的看法，有的是综合了几位同事的观点，甚至有一家三代人商讨的结果。浙江平湖机床厂徐祖望读

1　杨武能：《窃贼心态初窥》，《出版广角》，1997年，第2期。

者说："我在我的社交范围（工人、职员、医生、教师、学生）内做了调查，就如何看待翻译作品这个问题交换过意见。"可以说，这316封信所带来的，绝不仅仅是316位读者的意见。参加讨论的读者，最小的是十四岁的初一学生，最大的是七十五岁的退休老人。西北工业大学的巫耀堂老人患了眼疾，看不清楚，仍坚持寄来了他一笔一画写下的意见。武汉大学的三年级学生冯凤阁写下了长达28页的文字，对涉及文学翻译的一些基本问题进行了认真的思考。这一次征询调查活动，几乎覆盖了各个年龄层次和文化层次。不论是稚嫩的中学生，还是已具有相当鉴赏审美能力的研究生，学术造诣深厚的专家，不论是工人、职员、教师，还是机关干部、科研人员，每个人都在调查答卷里呈明了自己的态度和观点，尽管多是自发的经验累积和直觉指导下的漫谈，却恰恰为象牙塔里的专家学者提供了许多新的视角、新的思路、新的层面，其中不乏颇有见地的论述。通过调查，根据读者的意见和选择，至少可以归纳出三点看法：1. 读者的审美习惯和要求，是多元的，《红与黑》的多种译本在一定程度上满足了不同层次读者的需要。2. 从我们提供讨论的五个译本看，译文各有千秋，各具特色。后面出的几个版本较之罗玉君的译本，质量有所改进，更受欢迎，说明严肃的复译是值得肯定的。3. 从读者对译文语言的要求看，大多数读者比较喜爱与原文结构较为贴近的译文。译者的动机和追求与读者的反应不尽一致。这一现象值得深入探讨。此外，在翻译理论方面，众多读者对名著复译，文学翻译再创造的"度"，异国情调与"归化"，四字词组的使用等问题提出的许多见解具有重大的理论价值，给翻译研究者在以后的研究探索中提供了新的思路。

三、突破了翻译批评经常出现的"是非判别"的简单化倾向。参与《红与黑》汉译批评的学者没有限于对翻译结果的正误性判别，而是通过不同译文的对比，对不同翻译者的立场、方法和审美旨向进行深刻的剖析。翻译家施康强在《红烧头尾》[1]一文中，通过比较罗玉君、罗新璋、许渊冲等翻译家对《红与黑》开篇第一句的不同处理和罗玉君、郝运、闻家驷、郭宏安、罗新璋、许渊冲等译家对《红与黑》最后一句的传译，结合不同译家对翻译的不同主张，对不同译家不同的翻译观、翻译主张和方法

1　施康强：《红烧头尾》，《读书》，1995年，第1期。

进行了分析与批评。他针对许渊冲先生提出的与原文竞赛，“而竞赛中取胜的方法是发挥译文的优势”的主张，明确指出许渊冲先生的“这个理论和这个理论指导下的实践，或者说支撑这个理论的实践”令人困惑。译林出版社编审、翻译家韩沪麟则从编辑的角度，对文学翻译，特别是对名著复译中提出的问题，进行了探讨，认为不同的译文有不同的价值，前辈的“译本该受到更多的尊重才是，后译对前译该抱有最大限度的宽容才对”。同时，还结合目前翻译中美化译文的倾向，就“美”的问题提出了自己的见解：“就单从文学品位而言，所谓美文也决不在于辞藻的绚丽多彩，而在于蕴育于文字之中的一种底气，或曰文气，在于通篇文字的节奏感；同样是稀松平常的字，有人把它们连缀在一起，就可成了很美的文章；反之，单独看是很美的，如把它们堆砌在一起，就令人生厌，不忍卒读。傅雷译本，杨绛译本，李健吾的《包法利夫人》之所以给我留下极深的印象，决不是因为他们的译文里有多少华丽的辞藻，有多少四字成语，而因为他们由深厚的中外文功力、文学素养，乃至高尚人品所形成的译文，具有一种整体的统一、连贯、匀称与和谐，这种厚实的底蕴和文采，是成熟和臻于完美的标志。”[1] 这些批评文字在理论上加深了人们对文学翻译的认识，在实践上为文学翻译提供了参考依据。

四、通过对《红与黑》汉译的讨论，拓展并丰富了文学翻译批评的形式。以往的文学翻译批评，往往局限于译文与原文的静态对比，对涉及或影响翻译过程的因素很少加以考虑。在有关《红与黑》汉译的讨论中，与翻译有关的许多因素都被纳入了探讨范围，如上面已经谈到的读者因素、编辑因素以及译者的主体因素等等，从而开阔了批评视野，开拓了批评的疆界，把对静态的翻译结果的分析扩展为对动态的翻译过程的讨论，确立了原作作者（包括原作历史环境）——原作——（原作读者）译者——译作——译作读者（包括译作历史环境）的翻译系统，将不同时代的审美因素、社会因素容纳在文学翻译理论的研究范围之内，就这样完成了从点到面到立体的理论的初步构建。特别需要提出的是，将讨论作为批评的一种方式，这本身就开拓了文学翻译批评的视野。和单纯的文学批评不同，文学翻译批评好像从来就是理论家或是语言家的事情——读者因为大多不通

1 韩沪麟：《从编辑角度漫谈文学翻译》，《文汇读书周报》，1995 年 1 月 7 日。

原文，一向被婉拒在批评之外。但是作为译作的直接消费者，读者既然是译作生产的决定因素之一，那么他们对译文有着怎样的审美期待就不能不引起我们的翻译家或者翻译批评家的深思。《红与黑》的汉译讨论不仅考虑进了读者的因素，而且将其作为讨论批评的重要一部分，对他们的意见做了理论性的梳理。这样，从形式上来看，讨论接受了中国传统的批评手段，如译者与译者之间、批评者与译者之间、读者与译者之间的书信、对谈，这样就保留了许多译者（特别是不太从事翻译理论研究的译者）和读者的直接感性经验；同时，讨论也采用了较为科学的调查方法，例如借助《文汇读书周报》所开展的读者意见征询以及在这之后所进行的大量的整理、归纳工作和在此基础上完成的《为了共同的事业——〈红与黑〉汉译读者意见综述》[1]；讨论更有学术意义上的专论，如笔者运用翻译层次论的观点，借助语言学、社会语言学及文化理论等不同途径对文学翻译中的风格、语言、形象以及文学翻译的实质进行了探讨。

五、文学翻译批评是一项非常严肃的工作，它需要批评者有敏锐的批评意识、深厚的学术素养、严谨的学风和实事求是的精神。在目前的文学批评和文学翻译批评实践中，往往出现两种不好的倾向：一是无原则的吹捧，一味说好话；二是恶意的攻讦，根本达不到批评的目的。《红与黑》的讨论中，无论是读者对译者的批评，还是批评者与译者的交锋，虽然有时也有过偏激的言辞，但从总体上来说，组织者和参与者一直注意营造一种健康的学术交锋与有利于发展翻译事业的批评氛围。翻译家罗国林在《出版广角》1996 年第 2 期上曾发表过《批评不等于否定》一文，他这样写道："去年七月在北京参加亚洲翻译家论坛会议之余，许钧约我去许渊冲教授家聚会，参加者还有罗新璋和施康强。这是一次不寻常的聚会，因为许钧公开批评过罗新璋、许渊冲教授所译的《红与黑》，尤其撰专文批评过罗新璋的译本，而这一次他又是带着尚未发表的新批评文章来的，请许、罗二位过目，当面征求意见。批评者和被批评者聚在一起，有友好诚挚的倾谈、严肃认真的探讨，也有慷慨激昂的争论。双方都虚怀若谷，把个人置之度外，进行真正的学术讨论。这应该称得上翻译界的一段佳话，

1　许钧、袁筱一：《为了共同的事业——〈红与黑〉汉译读者意见综述》，《文汇读书周报》，1995 年 7 月 1 日。

作为圈内人和见证者，我深受感动。我认真读过许钧批评罗新璋译《红与黑》的文章，觉得他的确是以求真求是的态度，进行翻译的探索，一扫文人之间以批评之名行相互攻讦之实的积习。这是值得称道和提倡的。反过来说，罗新璋的译本受到不少赞扬（包括许钧的赞扬），也受到一些批评，这正说明他的翻译特色突出，受到人们广泛的关注。”笔者认为，罗国林的观点决不是对个人的一种赞扬，而是对健康的翻译批评的一种肯定。在组织和参与《红与黑》汉译讨论的活动中，笔者也深深感受到了老一辈翻译家的广阔胸怀和他们对翻译事业的关心以及他们对真理的探索精神。笔者曾在书信、谈话和文章中多次对译界前辈许渊冲先生的翻译主张和实践提出了不同的看法，如在致许渊冲先生的长信[1]中，对许先生的翻译诗学、翻译哲学和翻译美学主张提出了质疑。在《“借尸还魂”与形象变异——德·瑞那夫人形象比较》《“化”与“讹”——读许渊冲译〈红与黑〉有感》[2]中，对许先生的翻译目的、翻译方法和具体翻译提出了不同看法和批评。许先生没有把我的批评视作对他的“不敬”，而是从学术的角度，采取严肃的态度，提出了反批评，撰写了《文学翻译改革刍议——“形似”还是“神似”》和《谈重译——兼评许钧》等文章，进一步澄明了他的翻译主张，并明确地指出了他在翻译认识论、方法论与目的论三个方面与笔者的分歧。他指出：“我看我和许钧有三大分歧：第一，在认识论方面，他认为翻译是科学，我认为翻译是艺术，他要用科学方法来解决翻译问题，认为翻译的公式是 1+1=2，一个字只有一个‘等值’的译法；他只重视词的表层形式，更重‘形似’，更重‘直译’，结果成了他自己说的斤斤计较于‘微观细节’的‘文字翻译匠’。我却要用艺术方法来解决翻译问题，认为文学翻译的公式是 1+1>2，译字句都要发挥译语的优势（许钧称之为‘讹’），更重深层含义，更重‘神似’，更重‘意译’，这是我们的第一个分歧。第二，在方法论方面，他强调‘再现原作风格’，我却提出‘三化’（深化、等化、浅化）的艺术。他认为‘化无定法’，‘深浅无常’难以掌握，我却认为只要自问译文是否使自己‘知之、好之、乐之’就能

1　许钧：《关于〈红与黑〉汉译的通信——许钧致许渊冲》，许钧主编：《文字·文学·文化——〈红与黑〉汉译研究》，南京大学出版社，1996 年，第 43—48 页。

2　分别参见许钧主编：《文字·文学·文化——〈红与黑〉汉译研究》，南京大学出版社，1996 年，第 199—208，209—220 页。

掌握，所谓‘知之’，就是知道原作说了什么；所谓‘好之’，就是喜欢译文怎么说法；所谓‘乐之’，就是‘说什么’（what）和‘怎么说’（how）使你感到乐趣。这种乐趣如果引起共鸣，就把一国创造的美转化为全世界的美，与全世界共享，那是世界上最高级的善（叔本华语）。第三，在目的论方面，他认为翻译的目的是交流文化，我却认为交流的目的是双方都得到提高，共同建立新的世界文化。所以就该欢迎译文胜过原文，重译胜过原译。庞德把汉武帝的哀歌译成意象派的新诗，得到了国际声誉；我们也就应该把‘魂归离恨天’送上国际文坛（杨宪益夫妇在《红楼梦》中译成 return in sorrow to Heaven，我在《西厢记》中把‘休猜做了离恨天’译为 is this a paradise or a sorrowless sphere?），这样，重译就可以使国际文坛变得越来越丰富多彩，越来越灿烂辉煌！”[1] 客观地说，这种严肃的批评态度是值得倡导的。

六、在有关《红与黑》汉译的整个讨论中，我们始终有一种清醒的理论意识，针对译界翻译探讨与翻译实践往往相脱节的状况，希望通过对《红与黑》汉译的讨论，以实际例子来说明两点：一、翻译是有理论的，而且不仅有理论，还有不同的理论与观点；二、翻译理论是有指导性的，在不同的理论与观点的指导下，会有不同的实践。历史上就翻译的实质、标准、功能、目的有过不少争论，不少译家发表了不同的看法，但因时间、空间的关系，探讨不够集中，也不够深入。《红与黑》的汉译，折射出许多共性的问题。因此讨论《红与黑》的翻译，其意义远远超过《红与黑》汉译本身，可以就《红与黑》汉译所遇到的问题扩展开去，对文学翻译的一些具有共性的基本问题进行探讨。《红与黑》汉译讨论对文学翻译理论的建设无疑是有益的，它几乎牵涉到文学翻译所能牵涉到的所有基本原则：文学翻译中实践与理论的关系问题（实践与理论谁先谁后？）；文学翻译的目的，文学翻译的功用；翻译与创作的关系（它在何种意义上可以称为“再创作”？再创作有没有应有的度？）；翻译的语言问题；翻译的风格问题（译者有没有自己的风格，应不应该有自己的风格？）；等等，都涵盖在内。更为重要的是，从横向来看，它使文学翻译理论的研究在实践的基础上迈向了文化的宽阔背景。在整个讨论中，有小到人名地名运用的细节

1　许渊冲：《谈重译——兼评许钧》，《外语与外语教学》，1996 年，第 6 期。

探讨，亦有大到文本风格乃至文本风格之后的时代、历史背景和社会文化因素对翻译的影响的专门研究。作为讨论的一个阶段性总结，《文字·文学·文化——〈红与黑〉汉译研究》一书，如书名所揭示的那样，一切都被包容在这三者的和谐统一之上。就文学翻译而言，文学是文字的艺术，文化的一个组成部分，而文字中又有文化的沉淀，三者是一个难以分割的整体。因此，翻译中一个字、一个词的运用，绝不仅仅限于其语言意义。文学翻译批评并不排斥对词汇或句式的考查及正误，但是它更应当置于文化的大背景下来进行。做文学翻译或文学翻译批评的人，首先应当把文学翻译当作对外文化交流的手段来对待，如是才能有开阔的视野与胸襟，才能看到文学翻译中所包含的更为本质的东西。

关于《红与黑》汉译的讨论已经过去六年多了，但是它的意义应该是深远的。在讨论翻译批评的这一章中旧话重提，目的正是要探讨与总结这场讨论对文学翻译与文学翻译批评带来的多重启迪，进一步加强文学翻译批评的理论建设，探讨文学翻译批评的途径和方法，给中国的文学翻译事业指明一个方向，使其能健康而繁荣地发展。从实践的角度看，这次有关《红与黑》汉译的讨论是翻译批评的一次有益尝试，从中提出了许多值得深入思考的理论问题。翻译作为人类最悠久的跨文化交流活动，其本质之深刻，其过程之复杂，其因素之繁多，其矛盾之激烈，其作用之重要，需要进行不懈的、永远的探索。

结　语

讨论翻译问题，不能不首先回答“什么是翻译”。到底什么是翻译？这个问题看似十分简单，凡接受过一定教育的人恐怕都可对之作出某种解答。然而，在思考和探讨的过程中，却会发现，要对这个问题作出较为令人满意的回答，不能不去考察翻译的悠久历史及其丰富的活动形态，不能不去探寻其深刻的文化内涵和复杂的活动过程，更不能不去思考翻译活动所承载的使命和应该起到的作用，也不能不去关注在翻译的实际过程中所表现的种种矛盾及符号转换所带来的意义重构的问题。通过对上述问题的一步步思考和研究，对翻译的社会性、文化性、符号转换性、创造性和历史性等特征就有了更为深刻的了解，为认识翻译，理解翻译，树立正确的翻译观，提供了某种理论参照和价值坐标，也可为从事翻译实践，把握翻译活动所遇到的矛盾，制定翻译策略，提高翻译质量等，提供某种启迪。

从理论上讲，讨论翻译问题，不能不对“翻译”作一界定。然而，在目前阶段，要对“翻译”作出一个能为译界普遍接受的科学的界定，是十分困难的。打开翻译历史，搜寻翻译理论发展的基本脉络，便不难看到，围绕着翻译问题，历史上有着太多的实践层面的争论、观念层面上的冲突和形而上层面的悖论，需要以一定的翻译观为基础，对从古到今的整个翻译历史和不断丰富的翻译活动形态所凸现的基本问题加以理性的分析，对交织在翻译历史和翻译理论史中的各种争论、冲突和悖论进行梳理、分析和讨论，廓清构成这种种争论、冲突和悖论的诸要素，通过宏观的把握和微观的分析，用以概括对翻译活动的认识和理解。在这整个研究过程中，在翻译实践中积累的经验是一笔丰富的精神遗产，但认识不能限于经验，止于感受，而要以一定的理论为指导加以理性的分析和升华，如是才能推进翻译的理论建设，深化人们对翻译活动的认识。

对翻译问题的讨论和研究，不能割裂人们在历史中渐渐形成的对翻译的种种认识，割裂了现代与传统的联系，无疑是断其生命的来源。正因为如此，本书在讨论中，对历史上反复出现、在人们的头脑中根深蒂固的某些翻译观念，坚持以发展的观点对其形成的原因及其合理内核进行分析，将传统中的合理部分融入到现代学理之中，使理性的思考和系统的分析带有厚重的历史内涵。如在讨论翻译主体性的一章，对有关翻译的“仆人说”“叛逆说”等在翻译历史中产生过重大影响且至今仍有一定市场的翻译观念，进行了多方面的分析，并以其分析为基础，导向对翻译主体性和翻译主体间性的研究，正本清源，把握翻译观念的流变，为正确认识译者在翻译活动中的主体作用，有效发挥翻译的主体性提供了理论的参照。

近三十年来，随着各种现代理论的介入，翻译理论研究进入了一个空前活跃的阶段，各种翻译理论流派应运而生，如在本书的讨论中经常提及的诠释学派、语言学派、目的学派、文化学派、解构学派等等。在不同的理论指导下形成的翻译观点之间出现了猛烈的碰撞、激烈的交锋，传统的与后现代的、语言的与文化的、文本的与主体的，林林总总的流派、形形色色的观念，显得五花八门，令人眼花缭乱，给人以观念纷呈、莫衷一是的感觉。但在研究和分析中可以发现，这种种翻译流派的形成都有其深刻的历史原因和理论背景，在破与立中形成了各种观点的对峙和交锋，在对峙和交锋中又显露出各自的长处与不足，为新思想的突破提供了发展空间。近三十年来所形成的各种翻译理论流派，为全面认识翻译、理解翻译提供了新的视角，为翻译学的理论建设作出了贡献。作为一个翻译学者，则应该建立自己的翻译观，要有自己的理论视角、研究方法和价值判断。本书的总体构建，是从对翻译活动的特征分析入手，从五个方面对翻译的本质进行了理论概括，继又以此为基础，对有关翻译的问题进行总体的把握和步步深入的分析。以翻译批评一章为例，正是以翻译活动的社会性、文化性、符号转换性、创造性和历史性为基础，对翻译活动的价值进行了探讨，进而建立起自己的翻译价值观，为翻译批评的理论与实践提供价值坐标。

理论的研究和体系的形成，离不开对一些关键概念的科学界定。在研究中，笔者特别注意对翻译历史中出现的一些争议不休、相互矛盾的概念进行历史的分析，以发展和辩证的目光进行梳理，把基本概念的梳理与界定作为讨论的起点，作为理论建设的基础。以“翻译矛盾论”一章为例，从对“异”这一概念的分析和界定入手，对长期困扰翻译界的“异”与“同”这一对矛盾进行了理论的探讨，为认识“归化”与“异化”之争的本质提供了新的视角。

讨论翻译理论问题，不能忽视翻译实践。对近年来所出现的翻译理论与实践关系之争，笔者在讨论中虽然没有表明自己的理论立场，但在具体的写作过程中，始终有着清醒的认识：任何翻译研究，若不对翻译实践的重大问题作出解答，其理论价值就难以真正实现。为此，在探讨中，既强调要注重对翻译历史中出现的重大事件和具有普遍性的翻译现象加以思考，也指出不应忽视对具体翻译文本的分析和研究；既强调对翻译主体性的重新认识和定位，也指出要把研究的目光投向对翻译活动起着各种影响作用的重要因素，把“如何译”的技的层面的探讨与“何为译”的道的层面的思考结合起来，再从“何为译”到“为何译”“译何为”，将外部研究与内部研究、主体研究与影响研究结合起来，将翻译语言观、文化观和社会观融为一体，始终以“译”为关注的对象、思考的重点和研究的根本，如是才能坚持科学的翻译学立场，维护翻译学科的独立性，促进翻译理论建设。

参考文献

ALBIR, Amparo Hurtado: *La notion de fidélité en traduction*, Paris: Didier Erudition, 1990.

BAKER, Mona: *Routledge Encyclopedia of Translation Studies*, London and New York: Routledge, 1998.

BALLARD , Michel: *De Cicéron à Benjamin: traducteurs, traductions, réflexions*, Lille: Presses Universitaires de Lille, 1995.

BASSNETT, Susan & LEFEVERE, André: *Constructing Cultures: Essays on Literary Translation*, Clevedon: Multilingual Matters Ltd., 2000.

BASSNETT , Susan & LEFEVERE, André, eds: *Translation: Its Genealogy in the West*, in *Translation, History and Culture*, New York: Cassell, 1995.

BELL, Roger T.: *Translation and Translating: Theory and Practice*, London and New York: Longman, 1991.

BERMAN, Antoine: *L'épreuve de l'étranger: culture et traduction dans l'Allemagne romantique*, Paris: Gallimard, 1984.

BERMAN, Antoine: *Pour une critique des traductions: John Donne*, Paris: Gallimard, 1995.

BERMAN, Antoine: *La traduction et la lettre ou l'auberge du lointain*, Paris: Editions du Seuil, 1999.

BLOOMFIELD, Leonard: *On Language*, London: George Allen & Uniwin Ltd., 1995.

BRISSET, Annie: *Sociocritique de la traduction*, Québec: Editions du Préambule, 1990.

CARY, Edmond: *Comment faut-il traduire?* Lille: Presses Universitaires de Lille, 1986.

CARY, Edmond: *Les grands traducteurs français*, Genève: Georg, 1963.

CATFORD, J. C.: *A Linguistic Theory of Translation*, London: Oxford University Press, 1965.

EOYANG, Eugene Chen: *The Transparent Eye: Reflections on Translation, Chinese Literature, and Comparative Poetics*, Honolulu: SHAPS Library of Translation, 1993.

GENTZLER, Edwin: *Contemporary Translation Theories*, London and New York: Routledge, 1993.

GOUANVIC, Jean-Marc: *Sociologie de la traduction: la science-fiction américaine dans l'espace culturel français des anneés 1950*, Arras: Artois Presses Université, 1990.

GUILLMIN-FLESHER, Jacqueline: *Syntaxe du français et de l'anglais: problèmes de traduction*, Paris: Editons Ophrys, 1981.

HATIM, Basil: *Communication Across Cultures: Translation Theory and Contrastive Text Linguistics*, Shanghai: Shanghai Foreign Language Education Press, 2001.

HOOF, Henri Van: *Petite histoire de la traduction en Occident*, Louvain: Cabay, 1986.

HORGUELIN, P. A.: *Anthologie de la manière de traduire: domaine français*, Montréal: Linguatech, 1981.

HULST, Lieven D': *Cent ans de théorie française de la traduction, de Batteux à Littré* (1748—1847), Lille: Presses Universitaires de Lille, 1990.

KELLY, L. G.: *The True Interpreter: A History of Translation Theory and Practice in the West*, Oxford: Basil Blackwell, 1979.

KUNDERA, Milan: *L'insoutenable légèreté de l'être*, Paris: Gallimard, 1987.

LADMIRAL, Jean-René: *Traduire: théorèmes pour la traduction*, Paris: Gallimard, 1994.

LAROSE, Robert: *Théories contemporaines de la traduction*, Montréal: Presses de l'Université du Québec, 1989.

LEDERER, Marianne: *La traduction aujourd'hui: le modèle interprétatif*, Paris: Hachette Livre S. A., 1994.

LEFEVERE, André: *Translating Literature: The German tradition, from Luther to Rosenzweig*, Assen/Amsterdam: Van Grocum, 1977.

MARTINET, André: *Eléments de la linguistique générale*, Paris: Colin, 1960.

MESCHONNIC, Henri: *Pour la poétique II, Epistémologie de l'écriture, Poétique de la traduction*, Paris: Gallimard, 1982.

MOUNIN , Georges: *Les problèmes théoriques de la traduction*, Paris: Gallimard, 1963.

NIRANJANA, Tejaswini: *Sitting Translation: History, Post-structuralism and the Colonial Context*, Berkeley: University of California Press, 1992.

OSEKI-Dépré, Inès: *Théories et pratiques de la traduction littéraire,* Paris: Armand

Colin, 1999.

PEETERS, Jean: *La médiation de l'étranger, une sociolinguistique de la traduction*, Arras: Artois Presses Université, 1999.

REISS, K.: *Translation Criticism: The Potentials & Limitations*, Manchester: St. Jerome Publishing, 2000.

RENER, F. M.: *Interpretation: Language and Translation from Cicero to Tytler*, Amsterdam: Rodopi, 1989.

ROUBAKINE, Nicolas: *Introduction à la psychologie biologique*, Paris: Povoloski et cie, 1921.

SERRES, Michel: *Hermes III: La traduction*, Paris: Les Editions de Minuit, 1974.

SHEN Dan: *Literary Stylistics and Fictionnal Translation,* Beijing: Peking University Press, 1995.

SNELL-HORNBY, Mary et al.: *Translation Studies: An Interdiscipline*, Amsterdam and Philadelphia: John Benjamins Publishing Company, 1994.

SNELL-HORNBY, Mary: *Translation Studies: An Integrated Approach,* Amsterdam: John Benjamins Publishing Compagny, 1988.

STEINER, T. R.: *English Translation Theory, 1650—1800*, Amsterdam: Van Gorcum, 1975.

STEINER, George: *Après Babel: une poétique du dire et de la traduction*, traduit par Lucienne Lotringer et Pierre-Emmanuel Dauzat, Paris: Albin Michel, 1998.

STEINER, George: *After Babel: Aspects of Language and Translation,* Oxford: Oxford University Press, 1975.

VENUTI, Lawrence: *Translation and the Formation of Cultural Identities*, in Christina Schāffner and Helen Kelly-Homes (eds): *Cultural Functions of Translation*, Clevedon: Multilingual Matters Ltd., 1999.

VINAY, J. -P. et DARBELNET, J.: *Stylistique comparée du français et de l'anglais*, Paris: Didier, 1973.

Xu JUN et Wang KEFEI: *Théorie et Pratique de la traduction en Chine,* Montréal: Les Presses de l'Université de Montréal, 1999.

阿多诺：《美学理论》，王柯平译，四川人民出版社，1998 年。

埃斯卡皮：《文学社会学》，王美华、于沛译，安徽文艺出版社，1987 年。

艾柯等：《诠释与过度诠释》，柯里尼编，王宇根译，三联书店，1997 年。

艾田蒲：《中国之欧洲》（上、下卷），许钧、钱林森译，河南人民出版社，1994 年。

奥尔巴赫：《摹仿伦——西方文学中所描绘的现实》，吴麟绶、周新建、高艳婷译，百花文艺出版社，2002 年。
巴赫金：《巴赫金全集》（第一卷），晓河、贾泽林、张杰、樊锦鑫等译，河北教育出版社，1998 年。
巴特：《文之悦》，屠友祥译，上海人民出版社，2002 年。
北京大学比较文学与比较文化研究所编：《多边文化研究》，新世界出版社，2001 年。
本雅明：《本雅明：作品与画像》，孙冰编，文汇出版社，1999 年。
卞之琳译：《卞之琳译文集》（中卷），安徽教育出版社，2000 年。
博达尔：《安娜·玛丽》，许钧、钱林森译，江苏人民出版社，1988 年。
布洛克：《西方人文主义传统》，董乐山译，三联书店，1997 年。
蔡小红：《交替传译、思维过程与能力发展——中国法语译员与学生交替传译活动的实证研究》（博士论文）
蔡新乐：《文学翻译的艺术哲学》，河南大学出版社，2001 年。
蔡新乐、郁东占：《文学翻译的释义学原理》，河南大学出版社，1997 年。
蔡毅、虞杰编译：《文艺翻译与文学交流》，中国对外翻译出版公司，1987 年。
陈德鸿、张南峰编：《西方翻译理论精选》，香港城市大学出版社，2000 年。
陈福康：《中国译学理论史稿》，上海外语教育出版社，1992 年。
陈原：《社会语言学》，学林出版社，1983 年。
德里达：《书写与差异》，张宁译，北京，三联书店，2001 年。
笛卡尔：《第一哲学沉思集》，庞景仁译，商务印书馆，1986 年。
董小英：《再登巴比伦塔——巴赫金与对话理论》，北京，三联书店，1994。
方平：《他不知道自己是一个诗人》，湖北教育出版社，2002 年。
冯建文：《神似翻译学》，敦煌文艺出版社，2001 年。
傅雷：《傅雷文集：书信卷》（上），安徽文艺出版社，1998 年。
伽达默尔：《哲学解释学》，夏镇平、宋建平译，上海译文出版社，1994 年。
伽达默尔：《真理与方法——哲学解释学的基本特征》，洪汉鼎译，上海译文出版社，1999 年。
格雷马斯：《结构语义学》，蒋梓骅译，百花文艺出版社，2001 年。
葛赛尔：《罗丹艺术论》，傅雷译、傅敏编，中国社会科学出版社，1999 年。
顾彬：《关于“异”的研究——顾彬讲演》，曹卫东编译，北京大学出版社，1997 年。
郭宏安：《同剖诗心》，中央编译出版社，1996 年。
郭宏安：《重建阅读空间》，中国社会科学出版社，1989 年。
郭建中编著：《当代美国翻译理论》，湖北教育出版社，2000 年。
郭延礼：《中国近代翻译文学概论》，湖北教育出版社，1998 年。
哈特曼、斯托克编著：《语言与语言学词典》，黄长著、林书武、卫志强、周绍珩译，上海辞书出版社，1981 年。

海德格尔：《存在与时间》，陈嘉映、王庆节译，熊伟校，三联书店，1987年。
海德格尔：《在通向语言的途中》，孙周兴译，商务印书馆，1999年。
海然热：《语言人——论语言学对人文科学的贡献》，张祖建译，三联书店，1999年。
洪堡特：《论人类语言结构的差异及其对人类精神发展的影响》，姚小平译，商务印书馆，1999年。
洪汉鼎主编：《理解与解释——诠释学经典文选》，东方出版社，2001年。
黄忠廉：《变译理论》，中国对外翻译出版公司，2002年。
黄忠廉：《翻译本质论》，华中师范大学出版社，2000年。
纪德：《纪德文集》（文论卷），桂裕芳等译，花城出版社，2001年。
姜治文、文军编著：《翻译批评论》，重庆大学出版社，1999年。
金圣华：《认识翻译真面目》，天地图书有限公司，2002年。
金圣华编：《傅雷与他的世界》，北京，三联书店，1996年。
金圣华、黄国彬主编：《因难见巧——名家翻译经验谈》，三联书店（香港）有限公司，1996年。
金圣华主编：《翻译学术会议——外文中译研究与探讨》，香港中文大学翻译系，1998年。
卡特福德：《翻译的语言学理论》，穆雷译，旅游教育出版社，1991年。
柯平编著：《英汉与汉英翻译教程》，北京大学出版社，1993年。
昆德拉：《被背叛的遗嘱》，孟湄译，上海人民出版社，1995年。
昆德拉：《生命中不能承受之轻》，韩少功、韩刚译，作家出版社，1991年。
勒代雷：《释意学派口笔译理论》，刘和平译，中国对外翻译出版公司，2001年。
廖七一编著：《当代西方翻译理论探索》，译林出版社，2000年。
廖七一等编著：《当代英国翻译理论》，湖北教育出版社，2001年。
林煌天主编：《中国翻译词典》，湖北教育出版社，1997年。
刘禾：《跨语际实践——文学，民族文化与被译介的现代化（中国，1900—1937)》，北京，三联书店，2002年。
刘和平：《口译技巧——思维科学与口译推理教学法》，中国对外翻译出版公司，2001年。
刘靖之：《神似与形似——刘靖之论翻译》，书林出版有限公司，1996年。
刘宓庆：《翻译美学导论》，书林出版有限公司，1995年。
刘宓庆：《翻译与语言哲学》，中国对外翻译出版公司，2001年。
刘宓庆：《汉英对比研究与翻译》，江西教育出版社，1991年。
刘宓庆：《文化翻译论纲》，湖北教育出版社，1999年。
柳鸣九、郑克鲁、张英伦：《法国文学史》（上册），人民文学出版社，1979年。
吕俊：《跨越文化障碍——巴别塔的重建》，东南大学出版社，2001年。

罗兰：《约翰·克里斯托夫》，许渊冲译，湖南文艺出版社，2000 年。
罗新璋编：《翻译论集》，商务印书馆，1984 年。
马蒂尼奇编：《语言哲学》，牟博、杨音莱、韩林合等译，商务印书馆，1998 年。
马祖毅：《中国翻译史》（上卷），湖北教育出版社，1999 年。
买提尼牙孜主编：《西域翻译史》，新疆大学出版社，1994 年。
孟华：《比较文学形象学》，北京大学出版社，2001 年。
穆雷：《通天塔的建设者——当代中国中青年翻译家研究》，开明出版社，1997 年。
钱锺书：《管锥篇》（第四册），中华书局，1979 年。
萨特：《萨特文学论文集》，施康强等译，安徽文艺出版社，1998 年。
塞尔登编：《文学批评理论——从柏拉图到现在》，刘象愚、陈永国等译，北京大学出版社，2000 年。
上海译文出版社编：《作家谈译文》，上海译文出版社，1997 年。
沈苏儒：《论信达雅——严复翻译理论研究》，商务印书馆，1998 年。
司汤达：《红与黑》，许渊冲译，湖南文艺出版社，1993 年。
思果：《翻译研究》，中国对外翻译出版公司，2001 年。
孙致礼：《翻译：理论与实践探索》，译林出版社，1999 年。
索绪尔：《普通语言学教程》，高名凯译，岑麒祥、叶蜚声校注，商务印书馆，1982 年。
塔迪埃：《20 世纪的文学批评》，史忠义译，百花文艺出版社，1998 年。
谭载喜：《翻译学》，湖北教育出版社，2000 年。
谭载喜：《西方翻译简史》，商务印书馆，1991 年。
谭载喜编译：《新编奈达论翻译》，中国对外翻译出版公司，1999 年。
唐弢主编：《中国现代文学史》（一），人民文学出版社，1979 年。
屠岸：《倾听人类灵魂的声音》，湖北教育出版社，2002 年。
瓦莱里：《文艺杂谈》，段映虹译，百花文艺出版社，2002 年。
汪榕培编著：《比较与翻译》，上海外语教育出版社，1997 年。
汪正龙：《文学意义研究》，南京大学出版社，2002 年。
王彬彬：《为批评正名》，时代文艺出版社，2000 年。
王宏志：《重释“信达雅”——20 世纪中国翻译研究》，东方出版社，1999 年。
王宏志编：《翻译与创作——中国近代翻译小说论》，北京大学出版社，2000 年。
王克非编著：《翻译文化史论》，上海外语教育出版社，1997 年。
王蒙：《红楼启示录》，北京，三联书店，1995 年。
王小波：《王小波文集》（第四卷），中国青年出版社，1997 年。
王岳川：《后现代主义文化研究》，北京大学出版社，1992 年。
威尔斯：《翻译学——问题与方法》，祝珏、周智谟节译，南木审校，中国对外翻译出版公司，1989 年。

韦勒克：《近代文学批评史》，杨岂深、杨自伍译，上海译文出版社，1997 年。
维特根斯坦：《哲学研究》，汤潮、范光棣译，北京，三联书店，1992 年。
温特尔编：《现代世界文化词典》，祁阿红等译，江苏人民出版社，1988 年。
翁显良：《意态由来画不成》，中国对外翻译出版公司，1983 年。
奚永吉：《文学翻译比较美学》，湖北教育出版社，2000 年。
香港中文大学哲学系编辑委员会主编：《分析哲学与语言哲学论文集》，新亚书院，1993 年。
谢天振：《比较文学与翻译研究》，业强出版社，1994 年。
谢天振：《译介学》，上海外语教育出版社，1999 年。
谢天振主编：《翻译的理论建构与文化透视》，上海外语教育出版社，2000 年。
许宝强、袁伟选编：《语言与翻译的政治》，中央编译出版社，2001 年。
许钧：《文学翻译批评研究》，译林出版社，1992 年。
许钧：《译事探索与译学思考》，外语教学与研究出版社，2002 年。
许钧等：《文学翻译的理论与实践——翻译对话录》，译林出版社，2001 年。
许钧、袁筱一等编著：《当代法国翻译理论》，湖北教育出版社，2001 年。
许钧主编：《文字·文学·文化——〈红与黑〉汉译研究》，南京大学出版社，1996 年。
许渊冲：《诗书人生》，百花文艺出版社，2003 年。
许渊冲：《文学翻译谈》，书林出版有限公司，1998 年。
亚里士多德：《诗学》，陈中梅译注，商务印书馆，1999 年。
严安编选：《伽达默尔集》，上海远东出版社，1997 年。
燕卜荪：《朦胧的七种类型》，周邦宪、王作虹、邓鹏译，黄新渠、吴福临审校，中国美术学院出版社，1996 年。
杨武能：《圆梦初记》，湖北教育出版社，2002 年。
杨自俭、刘学云编：《翻译新论》，湖北教育出版社，1994 年。
余光中：《余光中谈翻译》，中国对外翻译出版公司，2002 年。
喻云根主编：《英美名著翻译比较》，湖北教育出版社，1996 年。
袁锦翔：《名家翻译研究与赏析》，湖北教育出版社，1990 年。
张柏然、许钧主编：《面向 21 世纪的译学研究》，商务印书馆，2002 年。
张柏然、许钧主编：《译学论集》，译林出版社，1997 年。
张广智、张广勇：《史学，文化中的文化——文化视野中的西方史学》，浙江人民出版社，1990 年。
张经浩：《译论》，湖南教育出版社，1996 年。
张汝伦：《意义的探究——当代西方释义学》，辽宁人民出版社，1986 年。
张泽乾：《翻译经纬》，武汉大学出版社，1994 年。
郑海凌：《文学翻译学》，文心出版社，2000 年。

中国社会科学院外国文学研究所《世界文论》编辑委员会编：《布拉格学派及其他》，社会科学文献出版社，1995 年。
周克希：《译边草》，百家出版社，2001 年。
周宪：《超越文学——文学的文化哲学思考》，上海，三联书店，1997 年。
周宪、许钧主编：《文化与传播译丛》，商务印书馆，2000 年。
周仪、罗平：《翻译与批评》，湖北教育出版社，1999 年。
朱光潜：《谈文学》，安徽教育出版社，1996 年。
邹振环：《20 世纪上海翻译出版与文化变迁》，广西教育出版社，2000 年。
邹振环：《影响中国近代社会的一百种译作》，中国对外翻译出版公司，1996 年。

本书主要外国人名中外文对照表

阿布朗古尔	Ablancourt, Nicolas Perrot d’
阿尔比	Albir, Amparo Hurtado
阿尔都塞	Althusser, Louis
阿里斯托芬	Aristophanes
阿诺德	Arnold, Matthew
埃斯卡皮	Escarpit, Robert
埃文-佐哈尔	Even-Zohar, Itmar
艾柯	Eco, Umberto
艾略特	Eliot, T. S.
艾莫斯	Amos, Flora Ross
奥格兰	Horguelin, P. A.
奥莱斯姆	Oresme, Nicolas
巴拉尔	Ballard, Michel
巴门尼德	Parmenides
巴斯奈特	Bassnett, Susan
巴特	Barthe, Roland
邦维尼斯特	Benveniste, E.
鲍提埃	Pottier
贝尔曼	Berman, Antoine
贝克	Baker, Mona
本雅明	Benjamin, Walter
别林斯基	Belinsky, Vissarion

波德莱尔	Baudelaire, Charles
波拉德	Pollard, Afred
伯恩海默	Bernheimer, Charles
博达尔	Bodard, Lucien
博纳尔	Bonnard, Albert
布尔迪厄	Bourdieu, Pierre
布里塞	Brisset, Annie
布隆菲尔德	Bloomfield, L.
布鲁克	Broech, R.
查理五世	Charles V
查普曼	Chapman, George
达尔贝勒内	Darbelnet, J.
德莱顿	Dryden, John
狄德罗	Diderot, Denis
狄摩西尼	Demosthenes
蒂克	Tieck, Ludwig
杜贝莱	Du Bellay, Joachim
杜拉斯（又译杜拉）	Duras, Marguerite
杜勒斯特	Hulst, Lieven d’
多莱	Dolet, Etienne
恩尼乌斯	Ennius, Quintus
菲茨杰拉德	Fitzgerald, Edward
费道罗夫	Fedorov, A. V.
弗莱格	Frege, G.
弗美尔	Vermeer, Han J.
伏尔泰	Voltaire
伽达默尔	Gadamer, Hans-Georg
戈多	Godeau, Antoine
歌德	Goethe, Johann Wolfgang von
格雷马斯	Greimas, A. J.
根茨勒	Gentzler, Edwin
古昂维奇	Gouanvic, Jean-Marc
顾彬	Kubin, Wolfgang
果戈理	Gogol, Milolay
哈贝马斯	Habermas, Jürgen

哈里斯	Harris, E. E.
哈特曼	Hartmann, R. R. K.
海然热	Hagège, Claude
荷尔德林	Holderlin, Friedrich
荷马	Homer
贺拉斯	Horace
赫尔德	Herder, Joham Gottfried
赫尔曼	Hermans, Theo
赫施	Hirsch, E. D. Jr.
黑格尔	Hegel
洪堡（又译洪堡特）	Humboldt, Wilhelm von
霍夫	Hoof, Henri van
吉勒明-弗莱舍	Guillemin-Flesher, Jacqueline
加里	Cary, Edmond
卡尔德隆	Calderon
卡莱尔	Carlyle, Tomas
卡纳普	Carnap, R.
卡特福德	Catford, T. C.
凯利	Kelly, L. G.
坎贝尔	Campbell, George
柯尔律治	Coleridge, Samuel T.
科维尔	Cowell, E. B.
库尔提乌	Curtius, Quintus
奎因	Quine, W. V. O.
拉德米埃尔	Ladmiral, Jean-René
莱纳	Rener, F. M.
莱斯	Reiss, K.
劳伦斯	Lawrence, D. H.
勒菲弗尔	Lefevere, André
里奇	Leech, Geoffrey
理查兹	Richards, I. A.
利科	Ricœur, Paul
鲁巴金	Roubakine, Nicolas
路德	Luther, Martin
罗丹	Rodin, Auguste

罗兰	Rolland, Roman
罗森维	Rosenzweig, Franz
马蒂尼奇	Martinich, A. P.
玛丽	Marie, Anne.
梅纳日	Ménage, Gilles
梅齐利亚克	Méziriac, Claude Gaspard Buchet de
梅肖尼克	Meschonnic, Henri
梅耶	Meillet, Antoine
莫里哀	Molière
莫里斯	Morris, C.
穆尔	Moore, George
穆南	Mounin, Georges
奈达	Nida, Eugene A.
尼朗贾纳	Niranjana, Tejaswini
诺瓦利斯	Novalis
欧里庇得斯	Euripides
庞德	Pound, Ezra
佩兰	Perrin, J.
普劳图斯	Plautus
普希金	Pushkin, Alexander
乔伊斯	Joyce, James
切利	Cherry, C.
萨丕尔	Sapir, E.
萨特	Sartre, Jean-Paul
塞尔	Serres, Michel
塞尔登	Selden, Raman
塞万提斯	Cervantes, Miguel de
莎士比亚	Shakespeare
施莱尔马赫	Schleiermacher, Griedrich
施莱格尔	Schlegel, A. W.
史达尔	Stael, Madame de
舒哈基	Chouraqi
斯内尔-霍恩比	Snell-Hornby, Mary
斯坦纳	Steiner, George
斯托克	Stork, F. C.

孔德	Comte, Auguste
索绪尔	Saussure, Ferdinand de
泰特勒	Tytler, Alexander Fraser
唐璜	Don Juan
图里	Toury, Gideon
屠格涅夫	Turgenev
托尔斯泰	Tolstoy, Leo. N.
瓦雷里	Valéry, Paul
威尔斯	Wilss, Wolfram
韦勒克	Wellek, Rene
维多利亚	Victoria
维吉尔	Virgil
维纳	Vinay, J. -P.
维特根斯坦	Wittgenstein, Ludwig
维庸	Villon, François
沃尔夫	Whorf, B. L.
沃日拉	Vaugelas, Claude Favre de
西塞罗	Cicero, M. T.
雅各布森	Jacobson, Roman
亚里士多德	Aristotle
燕卜逊	Empson, William
姚斯	Jauss, Hans Robert
叶姆斯列夫	Hjelmslev, L.
叶斯伯森	Jespersen, O.
伊格尔顿	Eagleton, Terry
易卜生	Ibsen, Henrik
优西比乌斯	Eusebius, Saint
圣哲罗姆	Jérome, Saint

后　记

十年前，《文学翻译批评研究》一书完成后不久，我就已经开始酝酿，打算就翻译活动作一整体的思考与研究，但很快便发现存在着难以解决的困难：一是学术准备不足。除了对如何译已经有一些体验与思考之外，何为译，为何译，译何为，要对这些问题进行解答，需要有明确的翻译观，对翻译过程、翻译因素、翻译矛盾、翻译主体、翻译价值等问题有深刻的认识和宏观的把握。而凭当时自己的理论素养，显然难以展开深入研究。二是资料的欠缺。要对上述问题进行思考和研究，既要对国内传统的翻译理论研究有足够的了解，也要对国外近几十年来的翻译研究状况有一定的把握，至少对国外的主要翻译研究流派发展及其主要观点有所把握。为了弥补这两个方面的不足，我把《翻译论》一书的研究与写作放在一边，开始进行有目的的学术准备和资料准备。一方面，我申请了国家教委人文社会科学研究博士点基金重点项目“文学翻译基本问题研究”。该课题以翻译实践为基础，选择了20位翻译家，进行了较为系统的研究。这些翻译家都具有相当的代表性，涉及的语种有英语、俄语、法语、德语、意大利语、西班牙语和日语。在他们中间，有蜚声中外的文化大师，有独树一帜的语言学家，有成就卓著的诗歌翻译家，有文学研究成果累累的学者；有的长期担任翻译出版工作的领导，有的毕生从事文学翻译的编辑工作，有的对翻译有着深入而系统的研究，有的本身就是作家、诗人。研究中，我们充分考虑到他们的特点，从各个角度对翻译，特别是对文学翻译的一些具有共性的问题进行探讨。我们认为，文学翻译，有其特殊性。文学，是文字的艺术，文化的一个组成部分，而文字中，又有文化的沉淀。文学翻译既是不同语言的转换活动，也是一种艺术再创造活动，同时也是一项跨文化的交流活动。在这种复杂的活动中，无论哪个译家，都必然会遇到与上述三个活动过程相关的客观问题。不同的译家，虽然对文学翻译可能有不同的看法，但都无法回避文学翻译的语言、艺术审美以及文学所具有的社会、文化功能方面所面对的基本问题，诸如如何对待原作，是“忠实”还是“再创造”？是致力于原作的文字形式转换的对等，还是寻求艺术效果传达的近似？是“异化”还是“归化”？翻译家如何处理协调作者风格与译者风格的关系？如何发挥翻译主体的作用并保持客观性？如何认识文学翻译的目的、功能和艺术本质？如何衡量、评价一部译作的成功与否？对这些具有共性的基本问题，老一辈的翻译家，在他们长期的翻译实践中，或多或少都有过这样或那样的思考。尤其对文学翻译中所遇到的障碍和困难，他们都有着深切的体会，并积累了许多经验，在文字、文学、文化等各个不同层次探索过克服这些障碍的方法与手段。无论是他们的理论思考，还是翻译方法或技巧，对我们年轻的译者，都有着重要的参考、启迪与指导意义。根据交流的情况，我们结合译界普遍关心的问题，将老一辈翻译家的有关思考与见解进行了系统的梳理，对他们宝贵的翻译经验进行了分类、分析、归纳和研究，从翻译的作用、对翻译选择的影响因素、翻译的标准和原则、翻译的过程、翻译的再创造性、翻译的主体性、风格的再现、形象思维与形象再现、内容与形式、神似与形似、翻译批评等十个方面，对老一辈翻译家的翻译经验进行了理论总结，可以说是对老一辈文学翻译家的成果进行抢救性的整理和研究，是对中国翻译实践和翻译理论的一种探索性研究。

另一方面，在南京大学领导的支持下，我有幸获得了教育部资助优秀青年教师基金的支持，“外国翻译理论研究”这一课题得以立项。该课题在蔡毅、段京华、郭建中、廖七一等同行的全力合作下，以借鉴国外翻译理论研究的优秀成果、促进国内译论研究的发展、加快翻译学科的建设为目的，在掌握近四十年来外国翻译理论研究的基本成果和资料、了解其现状、把握其趋向的基础上，按国别、有选择地对国外翻译理论研究的成果作系统的研究和评介。

通过这两个方面的努力，无论是对国内传统的翻译理论，还是对国外近几十年来的译学探索成果，有了进一步的了解，为“翻译论”这一课题的研究打下了基础。但同时，我们又遇到了另一方面的困难，即翻译学研究需要有跨学科的视野，对相关学科，如哲学、美学、语言学、社会学等学科的有关理论要有一定的了解。为此，我又在这方面进行补课，认真阅读有关的经典著作和代表作，吸取研究的最新成果。

在上述的三个方面的工作中，我要特别感谢湖北教育出版社的唐瑾编审、译林杂志社的王理行社长和南京大学中文系主任周宪教授给予我的宝贵帮助。王理行在“文学翻译基本问题研究”这一课题的实际研究中，无论是在项目的设计、研究思路的确定，还是在具体研究的实施中，都给予了帮助。周宪教授则在开拓笔者的研究视野，充实笔者的学术素养方面起了引领和促进的作用，尤其是我们受商务印书馆之约，合作主编《现代性研究译丛》和《文化与传播》这两套大型学术译丛，实在是让笔者获益匪浅。唐瑾编审更是这些年笔者所从事的研究工作的直接参与者和促进者。记得在1996年上半年，我第一次收到唐瑾的来信，邀请我在她策划主持的《中华翻译研究丛书》中承担《文化与翻译》这一著作的撰写工作。考虑到自己的研究重点不同，学术准备不足，我向她推荐了承担这一研究工作的更为合适的人选，同时就自己的研究兴趣、研究设想和研究重点与她交换了意见，没想到很快收到了她的回信。她在信中就共同关心的问题谈了她的看法，并对我的研究提出了一些宝贵建议。于是，从《翻译思考录》到《外国翻译理论研究丛书》，再到十二卷《巴别塔文丛》，我们进行了愉快而富有成效的合作。在随后着手进行的《翻译论》一书的写作过程中，唐瑾始终给予关注，并在确定本书的研究重点和途径等方面提了建设性的意见。

就《翻译论》一书的写作指导思想而言，我还要感谢法国哲学家德里达教授和联合国前秘书长加利先生给予我的启迪。德里达教授应邀于2001年9月8日至10日在南京大学访问、讲学。在他讲学期间，我有机会就翻译及与翻译有关的问题向他请教，并交换了看法。他对翻译的独特理解，对翻译的不可能性与必要性的辩证阐述，对“翻译是新生命的开创”的观点，为我认识“何为译”提供了重要的理论参照。而加利先生在南京大学的讲演，以及我们在巴黎国际法语国家组织总部的交谈，使我对翻译研究重要性的认识得到了深化。他为拙著的题词“翻译有助于发展文化多样性，而文化多样性有助于加强世界和平文化的建设”，则为我从文化的高度理解“译何为”打开了思路。

译道漫漫，呈献给译界同仁的这部《翻译论》是我二十多年来所走的翻译探索之路的回顾、反思与小结，我愿以此为起点，与译界同仁继续前行。

许钧
2003 年 1 月 28 日于南京

再版补记

十年前，作为唐瑾主编的“中华翻译研究丛书”的一种，拙著《翻译论》在湖北教育出版社出版。

过去的十年，是中国翻译研究的收获期，有三个方面特别值得关注：一、翻译学科在体制内获得了应有的位置，建立了本科、硕士、博士、博士后完整的人才培养体系；二、翻译研究人才培养取得了骄人的成绩，国内高校培养了数百位翻译研究方向的博士；三、翻译研究取得了突破性的进展，与国际译学界同行的交流趋向深入。

回顾中国翻译学界所走过的路，我还强烈地感受到一点，那就是翻译学界学风正，学术上有争论有争辩，也有切磋有探索有相互鼓励。正是在这样良好的学术风气中，我本人的研究受到了国内学界同仁的关注与厚爱，姚小平、王东风、刘成富、吕俊、程章灿、王理行等学界好友分别在《外语教学与研究》《中国翻译》《外国语》《外语与外语教学》《文汇读书周报》《中华读书报》等重要报刊对拙著《翻译论》发表评论，给予批评。刘云虹教授在国际著名学术刊物 *META* 也发表了书评，直接促进了与国际翻译学界的交流。此外，拙著有幸入选“改革开放以来南京大学50部具有重要影响的人文社会科学著作”（2008）和方梦之先生主编的《中国译学大辞典》（2011），并被《中国人文社会科学学术影响力报告》（2011）一书收录。在拙著再版之际，我要特别感谢国内学术界同仁和朋友在我学术道路上给予我的一贯的鼓励与帮助，也衷心感谢译林出版社顾爱彬社长与王理行编审的关心与支持。

许钧

2013年11月3日

于南京大学树华楼

三版小记

承蒙译林出版社厚爱，《翻译论》要出第三版。王理行编审来电，请我写个后记，做个纪念。

1992 年译林出版社出版了我的第一部著作《文学翻译批评研究》。之后，我用了整整十年时间，对翻译的基本问题进行了思考。我清楚地记得，我是在 2002 年的 2 月 28 日的清晨，开始写下了《翻译论》的第一个字，到 2003 年 1 月 28 日，结束了全书的撰写，在后记的最后一段写道："译道漫漫，呈献给译界同仁的这部《翻译论》是我二十多年来所走的翻译探索之路的回顾、反思与小结，我愿以此为起点，与译界同仁继续前行。"打开泛黄的手稿，看着自己一笔笔写下的三十余万字的书稿，感到每一个字都在活着，放射出理论探索之光。如果说《文学翻译批评研究》，是我以文学翻译实践为基础，对翻译批评带有介入性的思考，那么，《翻译论》则是我以翻译为思考对象，对翻译问题的系统思考与理论探索。

近四十年来，国际与国内的翻译研究不断推进，取得了不凡的成就。《翻译论》于 2003 年由湖北教育出版社出版后，国内学界同仁给予了积极鼓励，国际学界也给予了充分肯定。我在《翻译论》第二版的补记中，对此有较为详细的记录。值得特别说明的是，2021 年，《翻译论》被列入了国家社科基金中华学术外译课题指南，有英语、法语、日语、西班牙语、韩语等多个语种的学者申报了该书的外译项目，在激烈的竞争中，《翻译论》英语版与法语版最终入选。对于学界的认可与支持，我在此表示衷心的谢意。同时，我还要对同行们说：对于我而言，翻译探索没有终点，我会继续努力前行。

许钧

2022 年 9 月 5 日

于南京黄埔花园